Buch

Trotz aller Entlarvungen hinsichtlich der historischen Grundlagen des Christentums und des unheilvollen Wirkens der Kirche zeigt sich das Christentum heute nach wie vor als moralische und auch finanz-politische Weltmacht. Den Einfluß der katholischen Kirche konnten selbst mehrere handfeste Skandale der jüngsten Zeit nicht erschüt-tern. In ihren Beiträgen üben Philosophen, Naturwissenschaftler und ehemalige Theologen Fundamentalkritik am Christentum.

Herausgeber

Edgar Dahl studierte Theologie, Philosophie, Anthropologie und Ethnologie. Er veröffentlichte 1991 sein Buch »Am Anfang war der Egoismus« und 1994 »Die Gene der Liebe«.

EDGAR DAHL

HERAUSGEBER

DIE LEHRE DES UNHEILS

Fundamentalkritik am Christentum

**Mit Beiträgen von Horst Herrmann
Steven Weinberg · Karlheinz Deschner
Norbert Hoerster u.v.a.**

GOLDMANN VERLAG

Umwelthinweis:
Alle bedruckten Materialien dieses Taschenbuches
sind chlorfrei und umweltschonend.
Das Papier enthält Recycling-Anteile.

Der Goldmann Verlag
ist ein Unternehmen der Verlagsgruppe Bertelsmann

Veränderte und erweiterte Taschenbuchausgabe Juni 1995
© 1993 Carlsen Verlag, Hamburg
Umschlaggestaltung: Design Team München
Satz: IBV Satz- und Datentechnik GmbH, Berlin
Druck: Presse-Druck Augsburg
Verlagsnummer: 12590
Ba · Herstellung: Stefan Hansen
Made in Germany
ISBN 3-442-12590-1

1 3 5 7 9 10 8 6 4 2

Nachdem Buddha tot war, zeigte man noch jahrhundertelang seinen Schatten in einer Höhle – einen ungeheuren schauerlichen Schatten. Gott ist tot: aber so wie die Art der Menschen ist, wird es vielleicht noch jahrtausendelang Höhlen geben, in denen man seinen Schatten zeigt. – Und wir – wir müssen auch noch seinen Schatten besiegen!

Friedrich Nietzsche

Inhalt

Edgar Dahl

Das Kreuz mit der Kirche
Ein Vorwort

> Die Religionen sind wie Leuchtwürmer:
> Sie bedürfen der Dunkelheit, um zu leuchten.
>
> *Arthur Schopenhauer*

Im Sommer 1992 stellte der *Spiegel* den Deutschen wieder einmal die berühmte Gretchenfrage: »Nun sag, wie hast du's mit der Religion?« Was dabei ans Licht kam, war offenbar sensationell genug, um eine Titelgeschichte abzugeben. Mit unverkennbarer Genugtuung verkündete das Nachrichtenmagazin: Die Kirchen kranken an Schwindsucht! Nur noch 84 Prozent der Bundesbürger erklären sich für evangelisch oder katholisch. Nicht ohne Stolz fügte man hinzu, das »Volk der Dichter und Denker« wage jetzt ernsthaft zu zweifeln. So glaubten nur noch 42 Prozent der Deutschen, daß Jesus Tote auferweckt, und 40 Prozent, daß Jesus 5000 Menschen mit fünf Broten und zwei Fischen gespeist habe. Daß Jesus leiblich auferstanden sei, hielten nur noch 33 Prozent für wahr, daß er Gottes Sohn sei, nur noch 29 Prozent, und daß er von der Jungfrau Maria geboren worden sei, sogar nur noch 22 Prozent.

Was der *Spiegel* hier wie eine Sensation feierte, ist in Wirklichkeit ein Skandal. Es ist schlicht und einfach beschämend zu sehen, daß man in Deutschland am Ausgang des 20. Jahrhunderts noch mit derartigen Ammenmärchen hausieren gehen kann. Obwohl längst bekannt ist, daß wir über den »historischen Jesus« – über Jesus, wie er wirklich war – rein gar nichts wissen, meint die Hälfte aller Bundesbürger noch immer, daß er tatsächlich ein Wundertäter war, der über das Wasser spazieren konnte. Als hätte es die historisch-kritische Theologie nie gegeben, hält halb Deutschland an der Überzeugung fest, daß die Bibel – Buchstabe für Buchstabe – tatsächlich »Gottes Wort« ist. Hat es sich denn wirklich noch nicht herumgesprochen, daß die vermeintlich Heilige Schrift eine bloße Anekdotensammlung ist? Was bringen die Religionslehrer ihren Schützlingen eigentlich bei? Das Erschreckendste aber ist, daß sage und schreibe 32 Prozent der Deutschen – und diese Zahl sollte man sich auf der Zunge zergehen lassen – nach wie vor glauben, daß die Menschen von Adam und Eva abstammen! Es scheint, als habe man in unserem Land noch nie etwas von der Evolutionstheorie gehört. Jedem dritten Bundesbürger ist Darwin ein Unbekannter.

Das geistige Armutszeugnis, das die Deutschen sich hier ausgestellt haben, wird nur noch von dem Rummel überboten, der seit einiger Zeit um die sogenannten Ketzer Hans Küng, Uta Ranke-Heinemann und Eugen Drewermann gemacht wird. Es ist kaum zu glauben, daß selbst das intellektuelle Publikum Leuten Beifall zollt, deren geistige Großtat darin besteht, an der »Unfehlbarkeit des Papstes«, der »jungfräulichen Empfängnis Mariä« und der leiblichen »Auferstehung Jesu« zu zweifeln.

Eine kleine Kostprobe. Um das geistige Format von Eugen Drewermann, dem »Ketzer von Paderborn«, herauszustellen, berichtet der *Spiegel* beispielsweise: »Berühmt-berüchtigt wurde die Antwort des umstrittenen Theologen Rudolf Bultmann auf die Frage, ob Jesus leiblich auferstanden sei: ›Ein Leichnam kann nicht wieder lebendig werden und aus dem Grabe steigen.‹ Vor einem halben Jahr stimmte Drewermann diesem Satz zu: ›So ist es.‹« Verdient *das* wirklich Beifall?

Ähnlich skandalös ist auch das Gezänk, das uns die deutschen Talk-Shows bieten. Alle naslang läßt man da Pfaffen um Gottes Bart streiten. Seltsamerweise wird bei dem Gefecht, das sich etwa Frau Ranke-Heinemann und Weihbischof Krenn liefern, kaum jemandem klar, wie lächerlich diese ganze Diskussion ist. Jedem auch nur einigermaßen mit Verstand begabten Kopf muß diese Debatte genauso abwegig vorkommen wie ein Streit darüber, ob die Erde nun die Gestalt einer Scheibe oder die eines Dreiecks habe. Es ist eine einzige Farce.

Das schlimmste an diesem Affentheater aber ist, daß es von den wahren Problemen ablenkt. Statt sich darüber zu ereifern, daß die Kirche irgendwelchen selbsternannten Häretikern die Lehrbefugnis entzieht, sollte man beispielsweise einmal erwähnen, wie die Kirchen ihr Geld verdienen. Kaum einer scheint nämlich zu wissen, daß der Vatikan an der Herstellung von Pillen und Kondomen beteiligt ist und seine Finger sogar in der Rüstungsindustrie hat. Genauso unbekannt ist, daß die bundesdeutschen Großkirchen von ihren Milliardeneinnahmen nur etwa acht Prozent für öffentliche soziale Zwecke einsetzen. Die karitativen Einrichtungen, mit denen die Kirchen sich schmücken, werden nachweislich zum überwiegenden Teil von nichtkirchlichen Stellen finanziert. Der größte Skandal jedoch ist, daß die Kirche Geld von Leuten bezieht, die ihr gar nicht angehören. Allen Steuerzahlern, auch Muslimen, Buddhisten, Taoisten und Atheisten, greift hierzulande der Fiskus in die Tasche: Ganze acht Milliarden Mark an Steuergeldern fließen Jahr für Jahr in die Kassen der Kirche. Drei Milliarden Mark verschlingt davon allein der Religionsunterricht. Eine Milliarde dient zur Ausbildung von Priestern und Theologen. Die restlichen vier Milliarden sind unter anderem für den Dienst von Seelsorgern, den Bau von Kirchen und die Besoldung von Bischöfen bestimmt.

Wie gut die drei Milliarden angelegt sind, die uns der Religionsunterricht alljährlich kostet, hat bereits die *Spiegel*-Umfrage gezeigt: Sie werden dazu verwendet, unseren Kindern Märchen aufzutischen. Märchen erzählt man ihnen aber nicht nur über den guten Jesus, sondern auch über die Kirchengeschichte. Anders ist es nämlich nicht verständlich, daß die meisten Menschen immer noch meinen, die Verbrechen der Kirche lägen bereits Jahrhunderte zurück. Sie wissen zwar von den Kreuzzügen, von der Hexenverbrennung und der Verfolgung der Ketzer, von Jan Hus, Giordano Bruno und Galileo Galilei. Doch über die Schandtaten unseres Jahrhunderts sind die allerwenigsten informiert. Wer weiß beispielsweise schon, daß sämtliche Faschistenführer – Mussolini, Hitler, Franco, Pavelić – mit Unterstützung des Heiligen Stuhls an die Macht gelangten? Daß der Papst zur Vernichtung der Juden während des gesamten Krieges geschwiegen hat? Und daß der Vatikan nach Kriegsende vielen

Nazis, unter ihnen Adolf Eichmann, zur Flucht nach Südamerika verhalf?

Regelrecht totgeschwiegen wird vor allem, daß katholische Priester während des Zweiten Weltkriegs mit Wissen und Billigung Papst Pius XII. an der Ausrottung von 700 000 orthodoxen Serben sowie 90 000 Juden und Zigeunern in Kroatien beteiligt waren. Obwohl viele der Kleriker Konzentrationslager leiteten und Mordkommandos befehligten, hat der Vatikan doch keinen einzigen von ihnen zur Verantwortung gezogen: Keiner wurde seines Priesteramts entkleidet, keiner exkommuniziert.

Daß nur wenige Deutsche davon wissen, liegt aber nicht allein am Schweigen der Religionslehrer. Es liegt auch daran, daß die deutschen Medien so kirchen*treue* Gestalten wie Küng, Ranke-Heinemann und Drewermann als Kirchen*kritiker* ausgeben. Angesichts solcher Verlautbarungen muß sich der unbefangene Leser sagen: »Nun, wenn selbst so scharfe Kritiker wie Drewermann & Co. an der Kirche nicht mehr auszusetzen haben, als daß sie Priestern die Heirat verbietet, dann wird es wohl auch nichts anderes zu bemängeln geben.« Das aber ist ein folgenschwerer Irrtum.

Ein Ziel dieses Buches ist es denn auch, diesen Irrtum auszuräumen und ein möglichst breites Publikum mit wirklichen Kirchenkritikern vertraut zu machen, mit streitbaren Geistern wie Edgar Baeger, Franz Buggle, Karlheinz Deschner, Horst Herrmann, Hubertus Mynarek und Peter Singer.

Ein weiteres Ziel dieses Buches ist es, neben dem »Kreuz mit der Kirche« auch das »Elend der Theologie« aufzuzeigen. Deshalb sind hier nicht nur Kirchenkritiker, sondern auch *Religionskritiker* versammelt: Autoren wie Hans Albert, Dieter Birnbacher, Norbert Hoerster, Bernulf Kanitscheider, Hartmut Kliemt, Gerhard Streminger, Gerhard Vollmer, Steven Weinberg und Edward O. Wilson. Als Naturwissenschaftler und Wissenschaftstheoretiker gehen sie vor allem der Frage nach: Sind Glaube und Vernunft, Religion und Wissenschaft miteinander vereinbar?

In der Geistesgeschichte des Abendlandes ist immer wieder der Versuch unternommen worden, die Existenz Gottes hieb- und stichfest zu beweisen. Diese ebenso ehrgeizigen wie waghalsigen

Versuche verbinden sich beispielsweise mit so klangvollen Namen wie Anselm von Canterbury, Thomas von Aquin, René Descartes und Immanuel Kant. Sie alle haben auf je eigene Weise einen zwingenden »Gottesbeweis« vorzulegen gesucht.

Während einige dieser Gottesbeweise, etwa der »ontologische«, durchaus raffiniert und tückisch sind, erscheinen andere eher naiv oder geradezu einfältig. So steckt hinter dem so imponierend und eindrucksvoll klingenden Beweis »e consensu gentium« nicht mehr als die erbärmliche Behauptung, schon der *Gottesglaube aller Völker* beweise Gott hinreichend. Abgesehen davon, daß es schlicht falsch ist zu behaupten, alle Völker glaubten an einen Gott, ist diese Argumentation auch absurd: Die Überzeugung der Völker, daß die Erde eine Scheibe ist, hat doch wohl auch nicht bewiesen, daß wir auf einer riesigen Flunder leben.

Ähnlich beliebt war auch dieser Gottesbeweis: Da alles eine Ursache hat, muß auch die Welt eine Ursache haben. Diese Ursache aber könne nur Gott sein! Darauf hat man alsbald geantwortet: Wenn alles eine Ursache hat, muß selbstverständlich auch Gott eine Ursache haben. Wer jetzt bestritt, daß Gott eine Ursache hat, leugnete, was er zuvor behauptet hatte: daß nämlich *alles* eine Ursache hat. Wenn es aber etwas geben kann, das keine Ursache hat, kann das ebensogut die Welt wie Gott sein.

Problematisch an den sogenannten Gottesbeweisen ist aber nicht nur, daß sie nicht stichhaltig sind. Selbst wenn sie zwingend wären, würden sie nicht beweisen, was sie beweisen sollen: Statt des »lieben Gottes« erhielten wir schließlich nur eine »letzte Ursache«, einen »ersten Beweger« oder irgendeinen »Urgrund aller Dinge«. Bis zum Gott der Christenheit wäre es jedenfalls noch ein weiter Weg.

Die Eigenschaften, die christliche Theologen ihrem Gott zuschreiben, führen zu einem weiteren Problem: Wenn Gott tatsächlich allmächtig, allwissend und allgültig ist, warum gibt es dann so viel Leid und Elend in dieser Welt? Daß dieses Problem *unlösbar* ist, hat der griechische Philosoph Epikur bereits vor mehr als zweitausend Jahren gezeigt. Er schrieb: Wenn Gott das Böse nicht beseitigen will, dann ist er nicht gut. Wenn er es nicht beseitigen kann, dann ist er nicht allmächtig.

Daß die Theologen bis zum heutigen Tag mit einer geradezu rührenden Hilflosigkeit vor diesem Problem stehen, ist verständlich. Schließlich ist es ein Problem der Logik: Die Allmacht, die Allwissenheit und die Allgüte Gottes sind mit den Übeln dieser Welt *logisch* einfach nicht vereinbar. Das »Theodizee-Problem«, wie man es seit Leibniz auch nennt, wird daher für alle Zeiten unlösbar bleiben. Man kann es allenfalls *umgehen*. Eine Möglichkeit, dies zu tun, ist selbstverständlich die, daß man Gott kurzerhand abspricht, gütig zu sein. Nur fürchte ich, daß sich kaum ein Theologe zu einer solchen Blasphemie hinreißen lassen wird. Aber nehmen wir einmal an, daß es einen so kühnen Priester gäbe. Würde er sich nicht ins eigene Fleisch schneiden und recht bald arbeitslos sein, wenn er seinen Schäfchen ernsthaft verkündete: »Ihr seid Gott scheißegal!«?

Der andere Weg aus dem Dilemma scheint bequemer: Man leugnet einfach, daß Gott allmächtig sei. Dieser Weg ist auch schon beschritten worden. So ließ Uta Ranke-Heinemann bereits 1978 verlauten: »Wir müssen umdenken. Gott kann das Böse nicht ändern.« Hans Küng, dem bekanntlich kein Verstandesopfer zu groß ist, als daß er es seinem lieben Gott nicht darbrächte, schlägt mittlerweile in dieselbe Kerbe. Dabei hat er noch vor kurzem gewettert, es sei der Gipfel der Anmaßung, wenn Menschen über Gott zu Gericht sitzen wollten. Nun, diese großen Töne sind dahin. Sie sind einer »Theologie des Schweigens« gewichen, wie Küng es jetzt nennt.

Ganz so leicht, meine ich, kann man es sich nicht machen. Wie will man seinen Glaubensgefährten beispielsweise erklären, daß Gott zwar mächtig genug war, diese Welt aus dem Nichts hervorzuzaubern, aber leider zu ohnmächtig, um einer verbrecherischen Kreatur namens Hitler in den Arm zu fallen? Das würde mich wirklich interessieren.

Um sich solchen und ähnlich peinlichen Fragen der Religionskritik zu entziehen, haben die Theologen eine neue Strategie entwickkelt. Ihre Devise lautet jetzt: »Sprich so über Gott, daß dir einfach niemand widersprechen kann!« Und tatsächlich: Gott heißt jetzt bei ihnen das »Undefinierbare«, die »Dimension Unendlich«, die »wirklichste Wirklichkeit«, das, »was uns unbedingt angeht«, »die Tiefe in der Mitte des Lebens«, »der ganz Andere« oder, entwaffnend, »die Liebe«. Eugen Drewermann weiß sogar, wo Gottes Wohnstatt ist, nämlich »im Herzen, wo Menschen sich lieben«. Er nennt ihn »die Atemluft unserer Seele«, die »Macht, die Schmetterlinge über Ozeane trägt«.

Der Streich scheint gelungen: Wer möchte jetzt noch sagen, daß er nicht an Gott glaubt? In der Wissenschaftstheorie geht man mit solchen »Leerformeln« allerdings hart ins Gericht. Sie landen als eitler Wortkram und nichtssagender Unsinn im Papierkorb. Denn ein Satz, der wissenschaftstheoretisch ernst genommen werden will, muß mehr sein als eine bloße Aneinanderreihung von Worten. Er muß etwas *bedeuten*, etwas *behaupten*, und er muß *kritisierbar* sein. Solange sich die Theologen jedoch in Dunkel hüllen und bloße Phrasen dreschen, wird hier kaum ein Gespräch zustande kommen können.

Gerhard Vollmer

Bin ich ein Atheist?

Aufgabe dieses Beitrages ist nicht, ein persönliches Bekenntnis abzulegen (obwohl der Schluß ein solches Bekenntnis enthält). Auch geht es nicht darum, den Meinungsforschern einen Dienst zu erweisen und mitzuteilen, ob hinter meinem Namen bei »Theist« oder bei »Atheist« ein Kreuz gemacht werden soll. Vielmehr soll darüber nachgedacht werden, wie jemand, der sich die Titelfrage stellt, eine Antwort finden könnte.

Zwei Grundfragen der analytischen Philosophie lauten: Was meinst du damit? Und: Woher weißt du das (was du zu wissen glaubst)? Die Reihenfolge der Fragen ist wesentlich: Zuerst muß die *Bedeutung* eines Satzes klar sein; danach kann nach seiner *Wahrheit* (beziehungsweise nach unserer diesbezüglichen Überzeugung) gefragt werden; und erst im dritten Schritt besteht die Chance für Argumente, für eine Begründung, für die Angabe von Gründen oder Wissensquellen.

Behaupten zwei Personen, sie seien Atheisten, so brauchen sie doch keineswegs dasselbe zu meinen: Sie können das Wort »Atheist« sehr verschieden verstehen und verwenden. In meinem Verständnis ist ein *Atheist* jemand, der nicht an (einen) Gott glaubt, genauer: der nicht an die Existenz (eines) Gottes glaubt. Dementsprechend ist ein *Theist* jemand, der an (einen) Gott glaubt.

Glaube ich an Gott? Glaube ich, daß es (einen) Gott gibt? Um das herauszufinden, müßte ich zunächst wissen, was es heißt, an Gott beziehungsweise an die Existenz Gottes zu glauben. Was also bedeutet das Wort »Gott«, und was bedeutet »glauben«? Was meine ich damit? Offenbar haben wir jetzt zwei Erklärungsprobleme.

Zweifellos ist dabei »glauben« leichter zu verdeutlichen als »Gott«. Im folgenden werden wir das Wort »glauben« im Sinne einer starken oder schwachen *Überzeugung* verstehen. An (einen) Gott *glauben* heißt dann also, von der Existenz (eines) Gottes überzeugt zu sein. Diese Überzeugung braucht nicht ununterbrochen zu bestehen und nicht über alle Fragen und Zweifel erhaben zu sein. Es genügt, wenn wir die Existenz (eines) Gottes in der Regel ehrlich bejahen.

Wer oder was aber ist Gott? Nicht nur Theologen wissen, wie schwer diese Frage zu beantworten ist. Manche meinen, daß es gar nicht möglich oder jedenfalls nicht gelungen sei, dem Wort »Gott« eine verstehbare Bedeutung zu geben. Dann hat auch der Ausdruck »an Gott glauben« keine verstehbare Bedeutung, und dann können wir – genaugenommen – auch den Atheisten nicht so definieren, wie wir das getan haben. Denn wenn ein Atheist jemand ist, der nicht an Gott glaubt, und ich nicht weiß, wer oder was *Gott* ist, dann weiß ich auch nicht, was ein Atheist ist. Logischerweise weiß ich dann auch nicht, was ein Theist ist und was Theologie (als Lehre von Gott) ist. Texte, in denen das Wort »Gott« wesentlich vorkommt, kann ich überhaupt nicht verstehen. Auch die Titelfrage »Bin ich ein Atheist?« kann ich dann nicht verstehen und somit erst recht nicht beantworten.

Freilich ist es durchaus üblich, auch solche Kritiker Atheisten zu nennen, die das Wort »Gott« als bedeutungslos oder sogar als undefinierbar ansehen. So meint etwa Charles Bradlaugh: »Der Atheist sagt nicht: ›Es gibt keinen Gott‹; vielmehr sagt er: ›Ich weiß nicht, was du mit Gott meinst; ich habe keine Vorstellung von Gott; das Wort »Gott« ist für mich ein Klang, der keine klare oder deutliche Behauptung enthält. […] Den Gott der Bibel verneine ich; an den christlichen Gott glaube ich auch nicht; aber ich bin nicht so voreilig zu behaupten, es gebe überhaupt keinen Gott, solange du nicht bereit oder in der Lage bist, mir Gott zu definieren.‹«[1]

Offenbar hätten wir dann den Atheisten doch anders definieren müssen, nämlich als jemanden, der *entweder* das Wort »Gott« für bedeutungslos hält *oder* die Existenz (eines) Gottes in jeder üblicherweise vorgeschlagenen und verstehbaren Bedeutung verneint.

Wir könnten also unsere Definition in dieser Hinsicht erweitern und vollständigkeitshalber auch solche Personen Atheisten nennen, die dem Wort »Gott« eine verstehbare Bedeutung gänzlich absprechen. Im folgenden werden wir jedoch versuchen, dem Wort »Gott« doch eine intersubjektiv annehmbare Bedeutung zu geben. Vorarbeit dazu ist ja in jahrhundertelanger Diskussion geleistet worden, und wir können uns darauf stützen.[2]

Alle theistischen Positionen haben einen – freilich recht weiten – Gottesbegriff gemeinsam. Danach ist Gott ein *höheres oder höchstes personales Wesen, Schöpfer und Urgrund der Welt, mächtig, klug, gut, gerecht.* In den verschiedenen Religionen und Theologien hat er über diese Eigenschaften hinaus noch viele weitere, die uns hier nicht zu beschäftigen brauchen. Aber auch *innerhalb* dieser Gemeinsamkeiten gibt es zahlreiche interessante Unterscheidungsmöglichkeiten.

Eine erste Unterscheidung betrifft die Frage, ob die bereits genannten Merkmale – Macht, Wissen, Güte usw. – wörtlich zu nehmen sind oder in einem übertragenen, metaphorischen, symbolischen Sinne.

Versteht man sie *metaphorisch*, etwa wenn es heißt, Gott sei die Liebe, oder wenn Jesus sagt: »Ich bin der Weg, die Wahrheit und das Leben«, so sind die Wörter unserer Sprache letztlich nur Trittsteine, nur Wegweiser, nur Analogien. In der theologischen Sprechweise haben sie dann *nicht* dieselbe Bedeutung wie in unserer Alltags- oder auch in der Wissenschaftssprache. Diese Gottesvorstellung nennt Paul Edwards *metaphysisch.* Kritiker werden dagegen einwenden, in solch metaphorischer Redeweise taugten diese Wörter zwar zum Reden, zum »Verweisen«, aber eben doch nicht für eine klare Definition.

Versteht man die genannten Merkmale Gottes dagegen *buchstäblich*, dann hat Gott Macht wie ein Mensch (nur mehr), er weiß etwas, wie wir Menschen etwas wissen (nur mehr, vielleicht sogar alles), und er ist gerecht, wie ein Richter gerecht ist oder sein sollte (nur noch gerechter), usw. Diese Auffassung von Gott nennt Paul Edwards *anthropomorph.*

Unter den anthropomorphen Gottesvorstellungen lassen sich

zwei wichtige Gruppen unterscheiden. Im einen Fall hat Gott alle genannten Merkmale in einem besonders hohen Maß, aber doch *nicht in unendlicher Fülle.* Im anderen Fall ist er in allem *vollkommen,* perfekt, allmächtig, allwissend, allgütig, ewig, allgegenwärtig, unendlich gerecht usw.

Zu allen drei Gottesvorstellungen – zur metaphysischen, zur endlichen, zur unendlichen – gibt es unter Philosophen, aber auch unter christlichen Theologen, früher wie heute, ernsthafte Vertreter.

Es ist bekannt, daß solche unbegrenzten Fähigkeiten zu Paradoxien führen. Beliebt ist die Allmachtsparadoxie: Kann Gott einen Stein schaffen, der so schwer ist, daß er ihn selbst nicht tragen kann? Kann er es nicht, so gibt es etwas, was er nicht kann; also ist er nicht allmächtig. Kann er ihn jedoch schaffen, so kann er ihn nicht tragen; also ist er ebenfalls nicht allmächtig. Andere derartige Fragen sind: Kann Gott lügen? Kann er gegen die logischen Gesetze verstoßen? Kann er Vergangenes ungeschehen machen?

Schwerwiegender ist die Frage, ob Allmacht, Allwissen und Allgüte miteinander vereinbar sind. Ist Gott allgütig, so möchte er menschliches Leid verhindern; ist er allwissend, so weiß er, wie das zu bewerkstelligen wäre; ist er allmächtig, so kann er das auch in die Tat umsetzen. Wieso ist unser Leben dann von Angst, Trauer und Schmerz durchwebt? Diese Frage nach der Theodizee, nach der Verantwortung und der Rechtfertigung Gottes für die Existenz des Übels in der Welt, ist für die Theologie, gleich welcher Religion, eine der schwierigsten überhaupt.

Weitere Unterteilungen liegen nahe. So kann man (sich) fragen, ob es nur *ein* solch höheres Wesen, nur *einen* Gott gibt, wie der Monotheismus behauptet (dann ist »Gott« ein Eigenname), oder vielleicht mehrere (dann ist »Gott« ein Gattungsbegriff, zu dem es einen Plural, »Götter«, gibt). Ähnlich steht es ja mit den Begriffen »Welt« (»die Welt«, aber auch »Welten«), »Mond« (»unser Mond«, aber auch »Monde«). Selbst *höchste* Wesen könnte es noch in Mehrzahl geben. Um einer Entscheidung in dieser Frage nicht vorzugreifen, haben wir gleich zu Beginn doppelte Formulierungen gewählt: »Glaube ich, daß es (einen) Gott gibt?« Im folgenden werden wir diesem Problem jedoch nicht weiter nachgehen.

Eine andere Frage ist, ob Gott (wenn es ihn gibt) sich um das Weltgeschehen kümmert, vielleicht sogar in dieses Geschehen eingreift und ob wir davon etwas merken können. Auf diese Frage kommen wir noch zurück.

Wir können nun noch etwas genauer sagen, was wir unter einem Atheisten verstehen wollen. Jemand ist ein *Atheist*, wenn er alle genannten Gottesvorstellungen *ablehnt*: die metaphysische, die anthropomorphe mit einem endlichen oder sonstwie beschränkten Gott, aber auch die anthropomorphe mit einem unendlichen Gott. Dagegen ist ein *Theist* oder ein Gottgläubiger jemand, der Gott (oder Götter) in *einer* der genannten Varianten für existent hält. (Da sich diese Gottesvorstellungen gegenseitig ausschließen, kann niemand mehr als eine davon widerspruchsfrei vertreten.)

Es wäre nun möglich und interessant, verschiedene religiöse oder religionsähnliche Haltungen daraufhin zu überprüfen, ob sie theistisch sind und welche Form von Theismus sie darstellen. So wäre etwa der *Pantheismus*, wie ihn Spinoza, Goethe oder Einstein vertreten, wonach Gott und Natur eins sind und es *keinen persönlichen Gott* gibt, durchaus atheistisch; und so bezeichnet auch Schopenhauer den Pantheismus als eine »höfliche« oder »vornehme« Form des Atheismus. Auch die religiösen Vorstellungen des New Age sind pantheistisch. Das »ganzheitliche Denken« unterscheidet nicht zwischen Gott, Mensch und Natur: Alles ist eins. So könnten wir fortfahren, doch müssen wir uns eine solche bibliothekarische Fleißarbeit hier versagen.[3]

Außer der Möglichkeit, die Existenz (eines) Gottes zu bejahen oder zu verneinen, gibt es selbstverständlich noch die Möglichkeit, die Entscheidung auszusetzen, die Frage nach der Existenz Gottes als vorläufig oder prinzipiell unbeantwortbar anzusehen. Eine solche Haltung nennen wir *Agnostizismus*.

Dieser Ausdruck, 1869 von dem Biologen Thomas Henry Huxley (1825–1895) eingeführt, wird oft auch in einem weiteren Sinne gebraucht. Er bezieht sich dann nicht nur auf Gott, sondern auf die Unerkennbarkeit irgendeines höheren, die Erfahrung überschreitenden Seins, manchmal sogar auf die grundsätzliche Unerkennbarkeit der Wahrheit oder der Wirklichkeit im allgemeinen. Zwischen einem radikalen *Skeptiker* wie etwa Gorgias (um 480–380) und einem *Agnostiker* (oder Agnostizisten) in diesem allgemeinen Sinne ist dann kein wesentlicher Unterschied. Und selbstverständlich ist der radikale Skeptiker immer auch im Hinblick auf Gott oder Götter Agnostiker. Im folgenden werden wir den Ausdruck »Agnostiker« der Einfachheit halber nur noch auf die Unerkennbarkeit Gottes beziehen.

Ein Agnostiker kann seine Haltung nicht nur auf bestimmte Probleme (etwa auf die Existenz Gottes) beschränken; er kann sie auch an seinen oder unseren gegenwärtigen Wissensstand binden. Sein »Ignoramus – Wir wissen es nicht« schließt also nicht notwendig ein »Ignorabimus – Wir werden es niemals wissen« ein. Sogar die Frage, ob er immer Agnostiker bleiben werde, kann er offenlassen.

Atheismus und Agnostizismus sind offenbar unterschiedliche Haltungen: Der Atheist verneint die Existenz Gottes, behauptet also, daß es keinen Gott gebe. Der Agnostiker verneint die Existenz Gottes nicht; er bejaht sie aber auch nicht, sondern läßt die Frage offen. Wer die Frage nach der Existenz Gottes offenläßt, wird also nicht automatisch zum Atheisten; dazu müßte er die Existenz Gottes ausdrücklich verneinen.

Agnostiker zu sein kann sehr bequem sein; man braucht dann weder für noch gegen die Existenz Gottes zu argumentieren. Das heißt aber nicht, daß jeder Agnostiker es sich nur bequem machen möchte; auch eine lange Suche nach Argumenten für oder gegen die Existenz Gottes kann zu dem Ergebnis führen, daß es solche Argumente entweder überhaupt nicht gibt oder daß sie in beiden Richtungen etwa gleich stark sind. Es ist also nicht immer Bequemlichkeit oder Feigheit, wenn sich jemand als Agnostiker bekennt. Vielmehr kann es rational sein, eine solche Entscheidung offenzuhalten; es kann dafür gute Gründe geben. Einem Agnostiker sieht man somit nicht ohne weiteres an, ob er seine Position nur aus Bequemlichkeit oder aber wohlüberlegt bezogen hat. Wie so oft kommt es auch hier auf die Argumente an.

Daß es überhaupt keine Argumente für oder gegen die Existenz (eines) Gottes im vorgenannten Sinne gebe, wird niemand behaupten wollen. Für die Frage, ob ich Atheist bin, wird es also – neben einer vernünftigen Definition – darauf ankommen, die jeweiligen *Argumente* zu sichten und zu werten. Es sollte aber ebenfalls von vornherein klar sein, daß es *zwingende* Argumente für oder gegen die Existenz (eines) Gottes nicht gibt. Alle sogenannten Gottesbeweise, welche die Existenz Gottes zwingend nachweisen sollten, haben sich als fehlerhaft erwiesen. Die Existenz Gottes als eines höheren Wesens läßt sich aber auch nicht zwingend widerlegen. Was wir allenfalls erwarten können, sind also plausible, vielleicht sogar *überzeugende* Argumente.

Plausibilität und Überzeugungskraft sind freilich Merkmale, die nur schwer zu objektivieren sind. Was *einer* Person einleuchtet, bleibt einer anderen oft unzugänglich. Diese Schwierigkeit kann auch hier nicht aufgelöst werden. Wir gehen einfach davon aus, daß Argumente, die häufig vorgebracht werden, auch vielen einleuchtend erscheinen müssen – sonst wären sie nicht so oft benutzt worden.

Eine andere interessante Frage ist die Verteilung der Beweislast beziehungsweise der Beleglast. Muß der Theist, um Zustimmung zu finden, die *Existenz* Gottes belegen, oder muß viel eher der Atheist Gottes *Nichtexistenz* plausibel machen? Wie aber entscheidet man eine solche Verfahrensfrage? Wird nicht jeder dem jeweils anderen die Aufgabe zuschieben?

In erster Näherung scheint es mir angemessen, dem Theisten die Argumentationslast aufzuerlegen. Das liegt einfach an der Asymmetrie der Beweismöglichkeiten: Existenzaussagen sind leichter zu belegen als zu widerlegen. Wo kämen wir auch hin, wenn wir alles glauben oder gelten lassen müßten, was wir nicht widerlegen können? Nicht nur Nessies, Einhörner und Schneemenschen, auch fliegende Untertassen und Erdstrahlen, gute und böse Geister, Engel, Teufel und Hexen, alle Arten von Wundern dürften ja dann unsere Ontologie bevölkern. Andererseits sind wir weit davon entfernt, alles, was möglich ist, allein deshalb auch schon für wirklich zu halten. Die Beleglast liegt also grundsätzlich bei dem, der die Existenz von etwas *behauptet*.

In zweiter Näherung bekommt dann aber auch die Gegenseite ihre Aufgabe. Denn selbstverständlich haben Theisten längst Belege für ihre Auffassung gesammelt. So ist es nun Aufgabe des Atheisten, die Belege zu sichten und zu kritisieren. Im weiteren Verlauf gehen dann die Argumente so oft hin und her, daß es auf die Frage, wer den ersten Zug getan hat beziehungsweise tun mußte, nicht mehr so sehr ankommt. Die grundsätzliche Asymmetrie bleibt freilich bestehen: Existenzbehauptungen wie die des Theisten müssen (nicht bewiesen, aber wenigstens) belegt werden.

Unser nächster Schritt wird also darin bestehen, die wichtigsten Belege für die Existenz (eines) Gottes zusammenzustellen.[4] Da wir bereits betont haben, daß keiner der sogenannten Gottesbeweise zwingend ist, werden wir gar nicht erst von Beweisen, sondern nur von *Argumenten* sprechen. Der Übersichtlichkeit halber fügen wir bei jedem Argument die Kritik gleich hinzu.[5] Es ist klar, daß jedes Argument eine ausführliche Darstellung *und* Kritik verdiente; hier kann es jedoch nur um eine kommentierte Aufzählung gehen.

Ontologisches Argument (Anselm von Canterbury, Descartes): Nach Definition hat Gott alle positiven Eigenschaften (in höchstem Maße). Da es besser ist zu existieren, als nicht zu existieren, ist auch Existenz eine positive Eigenschaft. Also existiert Gott (in höchstem Grade, als *ens realissimum*).

Kritik (vor allem Kant): Existenz ist gar keine Eigenschaft. Und selbst wenn wir sie als Eigenschaft ansehen, wieso ist sie dann *positiv* zu werten? Und gibt es den Teufel als Inbegriff alles Negativen, also auch der Nichtexistenz, dann automatisch *nicht*?

Kosmologisches Argument (Aristoteles, Thomas von Aquin, Swinburne): Die physische Welt ist zeitlich endlich oder unendlich. Ist sie endlich, dann muß ihr Werden eine Ursache (gehabt) haben. Ist sie dagegen unendlich, dann gibt es zumindest eine Ursache dafür, daß gerade diese Welt existiert statt einer beliebigen anderen oder statt gar keiner Welt. In beiden Fällen verdankt auch diese Ursache ihre Existenz wieder einer anderen Ursache, die ihrerseits noch andere Ursachen hat, *und so weiter*.

Eine unendliche Kette von Ursachen ist aber unmöglich. Also gibt es in dieser Ursachenkette eine erste (oder letzte) Ursache, ein notwendiges Wesen, das *nicht anders sein kann*, als es ist, das Ursache seiner selbst (*causa sui*) ist und seine Existenz keiner weiteren

Ursache verdankt. Dieses notwendige Wesen nennen wir Gott. (Ähnlich lauten die Argumente für einen ersten Beweger oder für ein vollkommenes Wesen.)

Kritik (etwa Ernest Nagel): Wenn überhaupt etwas Ursache seiner selbst sein kann, warum dann nicht schon die Welt selbst? In einem unendlich alten Universum wäre auch eine unendliche Ursachenkette möglich. Sie wird jedenfalls nicht dadurch ausgeschlossen, daß *wir* sie aus Zeitgründen nicht verfolgen und keine unendliche *Erklärungskette* geben können. Außerdem könnte auch der *Zufall* für die Existenz und die Eigenschaften dieser unserer Welt verantwortlich sein. Und schließlich: Müßte ein notwendiges Wesen, wenn es denn eines geben sollte, gerade der personale, allgütige, christliche Gott sein? (Thomas von Aquin gibt durchaus Antworten auf diese Fragen; eine Diskussion würde hier zu weit führen.)

Teleologisches Argument (argument from/to design, physiko-theologisches Argument; Stoiker, Cicero, Thomas von Aquin, William Paley): Viele Dinge in dieser Welt, mindestens aber die *Lebewesen*, zeigen *zweckmäßige* Eigenschaften, als ob sie so *geplant* wären, damit sie überleben (beziehungsweise vom menschlichen Geist erkannt werden) können. Also muß es dahinter einen Planer, Schöpfer, Zwecksetzer geben. (Eine Sonderform ist das Leibnizsche Argument aus der prästabilierten Harmonie, eine andere die Existenz von Naturgesetzen, die Gott *erlassen* haben soll, eine sehr moderne das starke anthropische Prinzip.)

Kritik (etwa Hume): Daß etwas geplant aussieht, beweist nicht, daß es geplant *ist*. Tatsächlich wird durch Darwins Evolutionstheorie eine alternative Erklärung gegeben: Zweckmäßigkeit und Anpassung sind Ergebnisse der natürlichen Auslese. Aber auch wenn das Argument gültig wäre, würde es weder die Einzigkeit noch die Allmacht, die Allgüte, die Allweisheit des Schöpfers garantieren.

Psychologisches Argument (etwa Descartes): Als endliches Wesen kann ich die Idee eines unendlichen Wesens nicht selbständig hervorgebracht haben. Also muß es ein solches unendliches Wesen außerhalb meiner selbst geben. Ebendas ist Gott.

Kritik: Nicht jeder trägt die Gottesidee in sich. Unendliches kann zwar nicht anschaulich vorgestellt, wohl aber als Negation der Endlichkeit gedacht werden. Unendliches braucht auch keineswegs göttlich zu sein.

Moralisches, deontologisches Argument (besonders Kant): Alle Menschen tragen ein sittliches, moralisches Bewußtsein in sich, haben ein Gewissen, fühlen sich einem Sittengesetz verpflichtet. Dazu muß es einen Urheber geben: Gott.

Kritik (etwa Russell[6]): Sittliches Bewußtsein, wenn es so etwas überhaupt gibt, ist nicht bei allen Menschen gleich. Es kann auch anerzogen sein. Das Gefühl »Du sollst (nicht)« ergibt sich aus der Vorstellung, daß wir das Wohlgefallen (Mißfallen) anderer erregen.

Eine weitere Schwierigkeit: Beruht der Unterschied zwischen Gut und Böse auf einem Machtspruch Gottes, dann gibt es für Gott selbst keinen Unterschied mehr zwischen Gut und Böse; die Aussage, Gott sei gut, ist dann bedeutungslos. Ist der Unterschied dagegen von Gott *unabhängig*, dann ist er nicht der Schöpfer aller Dinge. Gibt es dann einen Übergott, der *alles* geschaffen hat, auch den guten Gott? Oder hat vielleicht der Teufel die Welt geschaffen, als Gott gerade nicht aufpaßte? Beides ist für den Theisten unannehmbar.

Axiologisches Argument (Neuscholastik des 19. und des 20. Jahrhunderts): Wahrhaft menschliches Dasein strebt nach der Verwirklichung von *Werten*. Doch sind alle irdischen Werte unvollkommen, bedingt, vergänglich. Damit jenes Streben sinnvoll ist, muß es einen höchsten Wert geben, der die irdischen Werte ermöglicht und dem Streben Maß und Ziel liefert. Dieser höchste Wert ist Gott.

Kritik: Ein Vergleich von (relativen) Werten ist auch dann möglich, wenn es keinen absoluten Wert gibt. Auch Zahlen kann man der Größe nach miteinander vergleichen, *ohne* daß es eine größte Zahl zu geben braucht. Ebenso ist das Streben nach (relativen) Werten auch dann sinnvoll, wenn es keinen absoluten Wert gibt.

Argument der ausgleichenden Gerechtigkeit: In der Menschenwelt herrscht große Ungerechtigkeit. Wenn insgesamt Gerechtigkeit herrschen soll, dann muß in anderen Teilen der Welt oder in einem Leben nach dem Tode ein Ausgleich hergestellt werden. Dazu muß es Gott, Himmel und Hölle geben.

Kritik (etwa Russell): Warum sollte in der Welt insgesamt Gerechtigkeit herrschen? Die beobachtete Ungerechtigkeit ist eher ein Argument gegen Gott als für ihn. (Vgl. *Das Problem des Bösen* – weiter unten.)

Wunder-Argument: Gelegentlich wird die strenge Ordnung der Natur durch außerweltliche Instanzen absichtlich durchbrochen. Solche Verstöße gegen die Naturgesetze belegen das Wirken eines übernatürlichen Wesens. Die katholische Kirche spricht eine Person sogar nur dann heilig, wenn auf ihre Fürbitte wenigstens zwei Wunder geschehen sind.

Kritik (insbesondere Hume): »Wunder« erleben immer nur die anderen. Für mich ist es dann rationaler, an der Zuverlässigkeit solcher Berichte zu zweifeln als an einer vielfach beobachteten Regelmäßigkeit. Es kann aber auch sein, daß eine vermeintliche Regelmäßigkeit gar keine war und korrigiert werden muß. Wer trotzdem an Wunder glaubt, der setzt den Glauben bereits voraus, hat dann also kein unabhängiges Argument für Gott.

Ethnologisches Argument (»historischer Gottesbeweis«, 19. Jahrhundert): Die allgemeine Verbreitung von Religion beziehungsweise eines Götterglaubens legt die Existenz (eines) Gottes nahe. Gäbe es keinen Gott, dann würde ja die menschliche Vernunft überall die Wahrheit verfehlen.

Kritik (etwa Hegel): Hier wird ein sehr unscharfer Gottesbegriff verwendet. Ein schärferer Gottesbegriff schränkt die Verbreitung des Theismus bereits erheblich ein. Vor allem aber kann der Glaube an (einen) Gott auch durch seine psychischen und sozialen *Funktionen* hinreichend erklärt werden; dann sagt seine Verbreitung nichts mehr über seine Wahrheit.

Argument aus religiöser Erfahrung: Alle bisherigen Argumente liefern nur *mittelbare* Belege: *Wenn* wir bestimmte Definitionen oder Fakten akzeptieren (zum Beispiel Gott als Inbegriff aller positiven Eigenschaften definieren oder die Möglichkeit einer unendlichen Ursachenkette bestreiten), *dann* müssen wir auch die Existenz Gottes anerkennen. Viele Menschen haben Gott aber auch *unmittelbar* erlebt. Für sie sind diese Erlebnisse überzeugender als alle Argumente.

Kritik (etwa Russell): Religiöse Erfahrung ist nicht übertragbar.

Für Außenstehende bleibt sie eine besonders zweifelhafte Beleginstanz. Normalerweise schließen wir nämlich nur dann von subjektiven Erlebnissen auf etwas Reales außer uns, wenn alle oder viele Menschen darin übereinstimmen. Auch berichten viele von Erlebnissen mit Wesen, deren Existenz die Kirche ablehnt. Wieso sind diese Berichte dann unglaubhaft?

Daß religiöse Erfahrungen gerade unter ungewöhnlichen Umständen – Hunger, Krankheit, Drogen – auftreten, ist dagegen weder ein Argument für noch eines gegen den Theismus. Der Atheist wird sie als Selbsttäuschungen, Halluzinationen, Wunschdenken verwerfen; der Theist wird umgekehrt annehmen, daß gerade die besonderen Bedingungen den Zugang zum Übernatürlichen erst so recht eröffnen.

Die Pascalsche Wette (Islam, Pascal, James): Es ist ratsam, an Gott zu glauben (und sogar Katholik zu sein). Gibt es Gott und ein ewiges Leben, dann können wir durch diesen Glauben ewige Qualen vermeiden, vielleicht sogar ewige Seligkeit gewinnen. Gibt es Gott nicht (und somit auch kein ewiges Leben), so haben wir durch unseren (falschen) Glauben und unsere (vorschriftsmäßigen) Handlungen keine oder jedenfalls nur endliche Verluste.

Kritik (etwa Flew[7]): Pascal liefert höchstens ein *Motiv*, keinen Beleg. Außerdem gibt es noch unendlich viele Alternativen zum katholischen Glauben, darunter auch solche, bei denen ein Glaube zum vermeintlichen eigenen Vorteil hart bestraft werden könnte! Gilt das nicht sogar für den christlichen Glauben?

Da wir dem Theisten die Beleglast für seine Position aufgebürdet und seine Belege als nicht stichhaltig kritisiert haben, könnten wir die Diskussion nun beenden. Doch gibt es freilich nicht nur Argumente für den Theismus, die man sammeln und studieren kann, sondern auch Argumente dagegen. Solche Argumente sollen hier abschließend zusammengestellt werden. Dabei sind wir uns wieder darüber im klaren, daß keines von ihnen zwingend sein kann.

Ist der Theismus überhaupt verständlich? Diese Frage haben wir bereits am Anfang besprochen, und wir wollen nun nicht mehr darauf eingehen.

Ist der Theismus prüfbar? Hier muß man verschiedene Behauptungen unterscheiden. Daß Gott *existiert*, ist eine Existenzbehauptung, die allenfalls bestätigt, nicht aber widerlegt werden kann. Steven Brams hat *spieltheoretisch* untersucht, ob wir übermenschliche Wesen überhaupt als solche erkennen könnten[8]. Dazu werden Eigenschaften wie Allwissenheit, Allmacht, Unsterblichkeit, Unbegreiflichkeit spieltheoretisch präzisiert, und es werden verschiedene Regeln für »Spiele« zwischen Menschen und überlegenen Wesen erwogen. So werden auch Fragen, die man traditionell eher für metaphysisch halten möchte, einer rationalen Diskussion zugänglich. Das Ergebnis ist weitgehend agnostisch: Man könnte solche Wesen in der Regel *nicht* als allwissend, allmächtig, unsterblich erkennen! Für die Frage der Erkennbarkeit Gottes scheint mir das ein wichtiger Ansatz.

Daß Gott in unser Leben *eingreift*, wäre prüfbar, wenn die Voraussagen konkret genug wären. Prüfbar wäre etwa die Behauptung, daß Gebete in mehr als zufälligem Maß erhört werden. Man stellt jedoch bald fest, daß theistische Auffassungen sich dieser Art von kritischer Prüfung nicht aussetzen: Ihre Aussagen sind so vage, daß sie mit jedem Verlauf vereinbar sind.

Auch unübersehbare *Widersprüche* werden nicht als Widerlegungen angesehen, sondern im Rahmen des Systems umgedeutet. Eine Religionsgemeinschaft hat für heute eine neue Sintflut errechnet. Ihre Mitglieder sammeln sich auf einem hohen Berg und beten um Rettung. Die Sintflut bleibt aus. Werden die Mitglieder in ihrem Glauben irre? Nein. Sie sagen: »Unser Gebet hat uns vor dem Untergang bewahrt.« In ihrem Glauben fühlen sie sich sogar noch bestärkt.

Solche Immunisierungsstrategien finden sich in vielen theologischen Lehren: Gott wird gerade so gedeutet, daß eine Widerlegung unmöglich wird. Diese Beobachtung ist selbstverständlich kein Argument gegen die Existenz Gottes, sondern eine *Kritik* an theistischen Systemen und Strategien.

Mißerfolgs-Argument: Ist der Theismus schon nicht prüfbar, weil er sich dem Risiko einer *Widerlegung* gar nicht erst aussetzt, so ist er doch wenigstens *bestätigungs*fähig. Aber zu welchem Schatz an Bestätigungen hat er es in zweieinhalbtausend Jahren eigentlich gebracht? Hatte er nicht Zeit und Gelegenheit, überzeugende Belege zu sammeln? Wo sind diese Belege?

Sollte gar jemand behaupten, der Theismus oder das Christentum hätten die Menschen besser und glücklicher gemacht, so wäre er oder sie durch Verweis auf die Fakten, insbesondere auf die Kirchengeschichte, leicht zu widerlegen.[9] Doch naturgemäß beweist (oder belegt) ein solcher Erfolg oder Mißerfolg bei dem Versuch, die Menschen moralisch zu bessern, über die Existenz (eines) Gottes überhaupt nichts.

Das Problem des Bösen, des Übels, des Leides (Theodizee-Problem): Dieses Problem, das schon weiter oben formuliert wurde, ist für den Theismus sicher eines der schwierigsten. Am leichtesten wird es gelöst, wenn Gott *nicht allmächtig* ist. (Damit beseitigt man gleichzeitig alle Allmachtsparadoxien.) Es scheint jedoch, daß die Kirchen von der Allmacht Gottes nicht abrücken wollen.

Symmetrie-Argumente: Fast jedes Argument für die Existenz Gottes läßt sich spiegeln in ein Argument für die Existenz des Teufels: Ist Existenz vielleicht eine negative Eigenschaft? Dann gibt es nicht Gott, sondern den Teufel. Ist diese Welt vielleicht die *schlechteste* aller möglichen Welten?[10] Beweisen meine Irrtümer nicht, daß es den *Teufel* gibt? Sind nicht meine Triebe und Wünsche Belege dafür? Ist nicht auch der Teufelsglaube universell? Brauchen wir ihn nicht für die Erklärung des Bösen, als Maßstab für das Unwerte, als Erklärung für unsere Erfahrungen mit bösen Geistern?

Diese Symmetrie ist nicht leicht aufzuheben. Müssen wir dann nicht, wenn wir an Gott glauben, auch an den Teufel glauben? Gehört nicht zum Theismus gleichberechtigt ein Diabolismus? Sollen wir ihm gegenüber auch Agnostiker bleiben? Ist es da nicht besser, die Existenz *beider*, Gottes wie des Teufels, zu verneinen?

Ökonomie-Argumente: Es besteht kein Zweifel, daß der Theismus hohen Erklärungswert hat. Letztlich kann er auf jede Frage, warum dies oder jenes der Fall sei, antworten: »Weil Gott es so wollte.« Wissenschaftstheoretisch sind aber solche Universaltheorien, die jedes denkbare Ereignis erklären können, besonders verdächtig: Sie können nicht ernsthaft geprüft werden, weil sie selbst dann, wenn sie falsch sind, nicht als falsch erkannt werden können.

Aus dieser Schwierigkeit helfen Sparsamkeitsprinzipien: Von zwei im übrigen gleichwertigen Hypothesen oder Theorien bevorzugen wir die jeweils einfachere. Läßt man ein solches Prinzip auch in theologischen Fragen gelten, dann ist zu prüfen, ob die theistischen Hypothesen tatsächlich gebraucht werden und inwieweit sie als erklärende Hypothesen entbehrlich sind. Für viele ist dann die Gotteshypothese zwar verständlich und nicht als falsch erkennbar, aber eben einfach überflüssig.

Unsere Überlegungen sollten dazu dienen, den Sinn der Titelfrage zu erläutern und Wege zu ihrer Beantwortung aufzuweisen. Wie ich als Autor die Titelfrage beantworte, sollte dabei keine wesentliche Rolle spielen. Entscheidend ist, ob die theistischen Argumente überzeugen oder nicht.

Doch gewiß ist auch meine eigene Haltung in den Gedankengang eingeflossen. Es erscheint mir deshalb fair, die Titelfrage zuletzt auch für mich zu beantworten.

Zunächst meine ich, daß man dem Wort »Gott« durchaus eine verständliche Bedeutung geben kann. Aber ich glaube nicht an diesen Gott. Die Argumente für die Existenz Gottes überzeugen mich nicht. Von den berühmten Gottesbeweisen ist keiner zwingend, und auch die übrigen Argumente sind für mich weder einzeln noch in ihrer Gesamtheit überzeugend. Theist bin ich also nicht.

Bin ich nun Agnostiker oder Atheist? Wie bequem wäre es, könnte ich mich als Agnostiker davonstehlen! Meine Bemühungen um das Problem habe ich nachgewiesen; jetzt auf eine Parteinahme zu verzichten, macht den Eindruck einer salomonischen Entscheidung. Aber so einfach will ich es mir nicht machen. Tatsächlich sehe ich nicht, warum ich – außer aus taktischen Gründen – die Frage im Sinne des Agnostikers offenlassen sollte.

Fraglos kann niemand beweisen, daß es keinen Gott gibt. Aber gerade deshalb können wir auch nicht auf einen solchen Beweis warten. Theistische Auffassungen hatten lange genug Zeit, Belege aufzutreiben; sie sind dabei regelmäßig gescheitert. Wie sollen wir diesen Mißerfolg erklären wenn nicht durch die Annahme, daß es den theistischen Gott einfach nicht gibt?

Das Problem scheint mir also nicht einfach ungelöst zu sein.

Schließlich gibt es sogar Argumente, die *gegen* die Existenz Gottes sprechen. Das Hauptproblem ist das Problem des Bösen. Das Leid unter den Menschen zeigt, daß es den vollkommenen Gott des Theismus, der sich um uns kümmert, nicht gibt.

Die übrigen Argumente sind eher methodologischer Natur. Sie zeigen, warum es sinnvoll ist, die Gotteshypothese zu verneinen: Sie ist, soweit verständlich, unprüfbar und insgesamt entbehrlich.

Deshalb bin ich Atheist.

Steven Weinberg

Die Frage nach Gott

»Die Himmel erzählen die Herrlichkeit Gottes, und die Ausdehnung [die Himmelsfeste, das Firmament] verkündet seiner Hände Werk.«[1] König David oder demjenigen – wer immer es gewesen sei –, der diesen Psalm verfaßt hat, müssen die Sterne als sichtbarer Beweis einer vollkommeneren Art von Existenz erschienen sein, ganz anders als unsere glanzlose sublunare Welt der Felsen, Steine und Bäume. Seit Davids Zeiten haben die Sonne und die anderen Sterne ihren Sonderstatus eingebüßt; wir wissen, daß sie Kugeln aus glühendem Gas sind, die zusammengehalten werden von der Gravitation und vor einem Kollaps bewahrt werden durch den Druck, der von der Wärme aufrechterhalten wird, die von thermonuklearen Reaktionen im Inneren der Sterne ausgeht. Über die Herrlichkeit Gottes sagen uns die Sterne nicht mehr und nicht weniger als die am Boden liegenden Steine.

Falls es tatsächlich etwas gäbe, das wir in der Natur entdecken könnten und das uns eine spezielle Einsicht in das Werk Gottes gewähren würde, so müßten es die endgültigen Naturgesetze sein. Würden wir diese Gesetze kennen, so besäßen wir das Buch der Regeln, das die Sterne, die Steine und alles andere regiert. Es ist daher ganz normal, daß die Naturgesetze in drei kürzlich erschienenen Büchern von Physikern als »der Geist Gottes« bezeichnet werden.[2] Ein anderer Physiker, Charles Misner[3], hat sich in einem Vergleich der Perspektiven von Physik und Chemie ähnlich ausgedrückt: »Der organische Chemiker, gefragt: ›Warum gibt es zweiundneunzig Elemente, und wann wurden sie geschaffen?‹, könnte sagen: ›Das weiß der Mann im Büro nebenan.‹ Der Physiker aber, gefragt:

›Warum ist das Universum so gebaut, daß es bestimmten physikalischen Gesetzen und nicht anderen folgt?‹, könnte durchaus antworten: ›Das weiß Gott.‹«

Einstein bemerkte einmal zu seinem Assistenten Ernst Straus, daß ihn wirklich interessiere, ob Gott bei der Erschaffung der Welt eine Wahl gehabt habe.[4] Bei anderer Gelegenheit[5] beschrieb er das von der Physik verfolgte Ziel folgendermaßen:

»Wir wollen nicht nur wissen, *wie* die Natur ist und *wie* ihre Vorgänge ablaufen, sondern wir wollen auch nach Möglichkeit das vielleicht utopisch und anmaßend erscheinende Ziel erreichen, zu wissen, warum die Natur so *und nicht anders ist* [...] so erlebt man gewissermaßen, daß selbst Gott jene Zusammenhänge nicht anders hätte festlegen können, als sie tatsächlich sind [...] Dies ist das prometheische Element des wissenschaftlichen Erlebens [...] Hier hat für mich stets der eigentliche Zauber wissenschaftlichen Nachdenkens gelegen.«

Einsteins Religion war so vage, daß ich vermute, er hat dies metaphorisch gemeint, wie es der Ausdruck »gewissermaßen« nahelegt. Daß diese Metapher für Physiker etwas so Selbstverständliches ist, liegt zweifellos daran, daß die Physik so fundamental ist. Der Theologe Paul Tillich hat beobachtet, daß unter den Wissenschaftlern allein die Physiker in der Lage zu sein scheinen, das Wort »Gott« ohne Verlegenheit zu benutzen.[6] Es ist, gleichgültig, welche Religion man hat oder nicht hat, eine unwiderstehliche Metapher, im Zusammenhang mit den endgültigen Naturgesetzen vom Geist Gottes zu reden.

Ich bin einmal an einem merkwürdigen Ort auf diese Verbindung gestoßen, im Rayburn House Office Building in Washington. Der Ausschuß für Wissenschaft, Raumfahrt und Technologie des Repräsentantenhauses führte dort 1987 eine Anhörung zum Projekt des »Superconducting Super Collider« (SSC) durch, in der ich zugunsten des Projekts Stellung nahm. Ich schilderte, daß wir dabei sind, bei unserem Studium der Elementarteilchen Gesetze zu entdecken, die immer kohärenter und universaler werden, und daß wir glauben, daß es nicht bloß ein Zufall ist, daß in diesen Gesetzen eine Schönheit liegt, die etwas widerspiegelt, das auf einer ganz tiefen

Ebene in die Struktur des Universums eingebaut ist. Nachdem ich diese Bemerkungen geäußert hatte, folgten noch Beiträge anderer Zeugen und Fragen von Mitgliedern des Ausschusses. Daraufhin entspann sich ein Dialog zwischen zwei Ausschußmitgliedern, dem Abgeordneten Harris W. Fawell, einem Republikaner aus Illinois, der dem »Super Collider«-Projekt im großen und ganzen wohlgesinnt war, und dem Abgeordneten Don Ritter, einem Republikaner aus Pennsylvania und ehemaligen Hütteningenieur, der im Kongreß zu den entschiedensten Gegnern des Projekts gehörte.[7]

Mr. Fawell: [...] Ich danke Ihnen sehr. Ich weiß Ihrer aller Aussagen zu schätzen. Ich meine, es war hervorragend. Sollte ich jemals dem einen oder anderen erläutern müssen, warum der SSC notwendig ist, bin ich sicher, auf Ihre Aussagen zurückgreifen zu können. Es wird mir sehr helfen. Ich wünschte manchmal, das Ganze ließe sich in einem Satz zusammenfassen, aber das ist irgendwie unmöglich. Ich glaube, Sie, Dr. Weinberg, haben es beinahe geschafft; ich bin mir nicht sicher, aber ich habe es mir so notiert. Sie sagten, Sie vermuteten, daß es kein Zufall sei, daß es Regeln gebe, denen die Materie gehorche, und ich habe mir notiert: »Wird uns das helfen, Gott zu finden?« Ich bin sicher, daß Sie das nicht so gesagt haben, aber es wird uns doch sicherlich helfen, sehr viel mehr über das Universum zu erfahren.

Mr. Ritter: Würden Sie mir dazu eine Bemerkung erlauben? Falls Sie mir eine kurze Bemerkung erlauben würden, so würde ich sagen...

Mr. Fawell: Eigentlich nicht.

Mr. Ritter: Wenn die Maschine das wirklich leistet, überlege ich's mir anders und bin dafür.

Ich war so vernünftig, mich aus diesem Meinungsaustausch herauszuhalten, weil die Abgeordneten vermutlich nicht wissen wollten, was ich von der Möglichkeit hielt, im SSC Gott zu finden, und weil es mir auch nicht so vorkam, daß es dem Projekt helfen würde, wenn ich sie wissen ließe, was ich darüber dachte.

Manche Leute haben Ansichten über Gott, die so allgemein und so dehnbar sind, daß sie unweigerlich auf Gott stoßen müssen, gleichgültig, wo sie nach ihm suchen. Da bekommt man etwa zu hören: »Gott ist das Höchste« oder »Gott ist unser besseres Wesen« oder »Gott ist das Universum«. Natürlich können wir dem Wort »Gott« wie jedem anderen Wort jede beliebige Bedeutung unterlegen. Wenn Sie behaupten wollen: »Gott ist Energie«, dann können Sie Gott in einem Stück Kohle finden. Wenn Wörter jedoch irgendeinen Wert für uns haben sollen, dann sollten wir respektieren, wie sie bisher benutzt worden sind, und wir sollten insbesondere Unterscheidungen beachten, die verhindern, daß die Bedeutung eines Wortes sich mit der Bedeutung anderer Wörter vermengt.

In diesem Sinne meine ich, daß wir unter dem Wort »Gott«, sofern es überhaupt einen Sinn haben sollte, einen interessierten Gott verstehen sollten, einen Schöpfer und Gesetzgeber, der nicht nur die Naturgesetze und das Universum geschaffen hat, sondern auch Maßstäbe für Gut und Böse, eine Persönlichkeit, die an unserem Tun Anteil nimmt, kurz, etwas, was unsere Verehrung verdient. (Es dürfte klar sein, daß ich, wenn von diesen Dingen die Rede ist, nur für mich selbst spreche und keinerlei Spezialkenntnisse für mich in Anspruch nehme.) Dies ist der Gott, auf den es den Menschen im Laufe der Geschichte immer angekommen ist. Wissenschaftler und andere verstehen unter dem Wort »Gott« manchmal etwas so Abstraktes und Unbeteiligtes, daß ihr Gott kaum von den Naturgesetzen zu unterscheiden ist. Einstein hat einmal gesagt, er glaube an »den Gott Spinozas, der sich in der planmäßigen Harmonie dessen, was ist, offenbart, nicht an einen Gott, der sich um die Schicksale und Handlungen von Menschen kümmert«.[8] Doch was hat es für einen Sinn, statt »Ordnung« oder »Harmonie« das Wort »Gott« zu benutzen, außer vielleicht, daß man dem Vorwurf entgehen möchte, keinen Gott zu haben? Natürlich steht es jedem frei, das Wort »Gott« in diesem Sinne zu verwenden, doch finde ich, daß der Gottesbegriff dadurch nicht so sehr verfälscht, sondern völlig nichtssagend wird.

Werden wir in den letzten Naturgesetzen auf einen Anteil nehmenden Gott stoßen? Diese Frage zu stellen erscheint beinahe absurd, nicht nur, weil wir die endgültigen Gesetze noch nicht kennen, sondern vielmehr, weil man sich kaum vorzustellen vermag, im Besitz letzter Prinzipien zu sein, die keiner Erklärung durch tiefere

Prinzipien bedürfen. Doch so verfrüht es auch sein mag, kann man doch kaum umhin, sich zu fragen, ob wir in einer endgültigen Theorie eine Antwort auf unsere tiefsten Fragen, ein Anzeichen für das Wirken eines Anteil nehmenden Gottes finden werden. Ich halte das für nicht wahrscheinlich.

Alles, was wir im Laufe der Wissenschaftsgeschichte erfahren haben, hat in die entgegengesetzte Richtung gedeutet, auf eine eiskalte Unpersönlichkeit der Naturgesetze. Der erste große Schritt auf diesem Weg war die Entmythologisierung des Himmels. Die einschlägigen Persönlichkeiten sind allgemein bekannt: Kopernikus, der behauptete, daß die Erde sich nicht im Mittelpunkt des Universums befinde; Galilei, der plausibel machte, daß Kopernikus recht hatte[9]; Bruno, der vermutete, daß die Sonne nur einer aus einer ungeheuren Anzahl von Sternen sei; und Newton, der zeigte, daß für das Sonnensystem und für Körper auf der Erde dieselben Bewegungs-und Schweregesetze gelten. Ich glaube, das entscheidende Moment war Newtons Beobachtung, daß die Bewegung des Mondes um die Erde und ein fallender Körper auf der Oberfläche der Erde von ein und demselben Gravitationsgesetz bestimmt werden.[10] In unserem Jahrhundert wurde die Entmythologisierung des Himmels von dem amerikanischen Astronomen Edwin Hubble noch einen Schritt weitergeführt. Durch Messung der Entfernung zum Andromedanebel zeigte Hubble, daß dieser und logischerweise Tausende von anderen, ähnlichen Nebeln nicht bloß entlegene Teile unserer Galaxie darstellen, sondern eigene Galaxien, die ebenso eindrucksvoll sind wie die unsere. Moderne Kosmologen sprechen sogar von einem kopernikanischen Prinzip und meinen damit die Regel, daß eine kosmologische Theorie, die unserer Galaxie eine besondere Stellung im Universum einräumt, nicht ernst genommen werden kann.

Auch das Leben wurde entmythologisiert. Zunächst zeigten Justus von Liebig und andere organische Chemiker in den Anfängen des 19. Jahrhunderts, daß der künstlichen Synthese von Substanzen wie der Harnsäure, die mit Lebensvorgängen zusammenhängen, nichts im Wege steht. Am bedeutendsten waren Charles Darwin und Alfred Russell Wallace, die zeigten, daß sich die wunderbaren

Fähigkeiten von Lebewesen ohne einen äußeren Plan oder ohne äußere Lenkung durch natürliche Selektion entwickeln konnten. Der Prozeß der Entmythologisierung hat sich in diesem Jahrhundert beschleunigt mit den anhaltenden Erfolgen der Biochemie und der Molekularbiologie, die das Funktionieren von Lebewesen zu erklären vermögen.

Die Entmythologisierung des Lebens hat die religiösen Empfindlichkeiten weit stärker getroffen als irgendeine andere Entdeckung der Naturwissenschaft. Es ist nicht erstaunlich, daß es weniger die Entdeckungen von Physik und Astronomie sind, sondern vielmehr der Reduktionismus in der Biologie und die Evolutionstheorie, die nach wie vor auf den entschiedensten Widerstand treffen.

Sogar bei Wissenschaftlern hört man gelegentlich Anklänge an den Vitalismus, an die Überzeugung, daß biologische Prozesse sich nicht im Sinne von Physik und Chemie erklären lassen. In unserem Jahrhundert haben Biologen (unter ihnen Antireduktionisten wie Ernst Mayr) den Vitalismus im großen und ganzen gemieden, aber noch 1944 behauptete Erwin Schrödinger in seinem bekannten Buch *Was ist Leben?*, daß »wir heute genügend über die wirkliche materielle Struktur der Organismen und über deren Arbeitsweise [wissen], um festzustellen und auch genau sagen zu können, warum die heutige Physik und Chemie nicht zu erklären vermögen, was in Raum und Zeit im Innern eines lebenden Organismus vor sich geht«. Er begründete es damit, daß die Erbinformation, von der lebende Organismen gesteuert werden, viel zu stabil sei, um in die von der Quantenmechanik und der statischen Mechanik beschriebene Welt der unablässigen Fluktuation hineinzupassen. Schrödingers Irrtum wurde von Max Perutz aufgedeckt, dem Molekularbiologen, der unter anderem die Struktur des Hämoglobins aufklärte: Schrödinger hatte die Stabilität übersehen, die durch den chemischen Prozeß der enzymatischen Katalyse hergestellt werden kann.[11]

Der angesehenste akademische Kritiker der Evolutionstheorie ist derzeit wohl Professor Phillip Johnson von der School of Law der Universität von Kalifornien.[12] Johnson räumt ein, daß eine Evolution stattgefunden hat und daß sie zum Teil auf natürlicher Selektion beruht, behauptet aber, daß es keinen »unanfechtbaren experimentellen Beweis« dafür gebe, daß die Evolution nicht von einem göttlichen Plan gesteuert worden sei. Es ist natürlich unmöglich zu beweisen, daß keine übernatürliche Macht zugunsten bestimmter Mutationen und zuungunsten anderer ins Geschehen eingreift. Dies gilt aber für jede wissenschaftliche Theorie. Die erfolgreiche Anwendung von Newtons oder Einsteins Bewegungsgesetzen auf das Sonnensystem hindert uns nicht an der Annahme, daß dann und wann ein Komet von einer göttlichen Macht einen kleinen Schubs bekommt. Es ist ziemlich klar, daß Johnson diese Frage nicht aus unparteiischer Unvoreingenommenheit anschneidet, sondern weil er sich aus religiösen Gründen ganz besonders für das Leben interessiert, aber nicht gleichermaßen für Kometen. Das einzig mögliche wissenschaftliche Verfahren besteht jedoch in der Annahme, daß eine göttliche Intervention nicht stattfindet, um dann zu sehen, wie weit man mit dieser Annahme kommt.

Johnson behauptet, daß eine naturalistische Evolution, »eine Evolution, in die keine Intervention oder Lenkung durch einen außerhalb der Welt der Natur stehenden Schöpfer eingreift«, keine sehr gute Erklärung für die Entstehung der Arten biete. Ich glaube, daß er in diesem Punkt irrt, weil er kein Verständnis für die Probleme hat, auf die eine wissenschaftliche Theorie immer stößt, wenn sie zu erklären versucht, was wir beobachten. Wenn man einmal von groben Irrtümern absieht, beruhen unsere Berechnungen und Beobachtungen immer auf Annahmen, die über die Geltung der Theorie, die wir überprüfen wollen, hinausreichen. Die Berechnungen, die sich auf Newtons Gravitationstheorie oder irgendeine andere Theorie stützten, haben nie vollständig mit allen Beobachtungen übereingestimmt. In den Schriften heutiger Paläontologen und Evolutionsbiologen erkennen wir denselben Sachverhalt, der uns in der Physik so vertraut ist; die Biologen, die sich der naturalistischen Evolutionstheorie bedienen, arbeiten mit einer ungeheuer erfolgreichen Theorie, die allerdings mit ihrer Erklärungsaufgabe noch nicht fertig ist. Es scheint mir eine ungemein bedeutsame Entdeckung zu sein, daß wir bei der Erklärung der Welt sehr weit kommen können, ohne uns auf göttliche Interventionen zu berufen – und zwar in der Biologie ebenso wie in den physikalischen Wissenschaften.

In einer anderen Beziehung dürfte Johnson recht haben. Die naturalistische Evolutionstheorie ist mit der Religion, so, wie sie allgemein verstanden wird, nach seiner Ansicht unvereinbar, und er nimmt die Wissenschaftler und Erzieher, die das leugnen, ins Gebet. Er beklagt sich sodann, daß »die naturalistische Evolution mit der Existenz ›Gottes‹ nur zu vereinbaren ist, wenn wir unter diesem Ausdruck nicht mehr verstehen als eine erste Ursache, die sich von weiterer Aktivität zurückzieht, nachdem sie die Naturgesetze aufgestellt und den natürlichen Mechanismus in Gang gesetzt hat«.

Der zwischen der modernen Evolutionstheorie und dem Glauben an einen anteilnehmenden Gott bestehende Widerspruch ist meiner Meinung nach kein logischer – es ist vorstellbar, daß Gott die Naturgesetze schuf und die Mechanismen der Evolution in Gang setzte in der Absicht, daß eines Tages durch natürliche Selektion Sie und ich erscheinen würden –, aber es liegt eine echte Unvereinbarkeit des Temperaments vor. Die Religion entstand schließlich nicht in den Köpfen von Männern und Frauen, die über erste Ursachen mit einer unendlichen Voraussicht spekulierten, sondern in den Herzen von Menschen, die sich nach der fortgesetzten Intervention eines anteilnehmenden Gottes sehnten.

Die religiösen Konservativen wissen, anders als viele ihrer liberalen Gegner, um was es bei der Auseinandersetzung über die Evolution als Unterrichtsgegenstand an amerikanischen Schulen geht. Kurz nachdem ich 1983 nach Texas kam, wurde ich zu einer Anhörung vor einen Ausschuß des Senats von Texas geladen, wo es um eine Verfügung ging, welche die Darstellung der Evolutionstheorie in staatlich finanzierten Schulbüchern untersagte, solange nicht dem Kreationismus gleiches Gewicht eingeräumt würde. Ein Ausschußmitglied fragte mich, wie der Staat die Lehre einer wissenschaftlichen Theorie wie der Evolutionstheorie unterstützen könne, die so zersetzend auf den religiösen Glauben wirke. Ich entgegnete, daß es falsch wäre, wenn diejenigen, die aus emotionalen Gründen dem Atheismus anhängen, der Evolution mehr Gewicht verleihen würden, als es für den Biologieunterricht ansonsten angemessen sei, daß es aber ebensowenig mit der Verfassung zu vereinbaren sei, wenn man der Evolution weniger Raum gebe, nur um eine religiöse Überzeugung zu schützen. Es sei einfach nicht die Sache der öffentlichen Schulen, sich mit den religiösen Implikationen wissenschaftlicher Theorien im einen oder anderen Sinne zu befassen. Der Senator war mit meiner Antwort nicht zufrieden, weil er ebensogut wie ich wußte, was herauskommen würde, wenn im Biologieunterricht der Evolutionstheorie angemessener Raum gegeben würde. Als ich das Sitzungszimmer verließ, murmelte er: »Trotzdem ist Gott immer noch im Himmel.« Das mag schon sein, doch die Schlacht haben wir gewonnen; die texanischen Schulbücher dürfen nicht nur, sondern müssen jetzt die moderne Evolutionstheorie darstellen, und zwar ohne den Nonsens des Kreationismus. Vielerorts (heute besonders in islamischen Ländern) muß diese Schlacht aber noch gewonnen werden, und nirgendwo ist ein dauerhafter Sieg gesichert.

Oft hört man, es gebe keinen Konflikt zwischen Wissenschaft und Religion. Das mag für viele, die sich als religiös betrachten, zutreffen, aber das liegt nur daran, daß die Religion sich im Laufe vieler Jahrhunderte von einstigen Bastionen zurückgezogen hat. Einst erschien es uns unmöglich, die Natur ohne eine Nymphe in jedem Bach oder eine Dryade auf jedem Baum zu erklären. Noch im 19. Jahrhundert galt der Bauplan von Pflanzen und Tieren als sichtbarer Beweis für die Existenz eines Schöpfers. Noch immer gibt es unzählige Dinge in der Natur, die wir nicht erklären können, aber wir glauben die Prinzipien zu kennen, die ihr Verhalten bestimmen. Echte Rätsel werden uns heute nur noch in der Kosmologie und in der Elementarteilchenphysik aufgegeben. Der Rückzug der Religion aus den von der Wissenschaft besetzten Bereichen ist nahezu abgeschlossen.

Von dieser historischen Erfahrung ausgehend, vermute ich, daß wir in den endgültigen Naturgesetzen zwar der Schönheit begegnen werden, doch das Leben oder die Intelligenz werden keinen Sonderstatus genießen. Wertmaßstäbe oder Moralregeln werden wir wohl kaum entdecken. Und so werden wir auch keinen Anhaltspunkt für einen Gott finden, der sich für solche Dinge interessiert.

Ich kann den Eindruck nicht verhehlen, daß die Natur bisweilen schöner ist als unbedingt notwendig. Wenn ich zu Hause aus dem Fenster meines Arbeitszimmers schaue, blicke ich auf einen Zürgelbaum, auf dem sich häufig eine Versammlung stattlicher Vögel einfindet: Blauhäher, gelbkehlige Vireos und gelegentlich der Schönste von allen, ein roter Kardinal. Mir ist zwar durchaus klar, daß das farbenprächtige Gefieder sich wegen der Konkurrenz um die Weibchen entwickelt hat, doch kann man sich fast nicht der Vorstellung entziehen, daß diese ganze Schönheit irgendwie zu unserem Wohlgefallen geschaffen wurde. Doch der Gott der Vögel und der Bäume wird auch der Gott der Geburtsfehler und der Krebskrankheit sein.

Seit Jahrtausenden schlagen religiöse Menschen sich mit der Theodizee herum, dem Problem, das durch die Existenz des Leidens in einer angeblich von einem gütigen Gott regierten Welt aufgeworfen wird. Sie haben sich ingeniöse Lösungen in Gestalt verschiedener vermeintlicher Pläne Gottes einfallen lassen. Ich werde mich nicht mit diesen Lösungen auseinandersetzen und erst recht keine zusätzlichen beisteuern. Wenn ich an den Holocaust denke, kann ich für Versuche, Gottes Umgang mit den Menschen zu rechtfertigen, kein Verständnis aufbringen. Falls es einen Gott gibt, der besondere Pläne mit den Menschen hat, dann hat dieser Gott sich wirklich große Mühe gegeben, sein Interesse an uns nicht sichtbar werden zu lassen. Es erschiene mir unhöflich, wenn nicht gar respektlos, einen solchen Gott mit unseren Gebeten zu behelligen.

Meiner düsteren Perspektive bezüglich der endgültigen Gesetze werden wohl nicht alle Wissenschaftler zustimmen. Ich kenne zwar niemanden, der klipp und klar behauptet, es gebe wissenschaftliche Beweise für ein göttliches Wesen, doch treten mehrere Wissenschaftler durchaus dafür ein, daß dem intelligenten Leben in der Natur eine Sonderstellung zukomme. Natürlich weiß jeder, daß Biologie und Psychologie eigenen Gesetzen unterliegen und nicht auf die Elementarteilchenphysik reduziert werden können, aber das ist noch kein Beweis für eine Sonderstellung des Lebens oder der Intelligenz – das gleiche gilt ja auch für Chemie und Hydrodynamik. Sollten wir jedoch in den endgültigen Gesetzen, bei denen die Pfeile der Erklärung konvergieren, auf eine Sonderrolle des intelligenten Lebens stoßen, so wäre durchaus der Schluß erlaubt, daß der Schöpfer, der diese Gesetze aufgestellt hat, in gewisser Weise besonders an uns interessiert war.

John Wheeler ist beeindruckt von der Tatsache, daß man nach der gängigen Kopenhagener Deutung der Quantenmechanik von einem physikalischen System nicht sagen kann, es habe für Größen wie Ort, Energie oder Impuls eindeutige Werte, solange diese Größen nicht vom Apparat eines Beobachters gemessen werden. Für Wheeler ist irgendeine Art von intelligentem Leben erforderlich, um der Quantenmechanik einen Sinn zu geben. Letzthin hat Wheeler die noch weitergehende Behauptung aufgestellt, daß es nicht nur notwendig sei, daß intelligentes Leben entsteht; vielmehr müsse es jeden Winkel des Universums durchdringen, um schließlich jede nur mögliche Information über den physikalischen Zustand des Universums zu gewinnen. Wheelers Schlußfolgerungen belegen für mich treffend, wie gefährlich es ist, wenn man die Lehre des Positivismus, die Wissenschaft solle sich nur um Dinge kümmern, die beobachtet werden können, zu ernst nimmt. Andere Physiker, unter ihnen ich selbst, ziehen eine andere, realistische Deutung der Quantenmechanik im Sinne einer Wellenfunktion vor, die imstande ist, sowohl Laboratorien und Beobachter als auch Atome und Moleküle zu beschreiben, welche Gesetzen unterliegen, die inhaltlich nicht davon abhängen, ob es Beobachter gibt oder nicht.

Einige Wissenschaftler machen viel Aufhebens davon, daß die fundamentalen Konstanten Werte zeigen, die der Entstehung von intelligentem Leben im Universum bemerkenswert weit entgegenkommen. Es ist noch nicht klar, ob an dieser Beobachtung etwas dran ist, aber selbst wenn etwas dran sein sollte, bedeutet das nicht unbedingt, daß hier eine göttliche Absicht am Werk war. Es gibt mehrere moderne kosmologische Theorien, in denen die sogenannten Konstanten der Natur (wie etwa die Massen der Elementarteilchen) von Ort zu Ort, von Zeit zu Zeit oder sogar von einem Term in der Wellenfunktion des Universums zum anderen verschieden sind. Falls dies zutreffen sollte, müßten Wissenschaftler, die die Naturgesetze erforschen, natürlich in einem Teil des Universums leben, in dem die Naturkonstanten Werte annehmen, die für die Evolution von intelligentem Leben günstig sind.

Nehmen wir beispielshalber an, es gäbe einen Planeten namens »Erdblüte«, der in jeder Hinsicht mit unserem Planeten identisch ist, nur habe die Menschheit auf diesem Planeten die Wissenschaft der Physik entwickelt, ohne irgend etwas über Astronomie zu wissen. (Es ist zum Beispiel denkbar, daß der Himmel von »Erdblüte« ständig von Wolken bedeckt ist.) Wie auf der Erde würden die Studenten auf »Erdblüte« im hinteren Teil ihrer Physiklehrbücher Tabellen mit den Grundkonstanten finden. Diese Tabellen würden die Lichtgeschwindigkeit, die Masse des Elektrons usw. und darüber hinaus eine weitere »fundamentale« Konstante aufführen, die den Wert 1,99 Kalorien pro Minute pro Quadratzentimeter aufwiese und jene Energie bezeichnen würde, die von einer unbekannten äußeren Quelle auf die Oberfläche von »Erdblüte« gelangt. Auf der Erde ist dies die Solarkonstante, weil wir wissen, daß diese Energie von der Sonne kommt, doch auf »Erdblüte« würde man nicht wissen können, woher diese Energie stammt oder warum diese Konstante gerade diesen Wert annimmt. Vielleicht würde ein Physiker auf »Erdblüte« feststellen, daß der beobachtete Wert dieser Konstante bemerkenswert gut der Entstehung von Leben angepaßt ist. Würde »Erdblüte« wesentlich mehr oder wesentlich weniger als 2 Kalorien pro Minute pro Quadratzentimeter erhalten, so würden die Meere verdampfen oder gefrieren, und »Erdblüte« wäre ohne Wasser oder einen annehmbaren Ersatz, in dem das Leben sich hätte entwickeln können. Der Physiker könnte zu dem Schluß gelangen, daß diese Konstante von 1,99 Kalorien pro Minute pro Quadratzentimeter von Gott zum Wohle des Menschen exakt eingerichtet worden sei. Skeptischere Physiker auf »Erdblüte« könnten dagegen einwenden, daß die endgültigen Gesetze der Physik schließlich eine Erklärung für solche Konstanten liefern würden und daß es einfach ein glücklicher Zufall sei, daß sie Werte haben, die das Leben begünstigen. In Wahrheit hätten beide Seiten unrecht. Würden die Bewohner von »Erdblüte« schließlich astronomische Kenntnisse erwerben, so würden sie lernen, daß ihr Planet 1,99 Kalorien pro Minute pro Quadratzentimeter erhält, weil er – wie die Erde – rund 150 Millionen Kilometer von einer Sonne entfernt ist, die 5600 Millionen Millionen Millionen Millionen Kalorien pro Minute erzeugt, aber sie würden auch erkennen, daß es andere Planeten gibt, die ihrer Sonne näher und für das Leben zu heiß sind, und wieder andere

Planeten, die weiter von ihrer Sonne entfernt und für das Leben zu kalt sind, sowie darüber hinaus zweifellos unzählige weitere Planeten, die um andere Sterne kreisen, von denen nur ein winziger Bruchteil für das Leben geeignet wäre. Mit wachsenden astronomischen Kenntnissen würden die streitenden Physiker auf »Erdblüte« schließlich begreifen, daß sie deshalb auf einem Weltkörper leben, der ungefähr 2 Kalorien pro Minute pro Quadratzentimeter erhält, weil es keinen andersartigen Weltkörper gibt, auf dem sie leben *könnten*. Wir in unserem Teil des Universums gleichen möglicherweise den Bewohnern von »Erdblüte«, bevor diese etwas über Astronomie lernten, nur daß nicht andere Planeten, sondern andere Teile des Universums unseren Blicken entzogen sind.

Ich würde noch weiter gehen. Je fundamentaler die von uns entdeckten physikalischen Prinzipien wurden, desto weniger schienen sie mit uns zu tun zu haben. Um ein Beispiel anzuführen: Anfang der zwanziger Jahre unseres Jahrhunderts glaubte man, die einzigen Elementarteilchen seien das Elektron und das Proton, und man sah in ihnen die Bausteine, aus denen wir und unsere Welt aufgebaut sind. Als dann neue Teilchen wie das Neutron entdeckt wurden, galt es zunächst als selbstverständlich, daß sie aus Elektronen und Protonen zusammengesetzt sein müßten. Heute dagegen sind wir uns nicht mehr so sicher, was es eigentlich bedeuten soll, wenn wir ein Teilchen als elementar bezeichnen, aber wir haben die wichtige Einsicht gewonnen, daß der fundamentale Charakter von Teilchen nichts mit der Tatsache zu tun hat, daß sie in gewöhnlicher Materie vorkommen. Fast alle Teilchen, deren Felder im modernen Standardmodell der Teilchen und Wechselwirkungen auftreten, zerfallen so schnell, daß sie in gewöhnlicher Materie vorkommen und im Leben der Menschen keine Rolle spielen. Elektronen sind ein wesentlicher Bestandteil unserer Alltagswelt; die Teilchen dagegen, die wir Myonen und Tauonen nennen, haben mit unserem Leben praktisch nichts zu tun; dennoch scheinen Elektronen, was ihre Rolle in unseren Theorien betrifft, in keiner Weise fundamentaler zu sein als Myonen und Tauonen. Einfacher gesagt: Zwischen der Bedeutung, die *irgend etwas* für uns hat, und seiner Bedeutung in den Naturgesetzen hat noch niemand einen Zusammenhang feststellen können.

Natürlich werden die meisten Menschen ohnehin nicht von den Entdeckungen der Wissenschaft erwarten, etwas über Gott zu erfahren. John Polkinghorne hat sich sehr eloquent für eine Theologie eingesetzt, die »ihren Ort innerhalb eines Bereichs des menschlichen Diskurses hat, in dem auch die Wissenschaft eine Heimstatt findet«, eine Theologie, die sich in derselben Weise auf die religiöse Erfahrung, etwa eine Offenbarung, stützen würde, wie die Wissenschaft sich auf Experiment und Beobachtung stützt.[13] Wer eigene religiöse Erfahrungen gemacht zu haben glaubt, wird die Qualität dieser Erfahrung für sich zu beurteilen haben. Die meisten Anhänger der Weltreligionen stützen sich aber nicht auf eigene religiöse Erfahrungen, sondern auf Offenbarungen, die andere erfahren haben wollen. Man könnte meinen, ganz ähnlich sei es ja bei den theoretischen Physikern, die sich auf die Experimente anderer stützen, aber es gibt doch einen sehr gewichtigen Unterschied. Was Tausende von einzelnen Physikern erkannt haben, ist zusammengeflossen zu einem befriedigenden (wenn auch unabgeschlossenen) gemeinsamen Verständnis der physikalischen Realität. Was dagegen aus religiöser Offenbarung an Aussagen über Gott und andere Dinge abgeleitet worden ist, zielt in ganz unterschiedliche Richtungen. Jahrtausende theologischen Denkens haben uns einem gemeinsamen Verständnis der Lehren religiöser Offenbarung nicht nähergebracht.

Es gibt noch einen weiteren Unterschied zwischen der religiösen Erfahrung und dem wissenschaftlichen Experiment. Die Lehren aus religiöser Erfahrung können, im Gegensatz zu dem abstrakten und unpersönlichen Weltbild, das man aus der wissenschaftlichen Forschung gewinnt, tief befriedigend sein. Im Unterschied zur Wissenschaft kann die religiöse Erfahrung uns einen Sinn des Lebens vermitteln, eine Rolle, die wir in einem großen kosmischen Drama von Sünde und Erlösung spielen können, und sie stellt uns ein Weiterleben nach dem Tode in Aussicht. Aus genau diesen Gründen tragen die Lehren religiöser Erfahrung für mich unauslöschlich den Stempel des Wunschdenkens.

In meinem 1977 erschienenen Buch *Die ersten drei Minuten* habe ich mich zu der unbesonnenen Äußerung hinreißen lassen: »Je begreiflicher uns das Universum wird, desto sinnloser erscheint es auch.« Ich beeilte mich hinzuzufügen, daß es uns dennoch möglich ist, unserem Leben einen Sinn zu geben, zum Beispiel in dem Bestreben, das Universum zu verstehen. Aber der Schaden war da, und seither hat mich dieser Satz verfolgt. Alan Lightman und Roberta Brawer haben kürzlich Gespräche mit siebenundzwanzig Kosmologen und Physikern veröffentlicht, die am Schluß des Interviews in der Regel gefragt wurden, was sie von dieser Äußerung hielten.[14] Von den Befragten stimmten zehn mit verschiedenen Einschränkungen meiner Äußerung zu und dreizehn nicht, wobei drei von diesen dreizehn ihre Ablehnung damit begründeten, daß nicht einzusehen sei, warum man überhaupt *erwarten* sollte, daß das Universum einen Sinn habe. Die Astronomin Margaret Gellert von der Harvard-Universität fragte: »Warum sollte es einen Sinn haben? Was für einen Sinn? Es ist schlicht und einfach ein physikalisches System. Wo soll da der Sinn liegen? Für mich war diese Aussage immer rätselhaft.« Der Astrophysiker Jim Peebles von der Princeton-Universität bemerkte: »Ich glaube gern, daß wir einfach Treibgut sind.« (Peebles vermutete außerdem, ich hätte einen schlechten Tag gehabt.) Edwin Turner, ein anderer Astrophysiker aus Princeton, stimmte mir zu, argwöhnte jedoch, daß ich mit dieser Bemerkung den Leser habe ärgern wollen. Am besten gefiel mir die Reaktion meines Kollegen an der Universität von Texas, des Astronomen Gérard de Vaucouleurs. Er fand meine Äußerung »nostalgisch«. Und das war sie – Ausdruck der Sehnsucht nach einer Welt, in der die Himmel die Herrlichkeit Gottes erzählten.

Vor etwa anderthalb Jahrhunderten fand Matthew Arnold in der zurückweichenden Flut des Meeres eine Metapher für den Rückzug des religiösen Glaubens, und er hörte aus dem Rauschen des Wassers »den Unterton von Traurigkeit« heraus. Es wäre herrlich, würde man in den Naturgesetzen einen von einem besorgten Schöpfer entworfenen Plan entdecken, einen Plan, in dem den Menschen eine Sonderrolle zukommt. Der Zweifel, daß wir einen solchen Plan finden werden, stimmt traurig. Einige meiner wissenschaftlichen Kollegen sagen, die Naturbetrachtung schenke ihnen vollständig die geistige Befriedigung, die andere traditionell im Glauben an einen anteilnehmenden Gott gefunden hätten. Vielleicht sind einige unter ihnen, die wirklich so denken. Meiner Haltung entspricht das nicht. Und ich glaube auch nicht, daß es hilfreich ist, die Naturgesetze, wie Einstein es getan hat, mit einem fernen und desinteressierten Gott gleichzusetzen. Je mehr wir an unserem Gottesbegriff herumtüfteln, um ihn plausibel zu machen, desto nichtssagender wird er.

Unter den heutigen Wissenschaftlern bin ich vermutlich ein wenig atypisch, wenn ich mich für solche Dinge interessiere. Wenn, selten genug, das Gespräch beim Essen oder beim Tee auf Fragen der Religion kommt, zeigen sich die meisten meiner Physikerkollegen allenfalls ein wenig erstaunt und amüsiert, daß jemand immer noch die Religion ernst nimmt. Viele Physiker bleiben nominell der Konfession ihrer Eltern verbunden, einerseits als eine Art der ethnischen Identifikation, andererseits, weil es bei Hochzeiten und Begräbnissen praktisch ist, aber die Theologie ihrer nominellen Religion scheint kaum einer dieser Physiker zu beachten. Allerdings kenne ich zwei Fachleute für allgemeine Relativitätstheorie, die fromme Katholiken sind, mehrere theoretische Physiker, die an den religiösen Gebräuchen des Judentums festhalten, einen Experimentalphysiker, der ein wiedergetaufter Christ ist, und einen mathematischen Physiker, der in der anglikanischen Kirche die Priesterweihe empfangen hat. Ohne Zweifel gibt es weitere tiefreligiöse Physiker, die ich nicht kenne oder die ihre Ansichten für sich behalten. Doch soweit ich aufgrund meiner eigenen Beobachtungen urteilen kann, sind die meisten Physiker heute nicht hinreichend an Religion interessiert, um auch nur als praktizierende Atheisten durchgehen zu können.

In einer Beziehung sind die religiösen Liberalen geistig sogar noch weiter von den Wissenschaftlern entfernt als die Fundamentalisten und andere religiöse Konservative. Genauso wie die Wissenschaftler werden Ihnen zumindest die Konservativen sagen, daß sie an das, woran sie glauben, deshalb glauben, weil es wahr sei, und nicht, weil es sie gut oder glücklich mache. Viele religiöse Liberale sind heute offenbar der Meinung, verschiedene Leute könnten an verschiedene, sich gegenseitig ausschließende Dinge glauben, und doch bräuchte keiner von ihnen unrecht zu haben – Hauptsache, ihr Glaube »bringt ihnen etwas«. Der eine glaubt an die Reinkarnation, der andere an Himmel und Hölle, ein dritter an das Erlöschen der Seele im Tode, und doch kann man von keinem sagen, daß er unrecht hätte, solange alle aus dem, woran sie glauben, geistige Befriedigung ziehen. Wir sind, um es mit den Worten von Susan Sontag zu sagen, von einer »inhaltlosen Frömmigkeit« umgeben.[15] Das Ganze erinnert mich an eine Anekdote, die man sich über Bertrand Russell erzählt. Er wurde 1918 wegen seiner Opposition gegen den Krieg zu einer Gefängnisstrafe verurteilt; bei der Einlieferung fragte ihn ein Gefängnisbeamter nach seiner Religion, und Russell sagte, er sei Agnostiker. Einen Augenblick wirkte der Beamte verwirrt, dann erhellte sich sein Gesicht, und er sagte: »Ist schon in Ordnung. Wir beten doch alle zum gleichen Gott, nicht wahr?«

Wolfgang Pauli wurde einmal gefragt, ob eine ganz und gar verhunzte physikalische Abhandlung seiner Meinung nach falsch sei. Das wäre eine zu freundliche Bewertung, erwiderte er, die Arbeit sei nicht einmal falsch. Ich bin nun einmal der Ansicht, daß die religiösen Konservativen sich in ihren Glaubensinhalten irren, aber zumindest haben sie noch nicht vergessen, was es bedeutet, wirklich an etwas zu glauben. Von den religiösen Liberalen habe ich den Eindruck, daß sie sich noch nicht einmal irren.

Oft hört man, daß die Theologie nicht das Wesentliche an der Religion sei – das Wesentliche sei, daß sie uns hilft, mit dem Leben zurechtzukommen. Die Existenz und die Natur Gottes, die Gnade, die Sünde, Himmel und Hölle, das alles soll nicht wichtig sein – wirklich merkwürdig! Ich vermute, daß die Leute die Theologie der Religion, der sie angeblich angehören, deshalb für unwesentlich erklären, weil sie sich nicht zu dem Eingeständnis durchringen können, daß sie überhaupt nicht daran glauben. Andererseits hat es im Laufe der Geschichte und in vielen Ländern der Welt immer Menschen gegeben, die an die eine oder andere Theologie geglaubt haben und weiterhin glauben, und für sie war und ist die Theologie ganz wesentlich.

Die intellektuelle Verschwommenheit des religiösen Liberalismus mag man abstoßend finden, doch wirklich gefährlich ist die konservative dogmatische Religion. Daß sie auch große moralische und künstlerische Leistungen hervorgebracht hat, ist unbestritten.

Ich bin nicht so töricht, diese Leistungen der Religion mit der langen, grausamen Geschichte der Kreuzzüge, des Dschihad, der Inquisition und der Pogrome aufrechnen zu wollen. Wenn man dies jedoch ins Auge faßt, darf man die religiöse Verfolgung und die Heiligen Kriege nicht als Perversionen der wahren Religion identifizieren. In einer solchen Auffassung sehe ich einen Ausdruck einer verbreiteten Einstellung zur Religion, in der sich tiefer Respekt mit völligem Mangel an Interesse verbindet. Die großen Weltreligionen lehren überwiegend, daß Gott besondere Hingabe und eine spezielle Form der Verehrung fordert. Es ist nicht verwunderlich, wenn unter denen, die diese Lehren ernst nehmen, *einige* sind, die diese göttlichen Gebote ungleich wichtiger finden als andere, rein weltliche Tugenden wie Toleranz, Mitleid oder Vernunft.

Überall in Afrika und Asien wächst der Einfluß der finsteren Kräfte des religiösen Schwärmertums, und selbst in den säkularen Staaten des Westens sind Vernunft und Toleranz nicht unangefochten. Der Historiker Hugh Trevor-Roper hat gesagt, die Ausbreitung des Geistes der Wissenschaft im 17. und im 18. Jahrhundert habe in Europa schließlich zum Ende der Hexenverbrennungen geführt.[16] Wenn wir eine vernünftige Welt behalten wollen, werden wir uns vielleicht wieder auf den Einfluß der Wissenschaft verlassen müssen. Nicht die Gewißheit der wissenschaftlichen Erkenntnis macht sie für diese Rolle geeignet, sondern ihre *Ungewißheit*. Kann man, wenn man sieht, daß Wissenschaftler in Fragen, die sich im Laborexperiment direkt prüfen lassen, immer wieder ihre Meinung ändern, noch den Anspruch einer religiösen Tradition oder von Heiligen Schriften ernst nehmen, ein gesichertes Wissen von Dingen zu besitzen, die sich der menschlichen Erfahrung entziehen?

Sicherlich hat die Wissenschaft das Ihre zur Destruktivität des Krieges beigetragen, indem sie in der Regel die Mittel geliefert hat, sich gegenseitig umzubringen, nicht aber das Motiv. Wo man sich zur Rechtfertigung von Greueln auf die Autorität der Wissenschaft berufen hat, handelte es sich wirklich um Perversionen der Wissenschaft, etwa in der Rassenlehre der Nazis und in der »Eugenik«. Wie Karl Popper gesagt hat, »ist es nur zu klar, daß es der Irrationalismus ist und nicht der Rationalismus, der für die Feindschaft zwischen den Nationen und für Aggression verantwortlich gemacht werden muß. Es gab nur zu viele religiöse Angriffskriege, sowohl vor als auch nach den Kreuzzügen; ich weiß aber von keinem Krieg, der für ein ›wissenschaftliches Ziel‹ unternommen und von Wissenschaftlern inspiriert wurde.«[17]

Leider ist es nach meiner Überzeugung nicht möglich, wissenschaftliche Denkweisen mit rationalen Argumenten zu begründen. David Hume erkannte vor langer Zeit, daß die Berufung auf frühere Erfolge der Wissenschaft gerade die Geltung jener Denkweise unterstellt, die begründet werden soll.[18] Desgleichen können alle logischen Argumente durch die schlichte Weigerung, logisch zu denken, zu Fall gebracht werden. Die Frage, warum wir, falls wir die geistliche Stärkung, derer wir bedürfen, in den Naturgesetzen nicht finden, danach nicht anderswo – sei es in der einen oder anderen geistlichen Autorität, sei es in einer eigenständigen Glaubensentscheidung – suchen sollten, läßt sich daher nicht einfach für erledigt erklären.

Die Entscheidung, zu glauben oder nicht zu glauben, liegt nicht gänzlich in unseren Händen. Ich könnte vielleicht glücklicher sein und bessere Manieren haben, wenn ich glaubte, ein Nachfahre der Kaiser von China zu sein, doch keine Willensanstrengung meinerseits kann mich dahin bringen, das zu glauben, ebensowenig wie ich willentlich mein Herz dazu bringen kann, nicht mehr zu schlagen. Viele Menschen scheinen allerdings auf das, was sie glauben, einen gewissen Einfluß zu haben, und sich entscheiden zu können, das zu glauben, wovon sie meinen, es werde sie gut oder glücklich machen. Die interessanteste Darstellung der Funktionsweise dieser Form von Kontrolle gibt meines Erachtens George Orwell in seinem Roman *1984*. Der Held, Winston Smith, hat in sein Tagebuch geschrieben: »Freiheit ist die Freiheit zu sagen, daß zwei plus zwei vier ist.« O'Brien, der Funktionär der Gedankenpolizei, sieht darin eine Herausforderung und geht daran, Smith zu einem Sinneswandel zu zwingen. Unter der Folter ist Smith durchaus bereit zu sagen, daß zwei plus zwei fünf ist, aber das ist es nicht, was O'Brien will. Schließlich wird der Schmerz so unerträglich, daß Smith, um ihm zu entrinnen, sich für einen Augenblick einzureden vermag, daß zwei plus zwei tatsächlich fünf ist. O'Brien ist einstweilen befriedigt, und die Folter wird beendet. Ganz ähnlich verhält es sich mit der schmerzlichen Aussicht, daß wir und diejenigen, die wir lieben, sterben müssen – sie treibt uns zur Übernahme der Glaubensvorstellungen, die diesen Schmerz lindern. Wenn wir imstande sind, unsere Glaubensüberzeugung auf diese Weise zu ändern, warum sollen wir es dann nicht tun?

Ich sehe keinen wissenschaftlichen oder logischen Grund, der uns hindern könnte, durch Änderung unserer Glaubensüberzeugungen Trost zu suchen – nur einen moralischen Grund: die Ehre. Was halten wir von jemandem, der es geschafft hat, sich einzureden, er werde bestimmt in der Lotterie gewinnen, weil er das Geld unbedingt braucht? Manche werden ihm vielleicht seine kurzlebigen großartigen Erwartungen neiden, aber viele werden wohl denken, daß er der ihm zukommenden Rolle, als ein erwachsener und rationaler Mensch die Dinge so zu sehen, wie sie sind, nicht gerecht wird. So wie jeder von uns beim Erwachsenwerden lernen mußte, der Versuchung des Wunschdenkens im Hinblick auf solche Alltagsdinge wie Lotterien zu widerstehen, so hat auch unsere Gattung beim Erwachsenwerden lernen müssen, daß wir keine Starrolle in einem großen kosmischen Drama spielen.

Für mich steht außer Zweifel, daß die Wissenschaft niemals die Tröstungen wird offerieren können, welche die Religion angesichts des Todes zu bieten hat. Die großartigste Formulierung dieser existentiellen Herausforderung, die ich kenne, findet man in der *Kirchengeschichte des englischen Volkes*, die Beda der Ehrwürdige um das Jahr 700 n. Chr. verfaßt hat.[19] Beda schildert, wie König Edwin von Northumbria im Jahr 627 mit seinen Weisen darüber beriet, welche Religion in seinem Königreich anerkannt werden sollte, und läßt einen der Edelleute des Königs die folgende Rede halten:

»Mir erscheint, König, das gegenwärtige Leben der Menschen auf der Erde im Vergleich zu der Zeit, die für uns ungewiß ist, wie wenn du mit deinem Ealdormen und Thanen im Winter beim Mahle sitzt, am lodernden Feuer in der Mitte, in der erwärmten Halle, während draußen die Winterstürme mit Regen und Schnee wüten, und einer der Sperlinge hereinkommt und die Halle sehr schnell durchfliegt;

wenn er durch die eine Tür hereinkommt, fliegt er bald durch die andere hinaus. Zwar wird er während der Zeit, in der er drinnen ist,
vom Wintersturm nicht berührt, aber er entkommt dennoch deinen
Augen, da er nach dem raschen Ende der sehr kurzen Zeit schönen
Wetters sogleich vom Winter in den Winter zurückkehrt. So erscheint dieses Leben der Menschen als sehr kurze Zeit; was aber
folgt und was vorausgeht, das wissen wir überhaupt nicht.«

Es ist eine fast unwiderstehliche Versuchung, mit Beda und Edwin zu glauben, daß es außerhalb der Halle etwas für uns geben
muß. Die Ehre, dieser Versuchung zu widerstehen, ist zwar nur ein
dürftiger Ersatz für die Tröstungen der Religion, aber eine gewisse
Genugtuung bietet sie schon.

Norbert Hoerster

Die Unlösbarkeit des Theodizee-Problems

Das Wort »Theodizee« kommt aus dem Griechischen und bedeutet »Rechtfertigung Gottes«. Gemeint ist mit dem sogenannten Theodizee-Problem in der philosophischen und theologischen Diskussion somit das Problem der Rechtfertigung Gottes, genauer gesagt: das Problem der Lehre von der Güte Gottes angesichts der Übel in einer von Gott abhängigen Welt. Schon aus dieser knappen Begriffserläuterung geht hervor, daß das Theodizee-Problem nicht unter allen Umständen und für jedermann, sondern nur auf dem Hintergrund eines ganz bestimmten Weltbildes tatsächlich ein Problem darstellt. Dieses Weltbild ist durch die folgenden Überzeugungen – Überzeugungen, die insbesondere für das Christentum charakteristisch sind – gekennzeichnet: 1. Es gibt einen Gott, das heißt, ein intelligentes, personales Wesen, das die Welt erschaffen hat und erhält. 2. Dieser Gott ist allmächtig und allwissend, das heißt, er besitzt ein Maximum an Macht und Wissen. 3. Dieser Gott ist allgütig, er besitzt ein Maximum an Güte. 4. Es gibt in der Welt, so, wie wir sie aus der Erfahrung kennen, Übel.

Damit diese vier Überzeugungen oder Thesen, zusammengenommen, tatsächlich zu einem Problem führen, muß, wenn man genau sein will, sogar noch eine fünfte These hinzukommen, nämlich die These, daß »gut« und »schlecht« oder »gut« und »übel« in der Weise einander entgegengesetzt sind, daß etwas, was selbst gut ist (hier also Gott!), etwas anderes, das schlecht oder übel ist, nach Möglichkeit beseitigen oder eliminieren wird. Diese These erscheint jedoch in ihrer logischen Stringenz als so selbstverständlich, daß ich im folgenden nicht mehr auf sie zurückkomme. Soweit ich sehe, wird sie in der Auseinandersetzung um das Theodizee-Problem von niemandem geleugnet.

Worin besteht nun, näher erläutert, das Theodizee-Problem? Es besteht darin, daß es überaus fraglich erscheint, ob die vier Thesen oder Überzeugungen logisch miteinander vereinbar sind, ob also nicht derjenige, der sie alle akzeptiert, sich damit einem Widerspruch aussetzt. Ich bezeichne im folgenden der Einfachheit halber denjenigen, der einen solchen Widerspruch leugnet, der also von der Vereinbarkeit der vier Thesen überzeugt ist, als »Gläubigen« und denjenigen, der einen solchen Widerspruch behauptet, als »Skeptiker«. Die Position des Skeptikers kommt in folgenden Sätzen, die Epikur zugeschrieben werden, treffend zum Ausdruck: »Ist Gott willens, aber nicht fähig, Übel zu verhindern? Dann ist er nicht allmächtig. Ist er fähig, aber nicht willens, Übel zu verhindern? Dann ist er nicht allgütig. Ist er jedoch sowohl fähig als auch willens, Übel zu verhindern? Dann dürfte es in der Welt kein Übel geben!«

Der Skeptiker behauptet also, daß der Gläubige, will er sich nicht einem Widerspruch aussetzen, jedenfalls *eine* der vier Thesen preisgeben muß. Und zwar kommt für eine Preisgabe offenbar nur eine der Thesen 1–3, kaum aber These 4 in Betracht. Denn daß die Welt tatsächlich so etwas wie Übel enthält, wird niemand, ob Skeptiker oder Gläubiger, realistischerweise leugnen wollen. Das schließt zwar nicht aus, daß Skeptiker und Gläubige etwa in einzelnen Fällen unterschiedlicher Meinung darüber sein können, ob etwas als Übel zu betrachten ist. Trotzdem gibt es in der Welt, so, wie sie ist, genügend Phänomene, die von jedem bekannten Wertungsstandpunkt aus als etwas Negatives, also als Übel, klassifiziert werden müssen.

Es hat sich im Lauf der Behandlung, die das Theodizee-Problem in der Geschichte der abendländischen Philosophie und Theologie erfahren hat, als zweckmäßig erwiesen, die Gesamtheit des Übels, das in der Welt vorhanden ist, in zwei große Klassen einzuteilen: die Klasse des »natürlichen« Übels und die Klasse des »moralischen« Übels. Diese Unterscheidung hat sich deshalb als zweckmäßig erwiesen, weil die beiden Arten von Übel im Rahmen des Theodizee-Problems, wie wir noch sehen werden, zu unterschiedlichen Fragestellungen führen. Der Unterschied zwischen den beiden Arten besteht in folgendem: Das *moralische* Übel ist definiert als Übel, das in unmoralisch-schuldhaftem Handeln menschlicher (oder menschenähnlicher) Wesen oder in den Folgen eines solchen Handelns besteht. Das moralische Übel umfaßt also Phänomene wie Haß, Grausamkeit, Neid, Habgier sowie deren unheilvolle Auswirkungen. Das *natürliche* Übel ist demgegenüber definiert als Übel, das in keinem Zusammenhang mit unmoralischem menschlichen Handeln steht. Es umfaßt solche Phänomene wie unabwendbare Krankheiten, Seuchen, Naturkatastrophen.

Ich möchte den Unterschied zwischen moralischem und natürlichem Übel noch verdeutlichen anhand eines Beispiels aus der Belletristik und mit diesem Beispiel gleichzeitig in die Erörterung der Problematik selbst überleiten. Das Beispiel stammt aus dem 1933 erschienenen Roman *Miss Lonelyhearts* des Amerikaners Nathaniel West. Im Mittelpunkt des Romans steht ein junger Journalist, der als Briefkastenonkel – unter dem Pseudonym Miss Lonelyhearts – Leserbriefe für eine New Yorker Tageszeitung zu beantworten hat und an der Fülle von Leid zerbricht, das in diesen, oft hilflos formulierten Briefen zum Ausdruck kommt. Einer dieser Briefe lautet: »Liebe Miss Lonelyhearts, ich bin jetzt sechzehn Jahre alt und weiß nicht, was ich machen soll. Ich wäre froh, wenn *Sie* mir sagen könnten, was ich machen soll. Als ich noch klein war, da ging es noch, weil ich mich daran gewöhnte, daß die Nachbarskinder sich über mich lustig machten, aber jetzt möchte ich Freunde haben wie die anderen Mädchen auch und am Samstagabend ausgehen. Doch niemand will mit mir ausgehen, da ich von Geburt an keine Nase habe – dabei tanze ich gut, bin gut gewachsen, und mein Vater kauft mir hübsche Kleider. Ich sitze den ganzen Tag da, schaue mich an und weine. Mitten im Gesicht habe ich ein großes Loch, das die Leute abschreckt, sogar mich selber; man kann es den Jungen nicht verdenken, wenn sie nicht mit mir ausgehen wollen. Meine Mutter hat mich gern, aber sie weint furchtbar, wenn sie mich anschaut. Womit habe ich nur dieses furchtbare Schicksal verdient? Selbst wenn ich manchmal schlecht war, dann jedenfalls nicht, bevor ich ein Jahr alt war; und ich bin so *geboren*. Ich habe meinen Vater gefragt, und er sagt, er weiß es auch nicht. Er meint, vielleicht habe ich in der anderen Welt etwas getan, ehe ich geboren wurde, oder vielleicht werde ich für *seine* Sünden bestraft. Das glaube ich aber nicht, er ist nämlich sehr nett. Soll ich Selbstmord begehen? Mit besten Grüßen, N. N. «

Der hier geschilderte Fall einer angeborenen Mißbildung ist ein typisches Beispiel eines natürlichen Übels. Interessant ist jedoch – und das zeigt dieses Beispiel gut –, daß nicht wenige Menschen offenbar instinktiv dazu neigen, ein natürliches Übel nicht als nackte Tatsache hinzunehmen, sondern nach irgendeinem menschlichen Verschulden für dieses Übel zu forschen, es also als ein nur scheinbar natürliches, in Wirklichkeit jedoch moralisches Übel zu erweisen. Doch ein solches Forschen – auch das zeigt das Beispiel – ist häufig fruchtlos: Es gibt in einem Fall wie dem vorliegenden keinerlei Anhaltspunkte für irgendein menschliches Verschulden im Zusammenhang mit dem Übel.

Zwar läßt sich die logische Möglichkeit nie ausschließen, daß ein solcher Zusammenhang in irgendeiner Weise besteht. Doch die Behauptung, daß dieser Zusammenhang tatsächlich bestehe, hat in vielen konkreten Fällen (so auch im vorliegenden Fall) nicht mehr als den Charakter einer *Ad-hoc-Annahme*. Unter einer Ad-hoc-Annahme verstehe ich eine Annahme, die allein zu dem Zweck gemacht wird, daß die durch sie gestützte These gerettet werden soll, eine Annahme also, die unabhängig von dieser Funktion als völlig willkürlich erscheinen muß. In unserem Beispiel: Für die Annahme, daß das junge Mädchen in einer vorgeburtlichen Form der Existenz ihre Mißbildung verschuldet habe, gibt es – unabhängig davon, daß diese Annahme vielleicht die gewünschte Erklärung für die Mißbildung liefern könnte – keinen guten Grund.

Die Neigung, im Zusammenhang mit dem Theodizee-Problem mit Ad-hoc-Erklärungen für das jeweilige Übel zu operieren, ist keine Spezialität philosophischer und theologischer Laien (wie des Vaters unseres jungen Mädchens). So gibt es in der christlichen Tradition beispielsweise eine Lehre, die das natürliche Übel in der Welt im wesentlichen auf das destruktive Wirken des Teufels zurückführt. Was ist von dieser Erklärung des natürlichen Übels zu halten? Zunächst einmal: Diese Erklärung – auch wenn sie zutrifft – löst das

Theodizee-Problem noch nicht. Denn jetzt stellt sich sofort die weitere Frage: Wie kann ein allmächtiger und allwissender ebenso wie allgütiger Gott es zulassen, daß es *erstens* überhaupt einen Teufel gibt und *zweitens* dieser Teufel sich derart unheilvoll in der Welt aufführen darf?

Diesen Punkt übersehen selbstverständlich auch die Vertreter dieser Lehre nicht. Sie nehmen jedoch mit Recht an, daß ihre These, sofern zutreffend, doch einen möglicherweise bedeutsamen Fortschritt in Richtung einer Lösung des Theodizee-Problems bedeuten würde: Der Teufel und seine Genossen, mit denen er die Welt durchstreift – also lauter (theologisch gesprochen) »gefallene Engel« –, sind *personale Wesen*. Wenn nun das gesamte natürliche Übel auf das boshafte Wirken dieser personalen Wesen zurückginge, dann würde damit das Problem des natürlichen Übels letztlich zum Verschwinden kommen und nur das Problem des moralischen Übels übrigbleiben. Denn das moralische Übel ist ja, wie wir sahen, dadurch definiert, daß es im schuldhaften Handeln menschlicher oder menschenähnlicher, also personaler Wesen begründet liegt. Wenn das moralische Übel dann in einem weiteren Schritt als vereinbar mit den Thesen 1–3 erwiesen werden könnte, so wäre damit das gesamte Theodizee-Problem gelöst. Insofern ist also die These, die das natürliche Übel in der Welt auf das Wirken gefallener Engel zurückführt, für die Lösung des Theodizee-Problems durchaus von Bedeutung.

Aber was ist von der Richtigkeit dieser These zu halten? Ich meine, diese These läuft (ganz ähnlich wie die Erklärungshypothese des Vaters des jungen Mädchens in unserem Beispiel) auf eine bloße Ad-hoc-Annahme hinaus: Unsere Informationen über Lebensweise und Aktivitäten von gefallenen Engeln – ja, man wird sagen dürfen: von Engeln überhaupt, ob gefallen oder nicht – sind so beschränkt, daß die These einfach nicht hinreichend begründet ist. Die Tatsache, daß sie geeignet ist, das Theodizee-Problem einer Lösung näherzubringen, ist allein nicht ausreichend dafür, sie für wahr zu halten.

Vielleicht wird der eine oder andere, der als Christ die Ausgangsthesen 1–3 akzeptiert, das soeben von mir erörterte Lösungsangebot für das Problem des natürlichen Übels von vornherein nicht sehr attraktiv finden. Der Teufel wird in der heutigen christlichen Theologie ja oft stark an den Rand gedrängt, ja bisweilen sogar in seiner personalen Existenz geleugnet. Doch auch wer im Einklang mit einer solchen Sichtweise dem Teufel nicht mehr allzuviel zutraut, kann aus der von mir geübten Kritik eine grundsätzliche, für *jeden* Lösungsversuch des Theodizee-Problems wichtige Lehre ziehen.

Diese Lehre besteht in folgendem: Das Theodizee-Problem ist, wie ich eingangs sagte, ein Problem logischer Vereinbarkeit. Nun kann man aber den Thesen 1–4 nicht ohne weiteres ansehen, ob sie logisch miteinander vereinbar sind oder nicht – wenngleich der erste Anschein eher für die negative Position des Skeptikers sprechen dürfte. Wenn die logische Vereinbarkeit oder Unvereinbarkeit aus den Thesen 1–4 selbst ohne weiteres definitiv ersichtlich wäre, hätte das Theodizee-Problem nicht seit Jahrhunderten Philosophen und Theologen immer wieder bewegt. Um zu einer Lösung oder auch nur zu einem ernsthaften Versuch einer Lösung des Problems zu gelangen, muß man offensichtlich (über die Sätze 1–4 hinaus) weitere Sätze in die Erörterung einführen, und zwar solche weiteren Sätze, die im Hinblick auf die zur Diskussion stehende Vereinbarkeit der Sätze 1–4 so etwas wie eine *Brückenfunktion* haben können, das heißt, Sätze, mit deren Hilfe sich möglicherweise doch eine Vereinbarkeit der Sätze 1–4, entgegen dem ersten Anschein, erweisen läßt. Nun ist es aber kein allzu großes Problem, sich irgendwelche Sätze auszudenken, welche die gesuchte Brückenfunktion erfüllen können. Ein Beispiel ist die oben erörterte These, durch die zumindest das Problem des natürlichen Übels zum Verschwinden kommt. Und ein weiteres Beispiel wäre die insbesondere von Leibniz vertretene These, daß die Welt trotz aller partiellen Übel, die sie ohne Zweifel enthält, insgesamt gesehen eine gute, ja die bestmögliche Welt ist, weil sämtliche in ihr vorfindlichen Übel zum Zweck des Kontrastes geradezu notwendig sind, um das Gesamte der Welt als optimal erscheinen zu lassen – ähnlich wie ein riesiges Gemälde (man denke etwa an Picassos berühmtes Kriegsgemälde *Guernica*) trotz seiner ästhetischen Gesamtqualität Details enthalten mag, die, isoliert betrachtet, als abstoßend und häßlich gelten müssen (ich werde auf diese These zum Zweck ihrer kritischen Erörterung noch zurückkommen).

Es steht außer Frage, so lautet mein grundsätzlicher Punkt, daß derartige Annahmen wie die genannten Thesen zwar prinzipiell geeignet sind, die Sätze 1–4 miteinander vereinbar zu erweisen und damit das Theodizee-Problem im Sinne des Gläubigen zu lösen. Tatsächlich können derartige Annahmen das Theodizee-Problem jedoch nur lösen, wenn sie nicht nur, logisch betrachtet, zur Lösung geeignet sind, sondern wenn sie darüber hinaus auch wahr beziehungsweise hinreichend begründet sind. So kann die erste der beiden Thesen, wie ich ausführte, das Problem des natürlichen Übels nur dann lösen, wenn tatsächlich das natürliche Übel in der Welt auf das Wirken von Teufeln zurückgeht. Das heißt mit anderen Worten: Die jeweiligen, zur Überbrückung der Sätze 1–4 gemachten Annahmen müssen mehr sein als bloß Ad-hoc-Annahmen in dem von mir erläuterten Sinne; sie müssen um ihrer selbst willen – also unabhängig von ihrer Funktion im Rahmen einer Lösung des Theodizee-Problems – Akzeptanz verdienen.

Nach diesem grundsätzlichen, für sämtliche Versuche zur Lösung des Theodizee-Problems wichtigen Punkt zurück zum *natürlichen* Übel. Ich werde die wichtigsten der mir bekannten, im Zusammenhang mit dem natürlichen Übel vorgebrachten Brückenannahmen oder Brückenthesen nunmehr der Reihe nach erörtern.

Die erste Brückenthese lautet: Ein Übel ist nichts positiv Existentes, sondern lediglich die Abwesenheit eines Gutes. Es besitzt deshalb zwar, vordergründig betrachtet, eine gewisse Realität, ist aber in einem eigentlichen, metaphysischen Sinn gar nicht vorhanden.

Die Antwort auf dieses, unter anderen von Augustinus und Thomas von Aquin vertretene Argument ist einfach: Selbst wenn man einmal davon absieht, daß man ebensogut (wie etwa Epikur oder Schopenhauer es tun) gerade umgekehrt das Übel als das eigentlich Reale und das Gute lediglich als Abwesenheit von Übel ansehen könnte, so stellt sich doch unabweisbar die Frage: Warum hat Gott, wenn er selbst das maximal Gute verkörpert, es zugelassen, daß in der Welt soviel Gutes durch Abwesenheit auffällt und vom Menschen entbehrt werden muß?

Die zweite Brückenthese ist ernster zu nehmen. Sie lautet: Eine Welt, die in ihrem Verlauf bestimmten Regelmäßigkeiten, also Naturgesetzen, folgt, ist besser als eine Welt, in der jedes konkrete Ereignis auf einen göttlichen Willensakt zurückginge. Wenn es aber Naturgesetze in der Welt gibt, dann ist es unvermeidlich, daß diese Naturgesetze sich in diesem oder jenem konkreten Fall auch einmal negativ für den Menschen auswirken. Ein Beispiel wäre etwa das Gravitationsgesetz: Es wirkt sich ohne Zweifel positiv auf die Möglichkeit des Menschen aus, sich rational planend in der Welt zu orientieren, kann jedoch hin und wieder – man denke etwa an Flutkatastrophen – auch einmal unliebsame Konsequenzen haben. Dieses Argument ist den folgenden beiden Einwänden ausgesetzt.

Erstens: Selbst wenn man zugesteht, daß eine Welt *mit* Naturgesetzen unter sonst gleichen Umständen besser ist als eine Welt *ohne* Naturgesetze (was zwar nicht selbstverständlich erscheint, hier aber nicht erörtert werden soll), so ist damit keineswegs schon gesagt, daß jene spezifischen Naturgesetze, die unsere tatsächlich existente Welt regieren, nicht besser sein könnten, als sie sind. Etwas anderes würde nur dann gelten, wenn der Gläubige zeigen könnte, daß selbst etwa jene Naturgesetze, die zu so manifesten Übeln wie Schwachsinn oder Krebs führen, so, wie sie sind, notwendig sind, um andere, diese Übel überwiegende Güter herbeizuführen. Ein solcher Nachweis dürfte sich jedoch in diesen genannten ebenso wie in manchen anderen Fällen kaum erbringen lassen. Man darf in diesem Zusammenhang nicht vergessen, daß ein allmächtiger Schöpfergott keinerlei Beschränkungen unterliegen kann, beliebige – also auch in ihren Auswirkungen optimale – Naturgesetze in Kraft zu setzen. Es ist nicht einzusehen, warum Gott nicht etwa jenes Naturgesetz, das zum Entstehen von Krebs führt, so hätte modifizieren können, daß die (möglicherweise vorhandenen) positiven Auswirkungen dieses Gesetzes von seinen krebserzeugenden Auswirkungen isoliert geblieben wären.

Zweitens: Selbst wenn man trotzdem einmal annimmt, daß die in unserer tatsächlichen Welt herrschenden Naturgesetze alles in allem optimal seien, so gäbe es doch für einen allmächtigen, allwissenden und allgütigen Gott durchaus einen Weg, die jedenfalls auch vorhandenen Nachteile dieser Naturgesetze erheblich zu mildern. Gott könnte nämlich problemlos zumindest immer dann durch ein korrigierendes Wunder in den Verlauf der Natur eingreifen, wenn das betreffende Ereignis uns Menschen als Zufall erscheinen muß, da wir seine natürlichen Ursachen nicht durchschauen können. Denn in allen diesen Fällen könnte unser so wichtiges Vertrauen in einen gesetzmäßigen Weltverlauf durch einen solchen Eingriff keinerlei Schaden nehmen. Die positiven Auswirkungen eines prinzipiell Gesetzen unterworfenen Naturverlaufs blieben also unberührt. David Hume schreibt in diesem Zusammenhang: »Eine einzige Welle, ein wenig höher als die anderen, hätte Cäsar und sein Geschick auf dem Grund des Meeres begraben und damit einem beträchtlichen Teil der Menschheit die Freiheit zurückgeben können.« Das ganze Gewicht dieses Einwands wird deutlich, wenn man in diesem Zitat an die Stelle von »Cäsar« etwa »Hitler« oder »Stalin« setzt. Es gibt kein Argument, das gegen einen derartigen gelegentlichen Eingriff Gottes in den Naturverlauf sprechen würde. Soweit zum Brückenprinzip der Unvermeidbarkeit von Übel aufgrund der Geltung allgemeiner Naturgesetze.

Die nächste Brückenthese, die ich anführe, spielt im religiösen Denken theologischer Laien eine wichtige Rolle. Sie ist ebenfalls relativ leicht zu entkräften. Die Übel dieser Welt, so heißt es, finden für die davon Betroffenen im Jenseits eine angemessene Kompensation.

Dazu ist folgendes zu sagen: *Erstens* darf man von einem idealen Gastgeber erwarten, daß er sich nicht erst bei der eigentlichen Mahlzeit, sondern schon bei der Vorspeise von der besten Seite zeigt. Und *zweitens* ist diese These wieder einmal ein typisches Beispiel einer Ad-hoc-Annahme: Selbst wenn wir von der an sich schon recht fraglichen These eines jenseitigen Lebens nach dem Tode ausgehen, so erscheint doch die zusätzliche These, dieses Jenseits werde wesentlich erfreulicher als das Diesseits beschaffen sein, als vollkommen willkürlich. Wir kennen nämlich aus der Erfahrung nichts als das Diesseits und können legitimerweise allein aus diesem Diesseits, wenn überhaupt, auf das Jenseits schließen. »Nehmen Sie an«, so argumentiert Bertrand Russell in diesem Zusammenhang, »Sie bekommen eine Kiste Orangen, und beim Öffnen der Kiste stellen Sie fest, daß die ganze oberste Lage Orangen verdorben ist. Sie würden daraus sicher nicht den Schluß ziehen: ›Die unteren Orangen müssen dafür gut sein, damit es sich ausgleicht.‹ Sie würden vielmehr sagen: ›Wahrscheinlich ist die ganze Kiste verdorben.‹ Genauso würde auch ein wissenschaftlich denkender Mensch das Universum beurteilen.« Wenn Russell hier »das Universum« schreibt, so meint er die Gesamtheit der Realität – unter Einschluß einer möglicherweise jenseitigen Welt.

Ich komme zur nächsten Brückenthese, die ich oben schon kurz erwähnt habe. Es ist die These, daß Gott zwar durchaus eine völlig übelfreie Welt hätte erschaffen können, daß eine solche Welt jedoch, insgesamt gesehen, schlechter wäre als die tatsächlich von ihm erschaffene Welt. Und zwar sei die tatsächlich erschaffene Welt deshalb besser, so lautet die These, weil die partiellen Übel, die diese Welt ohne Zweifel enthält, im Wege des Kontrastes und der Ergänzung zu ihrem optimalen Gesamtbild einen notwendigen Beitrag leisteten. So behauptet Leibniz in diesem Zusammenhang etwa, selbst die christliche Glaubensannahme, daß der Großteil der Menschen dieser Erde sich am Ende der Tage im ewigen Höllenfeuer wiederfinden werde, sei kein Argument gegen diese Version einer Theodizee, da man davon ausgehen dürfe, daß in anderen Teilen des Universums (etwa auf anderen Planeten) die Anzahl der Seligen die der Verdammten deutlich übersteige. Die Verdammten dieser Erde hätten also, so darf man sein Argument paraphrasieren, die Funktion eines einzigen dissonanten Akkords im Rahmen der gerade wegen dieses Akkords um so eindrucksvoller klingenden göttlichen Weltsymphonie. Dieses Argument ist folgenden Einwänden ausgesetzt.

Erstens ist die Leibnizsche Annahme über Selige und Verdammte außerhalb des Erdenbereichs sowie über ihr zahlenmäßiges Verhältnis ebenfalls eine typische Ad-hoc-Annahme.

Zweitens bezieht die aus dieser Annahme abgeleitete Brückenthese ihre gesamte Plausibilität aus einer Analogie zum ästhetischen Bereich: Ein Gemälde oder eine Symphonie können in der Tat insgesamt optimal sein – trotz oder gerade auch wegen einiger, isoliert betrachtet, häßlich aussehender beziehungsweise klingender Partien. Ist diese Analogie aber nicht fehl am Platze, wenn es um die Allgüte Gottes geht – eine Allgüte, die doch zumindest auch als moralische Allgüte und nicht nur als ästhetischer Inbegriff überragender Künstlerqualitäten verstanden werden muß? Man betrachte zum Vergleich folgenden hypothetischen Fall: Der Direktor einer Schauspieltruppe läßt seine zahlreichen Kinder bei den Aufführungen mitwirken. Einige haben die Rollen von Personen zu übernehmen, die vom Leben nur verwöhnt werden, andere dagegen die Rollen von Personen, die andauernd gequält und mißhandelt werden. Um das Stück besonders realistisch und glaubwürdig erscheinen zu lassen, ordnet der Direktor an, daß die diversen Wohltaten ebenso wie die diversen Torturen nicht nur gespielt, sondern tatsächlich vollzogen werden. Die ästhetische Wirkung derartiger Aufführungen mag optimal sein. Aber würde dieser Umstand einem unbefangenen Betrachter (oder gar den malträtierten Kindern selbst!) ausreichen können, den Direktor als einen guten Menschen zu bezeichnen? Verletzt er nicht in eklatanter Weise 1. das allgemeine Gebot der Menschlichkeit, 2. seine spezielle Fürsorgepflicht als Vater und 3. die Forderung, die angenehmen und unangenehmen Aufgaben in seinem Unternehmen gerecht zu verteilen?

Drittens schließlich: Wäre Leibniz konsequenterweise nicht zu der Auffassung genötigt, jede menschliche Anstrengung zur Beseitigung irgendwelcher Übel habe zu unterbleiben, da eine solche Beseitigung ja – ähnlich wie etwa die späteren »Glättungen« einer Bruckner-Symphonie – die grandiose Wucht und Schönheit des Ganzen verderben würde?

Die letzte Brückenthese zur Rechtfertigung des natürlichen Übels, die ich erörtern möchte, ist so geartet, daß sie zum Problem der Rechtfertigung des moralischen Übels, das ich im restlichen Teil dieses Aufsatzes behandeln werde, überleitet. Diese These besteht in der Behauptung, das natürliche Übel in der Welt sei ein notwendiges Mittel zu einem ganz bestimmten, nämlich moralischen Zweck, und dieser Zweck sei derartig hochwertig, daß der negative Wert des Mittels, also des natürlichen Übels, dadurch mehr als aufgewogen werde. Und zwar liege dieser Zweck in der Ermöglichung und der Ausbildung gewisser moralischer Tugenden wie Solidarität, Mitgefühl, Tapferkeit und Ausdauer. Wie ist diese These zu beurteilen?

Es ist zuzugeben, daß eine Welt gänzlich ohne natürliche Übel – also ohne solche Phänomene wie Krankheiten, Seuchen, Mißbildungen, Naturkatastrophen – für die genannten moralischen Tugenden kein rechtes Betätigungsfeld hätte und diese Tugenden insofern ohne die betreffenden Übel gar nicht entstehen könnten. Man wird dem Gläubigen auch zugestehen dürfen, daß es sich bei diesen Tugenden tatsächlich um hochwertige Güter handelt, deren Vorhandensein in der Welt zur Qualität dieser Welt erheblich beiträgt. Auf diese Weise entgeht man dem von Theologen in diesem Zusammenhang nicht selten erhobenen Vorwurf, der Skeptiker halte offenbar eine Welt für ideal, in der lediglich so »niedere« Güter wie Lust, Vergnügen und Befriedigung einen Platz hätten. In Wahrheit braucht man als Skeptiker durchaus nicht ethischer Hedonist zu sein, um auch die vorliegende Brückenthese aus guten Gründen ablehnen zu können.

Der *erste* Grund: Es gibt offenbar ein beträchtliches Maß natürlichen Übels, das in gar keinem erkennbaren Zusammenhang zur möglichen Entstehung und Kultivierung irgendwelcher moralischer Tugenden steht. Auf eine Vielzahl von Krankheiten, Seuchen oder Naturkatastrophen trifft doch gleichzeitig zweierlei zu: erstens, daß sie die Betroffenen selbst entweder töten oder zu apathischem, ihre Person und somit ihr moralisches Vermögen auslöschendem Leiden verdammen, und zweitens, daß sie den Mitmenschen der Betroffenen keinerlei Möglichkeit geben zu einem helfenden, Solidarität bekundenden Eingreifen.

Der *zweite* Grund: Die Welt beziehungsweise die Menschen in ihr sind de facto so beschaffen, daß selbst jene natürlichen Übel, die ihrer Natur nach vom Menschen bewältigt werden können, keineswegs immer im positiven Sinne bewältigt werden und damit zur Ausbildung moralischer Tugenden führen. Wohl ebenso häufig werden diese Übel gerade nicht positiv bewältigt. Sie werden vielmehr zum Nährboden moralischer Untugenden oder Laster wie Egoismus, Kleinmut, Hartherzigkeit, Grausamkeit – also zum

Nährboden von Eigenschaften, die der Gläubige, will er konsequent sein, entsprechend negativ bewerten muß, wie er die korrespondierenden Tugenden positiv bewertet.

Will der Gläubige nun angesichts dieser Lage der Dinge an der zur Diskussion stehenden Brückenthese festhalten, so muß er diese These offensichtlich in einer wesentlichen Hinsicht modifizieren. Der Gläubige muß nunmehr nicht nur behaupten, daß die betreffenden natürlichen Übel und die aus ihnen gelegentlich resultierenden moralischen Tugenden zusammengenommen besser seien als ein Zustand, in dem beide Phänomene fehlen. (Das ist seine ursprüngliche Behauptung.) Er muß vielmehr darüber hinaus behaupten, daß die betreffenden natürlichen Übel *und* die aus ihnen gelegentlich resultierenden moralischen Tugenden *und* die aus ihnen gelegentlich resultierenden moralischen Laster zusammengenommen besser sind als ein Zustand, in dem alle drei Phänomene fehlen.

Man braucht nicht unbedingt einem Schopenhauerschen Pessimismus anzuhängen, um eine solche Behauptung als außerordentlich kühn oder zumindest – auch hier wiederum – als willkürlich im Sinne einer Ad-hoc-Annahme bezeichnen zu dürfen. Wenn man davon ausgeht – was nicht ganz unrealistisch sein dürfte –, daß die aus dem natürlichen Übel resultierenden Tugenden und die aus dem natürlichen Übel resultierenden Laster einander etwa die Waage halten, so folgt für eine Beurteilung der Gesamtsituation, daß das natürliche Übel selbst unter dem Strich als ausschlaggebendes Negativum übrigbleibt. Mit anderen Worten: Eine Welt ohne natürliches Übel wäre insoweit besser als die tatsächlich bestehende Welt.

Da mir weitere Brückenthesen, welche dazu dienen können, die Tatsache des natürlichen Übels mit der Vorstellung von der Allmacht, der Allwissenheit und der Allgüte Gottes in Einklang zu bringen, nicht ersichtlich sind, komme ich zu dem Ergebnis, daß bereits unter dem Gesichtspunkt des natürlichen Übels von den zu Beginn genannten theistischen Überzeugungen 1–3 mindestens eine rationalerweise aufgegeben werden sollte.

Wie ist nun die Lage im Fall des moralischen Übels? Zunächst ein paar Worte zum Umfang dieses Übels. Offenbar gibt es Formen moralischen Übels nicht nur dort, wo der Mensch auf die Tatsache des natürlichen Übels inadäquat – also etwa mitleidlos oder gar schadenfroh – reagiert. Selbst wenn es keinerlei auf natürlichen Ursachen beruhendes Übel gäbe, würde es immer noch jenes moralische Übel geben, das in dem Verstoß des Menschen gegen die Forderungen der Sittlichkeit und seinen oft katastrophalen Folgen liegt. Man denke beispielsweise an die Massenmorde der Nazis.

Derartige Fälle, in denen durch menschliches Handeln ähnlich schlimme Folgen wie durch natürliche Ereignisse, etwa Erdbeben, ausgelöst werden, werden für gewöhnlich von Gläubigen wie Skeptikern gleichermaßen als Verstöße gegen die Forderungen der Sittlichkeit und damit als moralische Übel qualifiziert. Doch für den Gläubigen ist die Liste der moralischen Übel in der Regel erheblich länger. Sie umfaßt nämlich prinzipiell auch solche Verstöße gegen die Gebote Gottes, die keinerlei weitere Übel im Gefolge haben und dem Skeptiker daher eher als harmlos erscheinen. Man denke an Adams Biß in die verbotene Frucht oder an gewisse Formen sexueller Betätigung.

Auf welche Weise kann nun der Gläubige versuchen, die Tatsache des moralischen Übels mit den von ihm vertretenen Überzeugungen 1–3 in Einklang zu bringen? Der einzig mögliche Weg, der sich von den zur Rechtfertigung des natürlichen Übels eingeschlagenen, oben bereits abgelehnten Wegen nennenswert unterscheidet, verläuft über die menschliche Willensfreiheit.

Das einschlägige Argument lautet wie folgt: Moralische Übel – welcher Art auch immer – beruhen auf schuldhaften Verstößen des Menschen (oder anderer, menschenähnlicher Personen) gegen die Forderungen der Moral. Solche schuldhaften Verstöße gegen die Forderungen der Moral aber sind eine unvermeidliche Folge der Tatsache, daß der Mensch einen freien Willen besitzt. Nur Wesen ohne einen freien Willen könnten so beschaffen sein, daß sie stets und immer nur das Gute tun. Wesen dieser Art wären keine Menschen mehr, so, wie wir sie kennen, sondern seelenlose Automaten. Eine Welt aber, die anstelle von sich frei entscheidenden Menschen von stets richtig handelnden Automaten bevölkert wäre, wäre alles in allem schlechter als die tatsächliche Welt. Daß Gott die Welt so geschaffen hat, wie sie ist, also einschließlich sich frei (mal für das

Gute, mal für das Böse) entscheidender, personaler Wesen, ist also mit seiner überragenden Macht und Güte durchaus vereinbar.

Dieses Argument ist den folgenden kritischen Einwänden ausgesetzt. Zunächst einmal: Selbst wenn man zugesteht, daß die Existenz freier, zum Bösen fähiger Menschen trotz der damit verbundenen moralischen Fehltritte dieser Menschen den Wert der Welt erhöht, hätte ein allmächtiger Gott die Welt dann nicht trotzdem so einrichten können, daß die Versuchungen des Menschen zum Bösen – in Intensität und Häufigkeit – geringer wären, als sie es tatsächlich sind? Es gibt keinen Grund für die Annahme, daß ein solches Vorgehen Gottes der menschlichen Willensfreiheit Abbruch getan hätte. Wer dieses annimmt, also wer annimmt, daß Willensfreiheit nur dort vorliegt, wo gleichzeitig ein hohes Maß an Versuchung vorliegt, der muß etwa auch annehmen, daß ein Bürgermeister, der unter dem Gesichtspunkt der Reduzierung von Kriminalität einen Wohnslum saniert, dadurch die Willensfreiheit der Slumbewohner beeinträchtigt.

Dieser Einwand aber läßt sich noch radikalisieren: Hätte Gott eigentlich die Welt nicht von vornherein so einrichten können, daß die Menschen zwar einen freien Willen haben, sich also für das Böse entscheiden können, daß sie sich de facto aber stets für das Gute entscheiden? Mit dieser Frage sind wir auf der fundamentalen Ebene des Problems des moralischen Übels angelangt.

Wenn Gott die Dinge doch offenbar so gestalten kann, daß etwa »Herr Meier«, ohne seine Willensfreiheit einzubüßen, in einer konkreten Situation der Versuchung zum Diebstahl widersteht, warum kann ein allmächtiger Gott die Dinge dann nicht ebensogut so gestalten, wiederum unter voller Wahrung der menschlichen Willensfreiheit, daß nicht nur »Herr Meier« in dieser Situation der Versuchung zum Diebstahl, sondern daß alle Menschen immer allen Versuchungen zum Bösen Widerstand leisten? Die meisten christlichen Theologen setzen in der Tat in selbstverständlicher Weise diese Möglichkeit voraus, wenn sie den Engeln wie auch den Seligen im Himmel keineswegs deswegen die Willensfreiheit absprechen, weil sie annehmen, daß diese Personen de facto der Sünde nie mehr anheimfallen.

Man könnte versucht sein zu argumentieren, wenn der Mensch de facto nie sündige, dann könne das nur darauf beruhen, daß er von Gott so geschaffen sei, daß er eben nicht sündigen könne. Mit anderen Worten: Er sei durch den göttlichen Schöpfungsakt ein für allemal am Sündigen gehindert worden. Folglich sei er unter dieser Voraussetzung kein freies Wesen. Dieses Argument ist jedoch deshalb nicht schlüssig, weil es in Wahrheit keinerlei Widerspruch bedeutet zu sagen: Gott hat den Menschen zwar mit einem freien Willen, der sich auch für das Böse entscheiden kann, geschaffen; er hat jedoch gleichzeitig – aufgrund seiner Allmacht und seiner Allwissenheit – die Randbedingungen des menschlichen Lebens so arrangiert, daß de facto nie ein Mensch von seiner Möglichkeit zum Bösen Gebrauch macht. Man könnte sich doch beispielsweise auch sehr leicht eine Welt vorstellen, in der nie jemand Selbstmord begeht – ohne daß damit die freie Möglichkeit zum Selbstmord, wie wir sie ja alle täglich haben, aufgehoben wäre.

Etwas anderes würde allenfalls unter jener Voraussetzung gelten, daß man den Begriff der Willensfreiheit so versteht, daß Willensfreiheit nicht nur mit strikter kausaler Determiniertheit unvereinbar wäre, sondern daß bereits jeder kausale Faktor, der sich in Anlage oder Umwelt des handelnden Menschen findet und seine Entscheidung zum Guten oder zum Bösen beeinflußt, die Willensfreiheit ausschlösse. Denn unter dieser Voraussetzung bestünde für Gott in der Tat nicht die Möglichkeit, die Randbedingungen des menschlichen Lebens so festzulegen, daß die Menschen de facto nie sündigen, aber trotzdem »Willensfreiheit« besitzen. In diesem Sinn »frei« wären dann nur solche Handlungen, die sich unter kausaler Betrachtung vollkommen zufällig, das heißt, ohne irgendwie mit dem Charakter oder den Lebensumständen des Handelnden verknüpft zu sein, ereignen.

Ein solcher Freiheitsbegriff jedoch hätte nicht nur mit dem, was wir für gewöhnlich unter »Freiheit« verstehen, nur noch wenig zu tun. Er wäre auch für das apologetische Unterfangen des Gläubigen bei näherem Hinsehen denkbar ungeeignet. Denn welcher *Wert* ließe sich einer dem reinen Zufall überlassenen Freiheit – einer Freiheit, die mit dem individuellen Charakter des Handelnden nichts zu tun hat – plausiblerweise noch zuschreiben? Will man tatsächlich behaupten, eine derartige Freiheit könne jene Fülle von moralischem Übel, die sie im Gefolge hat, wertmäßig aufwiegen?

Wenn aber doch – entgegen diesem Argument – ein gewisses Maß an faktischer Unmoral zur Realisierung der menschlichen Freiheit unerläßlich sein sollte: Warum hat Gott den Menschen und seine Umwelt dann nicht so geschaffen, daß die faktische Unmoral sich ausschließlich auf solche, oben bezeichneten Handlungen beschränkt, die zwar gegen ein Gottesgebot verstoßen, aber keine darüber hinausgehenden Übel bewirken? Wäre eine Welt, in welcher der »freie Wille« sich anstatt in Massenvernichtungslagern und Kriegen ausschließlich etwa in verbotenem Sexualverhalten gegen Gott auflehnt, nicht um einiges besser als die tatsächliche Welt? Es mag sein, daß sich in einer solchen fiktiven Welt weniger Menschen die ewige Höllenstrafe verdienen würden als in unserer tatsächlichen Welt. Doch wäre nicht auch diese Konsequenz eher zu begrüßen?

Nach alledem muß man bei nüchterner Betrachtung zu dem Ergebnis kommen, daß weder das *natürliche* noch das *moralische* Übel – jedenfalls in ihrem tatsächlichen Ausmaß – mit der gleichzeitigen Allmacht, Allwissenheit und Allgüte Gottes zu vereinbaren ist. Daraus folgt: Der Gläubige sollte rationalerweise wenigstens eine der Überzeugungen 1–3 preisgeben. Er wäre damit der Notwendigkeit einer Theodizee enthoben. Welche der drei Überzeugungen er preisgeben soll, kann im Kontext dieses Beitrags offenbleiben.

Abschließend sei auf zwei grundsätzliche Arten von Einwänden kurz eingegangen, die nicht selten gegen skeptische Angriffe auf eine Theodizee vorgebracht werden. Das Besondere, nämlich Grundsätzliche, an diesen Einwänden ist, daß laut ihnen sämtliche ins einzelne gehende Pro- und Contra-Argumente (wie die oben von mir erörterten) bereits im Ansatz verfehlt sind, da sie für das Unternehmen einer Theodizee gänzlich irrelevant sind. Leider steht die intellektuelle Bedeutung dieser Einwände im umgekehrten Verhältnis zu ihrer Verbreitung. Deshalb dürfte die folgende, knappe Erörterung ausreichend sein.

Der erste grundsätzliche Einwand besagt, daß man die Allgüte

Gottes nicht nach menschlichen Kategorien beurteilen dürfe, da sie menschliches Erkennen übersteige. Die Antwort auf diesen Einwand ist einfach: Wenn jene Güte, die der Gläubige in maximalem Ausmaß Gott zuschreibt, nicht einmal jene bescheidene Form der Güte, die man sinnvollerweise einem Menschen zuschreiben kann, zu umfassen braucht, dann hat der Gläubige seine Überzeugung 3 offenbar falsch formuliert. Eine »Güte«, die mit dem, was wir für gewöhnlich im menschlichen Bereich unter diesem Begriff verstehen, nicht in Zusammenhang steht, ist ein leeres Wort. Jener Gläubige aber, der seine Überzeugung 3 tatsächlich neu formuliert, hat im Grunde der Sache nach seine (ursprüngliche) Überzeugung 3 preisgegeben – und damit dem Skeptiker Genüge getan. Das darf man allerdings nicht so verstehen, als handle es sich hier um einen bloßen Streit um Worte. Wer nicht mehr im Normalsinn des Wortes an die »Allgüte« eines Schöpfergottes glaubt, besitzt gegenüber dem Gläubigen ein radikal abweichendes Weltbild, das, konsequent verfolgt, auch zu abweichenden Zukunftserwartungen und abweichenden praktischen Lebenseinstellungen führt.

Der zweite grundsätzliche Einwand besagt, angesichts des Theodizee-Problems – wie auch im Fall der übrigen fundamentalen religiösen Wahrheiten – gelte es, nicht dem aufklärerischen Hochmut einer beschränkten menschlichen Vernunft nachzugeben, sondern schlicht zu glauben. Dabei kann diese Glaubensforderung sich sowohl unmittelbar auf die drei genannten theistischen Überzeugungen beziehen als auch auf eine der denkbaren, zu ihrer Stützung vorgebrachten Brückenthesen. In beiden Fällen nehmen die betreffenden Annahmen – als Annahmen eines rational unausgewiesenen Glaubens – den Charakter der von mir oben so genannten Ad-hoc-Annahmen an.

Kritisch läßt sich zu dieser Verteidigungsstrategie folgendes sagen: Ohne Zweifel kann man auch ohne rationale Gründe (im religiösen wie im außerreligiösen Bereich) vieles glauben – sofern man psychologisch entsprechend motiviert ist. Ob man allerdings so verfahren *sollte*, ist eine andere Frage. Und daß man so verfahren *muß*, ist einfach falsch.

Wer nicht bereit ist, sein Weltbild aus der Tradition seiner Gesellschaft unbesehen zu übernehmen, wird auf die Forderung nach rationaler Begründbarkeit seiner Überzeugungen gerade im weltanschaulichen Bereich nicht verzichten wollen. Ein Hiob, der, von der Macht Gottes überwältigt, diesem Gott schon deshalb auch Güte zuzusprechen und Verehrung entgegenzubringen bereit ist, kann einem Menschen, der intellektuelle Redlichkeit und Konsequenz schätzt, kein Vorbild sein. Dieser Mensch wird einem Gott, der sich auf solche Weise wie der biblische Gott gegenüber Hiob der Zustimmung seiner Geschöpfe versichert, vielmehr mit besonderer Skepsis und besonderer moralischer Reserve gegenüberstehen.

Bernulf Kanitscheider

Die Feinabstimmung des Universums

Es besteht kein Zweifel daran, daß unser Universum, großräumig betrachtet, recht lebensfeindlich ist. Schon ein Blick auf die unmittelbare Umgebung unseres Planeten macht deutlich, daß die wenigen bewohnbaren Kilometer Luftraum oberhalb des Meeresspiegels eine außerordentliche Ausnahme in der Natur darstellen. Bereits die höchsten Punkte der Erdoberfläche sind für die meisten Menschen, wenn überhaupt, nur mit künstlichen Atmungshilfen erreichbar, die Tiefen der Meere ohne hohen technischen Aufwand gar nicht. Der Weltraum ist fast leer. Die anderen Planeten besitzen entweder keine oder lediglich eine für Menschen völlig ungeeignete oder extrem giftige Atmosphäre.

Soweit wir bis jetzt wissen, hat sich nur auf dem dritten Planeten dieses Sonnensystems, das sich in rund 250 Millionen Jahren einmal um das Zentrum einer mächtigen Spiralgalaxis dreht, eine Form komplexer Systeme entwickelt, die wir als organisches Leben bezeichnen und die in ihren Spätstadien Bewußtsein, Intelligenz und Erkenntnis hervorgebracht hat. Die Entstehung, die Entwicklung und die langzeitliche Aufrechterhaltung dieses Typus von Komplexität bedürfen einer großen Anzahl lokaler, unmittelbar einsichtiger notwendiger Vorbedingungen. So muß ein mit äußerster Konstanz arbeitender, permanent Energie liefernder Zentralkörper gegeben sein; ferner eine auf der Ekliptik schief stehende Erdachse für die Erzeugung von Jahreszeiten; ein Magnetfeld, das nur kurzfristige Unterbrechungen besitzen darf, um uns vor der harten kosmischen Strahlung zu schützen; eine Erdbahn um den zentralen Stern mit geringer Exzentrizität, um heftige Variationen in der Energiezufuhr zu vermeiden; eine Ozonschicht, um die harte Ultraviolettstrahlung abzuwehren. Für Bedingungen dieser Art, die notwendige Voraussetzungen für Entstehung, Entwicklung und Aufrechterhaltung von Leben auf unserem Planeten darstellen, hat man den Namen *Feinabstimmung* eingeführt. Da die eben genannten astronomischen und astrophysikalischen Bedingungen unsere unmittelbare Umgebung betreffen, kann man auch von lokaler Feinabstimmung sprechen.

Der enge Spielraum der astronomischen Vorbedingungen für die Existenz von Leben auf unserem Planeten war schon lange Zeit bekannt und wurde bereits im 18. Jahrhundert von den Verteidigern einer teleologischen, also geplanten Naturverfassung zur Argumentationshilfe eingesetzt. Hauptvertreter der teleologischen Deutung des Passungscharakters der Tier- und Pflanzenwelt war William Paley[1]. Paleys zentrale Denkfigur ist die Uhrenmetapher. Wenn jemand in der Heide eine Uhr findet, dann kommt er nicht auf die Idee, daß diese von selbst dort entstanden ist, sondern er vermutet, ohne zu zögern, daß es einen Hersteller dieses Kunstproduktes gegeben haben muß. Diese Denkfigur wollte Paley in der ganzen Natur realisiert sehen; ein hoher Ordnungsgrad verweist nach ihm immer auf einen Ordner. Allerdings hat schon David Hume die logische Schwäche des Analogieschlusses von dem Uhrenuniversum auf den Uhrmacher kritisiert. Es lassen sich nämlich auch andere Analogien für das Universum finden. Man kann es zum Beispiel ebensogut als großen Organismus betrachten, und Lebewesen entstehen offensichtlich von selbst. Wir sehen in unserer Umgebung, wie Pflanzen und Tiere völlig ohne Planung in der Natur wachsen und gedeihen. In dieser Hinsicht gleichen Lebewesen gar nicht unseren Kunstwerken. Überdies leistet die Uhrmacheranalogie nicht, was sie eigentlich sollte, nämlich einen Existenzbeweis für einen göttlichen Schöpfer zu liefern, denn jeder Architekt prägt immer nur neue Formen einem bereits vorhandenen Material auf; kein Uhrmacher erzeugt Uhren aus dem Nichts.[2]

In jüngster Zeit hat sich die Diskussion um die Herkunft dieser Feinabstimmungen insofern verdichtet, als sich zeigen ließ, daß eine Reihe der notwendigen Vorbedingungen für intelligentes Leben mit sehr speziellen Eigenschaften unseres Universums verbunden ist. Nicht nur unsere lokale astronomische Umgebung muß eine definitive Struktur besitzen; auch das Universum im Großen bedarf der Feinabstimmung. Die Notwendigkeit einer solchen *globalen Feinabstimmung* kann man auf folgende Weise einsehen. Wir Menschen selbst und alles Leben, das wir bisher kennen, ist auf die vier Elemente Kohlenstoff (C), Wasserstoff (H), Sauerstoff (O) und Stickstoff (N) aufgebaut, was man auch dadurch ausdrückt, daß wir sogenanntes CHON-Leben repräsentieren. Es ist zwar nicht endgültig entschieden, ob jedes Leben vom CHON-Typ sein muß, aber unser Leben ist von dieser Art, also müssen wir fragen, wie die notwendigen kosmischen Voraussetzungen für die Entstehung dieser vier Elemente lauten. Nach heutigem astrophysikalischen Wissen stammen nur Wasserstoff und Helium (He) aus der Frühzeit des Universums. Alle schweren Elemente jenseits von He – die Astrophysiker sprechen hier von Metallen – werden in den Spätstadien der Sternentwicklung erzeugt. Da Sterne sich nur innerhalb von Galaxien bilden können, müssen die galaktische Evolution und einige Sterngenerationen abgewartet werden, bis das interstellare Medium so mit Metallen, also Elementen jenseits von Helium, angereichert ist, daß Fixsterne mit einem Planetenkranz entstehen, die die passende Elementverteilung besitzen. Damit ergibt sich bereits eine Untergrenze für das Alter des Universums. Nur eine Welt, die ausreichend alt und nach der allgemeinen Relativitätstheorie dann auch entsprechend groß ist[3], kann die biochemisch wichtigen Elemente aufbauen und enthält damit die notwendigen Bedingungen für CHON-Leben. Ein Universum, das extrem materiedicht ist und lange vor der Bildung irgendwelcher galaktischer und stellarer Strukturen wieder rekollabiert, wird – vorausgesetzt, daß unser Wissen von der neurobiologischen Basis von Intelligenz nicht völlig falsch ist – unerkannt verschwinden. Nicht nur die Raumzeit, auch die Gesetzesstruktur ist durch die Forderung der Lebensmöglichkeit stark eingeengt.

Die Durchmusterung unserer Naturgesetze und Naturkonstanten hat ergeben[4], daß der Spielraum bezüglich beider extrem klein ist, wenn das Universum nicht der Möglichkeit, Leben zu beherbergen, beraubt werden soll. Anders ausgedrückt: Bereits kleinste Änderungen in den Gesetzen und in den Konstanten würden Leben zu irgendeinem Zeitpunkt in der Entwicklung des Universums unmöglich machen. Dabei ist zu betonen, daß Feinabstimmung zunächst ein rein deskriptiver Begriff ist, der nicht von selbst auf einen Feinabstimmer weist. Die teleologische Deutung ist eine mögliche Hypothese, um die Koinzidenzen zu erklären, wie wir noch sehen werden. Wieviel lokale und globale Feinabstimmung benötigt wird, um Leben zu ermöglichen, kann völlig objektiv durch logische Analyse festgestellt werden.

Bereits in bezug auf den Urknall sind Variationen denkbar, die ganz und gar nicht zu einem lebensfreundlichen Universum geführt hätten. Einzelne kosmologische Modelle lassen durchaus die Möglichkeit zu, daß die Materie in einer extrem irregulären, unkoordinierten und turbulenten Form aus dem Urknall heraustritt. Als Folge hätte sich die Materie in Form riesiger schwarzer Löcher organisiert und sicher nicht als großräumige glatte Galaxienverteilung, in der jahrmilliardenlang chemische Evolution betrieben wird. Selbstverständlich hatte das Universum auch extrem kurzlebig sein, beispielsweise nach einer Sekunde wieder kollabieren können, oder es wäre so rasant expandiert, daß alle keimhaften Ansätze einer Galaxienbildung von der dynamischen Expansion sofort wieder zunichte gemacht worden wären.

Unabdingbar ist nach heutigem Wissen von Strukturentstehung auch das Vorhandensein eines thermodynamischen Ungleichgewichts. In einer Gleichgewichtssituation, zum Beispiel in einer statischen Welt, kann keine Selbstorganisation anlaufen.[5] Nur in einem flachen Universum, in dem die Expansion weder zu schnell noch zu langsam ist, können die Kondensationskeime – die kleinen Dichtekontraste in der primordialen Materie – so wachsen, daß nach einigen Milliarden Jahren galaktische Strukturen entstehen. Auch extrem anisotrope Expansionsformen oder solche, in denen zugleich Expansion und Kontraktion in verschiedenen Teilen des Universums auftreten, liefern keine günstigen Vorbedingungen für die Galaxienentstehung. Die Existenz solcher permanenter Basen für Leben scheint an einer geradezu atemberaubenden Präzision der Feinabstimmung der Expansionsbewegung zu hängen, die knapp nach dem Urknall, das heißt zur Planck-Zeit (10^{-43} Sekunden nach dem Anfang), in einer Genauigkeit von 1:10^{54} erfüllt gewesen sein muß. Die Glattheit und die Flachheit unseres Universums lassen sich im Prinzip auch kausal erklären, wenn man in die sehr frühe Zeit des Universums eine kurz wirkende beschleunigte Expansion einbaut, die sogenannte *inflationäre Phase*. Beim inflationären Szenarium erfährt das Universum nach kurzer anfänglicher Abbremsung der Expansion eine enorme, exponentielle Beschleunigung, die seine Größe innerhalb von 10^{-35} Sekunden um den Faktor $10^{1\,000\,000}$ erhöht. Dieser Vorgang extremer Streckung bedeutet, daß der sichtbare Bereich des Universums aus einer viel kleineren Region entstanden ist, die glatt und koordiniert war. Alle Unregelmäßigkeiten und Inhomogenitäten, wenn es sie am Anfang gegeben hätte, würden auf solche Weise zu Null gedehnt. Aber das Abstimmungsproblem wird damit nur verschoben. Der Inflationsvorgang selbst muß so exakt dosiert sein, daß er genau die richtige Größenordnung von Anfangsirregularitäten liefert, die weder zu fein noch zu grobkörnig sein dürfen, um später die Bildung von Galaxien zu ermöglichen. Trotz der kausalen Erklärung der Glattheit und der Flachheit des Universums läßt sich auf diese Weise die Forderung nach notwendigen Voraussetzungen für die Existenz von Leben nicht umgehen.

Hochempfindlich für kleine Variationen sind auch die vier Grundkräfte, die nach unserem Wissen heute die Welt regieren. Auch sie stehen unter einer engen Beschränkung, wenn Leben in einer Welt möglich sein soll. Um nur einige Beispiele zu nennen: Wäre die schwache Wechselwirkung nur wenige Prozent stärker, hätte sich schon im Feuerballstadium des Universums aller Wasserstoff in Helium verwandelt, es gäbe keinen Brennstoff für die Hauptreihensterne mittlerer Größenordnung wie die Sonne. Ein Abschwächen der starken Wechselwirkung (Kernkraft) hätte gleich zu Anfang die Entstehung von Wasserstoff verhindert, weil die Neutronen (n) nicht in Protonen (p) zerfallen wären. Für den Aufbau von Kohlenstoff in schweren Sternen darf die Stärke der Kernkraft höchstens um 1 Prozent von dem Wert verschieden sein, den sie hat. Unsere Energiequelle, die Sonne, ist ein gasdynamisches Gebilde, dessen Stabilität an dem ausgewogenen Verhältnis von Elektromagnetismus und Gravitation hängt. Eine etwas stärkere elektromagnetische Wechselwirkung würde die Hauptreihensterne in sogenannte rote Riesen verwandeln, die sicher zu kalt wären, um eine biologische Evolution in Gang zu setzen. Eine kleine Schwächung des Elektromagnetismus hingegen würde sie zu heißen blauen Sternen machen, mit viel zu kurzer Lebenszeit für eine biologische Evolution. Bereits eine einprozentige Steigerung der elektromagnetischen Kraft hätte zum Ergebnis, daß die chemischen Vorgänge um so viel langsamer ablaufen, daß die Lebensentwicklung zweimal soviel Zeit benötigt hätte. Eine Verdoppelung der Stärke des Elektromagnetismus brächte bereits eine Zeiterfordernis von 10^{62} Jahren für den Aufbau intelligenten Lebens mit sich, was aber völlig nutzlos wäre, da inzwischen alle Protonen, die vermutlich eine Halbwertszeit von 10^{32} Jahren besitzen, zerfallen wären. Auch die Gravitation muß, wenn Leben im Universum auftauchen soll, fein abgestimmt sein. De facto ist die Schwerkraft 10^{39}mal schwächer als der Elektromagnetismus. Wäre dieses Verhältnis nur 6 Größenordnungen anders, also 10^{33}, hätten die Sterne um den Faktor 10^9 weniger Massen, würden aber 10^6mal schneller brennen. Das gleiche Gedankenspiel kann man mit den Teilchenmassen von Neutron, Proton und Elektron (e^-), den Hauptmateriebestandteilen, durchführen.[6] Auch hier zeigt sich, daß nur minimale Toleranz existiert, soll das Universum nicht seine Fähigkeit verlieren, intelligentes CHON-Leben zu generieren. Was in jedem Fall beeindruckt, ist die Fülle von Feinabstimmungen, die vorhanden sein müssen, damit nur die notwendigen, wenngleich nicht hinreichenden Bedingungen für die Entstehung von Leben gegeben sind. In der Feinabstimmung drückt sich also synthetisches Wissen über die Welt aus, das man aus keiner apriorischen Überlegung hätte gewinnen können.

Der nächste Schritt besteht nun darin, eine *Erklärung* für diese faktische Situation zu geben. Hier setzt das umstrittene *anthropische Prinzip* ein, das sich bemüht, in verschiedener Form die Frage anzugehen, *warum* das Universum so penibel diese vielen lebensfreundlichen Bedingungen erfüllt – angesichts der weiten physikalischen Möglichkeiten, die von den Gesetzen her gegeben sind.

Man hat dem anthropischen Prinzip, vor allem in seiner schwachen Form, den Vorwurf der Tautologie gemacht. In der Tat ist die Formulierung, daß Menschen nicht in einem Universum vorhanden wären, das nicht die notwendigen Bedingungen für deren Entstehung erfüllt, zwar analytisch wahr, aber auch trivial. Dasselbe gilt, wenn man das anthropische Prinzip als *Konsistenzbedingung* formuliert[7], das heißt, es so ausdrückt, daß unsere lokale und globale Umgebung logisch vereinbar mit unserer Existenz sein muß. Auch da wird es klar, daß es sich beim anthropischen Prinzip nicht um eine *kausale Relation* handelt, sondern um eine *logische Relation*. Aus diesem Grund ist dieses Prinzip sicher kein neues Erklärungsschema für die Welt, das etwa dem Relativitätsprinzip, dem Prinzip der kleinsten Wirkung oder dem Pauli-Prinzip an die Seite gestellt werden könnte. Durch seine logische Kopplung von menschlicher Existenz und Universum fordert das anthropische Prinzip auf, die Voraussetzungen für die Existenz von Leben, Bewußtsein und Intelligenz zu erforschen.

Es hat also eigentlich *heuristischen* Charakter. Zudem ist weder das schwache noch das starke anthropische Prinzip (der Unterschied liegt darin, daß man bei letzterem die für Leben notwendigen Werte der Variablen bzw. die Werte der Konstanten und Anfangsbedingungen fordert) genaugenommen anthropozentrisch orientiert. Vielmehr betrifft es alle komplexen Systeme mit längerer Zeitskala der Evolution in gleicher Weise. Je geringer der Komplexitätsgrad einer Struktur ist, desto weniger werden die kosmischen Parameter eingeschränkt. CHON-Leben »selektiert« stärker unter den möglichen Universen als ein extraterrestrisches Leben auf einer interstellaren Gaswolke[8], wie es einige Science-fiction-Autoren erdacht haben.

Der heuristische Wert des anthropischen Konsistenzargumentes kann auch darin gesehen werden, daß ein Weltmodell, das mit Sicherheit die Existenz des konstruierenden Theoretikers zu späten Zeiten ausschließt, nicht die ganze Wahrheit darstellen kann. So etwas ist tatsächlich einmal vorgekommen: P. A. M. Dirac hat ein kosmologisches Modell vorgeschlagen, unter Zugrundelegung der sogenannten Hypothese der großen Zahlen, die zur Folge hat, daß die Gravitation mit der kosmischen Zeit schwächer wird. Wie Edward

Teller später nachgewiesen hat, hätte das Modell die Konsequenz besessen, daß unsere Ozeane auf der Erde bereits in der vorkambrischen Ära gekocht hätten, sicherlich nicht die richtige Voraussetzung für die Entstehung von Kosmologen und Astrophysikern.

Wenn klargestellt ist, daß dem anthropischen Prinzip, sei es stark oder sei es schwach, nur Hinweischarakter für eine erklärungsbedürftige Situation zukommt, dann kann man weitergehen und fragen, *wie* man denn die überraschende Feinabstimmung wirklich erklärt. Es gibt nun verschiedene denkbare Reaktionen auf die unwahrscheinlichen lebensfreundlichen kosmischen Umstände.

1. Die *Zufallshypothese:* Sie drückt aus, daß jedes Universum, wenn es überhaupt existiert, durch bestimmte Anfangsbedingungen, Parameterwerte und Fundamentalkonstanten gekennzeichnet ist. Denn *eine* Kombination solcher Werte muß es sein; daß genau *diese* vorliegt, ist danach reiner Zufall. Von dieser Sicht her gäbe es bei der Feinabstimmung gar nichts zu erklären; man müßte sie einfach hinnehmen. Daß die Zufallshypothese unplausibel ist, läßt sich durch analoge Alltagssituationen leicht demonstrieren.[9] Wenn beim Verkauf eines kostbaren seidenen Tuches der Händler seinen Daumen gerade über das einzige kleine Loch im Stoff hält, wird kaum ein Käufer auf einen Zufall tippen mit dem Gedanken, irgendwo müsse der Händler ja schließlich seinen Daumen postieren. Wenn ein alter Torbogen, knapp nachdem man ihn passiert hat, krachend zusammenstürzt und man gerade sieht, wie sich der stärkste Konkurrent um eine heißbegehrte Frau auf leisen Sohlen davonschleicht, wird dem Betroffenen sicher nicht zuerst die Zufallshypothese einfallen und die Idee, irgendwann müsse der Torbogen ja einstürzen. In vergleichbaren Alltagssituationen suchen wir durchaus nach kausalen Erklärungen. Aus diesem Grund war in der Vergangenheit die bevorzugte Erklärung

2. die *Planungshypothese:* Ein außerweltliches mächtiges Wesen, traditionell mit Gott identifiziert – aber auch viele Götter in Kooperation tun den gleichen Dienst –, wollte, daß sich mindestens einmal im Verlauf des Universums Leben einstellt, und er oder sie haben die Anfangs- und Randbedingungen dementsprechend passend justiert. Rein logisch kann diese theologische, supernaturalistische Pla-

nungshypothese nicht ausgeschlossen werden; sie trifft jedoch auf alle jene erkenntnistheoretischen Einwände, denen jeder Supernaturalismus auch sonst ausgesetzt ist.

Was bewog IHN oder SIE, um den Polytheismus nicht gleich auszuschließen, diese spezielle Wahl zu treffen? Was bedeutet eigentlich »wählen« bei einem Wesen, das keine raumzeitlich organisierten Denkstrukturen besitzt, von dessen inneren Prozessen so gut wie nichts ausgesagt werden kann, von dem völlig unklar ist, wie eine Wechselwirkung mit einem materiellen Universum vonstatten gehen soll? Darüber hinaus läßt sich kritisieren, daß göttliche Planung der Feinabstimmung wirklich eine unhintergehbare Letzterklärung darstellt. Wenn dieses oder diese Wesen die raffinierten Anfangsbedingungen gesetzt haben, muß in ihrem Wesen zumindest so viel Komplexität vorhanden sein wie in der kosmischen Ordnung selbst. Diese göttliche Komplexität ist nun ihrerseits genauso erklärungsbedürftig wie jene des Universums selbst, so daß man kaum von einem Zuwachs an Wissen durch eine solche Erklärung sprechen kann. Läßt man eine Erklärung der göttlichen »Wahl« der Anfangsbedingungen zu, schlittert man in einen unendlichen Regreß hinein, von dem nicht zu sehen ist, wie er abgebrochen werden kann. Kann man ferner angesichts der ontologischen Differenz zwischen transzendenten Göttern und der Welt wirklich von einer kausalen *Erklärung* der Feinabstimmung sprechen? Zur Minimalbedeutung von Kausalität gehört der Transfer irgendeiner permanenten Entität von der Ursache auf die Wirkung. Bei dem innerweltlichen Kausalvorgang wird irgendeine Erhaltungsgröße wie Energie oder Impuls übertragen. Es ist nicht zu sehen, was im Fall einer göttlichen Aktivität bei einer Feinabstimmung diesem Transfer entsprechen könnte. All diese, kaum zu entkräftenden Einwände sprechen dafür, auch bei dieser schwierigen Situation den naturalistischen Rahmen nicht zu verlassen und sich andernorts nach einer echten Erklärung umzusehen. Die Feinabstimmung muß ja nicht unbedingt auf einen personalen feinabstimmenden Planer verweisen; sie läßt sich auch durch eine abstrakte schöpferische Kraft im Universum erklären. Dies wäre

3. die *teleologische Hypothese:* Danach besitzt das Universum ein

inneres Entwicklungsvermögen, eine Disposition, welche die Randbedingungen in die für Lebensentstehung günstige Richtung treibt.
John Leslie, der sich für diese teleologische Lösung eingesetzt hat,
nennt die neue, nichtphysikalische Kraft »the world's creative ethical requiredness«[10], die Gefordertheit der schöpferischen Kraft des
Universums.

Es ist die neuplatonische Idee, daß das Gute eine innere Tendenz
besitzt, sich zu realisieren. Bewußtsein, Leben und Intelligenz besitzen einen inneren Wert, und dieser entfaltet seine schöpferische Aktivität, indem er nicht nur das Universum erzeugt, sondern auch in
jene Entwicklungsrichtung treibt, die geistiges Leben ermöglicht.
Leslies Konzeption ist zweifellos *teleologisch*, jedoch keineswegs
theistisch. Werte haben ihren Ort im Bewußtsein, *deshalb* mußte ein
Universum entstehen – mit jener Feinabstimmung der Naturkonstanten, die für die Lebensentstehung günstig sind.

Nun setzt sich diese moderne teleologische Hypothese ebenso
der Kritik aus wie jene der Vergangenheit.[11] Warum, so kann man
fragen, muß denn das Zustandekommen des Bewußtseins diesen
immensen Umweg über all jene leblosen, ungeistigen, materiellen
Objekte nehmen? Warum hat sich der Zielwert, das Geistige, nicht
unmittelbar realisiert? Noch grundsätzlicher ist der Zweifel an der
neuplatonischen Wertontologie überhaupt.[12] Welche guten Gründe
gibt es, Werte nicht als subjektive Einstellungen, vielleicht als Dis-
positionen unseres limbischen Systems zu betrachten, sondern als
objektive außersomatische Entitäten, die ein eigenes dynamisches
Leben entfalten können? Die modernen Überlegungen zur Quelle
der Werte legen am ehesten eine Verankerung in den emotiven Zen-
tren des Gehirns nahe.[13] Werte können danach kein extraneuronales
Eigenleben besitzen und rein materiale Systeme nicht in eine
bestimmte Richtung steuern, wie dies nach dem extremen Axiachis-
mus von John Leslie der Fall sein müßte. Zudem muß die Wirkungs-
weise des Guten offensichtlich retrokausal erfolgen; die Entwicklung des Universums wird vom Ziel her gesteuert. Dies widerspricht
all unserem Wissen von der Richtung der Zeit.

In Anbetracht aller dieser Einwände gegen die vorstehenden Er-
klärungsversuche erscheint mir die verbleibende

4. *Vielweltenhypothese* die größte Plausibilität zu besitzen. Unser Erstaunen über die Koinzidenz so vieler unabhängiger lebensförderlicher Konstanten und Parameterwerte kann reduziert werden, wenn wir annehmen, daß nicht nur diese *eine* beobachtbare Welt existiert, sondern ein ganzes *Ensemble von Welten*, in dem die Konstanten und die kosmischen Parameter die verschiedensten Werte besitzen. Dabei kann dieses Weltensemble einfach in Form eines Postulats eingeführt werden, wie dies Brandon Carter in seiner ersten Arbeit zum anthropischen Prinzip getan hat[14], oder auf der Basis einer quantenkosmologischen Theorie, wie dies André Linde in seinem Szenarium der chaotischen Inflation vorgeschlagen hat.[15] Dabei muß das Weltensemble weder unbedingt unendlich groß sein, noch müssen alle möglichen Universen postuliert werden, die denkbar sind. Es muß nur so umfassend sein, daß es nicht mehr als Rätsel erscheint, wie in *einem* Element des Ensembles die höchst unwahrscheinliche lebensförderliche Parameterkombination auftreten kann. Ein Weltensemble ist kein ganz so exotischer Begriff, wie er aussieht. Abgesehen davon, daß die Vielzahl der Welten eine lange Begriffsgeschichte hinter sich hat[16], kommen Mehrfachwelten in verschiedener Form in der modernen Physik vor. In einem oszillierenden Weltmodell folgen Welten aufeinander, die, durch Singularitäten getrennt, völlig neue Anfangsbedingungen und damit auch total andere physikalische Eigenschaften besitzen. Obwohl heute noch unklar ist, ob und wie man durch Quantisierung die Singularität kausal durchlässig machen kann, handelt es sich zweifelsohne um eine Abfolge von Welten. Bei der Interpretation der Messung in der Quantenmechanik gibt es eine Deutung, die den seltsamen akausalen Sprung bei der Reduktion des Zustandsvektors durch den Vorgang einer Aufspaltung der einen Welt in viele Welten beschreibt. Die Superposition von Apparat und Quantenobjekt wird in dieser Deutung nie zerstört; alle Elemente der Überlagerung leben in den einzelnen Welten fort. Die einzelnen Äste der Aufspaltung haben jedoch keinen kausalen Kontakt. In gewissem Sinn enthüllt auch das Standardmodell der Kosmologie, vor allem wenn der Raum offen und von unendlicher Erstreckung ist, unendlich viele kausal entkoppelte Bereiche, die durch Beobachtungshorizonte getrennt sind.

Diese Beispiele sollen nur belegen, daß die moderne Physik bei widerspenstigen Erklärungssituationen durchaus bereit ist, von der Voraussetzung der Einzigkeit der Welt abzugehen.

Wenn diese Hypothese von der Vielzahl der Welten zudem durch eine quantenkosmologische Theorie nahegelegt wird, dann läßt sich die erstaunliche Feinabstimmung durchaus im naturalistischen Rahmen verstehen. Von den unzähligen Welten mit beliebigen physikalischen Strukturen haben einige wenige eine Ausstattung erhalten, so daß sie in einem mittleren Intervall ihrer Laufzeit Leben, Bewußtsein und Intelligenz hervorbringen. Es bedarf weder eines transzendenten Feinabstimmers noch eines neuplatonischen teleologischen Entwicklungsvermögens, um die erstaunlichen Koinzidenzen zu verstehen. Solange wir solche Denkmöglichkeiten zur Verfügung haben, besteht kein Grund zu der Annahme, daß es nicht in allen Ecken der Realität mit »rechten Dingen« zugeht. Angesichts widerspenstiger Erfahrungssituationen kann es immer wieder notwendig sein, die physikalische Ontologie zu erweitern und neue Entitäten – und seien es anders beschaffene materiale Welten – zu postulieren. Solche Forderungen bewegen sich durchaus im Rahmen der bewährten Methodologie der Wissenschaften, die längst nicht mehr verlangt, daß alle theoretischen Größen beobachtbar sein müssen. Dennoch bleibt bei diesem Schritt die ontologische Einheit der Realität gewahrt, denn alle Welten sind vom gleichen Typus; weder freischwebende Werte noch spirituelle Agentien, noch übernatürliche Mächte werden gebraucht, um die Besonderheiten unseres Universums zu verstehen.

Edward O. Wilson

Religion – eine List der Gene?

Die Präsdisposition zu religiösem Glauben ist die komplexeste und mächtigste Kraft des menschlichen Geistes und aller Wahrscheinlichkeit nach ein unauslöschlicher Bestandteil der menschlichen Natur. Emile Durkheim[1], ein Agnostiker, bezeichnet die Religionsausübung als Weihung der Gruppe und als Wesenskern der Gesellschaft. Sie ist eine der Universalien des Sozialverhaltens, und sie nimmt in allen Gesellschaften, von den Banden der Jäger und Sammler bis zu den sozialistischen Republiken, erkennbare Formen an. Ihre Rudimente reichen mindestens bis zu den Knochenaltären und den Bestattungsriten des Neandertalers zurück. Vor 60 000 Jahren schmückten bei Shanidar im Irak Neandertaler ein Grab mit sieben Arten von Blumen, die medizinische und wirtschaftliche Bedeutung haben, vielleicht um einen Schamanen zu ehren.[2] Seit jener Zeit hat die Menschheit, folgt man dem Anthropologen Anthony F.C. Wallace[3], etwa 100 000 Religionen hervorgebracht.

Skeptiker halten noch immer an der Ansicht fest, daß Wissenschaft und Aufklärung die Religion, in der sie nichts anderes als ein Gespinst von Illusionen sehen, verbannen werden. Die nobelsten unter ihnen sind davon überzeugt, daß die Menschheit aufgrund der sogenannten Logotaxis[4], einer automatischen Orientierung auf die Information, der Erkenntnis entgegenstrebe, so daß die organisierte Religion als das Dunkle immer weiter vor dem heller werdenden Morgenlicht der Aufklärung zurückweichen müsse. Diese Auffassung von der menschlichen Natur, deren Wurzeln bis zu Aristoteles und Zeno zurückreichen, erwies sich jedoch noch nie als so nichtig wie heute. Es ist eher so, daß die Erkenntnis begeistert in den Dienst der Religion gestellt wird. Die Vereinigten Staaten, das technisch und wissenschaftlich höchstentwickelte Land in der Geschichte, sind zugleich das zweitreligiöseste – nach Indien. Nach einer Gallup-Umfrage aus dem Jahr 1977 glaubten damals 94 Prozent der Amerikaner an Gott oder irgendein höheres Wesen, und 31 Prozent hatten einen Augenblick der plötzlichen religiösen Einsicht oder Erweckung, ihre Berührung mit der Offenbarung, erlebt. Das erfolgreichste Buch des Jahres 1975 war mit 810 000 verkauften Exemplaren der gebundenen Ausgabe Billy Grahams *Angels: God's Secret Messengers*.[5] [...]

In seinem *Systeme de Politique Positive*, das von 1846 bis 1854 erschien, behauptete Auguste Comte, der religiöse Aberglaube könne an seiner Quelle besiegt werden. Nach seiner Empfehlung sollten gebildete Menschen künstlich eine weltliche Religion schaffen, bestehend aus Hierarchien, Liturgien, Kanons und Sakramenten, nicht unähnlich denen der römisch-katholischen Kirche, bei der jedoch an die Stelle Gottes die Gesellschaft als das anzubetende höchste Wesen treten sollte. [...] Andere wohlmeinende Gelehrte haben versucht, Wissenschaft und Religion dadurch miteinander zu versöhnen, daß sie die beiden Rivalen voneinander isolierten. Newton[6] verstand sich nicht nur als Wissenschaftler, sondern auch als Geschichtslehrer, dessen Aufgabe es war, die Heilige Schrift als ein echtes historisches Dokument zu entziffern. Obwohl seiner gewaltigen Leistung die erste moderne Synthese der Naturwissenschaften zu verdanken ist, betrachtete er diese Errungenschaft lediglich als eine Zwischenstation zum Verständnis des Übernatürlichen. Er glaubte, der Schöpfer habe dem Gelehrten zwei Werke zu lesen gegeben, das Buch der Natur und das Buch der Schrift. Heute ist dank des unablässigen Fortschritts der Wissenschaft, für den Newton bahnbrechend wirkte, Gottes Immanenz an einen Ort verlegt worden, der irgendwo unterhalb der subatomaren Teilchen oder jenseits der fernsten sichtbaren Galaxie liegt. Diese scheinbare Ausschließung Gottes hat wiederum andere Philosophen und Wissenschaftler angespornt, eine »Prozeßtheologie« zu schaffen, in der Gottes Gegenwart aus den inhärenten Eigenschaften des Atomaufbaus gefolgert wird. Nach der auf Alfred North Whitehead[7] zurückgehenden

Konzeption ist Gott nicht als eine äußerliche Kraft anzusehen, die Wunder wirkt und über die metaphysischen Wahrheiten wacht. Er ist immer und überall gegenwärtig. Er sorgt insgeheim dafür, daß aus Atomen Moleküle, aus Molekülen lebendige Organismen und aus der Materie Geist entsteht. Die Eigenschaften des Elektrons lassen sich nicht definitiv bestimmen, solange nicht ihr Endprodukt, der Geist, verstanden ist. Der Prozeß ist Realität, Realitätsprozeß, und Gottes Hand manifestiert sich in den Gesetzen der Wissenschaft. Daher sind religiöses und wissenschaftliches Trachten zutiefst miteinander vereinbar, so daß sich wohlmeinende Wissenschaftler in einem Zustand geistigen Friedens wieder ihrem Beruf zuwenden können. Dies alles hat jedoch, wie der Leser sogleich bemerkt haben wird, wenig mit der realen Religion der nächtlichen Beschwörungstänze australischer Eingeborener und des Konzils von Trient zu tun.

Welchen Sinn es hat, daß der unwiderstehliche wissenschaftliche Materialismus zum unerschütterlichen religiösen Glauben im Widerspruch steht, vermögen wir heute sowenig wie eh und je zu erfassen. Wir versuchen, mit einem Pragmatismus der kleinen Schritte zurechtzukommen. Ihren Fortschritt verdankt unsere schizophrene Gesellschaft der Erkenntnis, doch ihr Überleben verdankt sie einer Inspiration, die gerade aus den Glaubensvorstellungen stammt, welche die Erkenntnis zu erschüttern sucht. Ich glaube, daß dieses Paradoxon sich zumindest intellektuell auflösen läßt – nicht mit einem Schlag, sondern nach und nach und mit schwer vorhersehbaren Konsequenzen –, wenn wir der Soziobiologie der Religion die gebührende Beachtung schenken. Die Manifestationen religiöser Erfahrung sind gewiß von beeindruckender Vielfalt und mehrdimensional, und in ihren verwickelten Labyrinthen verlieren sich selbst die besten Psychoanalytiker und Philosophen, doch glaube ich, daß sich die religiösen Praktiken in den zwei Dimensionen des genetischen Vorteils und des evolutionären Wandels darstellen lassen.

Diese Aussage möchte ich sogleich abschwächen, indem ich folgendes einräume: Selbst wenn die Prinzipien der Evolutionstheorie tatsächlich den – bildlich ausgedrückt – Stein von Rosette der Theologie enthalten sollten, ist nicht zu erwarten, daß die Übersetzung sämtliche religiöse Phänomene im Detail umfaßt. Die Wissenschaft kann mit den traditionellen Methoden der Reduktion und der Analyse wohl die Religion erklären, nicht aber die Bedeutung dessen, was ihr Wesen ausmacht, vermindern.

Eine historische Episode soll für die Soziobiologie der Religion als Beispiel dienen. Die Ureinwohner Tasmaniens[8] sind, genau wie die exotischen Beutelwölfe, die einst mit ihnen den Wald als Lebensraum teilten, ausgestorben. Die britischen Kolonisten brauchten nur vierzig Jahre, um ihnen den Garaus zu machen (die Wölfe überstanden weitere hundert Jahre bis 1950). Vom Standpunkt der Anthropologie aus ist dieses abrupte Ende besonders bedauerlich, da die Tasmanier – die »Wilden« – keine Möglichkeit hatten, der übrigen Welt auch nur eine Beschreibung ihrer Kultur zu überliefern. Man weiß kaum etwas außer der Tatsache, daß sie Jäger und Sammler von kleiner Statur mit rötlich-brauner Haut und krausem Haar waren und – laut den Kundschaftern, die als erste auf sie stießen – ein offenes und glückliches Naturell besaßen. Woher sie stammten, kann man nur vermuten. Höchstwahrscheinlich waren sie die Nachkommen von australischen Ureinwohnern, die vor etwa 10 000 Jahren Tasmanien erreichten und sich dann biologisch und kulturell an die kühlen, feuchten Wälder der Insel anpaßten. Nur wenige Photos und Skelette sind uns geblieben. Nicht einmal die Sprache läßt sich rekonstruieren, weil kaum ein Europäer, der mit den Tasmaniern in Berührung kam, es für lohnend hielt, Aufzeichnungen zu machen.

Für die britischen Siedler, die seit dem Beginn des 19. Jahrhunderts auf der Insel eintrafen, waren die Tasmanier keine Menschen, sondern lediglich kleine braune Hindernisse für Landwirtschaft und Zivilisation. Dementsprechend wurden sie in organisierten Jagden zusammengetrieben und wegen geringfügiger Übertretungen ermordet. Einmal wurde eine Gruppe aus Männern, Frauen und Kindern lediglich deshalb niedergeschossen, weil sie bei einer der von den Eingeborenen massenhaft veranstalteten Känguruhjagden auf Weiße zuliefen. Die meisten starben an Syphilis und anderen europäischen Krankheiten. Der Punkt, an dem eine Umkehr nicht mehr möglich war, wurde 1842 erreicht, als die Anzahl der Tasmanier von ursprünglich etwa fünftausend auf weniger als dreißig zusammengeschmolzen war. Jetzt waren die Frauen zu alt, um noch Kinder zu haben, und die Kultur war verkümmert.

Die letzten Etappen des Niedergangs der Eingeborenen vollzogen sich unter der Obhut eines bemerkenswerten Altruisten, George Robinson, eines Missionars aus London. Als 1830 noch einige hundert Tasmanier übriggeblieben waren, begann Robinson einen heroischen Kampf zur Rettung der Rasse, bei dem er praktisch auf sich gestellt war. Indem er den gehetzten Überlebenden wohlwollend entgegenkam, konnte er sie dazu bewegen, ihre Waldverstecke zu verlassen und den Kampf aufzugeben. Einige ließen sich daraufhin in den neuen Städten der Siedler nieder, wo sie unweigerlich herunterkamen. Die übrigen brachte Robinson in ein Reservat auf der Flindersinsel, einem abgelegenen Posten nordöstlich von Tasmanien. Dort wurden sie mit Pökelfleisch und süßem Tee gefüttert, in europäische Kleidung gesteckt und in persönlicher Reinlichkeit, im Umgang mit Geld und im strengen Kalvinismus unterwiesen. Die Pflege ihrer alten Kultur wurde ihnen dabei gänzlich untersagt.

Tagtäglich wanderten die Tasmanier in ihre kleine Kirche, um eine Predigt von George Robinson zu hören. Von dieser Endphase ihrer Kulturgeschichte besitzen wir Zeugnisse, die im Pidgin-Englisch verfaßt sind: »Ein Gott... Eingeborener gut, Eingeborener tot, gehen zum Himmel... Böser Eingeborener tot, geht nieder, böser Geist, Feuer endet. Eingeborener weinen, weinen, weinen...« Der Katechismus wiederholte die leicht zu begreifende Botschaft:

Was wird Gott demnächst mit der Welt machen?
    Sie verbrennen!
Liebst du den Teufel?
    Nein!
Wozu hat Gott uns gemacht?
    Seine eigenen Absichten...

Die Tasmanier konnten die strenge Umformung ihrer Seelen nicht überleben. Sie wurden düster und lethargisch und hörten auf, Kinder zu zeugen. Viele starben an Grippe und Lungenentzündung. Die Übriggebliebenen wurden schließlich in ein neues Reservat in der Nähe von Hobart auf der Hauptinsel Tasmaniens umgesiedelt. Der letzte männliche Vertreter, von den Europäern King Billy genannt, starb 1869, und die noch verbliebenen alten Frauen folgten ihm einige Jahre später. Man begegnete ihnen mit heftiger Neugierde und schließlich mit Respekt. Während der ganzen Zeit scharte George Robinson eine zahlreiche Familie um sich. Sein Lebensziel war es, die Tasmanier vor dem Aussterben zu bewahren, und er versuchte es zu erreichen, indem er guten Gewissens den Mord durch die zivilisiertere Form der religiösen Unterjochung ersetzte. Wenn er auch scheiterte, war er nach dem unbeugsamen biologischen Gesetz, das ihn unbewußt leitete, dennoch kein Versager.

Die wachsenden Erkenntnisse von Anthropologie und Geschichtsforschung bestätigen immer wieder die Feststellung Max Webers, daß die primitiveren Religionen vom Übernatürlichen durchaus irdische Belohnungen erwarten: ein langes Leben, Land und Nahrung in Fülle, die Verhinderung von Naturkatastrophen und den Sieg über Feinde. Eine Art von kulturellem Darwinismus ist auch beim Wettbewerb zwischen Sekten in der Evolution höherer Religionen wirksam. Diejenigen, die Anhänger gewinnen, wachsen, diejenigen, die das nicht schaffen, verschwinden. Folglich gleichen Religionen anderen menschlichen Institutionen darin, daß sie sich in solche Richtungen entwickeln, die der Wohlfahrt ihrer Anhänger förderlich sind. Da dieser demographische Vorteil zwangsläufig der Gruppe als ganzer zuwächst, kann er teils durch Altruismus und teils durch Ausbeutung erlangt werden, wobei einige Sektoren auf Kosten anderer profitieren. Der Vorteil kann aber auch als Summe der generell gesteigerten Lebensfähigkeit sämtlicher Mitglieder entstehen. Man kann demnach in gesellschaftlicher Hinsicht zwischen mehr unterdrückenden und mehr fördernden Religionen unterscheiden. Wahrscheinlich sind alle Religionen in einem gewissen Maße unterdrückend, vor allem wenn sie von Häuptlingstümern und Staaten betrieben werden. In der Ökologie kennt man das Gausesche Gesetz, nach dem die Konkurrenz zwischen Arten mit identischen Bedürfnissen am stärksten ist. Ähnlich verhält es sich bei den Religionen: Eine Form des Altruismus, die man selten bei ihnen beobachtet, ist Toleranz gegenüber anderen Religionen. Ihre gegenseitige Abneigung verstärkt sich, wenn Gesellschaften in Konflikt geraten, da die Religion ein hervorragendes Werkzeug im Dienst der Kriegführung und der wirtschaftlichen Ausbeutung ist. Die Religion des Siegers wird zu einem Schwert, die des Besiegten zu einem Schild.

Für die Human-Soziobiologie stellt die Religion die größte Herausforderung und die erregendste Gelegenheit dar, sich zu einer wirklich eigenständigen theoretischen Disziplin zu entwickeln. Sollte der menschliche Geist in einem gewissen Umfang von Kantschen Imperativen geleitet werden, so wird man sie wahrscheinlich eher im religiösen Empfinden als im rationalen Denken finden. Auch wenn das Phänomen der Religion eine materialistische Grundlage hat und in den Bereich der konventionellen Wissenschaft fällt, wird seine Entschlüsselung ihr doch aus zwei Gründen schwerfallen. Erstens ist die Religion unbestreitbar eine der bedeutenden Verhaltenskategorien, die allein die menschliche Spezies auszeichnen. Die aus der Populationsbiologie und aus experimentellen Untersuchungen an niederen Tieren abgeleiteten Prinzipien der Verhaltensevolution werden sich auf die Religionen nicht unmittelbar anwenden lassen. Zweitens sind die entscheidenden Lernregeln und ihre letztlich genetische Motivation vermutlich dem bewußten Denken entzogen, da die Religion vor allem in jenem Prozeß besteht, durch den Individuen dazu gebracht werden, ihr unmittelbares Eigeninteresse den Interessen der Gruppe unterzuordnen. Die Jünger sollen kurzfristige physiologische Opfer für ihre eigenen langfristigen genetischen Vorteile bringen. Selbsttäuschung macht Schamanen und Priester in ihrem Auftreten sicherer und fördert die Täuschung ihrer Zuhörer. Inmitten von Sinnlosigkeit bietet die Verkündigung Gewißheit. Die Entscheidungen fallen automatisch und rasch, da es keinen rationalen Kalkül gibt, nach dem Gruppen von Individuen ihre kollektive genetische Tauglichkeit tagtäglich berechnen und daher *wissen* können, wieviel Konformität und Eifer für jede einzelne Handlung optimal sind. Die Menschen bedürfen einfacher Regeln, die komplexe Probleme lösen, und sie leisten in der Regel Widerstand, wenn man versucht, die unbewußte Ordnung und die Entscheidungen ihres Alltagslebens genauer zu untersuchen. Ernest Jones[9] hat diese Regel psychoanalytisch folgendermaßen ausgedrückt: »Immer dann, wenn ein Individuum einen gegebenen (seelischen) Vorgang für derart selbstverständlich hält, daß eine Erforschung seiner Gründe nicht in Frage kommt, und gegen eine solche Erforschung Widerstand zeigt, dürfen wir vermuten, daß der tatsächliche Grund ihm verborgen ist – und zwar nahezu sicher wegen seiner Unannehmbarkeit.«

Die Tiefenstruktur des religiösen Glaubens läßt sich erkunden, indem man die Wirkung der natürlichen Auslese auf drei verschiedenen Ebenen untersucht. Zunächst wirkt die Auslese auf der ekklesiastischen Ebene: Religiöse Führer entscheiden sich für bestimmte Rituale und Konventionen wegen deren emotionaler Wirkung unter den gegebenen gesellschaftlichen Bedingungen. Die ekklesiastische Auslese kann entweder dogmatisch und stabilisierend oder evangelistisch und dynamisch sein. In beiden Fällen werden die Resultate kulturell weitervermittelt; Variationen in der Religionsausübung von einer Gesellschaft zur anderen beruhen daher auf Lernvorgängen und nicht auf den Genen. Auf der nächsten Ebene ist die Auslese ökologischer Natur. Wie sehr auch das Ergebnis der ekklesiastischen Auslese den Gefühlen der Gläubigen entsprechen mag, wie leicht die von ihr begünstigten Konventionen auch gelernt werden mögen – die daraus resultierende Praxis muß letzten Endes den Anforderungen der Umwelt genügen. Falls eine Religion die Gesellschaft im Krieg schwächt, die Zerstörung der Umwelt fördert, das Leben verkürzt oder die Fortpflanzung behindert, wird sie, ungeachtet ihrer kurzfristigen emotionalen Vorzüge, ihren eigenen Untergang einleiten. Schließlich findet eine genetische Auslese statt, denn von den sich überschneidenden Wirkungen der kulturellen Evolution und der Populationsschwankung werden die Häufigkeiten verschiedener Gene beeinflußt.

Die hier vertretene Hypothese lautet, daß gewisse Genhäufigkeiten sich in Übereinstimmung mit der ekklesiastischen Auslese ändern. Die Gene programmieren die Funktionsweise des nervösen, sensorischen und hormonalen Systems des Körpers und beeinflussen dadurch nahezu mit Sicherheit den Lernprozeß. Sie bestimmen die Reifung bestimmter Verhaltensweisen und die Lernregeln anderer Verhaltensweisen. Inzesttabus, Tabus überhaupt, Xenophobie, Einteilung von Objekten in heilige und profane, hierarchische Dominanzsysteme, gespannte Aufmerksamkeit gegenüber Führern, Charisma, Errichtung von Denkmälern und Tranceerzeugung gehören zu den Elementen religiösen Verhaltens, die höchstwahrscheinlich durch Entwicklungsprogramme und Lernregeln beeinflußt sind. Die Funktion all dieser Erscheinungen besteht darin, eine soziale Gruppe abzugren.en und ihre Mitglieder in bedingungsloser Treue aneinander zu binden. Unsere Hypothese setzt voraus, daß es entsprechende Verhaltenszwänge gibt, daß sie eine physiologische Basis haben und daß die physiologische Basis ihrerseits eine genetische Grundlage hat. Sie besagt, daß ekklesiastische Entscheidungen durch die Kette von Vorgängen beeinflußt werden, die von den Genen über die Physiologie zu bestimmten Lernvorgängen einzelner führt.

Nach dieser Hypothese werden die Häufigkeiten der Gene ihrerseits über viele Generationen hinweg durch die absteigende Folge verschiedener Formen der Auslese – die ekklesiastische, die ökologische und die genetische – beeinflußt. Wenn religiöse Praktiken das Überleben und die Fortpflanzung der Anhänger fördern, werden sich die physiologischen Steuerungsmechanismen, die den Erwerb solcher Praktiken durch das Individuum begünstigen, ausbreiten. Zugleich werden diejenigen Gene, von denen solche Steuerungsmechanismen abhängen, begünstigt. Da religiöse Praktiken während der individuellen Entwicklung keinem direkten genetischen Einfluß unterliegen, können sie im Zuge der kulturellen Evolution eine große Variationsbreite aufweisen. Es ist sogar möglich, daß Gruppen wie etwa die Shaker bestimmte Konventionen übernehmen, welche die genetische Tauglichkeit über eine oder einige Generationen hinweg vermindern. Über viele Generationen hinweg werden die entsprechenden Gene jedoch ihre Großzügigkeit damit büßen, daß ihr Anteil innerhalb der Gesamtbevölkerung zurückgeht. Andere Gene, die Verhaltensmechanismen hervorrufen, welche sich dem durch kulturelle Evolution bedingten Tauglichkeitsverfall widersetzen, werden die Oberhand gewinnen, und die abweichenden Praktiken werden verschwinden. Die Kultur testet also unablässig die verhaltenssteuernden Gene, aber sie kann dabei nicht mehr tun, als einen Gensatz durch einen anderen zu ersetzen.

Diese Hypothese von der Wechselwirkung zwischen Genen und Kultur kann entweder bestätigt oder widerlegt werden, wenn wir die Auswirkungen der Religion auf ökologischer und genetischer Ebene untersuchen. Nun ist die ökologische Ebene sehr viel leichter zugänglich. Wir müssen also fragen: Welche Auswirkungen hat die jeweilige religiöse Praxis auf die Wohlfahrt von Individuen und Stämmen? Unter welchen historischen und Umweltbedingungen entstand diese Praxis? Wenn sie eine Reaktion auf eine Zwangslage darstellt oder die Effizienz einer Gesellschaft über viele Generationen hinweg gesteigert hat, bestätigt dieser Zusammenhang die Interaktionshypothese. Wenn sie diese Erwartungen nicht erfüllt und nicht einmal in einem relativ einfachen, plausiblen Sinne mit der Reproduktionsfähigkeit in Beziehung gebracht werden kann, ist die Hypothese in Schwierigkeiten. Wenn sich schließlich herausstellt, daß die genetisch festgelegten Lernbeschränkungen, wie sie von der Entwicklungspsychologie aufgedeckt wurden, nicht mit den Hauptentwicklungslinien der religiösen Praxis übereinstimmen, ist die Hypothese zweifelhaft, und man ist zu der Annahme berechtigt, daß die kulturelle Evolution in diesem Fall den theoretisch zu erwartenden Verlauf der genetischen Evolution nachgeahmt hat.

Damit die Untersuchung einen hinreichend breiten Gegenstandsbereich erfaßt, muß die Definition des religiösen Verhaltens erweitert werden, so daß auch die Magie und die weihevollen Stammesrituale sowie umfassendere mythologische Vorstellungskomplexe einbezogen sind. Ich glaube, daß auch noch nach diesem Schritt die Hypothese der Gen-Kultur-Interaktion von den Tatsachen gedeckt wird und kaum ein Beispiel aus der Religionsgeschichte ihr widerspricht.

Nehmen wir das Ritual[10]. In der ersten Begeisterung für die Ethologie Lorenz-Tinbergenscher Prägung haben einige Sozialwissenschaftler eine Analogie zwischen menschlichen Zeremonien und den Äußerungen tierischer Kommunikation hergestellt. Der Ver-

gleich ist, gelinde gesagt, ungenau. Die meisten tierischen Äußerungen sind Signale, die eine ganz bestimmte, begrenzte Bedeutung
vermitteln. Sie sind vergleichbar mit den Körperhaltungen, Ge-
sichtsausdrücken und Elementarlauten der nichtsprachlichen
menschlichen Kommunikation. Einige tierische Äußerungen, wie
etwa bestimmte Formen der Partnerwerbung und Bindungsherstel-
lung bei Vögeln, sind von so beeindruckender Kompliziertheit, daß
Zoologen sie gelegentlich als Zeremonien bezeichnet haben. Aber
auch hier ist der Vergleich irreführend. Die meisten menschlichen
Rituale haben mehr als nur einen unmittelbaren Signalwert. Sie dienen, wie Durkheim hervorgehoben hat, nicht nur der Darstellung,
sondern auch der Bekräftigung und der Erneuerung der moralischen Werte der Gemeinschaft.

Etwas ganz spezifisch Menschliches sind die heiligen Rituale. In
ihren elementaren Formen geht es um Magie, um den Versuch der
aktiven Beeinflussung der Natur und der Götter. Altsteinzeitliche
Zeichnungen an westeuropäischen Höhlenwänden lassen eine vor-
rangige Beschäftigung mit Jagdtieren erkennen. Zahlreiche Darstellungen zeigen Speere und Pfeile, die sich in den Körper der Beute
bohren. Andere Zeichnungen stellen Menschen dar, die in tierischer
Vermummung tanzen oder mit gesenktem Kopf vor Tieren stehen.
Die Funktion dieser Bilder war vermutlich eine magische Übertra-
gung, die auf der Vorstellung beruhte, daß das, was mit der Abbil-
dung geschieht, sich auch an dem realen Objekt vollzieht wird.
Die Vorwegnahme der Handlung ist mit den Intentionsbewegun-
gen von Tieren vergleichbar, die im Lauf der Evolution oft zu kom-
munikativen Signalen ritualisiert wurden. Der Schwänzeltanz der
Honigbiene ist tatsächlich eine verkleinerte Wiederholung des
Fluges vom Stock zur Futterquelle. Die Biene beschreibt bei dem
Tanz eine Acht, deren gerader Mittelteil durch seine Richtung und
seine Länge genau die Größe dieser Parameter angibt, die von der
anderen Biene beim wirklichen Flug zu beachten ist. Der primitive
Mensch würde den Sinn eines derart komplexen tierischen Verhaltens ohne weiteres verstanden haben. Die Magie wurde und wird in
einigen Gesellschaften noch immer von besonderen Menschen
praktiziert, die als Schamanen, Zauberer oder Medizinmänner be-

zeichnet werden. Man glaubte, sie allein besäßen das geheime Wissen und die Macht, auf die übernatürlichen Kräfte der Natur einzuwirken, und zuweilen hatten sie daher einen stärkeren Einfluß als die Stammeshäuptlinge. Sakrale Riten, das zeigt ein 1968 erschienener kritischer Artikel des Anthropologen Roy A. Rappaport[11], mobilisieren und zeigen primitive Gesellschaften in einer Weise, die unmittelbar biologisch vorteilhaft zu sein scheint. Zeremonien können zum Beispiel Informationen über die Stärke und den Reichtum von Stämmen und Familien liefern. Bei den Maring in Neuguinea gibt es keine Häuptlinge oder sonstigen Führer, die im Krieg Gefolgschaft erwarten können. Eine Gruppe veranstaltet einen rituellen Tanz, und dabei können die einzelnen Männer ihre Bereitschaft zur Unterstützung einer militärischen Aktion dadurch zu erkennen geben, ob sie sich an dem Tanz beteiligen oder nicht. Wie stark der Kriegsverband ist, läßt sich danach genau durch Abzählen bestimmen. Dem gleichen Zweck dienen in höher entwickelten Gesellschaften Militärparaden, die man mit dem ganzen Gepränge und den Ritualen der Staatsreligion ausschmückt. In den berühmten indianischen Potlach-Zeremonien der Küstenregion der kanadischen Nordwestterritorien beweist man seinen Reichtum durch die Menge der Güter, die man verschenkt. Führer können darüber hinaus die Verwandtschaft zur Herstellung von überschüssigen Gütern mobilisieren und dadurch die Macht der Familie steigern.

Rituale dienen außerdem der Klärung von Beziehungen, die ansonsten uneindeutig und in kostspieliger Weise ungeklärt blieben. Das beste Beispiel für diese Kommunikationsform sind die Übergangsriten. Während ein Junge heranreift, vollzieht sich der Übergang vom Kind zum Mann im biologischen und psychologischen Sinne ganz allmählich. Manchmal wird er sich wie ein Kind verhalten, wenn eine erwachsene Reaktion angebrachter wäre, und umgekehrt. Es fällt der Gesellschaft schwer, ihn in dem einen oder dem anderen Sinne einzuordnen. Der Übergangsritus beseitigt diese Uneindeutigkeit durch eine willkürliche Änderung der Klassifikation und ersetzt einen stetigen Gradienten durch eine Dichotomie. Zugleich dient er der Zementierung der Bindungen des jungen Mannes an die Erwachsenengruppe, die ihn aufnimmt.

Die Neigung des menschlichen Geistes zu einer zweiteiligen Klassifikation bestätigt sich auch bei der Hexerei. Die psychologische Entstehung der Hexerei haben Sozialwissenschaftler wie Robert A. LeVine[12], Keith Thomas[13] und Monica Wilson mit großem Geschick rekonstruiert. Ihre Untersuchungen zeigen, daß die unmittelbaren Motivationen teils emotionaler, teils rationaler Natur sind. In allen Gesellschaften ist der Schamane in der Lage, entweder zu heilen oder einen bösen Zauber auszusprechen. Solange er in seiner Rolle unangefochten ist, genießen er und seine Verwandten zusätzlichen Einfluß. Sind seine Aktionen nicht nur wohltuend, sondern werden außerdem durch Rituale sanktioniert, dann tragen sie zur Entschlossenheit und zur Integration der Gesellschaft bei. Die biologischen Vorteile der institutionalisierten Zauberei scheinen demnach klar zu sein.

Die Hexenjagd, das Gegenteil der Zauberei, ist ein sehr viel rätselhafteres Phänomen und stellt für unsere theoretische Untersuchung eine wirklich interessante Herausforderung dar. Wie kommt es, daß Menschen von Zeit zu Zeit erklären, sie seien behext oder ihre Gesellschaft sei davon betroffen, und bei ihren Mitmenschen böse übernatürliche Kräfte vermuten? Exorzismen und Inquisitionen sind ebenso komplexe, eindrucksvolle Erscheinungen wie die Magie, aber auch hier zeigt sich, daß die Motivationen in der Selbstsucht von einzelnen liegen. Eines der besser belegten Beispiele ist die epidemische Hexenjagd im England der Tudors und der Stuarts. Vor dieser Zeit (1560 bis 1680) hatte die katholische Kirche den Bürgern ein wohlorganisiertes System ritueller Vorkehrungen gegen böse Geister und üblen Zauber geboten. Die Kirche hatte im Grunde eine positive Hexerei betrieben. Die Reformation beseitigte diesen psychologischen Schutz. Protestantische Pfarrer denunzierten die früheren religiösen Praktiken, bestätigten aber zugleich die Existenz böser Magie. Ritueller Gegenmaßnahmen beraubt, wandten sich nun behexte Personen direkt gegen die mutmaßlichen Hexen, klagten sie öffentlich an und suchten sie zu vernichten.

Eine eingehende Untersuchung der Gerichtsakten hat die vermutlich tiefere Motivation hinter den Verfolgungen aufgedeckt. Im typischen Fall hatte der Ankläger eine arme Frau, die um Essen oder eine andere Gefälligkeit bat, abgewiesen und war anschließend von einem persönlichen Mißgeschick wie etwa einer Mißernte oder einem Todesfall in der Familie betroffen worden. Indem er die Schuld daran der Frau auflud, erreichte der Ankläger zwei Zwecke. Er unternahm direkt etwas gegen das, was er, einer gewissen Logik folgend, die von der Eigenartigkeit und dem zudringlichen Verhalten vermeintlicher Hexen ausging, aufrichtig für die Ursache seiner Schwierigkeiten hielt. Das zweite Motiv ist subtiler und nicht so leicht nachzuweisen. Thomas schreibt darüber: »Der Konflikt zwischen seiner Verärgerung und einem gewissen Pflichtgefühl führte zu der Ambivalenz, die es einem Mann ermöglichte, bettelnde Frauen brüsk von der Tür zu weisen und dennoch anschließend Gewissensqualen zu leiden. Die entsprechenden Schuldgefühle waren ein fruchtbarer Boden für Anschuldigungen von Hexerei, da das später auftretende Mißgeschick als eine Vergeltung seitens der Hexe betrachtet werden konnte. Die Spannungen, aus denen Behauptungen von Hexerei erwuchsen, wurden von einer Gesellschaft erzeugt, die sich nicht mehr darüber im klaren war, wie ihre abhängigen Mitglieder zu behandeln seien; in ihnen spiegelte sich der ethische Konflikt zwischen den beiden entgegengesetzten Auffassungen, daß, wer nicht arbeitet, auch nicht essen soll, und daß es für die Reichen segenbringend ist, die Armen zu unterstützen.« Der Ankläger rationalisierte also, wenn er das Dilemma in einen Krieg gegen böse Geister umdeutete, seine egoistische Handlungsweise.

Bei den Nyansongan in Kenia wird nicht durch eine förmliche Denunziation, sondern durch den Klatsch festgelegt, wer eine Hexe ist. Die Führer der Nyansongan, unter ihnen die Familienoberhäupter, die Ältesten, die Häuptlinge und die Mitglieder der Gerichtshöfe, weisen die Erzählungen von Hexerei für gewöhnlich zurück und versuchen, die Streitigkeiten durch Diskussion und Schiedsspruch beizulegen. Die Formlosigkeit des Verfahrens gestattet es den Leuten, mit Gerüchten und Anschuldigungen hausieren zu gehen und dadurch auf ihre persönlichen Probleme aufmerksam zu machen.

Hexerei und andere Formen der Magie werden häufig aufgrund ihrer praktischen Natur von den höheren Ebenen der »echten« Religion abgehoben. Die meisten Gelehrten sind Durkheim gefolgt, der einen fundamentalen Unterschied machte zwischen dem Sakralen als dem Wesenskern der Religion und dem Profanen als einer Eigenschaft der Magie und des alltäglichen Lebens. Mit der Heiligung eines Verfahrens oder einer Äußerung wird sie über jeden Zweifel hinaus beglaubigt und jedem, der es wagt, ihr zu widersprechen, Strafe angedroht. In den hinduistischen Schöpfungsmythen landen beispielsweise diejenigen, die außerhalb ihrer Kaste heiraten, nach dem Tod im Höllenreich Yama, wo sie gezwungen werden, glühendrote Menschengestalten zu umarmen. Zwischen dem Sakralen und dem Profanen besteht eine solche Distanz, daß es bereits eine Übertretung ist, wenn man es unter ungeeigneten Umständen auch nur erwähnt. Die sakralen Riten wecken Ehrfurcht und deuten Qualitäten an, die sich dem menschlichen Verständnis entziehen.

Diese äußerste Form der Beglaubigung wird jenen Praktiken und Dogmen zuteil, die dem vitalen Interesse der Gruppe dienen. Das Individuum wird durch die sakralen Rituale auf äußerste Anstrengungen und Selbstaufopferung vorbereitet. Überwältigt von bestimmten Losungsworten, besonderen Gewändern und sakralen Tanz- und Musikveranstaltungen, die genau auf seine Gefühlszentren zielen, wird es durch ein religiöses Erlebnis verändert. Der Gläubige ist bereit, seine Treue zu Stamm und Familie zu bekräftigen, Nächstenliebe zu üben, sein Leben zu weihen, zur Jagd auszuziehen, in die Schlacht zu gehen, für Gott und Vaterland zu sterben. So war es früher; folgen wir der Schilderung von John Pfeiffer[14]: »Alles, was sie wußten und glaubten, die ganze Kraft der vorväterlichen Autorität und Tradition, verdichtete sich bis zur Weißglut in der Zeremonie. Was mit einem Schamanen begann, der im Trancezustand unter Leuten auftrat, die um Lagerfeuer versammelt waren, kulminierte in Schauspielen, die von Hohenpriestern und ihren Kohorten auf Plattformen dargeboten wurden, welche sich über die Menge erhoben. Lieder wurden gesungen, in denen bestimmte Worte immer wiederkehrten, in einem eintönigen Metrum, das die Endreime betonte. Die Musik, die im Hintergrund das Tempo angab, den Gesang unterstrich und zuweilen zu Crescendi und Höhepunkten anschwoll, beschleunigte den Pulsschlag. Maskierte Tänzer begleiteten die Worte und die Musik mit Darstellungen von Göttern und Helden. Die Zuschauer bewegten sich im Rhythmus mit und sangen rituelle Responsorien.«

Und so setzt es sich bis in die Gegenwart fort – für gewöhnlich in bruchstückhafteren und gedämpfteren Versionen. Die moderne, traditionalistische Häresie des Katholizismus und die evangelistischen Erneuerungsbewegungen der Protestanten stellen Bemühungen dar, die zersetzende Säkularisierung der Gesellschaft rückgängig zu machen und zu den alten Formen zurückzukehren. Eine gedankenlose Unterwerfung unter den Willen der Gemeinschaft gehört bei den »braven« Menschen der »schweigenden Mehrheit« der Gesellschaft noch immer zu den emotional wirkungsvollsten Tugenden. »Jesus ist die Antwort« ist das zeitgenössische Gegenstück von *Deus vult*, der Parole des ersten Kreuzzugs. Gott will es, was immer zu tun sei, wie schwer auch der Weg sei. Mao Tse-tung[15] sagte: »Wir müssen bei unserer Arbeit ausharren und sie ohne Unterbrechung weiterführen; auch uns wird es gelingen, den Himmel (Gott) zu rühren. Unser Himmel (Gott) ist nichts anderes als die Masse des chinesischen Volkes.« Wenn den Göttern gedient wird, ist letzten Endes, obwohl unerkannt, die biologische Tauglichkeit der Stammesangehörigen der Nutznießer. Wir müssen jetzt fragen: Ist die Bereitschaft, sich indoktrinieren zu lassen, eine neurologisch begründete Lernbereitschaft, die sich durch die Auslese von miteinander konkurrierenden Clans entwickelte?

Gestützt wird diese einfache biologische Hypothese durch die Tatsache, daß die blind machende Kraft der religiösen Treue auch ohne Theologie wirksam sein kann. Die Maiaufmärsche auf dem T'ien-An-Men-Platz wären von den Volksmengen der Maya, das Lenin-Mausoleum von den Verehrern des blutgetränkten Grabtuches Christi unmittelbar verstanden worden. Betrachten wir die nachstehenden Überlegungen von Grigori Pjatakow[16], einem der engsten Vertrauten Lenins: »Ein wirklicher Kommunist [...] das heißt ein Mann, der in der Partei ausgebildet wurde und ihren Geist tief genug in sich aufgenommen hat, wird selbst in gewisser Weise ein Wundermann. Für eine solche Partei wird ein wahrer Bolschewik bereitwillig Ideen aus seinem Geist entfernen, an die er seit Jahren geglaubt hat. Ein wahrer Bolschewik hat seine Persönlichkeit in der Kollektivität, der ›Partei‹, in einem solchen Ausmaß aufgehen zu lassen, daß er die notwendige Anstrengung unternehmen kann, sich von seinen eigenen Ansichten und Überzeugungen zu trennen und aufrichtig mit der Partei übereinzustimmen – das ist die Prüfung für den wahren Bolschewiken.«

In *Dynamik des Todes* erinnert uns Ernest Becker[17] daran, daß das Guru-Phänomen ein Mittel ist, um das Selbst einer machtvollen und wohlwollenden Kraft zu unterwerfen. Der Zen-Meister verlangt absoluten Gehorsam in jeder Übung – den exakten Kopfstand, die exakte Art zu atmen –, bis der Jünger seines Selbst entkleidet ist und von einer magischen Macht getragen wird. Der Zen-Bogenschütze schießt nicht mehr den Pfeil ab; das Innere der Natur bricht aus in die Welt mittels der vollkommenen Selbstentsagung des Bogenschützen und läßt die gespannte Sehne zurückschnellen. [...]

Sowohl für das Individuum wie für die Gesellschaft kann eine solche bereitwillige Unterordnung vorteilhaft sein. Henri Bergson erkannte als erster, welche Kraft letzten Endes hinter den Mechanismen der emotionalen Befriedigung stehen könnte. Die extreme Plastizität des menschlichen Sozialverhaltens, so stellte Bergson fest, ist sowohl eine große Stärke als auch eine Gefahr. Wenn jede Familie ihre eigenen Verhaltensregeln festsetzte, würde die Gesellschaft als ganze im Chaos versinken. Um egoistischem Verhalten und der auflösenden Kraft von hoher Intelligenz und Idiosynkrasie entgegenzuwirken, muß jede Gesellschaft sich Gesetze geben. Innerhalb weiter Grenzen funktionieren willkürliche Konventionen immer noch besser als gar keine. Weil Regelsysteme, so willkürlich sie auch sein mögen, das Funktionieren sichern, werden Organisationen leicht durch überflüssige Ungerechtigkeiten in ihrer Effizienz beeinträchtigt. Rappaport hat das bündig formuliert: »Die Heiligung verwandelt das Willkürliche in das Notwendige, und Regelungsmechanismen, die willkürlich sind, werden für gewöhnlich geheiligt.«

Doch die Willkürlichkeit der Heiligung ruft Kritik hervor, und in den freiheitlicheren und selbstbewußteren Gesellschaften treten Seher und Revolutionäre an, um das System zu ändern. Ihre Absicht ist es letztlich, Regeln zu errichten, die sie selbst ersonnen haben.

Die Veränderung stößt auf Widerstand, denn da die herrschenden Regeln geheiligt und mythologisiert wurden, hält die Mehrheit der Menschen sie für unzweifelhaft und faßt die Nichtübereinstimmung als eine Lästerung auf.

Damit sind die Voraussetzungen für den Konflikt der natürlichen Auslese auf der Ebene des Individuums und der Gruppe gegeben. Indem wir diesen Konflikt ansprechen, sind wir wieder bei der theoretischen Frage nach der Entstehung des Altruismus gelandet. Unterstellen wir zunächst einmal, daß es eine genetische Prädisposition zu Konformität und Heiligung gibt. Wurde sie herbeigeführt durch eine Auslese auf der Ebene ganzer Gesellschaften oder durch eine Auslese auf der Ebene des Individuums? Man kann die Frage auch im psychologischen Sinne formulieren: Entspricht das Verhalten einem strengen Altruismus, ist es also darauf programmiert, die Interessen der gesamten Gemeinschaft zu wahren, oder entspricht es einem milden Altruismus, droht es also, durch das eigennützige Interesse von Individuen manipuliert zu werden?

Auf der einen Seite, auf der wahrscheinlich eher eine strenge Religiosität entsteht, setzt die Auslese bei der Gruppe an. Wenn sich die Konformität zu sehr abschwächt, nehmen die Gruppen ab oder sterben sogar aus. In dieser hypothetischen Version ist es dennoch möglich, daß egoistische, individualistische Mitglieder die Oberhand gewinnen und sich auf Kosten anderer vermehren. Doch der wachsende Einfluß ihrer abweichenden Prädispositionen steigert die Verletzlichkeit der Gesellschaft und beschleunigt ihren Niedergang. Gesellschaften, die solche Individuen und damit auch die Gene, die zu ihrer Entstehung prädisponieren, in größerer Häufigkeit aufweisen, werden jenen weichen, deren »genetische Entschlossenheit« nicht so geschwächt ist, und damit wird der Anteil von konformen Individuen an der Gesamtpopulation steigen. Die genetisch bedingte Fähigkeit zu blindem Konformismus breitet sich zu Lasten der genetisch bedingten Unfähigkeit aus. Auch das Potential für Selbstaufopferung kann auf diese Weise gestärkt werden, da die Bereitschaft von Individuen, auf Belohnungen zu verzichten oder sogar das eigene Leben hinzugeben, das Überleben der Gruppe fördern wird. Der Verlust an Genen, der durch den Tod von disziplinierten Individuen eintritt, kann mehr als ausgeglichen werden durch einen Gewinn an Genen, der durch die Expansion der begünstigten Gruppe erreicht wird.

Auf der anderen Seite, auf der eine mildere und eher ambivalente Religiosität entsteht, setzt die Auslese beim Individuum an. Die Fähigkeit zu konformem Verhalten erlaubt es den Individuen, die Vorzüge der Gruppenmitgliedschaft mit einem Minimum an Energieverausgabung und Risiko zu genießen, und ihr Verhalten wird über lange Zeit hinweg als soziale Norm aufrechterhalten. Die Rivalen der Konformisten mögen zwar zeitweilig durch Egoismus und Respektlosigkeit einen Vorteil erlangen, langfristig jedoch geht er durch Ächtung und Unterdrückung wieder verloren. Das altruistische Handeln der Konformisten, das möglicherweise bis zur Gefährdung des eigenen Lebens geht, beruht nicht auf einer genetischen Prädisposition, die durch den Wettbewerb zwischen ganzen Gesellschaften herausselektiert wurde, sondern darauf, daß die Gruppe gelegentlich imstande ist, sich die Indoktrinierbarkeit zunutze zu machen, die bei anderen Gelegenheiten für das Individuum vorteilhaft ist.

Diese beiden Möglichkeiten brauchen einander nicht auszuschließen; Gruppenauslese und individuelle Auslese können sich gegenseitig verstärken. Wenn der Erfolg der Gruppe spartanische Tugenden und eine selbstverleugnende Religiosität verlangt, kann der Sieg den überlebenden Gläubigen mit Land, Macht und Fortpflanzungschancen mehr als entschädigen. Das durchschnittliche Individuum wird bei diesem darwinschen Spiel gewinnen, und sein Einsatz wird sich lohnen, weil die Bemühungen der Beteiligten, nimmt man sie zusammen, dem durchschnittlichen Mitglied einen mehr als ausgleichenden Vorteil gewähren. »Und der Herr redete mit Mose und sprach: Nimm die Summe des Raubes der Gefangenen, an Menschen und an Vieh, du und Eleasar, der Priester, und die obersten Väter der Gemeinde; und gib die Hälfte denen, die ins Heer ausgezogen sind und die Schlacht getan haben, und die andere Hälfte der Gemeinde. Du sollst aber dem Herrn geben von den Kriegsleuten, die ins Heer gezogen sind, je von fünf Hunderten eine Seele, an Menschen, Rindern, Eseln und Schafen. Von ihrer Hälfte sollst du es nehmen und dem Priester Eleasar geben zur Hebe dem Herrn. Aber von der Hälfte der Kinder Israel sollst du je ein Stück von Fünfzigen nehmen, an Menschen, Rindern, Eseln und Schafen und von allem Vieh, und sollst es den Leviten geben, die des Dienstes warten an der Wohnung des Herrn.«[18]

Die höchsten Formen der Religionsausübung verleihen, betrachtet man sie näher, einen biologischen Vorteil. Vor allem festigen sie die Identität. Inmitten der chaotischen und potentiell desorientierenden Erfahrungen, die jeder täglich durchmacht, gibt die Religion einem einen festen Ort, verschafft sie einem die fraglose Zugehörigkeit zu einer Gruppe, die über starke Kräfte zu verfügen behauptet, und vermittelt einem dadurch ein vorwärtstreibendes Ziel im Leben, das mit dem Eigeninteresse vereinbar ist. Die Stärke des Individuums ist die Stärke der Gruppe, sein Leitprinzip der heilige Bund. Der Theologe und Soziologe Hans J. Mol[19] hat diesen entscheidenden Prozeß treffend als »Sakralisierung der Identität« bezeichnet. Der menschliche Geist besitzt eine Prädisposition – man darf vermuten, daß Lernregeln physiologisch programmiert sind –, an einigen Sakralisationsvorgängen mitzuwirken, aus denen zusammen die Institutionen der organisierten Religion erwachsen.

Der erste Vorgang ist die Objektivierung, die Darstellung der Realität mit Hilfe von Bildern und Definitionen, die leicht verständlich und frei von Widersprüchen und Ausnahmen sind. Himmel und Hölle, das menschliche Leben als eine Arena des Kampfes zwischen den Kräften von Gut und Böse, Götter, die über alle Kräfte der Natur gebieten, und Geister, die bereit sind, den Tabus Nachdruck zu verleihen, sind Beispiele für diesen Vorgang. Die Objektivierung schafft ein Gerüst, das sich dafür anbietet, mit Symbolen und Mythen ausgeschmückt zu werden.

Der zweite Vorgang im Prozeß der Religionsentstehung ist das Gelöbnis. Die Gläubigen weihen ihr Leben den objektivierten Ideen und dem Wohlergehen derer, die das gleiche tun. Das Gelöbnis ist ein Akt blanker Unterwerfung unter den Stamm, der sich auf dem Weg der emotionalen Selbstaufgabe vollzieht. Es bezieht sich auf den mystischen Bund sowie auf Schamanen und Priester, durch deren Auslegung die Gebote Glaubwürdigkeit erlangen. Das Gelöbnis wird bei Zeremonien abgelegt, in deren Verlauf die willkürlichen Regeln und die sakralen Objekte heiliggesprochen und immer wieder definiert werden, bis sie ebensosehr als ein Bestandteil der menschlichen Natur erscheinen wie die Liebe oder der Hunger.

Schließlich gibt es den Mythos: jene Erzählungen, welche die besondere Stellung des Stammes in der Welt in einer rationalen Weise erklären, die sich mit dem Verständnis des Zuhörers von der natürlichen Welt deckt. Schriftlose Jäger und Sammler erzählen glaubhafte heilige Geschichten über die Erschaffung der Welt. Menschen und Tiere mit übernatürlichen Kräften und einer besonderen Beziehung zu dem Stamm kämpfen, essen und zeugen Nachkommen. Ihre Handlungen erklären ein wenig, wie die Natur funktioniert und warum der Stamm eine bevorzugte Stellung auf der Erde hat. Mit der Komplexität der Gesellschaften wächst die der Mythen. Sie stellen die tatsächliche Struktur noch einmal in phantastischeren Formen dar. Stämme von Halbgöttern und Heroen, die um das Königstum und den Besitz von Territorien streiten, errichten ihre Herrschaft über verschiedene Lebensbereiche der Sterblichen. Immer wieder berühren die Mythen das manichäische Thema zweier überirdischer Kräfte, die um die Herrschaft über die Welt des Menschen ringen. Bei einigen Indianerstämmen der Amazonas- und Orinoco-Wälder sind die Streitenden zwei Brüder, welche die Sonne und den Mond darstellen, der eine ein wohlwollender Schöpfer, der andere ein Gauner. In den späteren Hindumythen erschafft Brahma, der gütige Herr des Universums, die Nacht. Sie gebiert die Rakschasas, die versuchen, Brahma zu fressen und die sterblichen Menschen zu vernichten. Ein anderes Thema, das in den stärker ausgeformten Mythologien immer wiederkehrt, sind die Apokalypse und das künftige Reich, und es wird darin prophezeit, daß die Kämpfe aufhören werden, wenn ein Gott herabsteigt, um der bestehenden Welt ein Ende zu bereiten und eine neue Ordnung zu schaffen.

Der Glaube an solche erhabenen Götter ist nicht universal. Von 81 Jäger- und Sammlergesellschaften, die John W. M. Whiting[20] untersuchte, kannten nur 28 (oder 35 Prozent) erhabene Götter in ihrer heiligen Überlieferung. Die Vorstellung eines tätigen, moralischen Gottes, der die Welt erschuf, ist noch weniger verbreitet.

Übrigens erwächst diese Vorstellung ganz überwiegend aus einer Hirtenexistenz. Je größer die Abhängigkeit vom Hirtenleben, desto eher glaubt man an einen Hirtengott des jüdisch-christlichen Typs.[21] In anderen Gesellschaftsformen tritt diese Glaubensvorstellung bei knapp 10 Prozent derjenigen auf, deren Religion bekannt ist.

Der Gott der monotheistischen Religionen ist stets männlich; diese starke patriarchalische Tendenz hat mehrere kulturelle Ursachen. Hirtengesellschaften sind äußerst mobil, straff organisiert und oftmals militant – alles Merkmale, welche die Waage zugunsten männlicher Autorität ausschlagen lassen. Bedeutsam ist auch, daß das Viehhüten, die hauptsächliche wirtschaftliche Basis, vor allem in die Zuständigkeit der Männer fällt. Weil die Israeliten ursprünglich ein Hirtenvolk waren, beschreibt die Bibel Gott als einen Hirten und das auserwählte Volk als seine Schafe. Der Islam, eine der strengsten monotheistischen Religionen, gelangte zunächst bei den Hirtenvölkern der Arabischen Halbinsel zu Einfluß.

Die soziobiologische Erklärung des Glaubens an Gott führt zu der ungelösten Frage nach der Rolle der Mythologie im modernen Leben. Unverkennbar werden die Menschen noch immer in hohem Maße von Mythen beherrscht. [...] Während die Wissenschaft auf ihrem Vormarsch die uralten mythischen Darstellungen eine nach der anderen niederreißt, zieht sich die Theologie in ihre letzte Verschanzung zurück, aus der sie nie vertrieben werden kann. Das ist die Vorstellung von Gott im Schöpfungsmythos: Gott als Wille, als Ursache alles Seienden, als die Kraft, die sämtliche Energie in dem Feuerball des Urknalls erzeugte und die Naturgesetze bestimmte, nach denen sich das Universum entwickelte. Solange sie diese Schanze hält, kann die Theologie gelegentlich durch deren Pforten hinausschlüpfen und Vorstöße in die reale Welt machen. Sobald die anderen Philosophen nicht auf der Hut sind, können die Deisten in der Art der Prozeßtheologie einen allgegenwärtigen transzendentalen Willen postulieren, ja sie können sogar die Hypothese aufstellen, es gebe Wunder.

Man täusche sich jedoch nicht über die Stärke des wissenschaftlichen Materialismus. Er bietet dem menschlichen Geist eine alternative Mythologie, die in Konfliktbereichen die traditionelle Religion bisher noch stets Punkt für Punkt geschlagen hat. Ihre Erzählform ist das Epos: Beginnend mit dem Urknall vor 15 Milliarden Jahren, handelt es von der Evolution des Universums über die Entstehung der Elemente und der Himmelskörper bis zu den Anfängen des Lebens auf der Erde. Das evolutionäre Epos ist insofern Mythologie, als die Gesetze, die es hier und jetzt anführt, Gegenstand des Glaubens sind, ohne daß sie je definitiv bewiesen werden können, so daß sich ein Ursache-und-Wirkung-Kontinuum von der Physik zu den Sozialwissenschaften, von dieser Welt zu allen übrigen Welten im sichtbaren Universum und zeitlich zurück zum Anfang des Universums ergeben würde. Alle Teile des Daseins gelten als Naturgesetzen unterworfen, die keiner äußerlichen Kontrolle bedürfen. Die Verpflichtung des Wissenschaftlers zu Sparsamkeit bei der Erklärung schließt den göttlichen Geist und andere äußere Kräfte aus. Das Bedeutsamste ist, daß wir jetzt die entscheidende Etappe in der Geschichte der Biologie erreicht haben, wo die Religion selbst zum Gegenstand der naturwissenschaftlichen Erklärung wird. Wie ich zu zeigen versucht habe, kann die Soziobiologie die Entstehung der Mythologie mit dem Prinzip der natürlichen Auslese erklären, welche auf die genetisch sich entwickelnde materielle Struktur des menschlichen Gehirns einwirkt.

Wenn diese Deutung richtig ist, wird der entscheidende Vorteil des wissenschaftlichen Naturalismus auf seiner Fähigkeit beruhen, die traditionelle Religion, seinen Hauptkonkurrenten, als ein durch und durch materielles Phänomen zu erklären.[22] Die Theologie wird als eine unabhängige intellektuelle Disziplin wahrscheinlich nicht überleben. Die Religion dagegen wird lange als eine vitale Kraft in der Gesellschaft fortbestehen. Wie der mythische Riese Antäus, der Kraft von seiner Mutter, der Erde, bezog, kann die Religion nicht von denen besiegt werden, die sie lediglich niederwerfen. Die spirituelle Schwäche des wissenschaftlichen Naturalismus beruht darauf, daß er nicht eine solche ursprüngliche Kraftquelle besitzt. Er vermag zwar die biologischen Quellen der Kraft religiöser Emotionen zu erklären, ist jedoch in seiner gegenwärtigen Form unfähig, sie zu nutzen, denn das Evolutionsepos versagt dem Individuum

Unsterblichkeit und der Gesellschaft das göttliche Privileg und läßt für die menschliche Spezies höchstens einen existentiellen Sinn erkennen. Humanisten werden niemals die leidenschaftlichen Freuden der geistigen Bekehrung und der Selbstaufgabe genießen; Wissenschaftler können nicht in aller Aufrichtigkeit als Priester fungieren. Daher ist die Frage angebracht: Gibt es eine Möglichkeit, die Macht der Religion in die Dienste jenes großartigen neuen Vorhabens zu stellen, das die Quellen jener Macht bloßlegt? Damit sind wir bei einem zweiten Dilemma, und zwar in einer Form, die nach einer Antwort verlangt.

Das erste Dilemma entstand durch den scheinbar unaufhaltsamen Niedergang der Mythen der traditionellen Religion und ihrer weltlichen Gegenstücke, darunter vor allem der Ideologien, die auf einer marxistischen Geschichtsdeutung basieren. Die Folge dieses Niedergangs war, daß der moralische Konsens verlorenging, daß das Gefühl der Hilflosigkeit angesichts der allgemeinen Lage der Menschheit wuchs und daß man sich nur noch um die eigene Person und die unmittelbare Zukunft kümmerte. Intellektuell läßt sich dieses Dilemma lösen, indem wir die menschliche Natur gründlicher und mutiger erforschen und dabei die Resultate der Biologie mit denen der Sozialwissenschaften verknüpfen. Wir werden den menschlichen Geist als Epiphänomen der neuronalen Maschinerie des Gehirns zu verstehen haben. Diese Maschinerie ist wiederum das Produkt einer genetischen Evolution, die durch eine natürliche Auslese zustande kam, welche sich während einiger Jahrhunderttausende an menschlichen Populationen in ihrer jeweiligen Umwelt vollzog. Wenn wir die Methoden und die Ideen der Neurobiologie, der Ethologie und der Soziobiologie vorsichtig ausweiten, können wir eine angemessene Grundlage für die Sozialwissenschaften schaffen, und der Bruch, der noch immer zwischen den Naturwissenschaften auf der einen und den Sozial- und Geisteswissenschaften auf der anderen Seite besteht, könnte geheilt werden.

Hans Albert

Formen des religiösen Pragmatismus

In der Philosophie des klassischen Rationalismus vor Kant haben Gottesbeweise eine wichtige Rolle gespielt. Dabei ging es nicht nur darum, den christlichen Glauben und die in ihm enthaltene Existenzannahme rational zu rechtfertigen. Der sogenannte ontologische Gottesbeweis hatte darüber hinaus eine erkenntnistheoretische Funktion für die klassische Metaphysik. Der in ihm enthaltene Gottesbegriff diente nämlich dem Zweck, die »Wirklichkeitserkenntnis als möglich zu begreifen«. Und das geschah dadurch, daß »Gott als Grund sowohl der Denkordnung wie der Ordnung der Dinge aufgefaßt« wurde und daß man »seine Existenz a priori zu beweisen« suchte[1]. Der »Gott der reinen Vernunft« hatte also eine wichtige Brückenfunktion für die gesamte Wirklichkeitserkenntnis, die er dann schon in der Kantschen Philosophie verloren hat.

Bei Vertretern der modernen Philosophie spielt das ontologische Argument kaum noch eine Rolle. Immer mehr scheint sich ein religiöser Pragmatismus auszubreiten, der auf theoretische Begründungen im klassischen Sinne keinen Wert mehr legt. Man geht davon aus, daß es solche Begründungen nicht geben kann und daß sie auch nicht notwendig sind. Das führt mitunter so weit, daß man die Bedeutung theoretischer Annahmen für den Inhalt religiöser Überzeugungen überhaupt nicht mehr sieht und das damit verbundene Wahrheitsproblem beiseite schiebt. Der religiöse Glaube wird so zu einem rein praktischen Problem. Es kommt nun darauf an, eine Entscheidung zu treffen, mit der man gut leben zu können glaubt. Letzten Endes geht es nicht mehr um die Wahrheit der betreffenden Überzeugungen, sondern um ihren Nutzen für das Leben.

Wir finden diese Art der Argumentation schon vor der Kantschen Kritik bisheriger Gottesbeweise bei Blaise Pascal, der das Problem des religiösen Glaubens wohl als erster als eine Frage der praktischen Entscheidung zwischen Alternativen aufgefaßt hat, die für das persönliche Leben bedeutsam sind. Schon er war der Auffassung, daß man für eine solche Entscheidung nicht mit den in der Erkenntnis üblichen Methoden auskommt. Das normale Erkenntnisstreben mit seiner Suche nach objektiver Wahrheit schien ihm hier unangemessen zu sein, weil es nicht zur Gewißheit führen könne. Da die Frage nach der Existenz Gottes eine Frage von höchster Bedeutung sei, müsse sie auch dann beantwortet werden, wenn es keine hinreichende theoretische Antwort auf sie gebe. An ihre Entscheidung knüpften sich bestimmte Konsequenzen für den einzelnen, für seine Lebensführung und für das Leben nach dem Tode, die diese Entscheidung dringlich und unaufschiebbar machten und daher auch eine skeptische Haltung nicht als sinnvoll erscheinen ließen.

Pascal geht in seiner berühmten »Wette«[2], die seine Analyse der Entscheidungssituation im Hinblick auf den christlichen Glauben enthält, von der Voraussetzung aus, daß Wesen und Existenz Gottes für die Vernunft unerkennbar seien. Der christliche Gottesglaube war seiner Auffassung nach also nicht begründbar, so daß man sinnvollerweise auch keine Begründung verlangen konnte. Das bedeutet allerdings nicht, daß er auf irgendeine Weise gezeigt hätte, man könne grundsätzlich keine rationale Gotteserkenntnis erreichen, wie es im klassischen Rationalismus sonst angenommen wurde. Er setzt vielmehr, indem er der christlichen Tradition folgt, in seiner Argumentation einen spezifischen Gottesbegriff voraus, der diese Konsequenz zu haben scheint. Dabei scheint er nicht beachtet zu haben, daß auch innerhalb dieser Tradition üblicherweise eine ganze Reihe von Aussagen über Gott gemacht werden, die mit seiner Voraussetzung unvereinbar sind, zum Beispiel die, daß Gott allmächtig, allwissend, barmherzig und gnädig sei. Für seine positive Argumentation in der Gottesfrage benötigt Pascal offenbar nur die Annahme, daß Gott unter bestimmten Umständen zur ewigen Seligkeit, unter anderen Umständen aber zu ewiger Verdammnis verhilft.

Wenn nun mit den Mitteln der vernünftigen Erkenntnis die Existenz Gottes weder beweisbar noch widerlegbar ist, dann muß nach Pascal die Antwort auf diese Frage mit anderen Mitteln herbeigeführt werden. Die Entscheidung der Gottesfrage nimmt bei ihm die Form einer Wette an, bei der es vor allem um die ewige Seligkeit geht, die man erreichen kann, wenn es Gott gibt und wenn man auf ihn gesetzt hat, während man anderenfalls, wenn es also diesen Gott nicht gibt, nichts – oder jedenfalls nicht viel – verlieren kann. Die Lösung des Problems, die Pascal zunächst schildert, sieht plausibel aus, aber nur dann, wenn man die Voraussetzungen annimmt, von denen er dabei ausgeht.[3] Nach seiner Darstellung der Situation gibt es nämlich nur zwei Möglichkeiten: Entweder Gott existiert, und er belohnt die Gläubigen mit ewiger Seligkeit, während er die Ungläubigen mit ewiger Verdammnis straft, oder das alles ist nicht der Fall.

Diese Reduktion auf zwei Möglichkeiten mag dem gläubigen Christen einleuchten. Anderen Leuten wird sie aber vermutlich – und zwar mit Recht – als willkürlich erscheinen. Man könnte hier etwa die weitere Möglichkeit berücksichtigen, daß es einen Gott gibt, der alle Leute mit Verdammnis bestraft, die nur auf ihre ewige Seligkeit spekulieren, aber andere Leute, nämlich solche, die sich auf dieser Grundlage nicht zum christlichen Glauben durchringen können, mit ewiger Seligkeit belohnt. Aber es lassen sich, auch im Rahmen der christlichen Tradition, ohne weiteres noch andere Möglichkeiten formulieren. Zum Beispiel wäre an einen Gott zu denken, dem es überhaupt nicht um den Glauben der Menschen an ihn ginge, sondern nur um ihr moralisches Verhalten, etwa darum, ob sie dem Gebot der Nächstenliebe folgen. Im Gegensatz dazu erfolgt die Entscheidung im Pascalschen Falle ja unter streng egoistischen Voraussetzungen. Wie dem auch sei, bei Berücksichtigung dieser und anderer Möglichkeiten würde die Pascalsche Argumentation zusammenbrechen. Auf den Einwand, vielleicht sei der Einsatz zu hoch, weil man unter Umständen doch – nämlich in diesem Leben – etwas zu verlieren habe, wenn es keinen Gott gebe, antwortet Pascal, man könne eine Situation der Chancengleichheit annehmen, so daß für jede der in Betracht kommenden Alternativen eine Wahrscheinlichkeit von 50 Prozent vorliege, wie man heute sagen würde. Da die in Aussicht gestellte Belohnung – die ewige Seligkeit –

aber einen unvergleichlich größeren Wert als alles habe, was man verlieren könne, müsse man sich auch in diesem Falle für die Existenz Gottes entscheiden. Nun ist aber in dieser Lösung des Problems nicht nur die oben kritisierte Reduktion auf zwei Möglichkeiten problematisch, sondern darüber hinaus auch die These der Chancengleichheit. Diese These wird dann von Pascal in einem weiteren Schritt abgeschwächt. Er meint nun, daß angesichts der unendlichen Belohnung auch eine geringe Chance für die Existenz Gottes hinreiche, um diese Annahme zu akzeptieren. Der schon genannte entscheidende Einwand gegen diese Argumentation, ihr Alternativ-Radikalismus, wird dadurch naturgemäß nicht berührt. Darüber hinaus ist auch seine Einschätzung der in Frage kommenden Belohnungen, also seine Bewertung der Alternativen, nicht selbstverständlich. Angesichts der Unbestimmtheit dessen, was mit »ewiger Seligkeit« gemeint ist, aber auch wenn man gewisse Deutungen berücksichtigt, die in der christlichen Tradition dafür vorliegen, mag es durchaus Leute geben, die ein befriedigendes diesseitiges Leben vorziehen.

Den Einwand, man könne sich nicht einfach für einen Glauben entscheiden, sucht Pascal mit Ratschlägen auszuschalten, die zeigen sollen, wie man zum Glauben kommen kann. Er empfiehlt dazu nicht Gottesbeweise, sondern eine Minderung der Leidenschaften durch ein Mitmachen mit den Gläubigen, also eine entsprechende Verhaltensanpassung. Die Wirksamkeit solcher Techniken braucht man nicht zu bestreiten. Sie sind unter Umständen auch im Zusammenhang mit anderen Glaubensvorstellungen praktizierbar.

Es wurde schon darauf hingewiesen, daß Pascal von der Voraussetzung ausgeht, daß es keine rationale Argumentation anderer Art zur Frage der Existenz Gottes geben könne, die vorzuziehen sei. Man braucht aber diese Annahme der Ohnmacht »natürlicher Erkenntnis« nicht schon deshalb zu akzeptieren, weil hier eine Gottesauffassung vorgebracht wird, die eine derartige Konsequenz zu haben scheint. Man kann also sagen, daß die Pascalsche Problemlösung mit einer Auffassung der Problemsituation im Hinblick auf die Frage der Existenz Gottes zusammenhängt, die eine ganze Reihe fragwürdiger Komponenten enthält. Im Rahmen dieser Auffassung wird aber dann eine rationale Argumentation geboten.

Im Falle Sören Kierkegaards haben wir eine gänzlich andere Sachlage vor uns. Auch er weist für die Behandlung der Gottesproblematik die üblichen Methoden der Erkenntnis zurück[4], weil sie keine Gewißheit verschaffen können. Aber darüber hinaus verschleiert er die Problemsituation durch eine teilweise irreführende und unklare Ausdrucksweise. Kierkegaard erweckt nämlich zunächst den Eindruck, als gehe es in den beiden Fällen, die er unterscheidet – bei seiner »objektiven« und seiner »subjektiven« Reflexion –, um dasselbe: nämlich um »*die* Wahrheit«. Tatsächlich operiert er aber mit *zwei* völlig verschiedenen Wahrheitsbegriffen. Er verwendet zunächst einen Wahrheitsbegriff üblichen Charakters[5], der die Sachadäquatheit der Erkenntnis betrifft, benutzt aber außerdem einen von ihm selbst geprägten Begriff, der sich auf das Verhältnis des Subjekts zu einer von ihm als existent angenommenen Wesenheit bezieht. Er stellt dann – im Hinblick auf die Erkenntnis Gottes – die Frage, auf welcher von beiden Seiten nun »*die*« Wahrheit sei, und unterstellt damit gleichzeitig unnötigerweise, daß man da eine Entscheidung treffen könne oder sogar müsse. Diese Entscheidung wird von ihm überdies als unendlich wichtig und als so dringlich dargestellt, daß jede Verzögerung »lebensgefährlich« ist.

Zur Beantwortung der Frage, wo »mehr Wahrheit« sei, auf seiten dessen, der auf objektive Weise Gott suche, also daran interessiert sei, die Wahrheit im üblichen Sinne des Wortes über Gott zu erfahren, oder auf seiten dessen, der sich darum sorge, ob er sich »in Wahrheit« zu Gott in bestimmter Weise verhalte, nämlich ihm echte Leidenschaft entgegenbringe, fingiert er eine »*Rechenaufgabe*«. Seine Antwort fällt zugunsten der zweiten Verhaltensweise aus. Sie zeigt aber tatsächlich nur, daß er die erwähnte *subjektive Haltung* auf Kosten der *Suche nach der objektiven Wahrheit* bevorzugt. Er tut das in so extremem Maße, daß es ihm nicht einmal darauf anzukommen scheint, ob es den Gott, zu dem gebetet wird, überhaupt gibt, ob also die entsprechende Aussage im objektiven Sinne des Wortes wahr ist. Dabei scheint er sogar den Umstand in Kauf zu nehmen, daß man grundsätzlich den von ihm bevorzugten subjektiven Begriff der Wahrheit innerhalb vollkommen beliebiger Anschauungen benutzen kann. Dann wäre zum Beispiel seiner eigenen

Bewertung entsprechend ein inbrünstig an seine Ideale glaubender Atheist oder ein gläubiger Fetischist einem »objektiven« Gottsucher vorzuziehen. Außerdem scheint ihm die Vorstellung fremd zu sein, daß gerade ein an seiner eigenen Seligkeit und deshalb auch an der Existenz Gottes leidenschaftlich Interessierter ebendeshalb auch ein entsprechendes Interesse an der objektiven Wahrheit haben könnte. In seiner Erörterung der Frage der Unsterblichkeit koppelt Kierkegaard unversehens Wahrheit und Gewißheit aneinander und charakterisiert das Wagnis, sein Leben auf der These der Unsterblichkeit aufzubauen, als besten Beweis für diese These. Auch hier tritt bei ihm das Engagement an die Stelle der Wahrheitssuche. Darüber hinaus erweckt er den Eindruck, als sei damit etwas für eine adäquate Antwort auf die Frage der objektiven Wahrheit zu erreichen.

Ähnlich verfährt er bei seiner Unterscheidung zwischen dem, *was* gesagt wird, und der Weise, *wie* es gesagt wird.[6] Die Passage, die mit der Behauptung endet, *somit* sei »die Subjektivität die Wahrheit«, sieht äußerlich einem Sachargument ähnlich, ist aber nur eine Konsequenz seiner subjektiven Wahrheitsdefinition. Sie läuft nur darauf hinaus, daß für ihn selbst die Frage der subjektiven Haltung wichtiger ist als die der objektiven Wahrheit. Ihr liegt eine Suggestivdefinition der »Wahrheit« zugrunde, die den positiven Wertakzent dieses Wortes ausbeutet und ihn auf etwas überträgt, was der Autor selbst höher schätzt als die Wahrheit im üblichen Sinne des Wortes. Seine Art des Vorgehens hängt mit seiner Kritik an einem Christentum zusammen, das nur äußerlich ist, also ein bloß »objektiver« Glaube im Sinne des Für-wahr-Haltens einer Lehre, ohne daß das Leben des einzelnen durch diese Lehre geprägt ist. Dabei vergißt Kierkegaard aber, daß ein Glaube im objektiven Sinne eine *Minimal-Bedingung* auch eines sinnvollen Glaubens im subjektiven Sinne ist[7]. Ein Christ, der nicht auch im objektiven Sinne glaubt, hätte nichts, zu dem er sich so verhalten könnte, wie es Kierkegaard fordert.

Er kommt dann zu einer Präzisierung seiner Wahrheitsdefinition, in der ein – angeblich notwendiger – *Gegensatz* zur Objektivität herausgestellt wird: *Wahrheit* als »*objektive Ungewißheit, festgehalten in der Aneignung der leidenschaftlichen Innerlichkeit*«[8]. Das scheint aber seinen eigenen Worten nach weniger eine Definition zu

113

sein als eine These, in der er die *höchste* Wahrheit charakterisiert, die es für einen *Existierenden* gebe. Durch die positive Akzentuierung der objektiven Ungewißheit sucht Kierkegaard offenbar zu erreichen, daß eine Suche nach objektiver Wahrheit, die diese Ungewißheit verringern könnte, als *kontraproduktiv* angesehen wird. Je weniger Anhaltspunkte für die objektive Wahrheit man hat, desto größer kann seiner Auffassung nach die subjektive Wahrheit sein, der *Glaube*. Am besten ist es demnach, das *Paradox*, das Absurde, zu glauben.

Wie man sieht, laufen Kierkegaards Ausführungen darauf hinaus, den gegen alle Vernunftgründe *immunen Glauben* zu *prämiieren* und gleichzeitig die *Suche nach objektiver Wahrheit* in religiösen Fragen zu *desavouieren*, wie das auch sonst in der christlichen Theologie oft geschehen ist. Im Gegensatz etwa zu Pascal, der das Risiko verringern will und sich rational zu argumentieren bemüht, sucht Kierkegaard eine möglichst große Ungewißheit zu erreichen, weil eine solche angeblich der Leidenschaft und damit dem Glauben zugute kommt. Wie Pascal argumentiert auch Kierkegaard unter egoistischen Voraussetzungen, das heißt: unter der Annahme, daß jeder für sich nach der eigenen ewigen Seligkeit strebe und daß darin sein dominierendes Interesse bestehe. Darüber, daß man prinzipiell jeden beliebigen Glauben so immunisieren kann, wie er das vorschlägt, scheint er sich ebensowenig klar zu sein wie über die erkenntnistheoretischen Konsequenzen, die man daraus ziehen kann. Seine Einstellung ist für die Wende des deutschen philosophischen und theologischen Denkens nach dem Ersten Weltkrieg zum Irrationalismus von erheblicher Bedeutung gewesen.

Auch der dem amerikanischen Pragmatismus zugehörige William James hat sich intensiv mit dem Problem der Glaubensentscheidung beschäftigt[9]. Bei ihm finden wir ebenfalls die Empfehlung, bei *echten Optionen*, das heißt, bei solchen, die lebendig, unumgänglich und bedeutungsvoll sind – also etwa bei Entscheidungen im Bereich des religiösen Glaubens –, in besonderer Weise vorzugehen, das heißt nicht so wie etwa in der Wissenschaft. Dabei geht er von einer Charakterisierung der Religion, der »religiösen Hypothese«, aus[10], die schon insofern fragwürdig ist, als sie den unterschiedlichen Auffassungen der verschiedenen Religionen in keiner Weise Rechnung trägt und daher die Problemsituation in ähnlicher Weise verzeichnet, wie wir das bereits bei Pascal festgestellt haben. Im Unterschied zu Pascal, für den nur seine Version der christlichen Religion in Betracht kam, ist die religiöse Hypothese bei James aber eine ziemlich abstrakte zweiteilige Behauptung, nämlich: (1) daß Vollendung ewig ist, und (2), daß, wer (1) glaubt, auch jetzt schon besser dran ist.

Im Hinblick auf diese Hypothese kommt James zu einer analogen Zweiteilung der Möglichkeiten wie Pascal. Sie ist ebenso fragwürdig wie die Pascalsche Aufteilung, weil sie wie jene alle weiteren Möglichkeiten vernachlässigt. Auch bei James wird die Option dadurch bedeutsam, daß ein wichtiges Gut durch den Glauben gewonnen und durch den Unglauben verloren werden kann. Die Risikoeinschätzung, die er dabei vertritt, ist angesichts der Nichtberücksichtigung weiterer Möglichkeiten ebenso problematisch wie diejenige, die wir bei Pascal festgestellt hatten. Seine Überlegungen über Situationen, die echte Optionen in seinem Sinne einschließen, kann man als Plädoyer für ein Wunschdenken ansehen, das die Konsequenz nahelegt, man dürfe, je stärker man ein Gut wünsche, desto eher auch daran glauben, daß es Wesenheiten gebe, die diesen Wunsch erfüllen.

Hinsichtlich seiner modifizierten religiösen Hypothese – ihrer personalen Version[11] – kann man ähnliche Einwände machen. Hier plädiert James gewissermaßen für einen »Vertrauensvorschuß« zugunsten dieser Hypothese, weil unter Umständen nur so ein Beweis erreicht werden könne. Aber die in dieser Argumentation enthaltene Auffassung, das Universum sei so beschaffen, daß man nur auf diese Weise derartige Erkenntnisse erreichen könne, involviert schon eine Vorbelastung der Problemsituation zugunsten eines speziellen Glaubens, wie man sie allerdings im religiösen Denken immer wieder antrifft[12]. Daß ein solcher Vertrauensvorschuß schon die methodische Prämiierung des Wunschdenkens bedeutet, darüber scheint sich James nicht klar gewesen zu sein. Im übrigen wäre es kaum zu erklären, wie Leute, die früher einmal mit Hilfe eines solchen Vertrauensvorschusses zu religiösen Auffassungen gelangt waren, sich später wieder davon entfernen konnten.

Wie dem auch sei, jedenfalls kann die Tatsache, daß wir ohnehin eine natürliche Neigung zum Wunschdenken besitzen, eher zugunsten einer Konzeption verwendet werden, in der die kritische Komponente stärker betont wird. Die Zurückweisung der Möglichkeit objektiver Gewißheit durch James – seine Negation einer untrüglichen Vernunft – muß keineswegs zu Entscheidungen der von ihm befürworteten Art führen. Die Annahme der Fehlbarkeit der Vernunft ist vielmehr mit einer Methodologie vereinbar, die an der Wahrheitsidee orientiert ist, ohne das Risiko des Irrtums zu scheuen, die aber gerade deshalb die Bedeutung strenger Prüfungen betont, um illusionäres Denken auszuschalten. Der Gedanke, man müsse diese Methode gerade bei wichtigen Optionen, etwa im Bereich des religiösen Glaubens, ad acta legen, ist nicht selbstverständlich.

Die den drei bisher behandelten Autoren gemeinsame Tendenz besteht offenbar darin, den religiösen Glauben in erkenntnistheoretischer und methodologischer Hinsicht so zu charakterisieren, daß er dadurch gegen jede Kritik immunisiert wird. Dazu suchen sie die Problemsituation jeweils – zwar in verschiedener Weise, aber doch mit gleicher Pointe – so zu strukturieren, daß eine »objektive« Einstellung, wie sie etwa in der Wissenschaft oder in anderen Bereichen rationalen Problemlösungsverhaltens kultiviert wird, als unpraktikabel erscheint. Sie berücksichtigen dabei aber nicht, daß man prinzipiell in bezug auf ganz beliebige Glaubensbestände in dieser Weise verfahren kann. Ein solches Verfahren kann schon deshalb für jemanden, der ein Interesse an der Wahrheit hat, nicht in Betracht kommen. Daß es in diesem Bereich auf die Wahrheit im üblichen Sinne überhaupt nicht ankomme, hat Kierkegaard durchblicken lassen. Er bekennt sich offen zum Glauben an das Absurde und postuliert, daß damit die ewige Seligkeit zu erreichen sei. Pascal geht von derselben Zielsetzung aus, die er offenbar für unproblematisch hält. Er scheitert mit seiner Argumentation wegen der von ihm gemachten willkürlichen Voraussetzungen. Das gleiche gilt für James, der darüber hinaus eine völlig unzulängliche Auffassung über den Charakter der Religion präsentiert. Wer an der Frage der Wahrheit interessiert ist, kann sich mit keiner dieser Argumentationen zufriedengeben.

Das gleiche gilt für die Auffassung, die ein moderner Philosoph, nämlich Herrmann Lübbe, zu dieser Problematik entwickelt hat[13], eine Auffassung, die an die Schleiermachersche Idee einer »reinen Religion« anknüpft, einer Religion jenseits von Metaphysik und Moral, aber die romantische durch eine pragmatische Version dieser Idee ersetzt. Im Gegensatz zu den drei bisher behandelten Denkern geht Lübbe auf die erkenntnistheoretische Seite der Religionsproblematik nicht ein. Er bietet vielmehr eine anthropologische Argumentation zugunsten der Religion an, für die das Problem ihrer Wahrheit überhaupt keine Rolle spielt. Trotzdem weist er die moderne Religionskritik als überholt und illusionär zurück. »Nicht die Religion«, so meint er, habe sich »als Illusion erwiesen, sondern die Religionstheorie, die sie als solche behandelte«[14].

Nach Lübbe ist die Religion die »Kultur der Anerkennung unverfügbarer Daseinskontingenz«, und sie erfüllt daher nach seiner Meinung »eine Lebensfunktion von anthropologischer Universalität«, was nichts anderes heißt, als daß der Mensch ohne Religion nicht leben könne. Damit ist naturgemäß über die Wahrheit religiöser Auffassungen noch nichts gesagt. Daher brauchen sich Religionskritiker, denen es vor allem um diese Frage geht, eigentlich kaum davon beeindrucken zu lassen, ebensowenig wie etwa von der richtigen Feststellung Lübbes, daß die Religion bisher nicht, wie manche ihrer Kritiker vorhergesagt hatten, infolge von Aufklärungsbemühungen verschwunden ist. Es könnte ja durchaus sein, daß viele oder sogar die meisten Menschen ohne eine solche Art der Illusion nicht leben können. Daß das für alle Menschen gilt, scheint mir allerdings durch den Hinweis auf entsprechende Gegenbeispiele widerlegbar zu sein.

Die Lübbesche Argumentation leidet darunter, daß der Autor seine These stellenweise auf eine Definition reduziert, dann aber wieder so verfährt, als handle es sich um eine ernst zu nehmende Behauptung, die inhaltlich zu diskutieren wäre[15]. Seine Definition der Religion durch Rückgriff auf die Funktion der Kontingenzbewältigung – das heißt: die Bewältigung bestimmter unabänderlicher Bedingungen des menschlichen Daseins – läuft aber auf die Bagatellisierung aller übrigen Funktionen hinaus, die in der Geschichte der

Religionen eine Rolle gespielt haben. Es sind Funktionen, die für den naiven Gläubigen sehr wichtig waren und es zumeist auch heute noch sind. Seine pragmatische Reduktion läßt gerade die *heilstechnologische* Seite der Religion bis auf einen kleinen Rest verschwinden. Die Bedeutung der Religion für das menschliche Streben nach Glück, nach irdischem und himmlischem Heil, das nach Auffassung sehr vieler, wenn nicht sogar der meisten Anhänger religiöser Überzeugungen durch Opfer aller Art, durch Gebete oder durch Änderungen des Bewußtseins, der Einstellung oder des Verhaltens zu erreichen ist, wird dabei auf die Funktion der Kontingenzbewältigung reduziert. Nur deshalb ist es im Rahmen der Lübbeschen Auffassung möglich, die mit einer religiösen Wirklichkeitsauffassung verbundenen kognitiven Ansprüche der Religion – und damit ihre metaphysische Dimension – herunterzuspielen und auf diese Weise das Wahrheitsproblem auszuklammern.

Was aber die von Lübbe postulierte Funktion der Kontingenzbewältigung angeht, so ist es nicht einmal plausibel, daß diese Minimalfunktion im Rahmen einer religiösen Auffassung stets erfüllt werden kann, wenn mit dieser Auffassung nicht auch entsprechende kognitive Annahmen verbunden sind. Ohne den Glauben an die Existenz bestimmter numinoser Wesenheiten, zum Beispiel die eines Gottes mit entsprechenden Eigenschaften, kann mit der Erfüllung dieser Funktion kaum gerechnet werden. Um aber die Befriedigung der Glücks-, Heils- oder Erlösungsbedürfnisse, um die es im religiösen Glauben meistens geht, als möglich anzunehmen – also von Bedürfnissen, die sich kaum auf die von Lübbe postulierte minimale Funktion reduzieren lassen –, muß man im allgemeinen wohl Annahmen machen, die weit über das hinausgehen, was für die bloße Kontingenzbewältigung notwendig ist. Wer, wie das von Pascal und auch von Kierkegaard noch vorausgesetzt wurde, die ewige Seligkeit erlangen möchte, kann mit einer Religion, die auf diese Funktion reduziert ist, kaum zufrieden sein. Für den normalen Christen, der solche Bedürfnisse hat, hat der Glaube an die Existenz eines Gottes, der in der Lage ist, ihm zu helfen, gewissermaßen existentielle Bedeutung. Für ihn ist die Frage der Wahrheit dieses Glaubens daher keineswegs nebensächlich. Eine pragmatische Behandlung der Glaubensproblematik im Lübbeschen Sinne muß ihn daher befremden. Und der Philosoph, der sich mit dieser Problematik befaßt, hat keinen Anlaß, einem solchen Gläubigen die Bedeutung der Wahrheitsfrage auszureden, etwa weil seine Definition der Religion diese Dimension des Glaubens von vornherein ausgeklammert hat. Wie schon bei Pascal, Kierkegaard und James führt auch bei Lübbe der Übergang zum religiösen Pragmatismus in eine Sackgasse. Sein Versuch, auf diese Weise der modernen Religionskritik den Wind aus den Segeln zu nehmen, ist gescheitert. Wer in religiösen Fragen das Wahrheitsproblem ernst nimmt, wie das etwa Albert Schweitzer noch versucht hat, hat allen Anlaß, auch diese Religionskritik ernst zu nehmen.

Franz Buggle

Wie heilig ist die Heilige Schrift?

»Bibelzüge« durchquerten die Republik. »Bibelschiffe« kreuzten auf deutschen Gewässern. Akademische Tagungen und Kongresse von »Goethe und die Bibel« (unvermeidlich) bis zu »Bibel und Börse« für die gebildeten Stände, »Erlebnisausstellungen« und »Bibel-Quiz-Shows mit flotter Pop-Musik und interessanten Talk-Gästen« für bescheidenere Ansprüche wurden allenthalben in (groß-)deutschen Landen geboten.

Es war »das Jahr mit der Bibel«. Die Kirchen riefen, und (fast) alle kamen: Von der Sportlerin über den Fernsehjournalisten (aber natürlich), den Pop-Sänger, den Politiker, die Schauspielerin bis zum Liedermacher und Alt-Kabarettisten. Überschwenglich priesen sie unisono in Bibelmagazinen, Journalen, Funk- und Fernsehspots die Bibel nicht nur als »Kunstwerk der Kunstwerke«, sondern auch als »eine Gebrauchsanweisung für unser Leben, die in jedem Alter, in allen Lebensfragen und Lebenslagen verwendbar ist«, »alles für jeden Menschen bringt« usw. usw.

Nun ja, man kennt seine braven Deutschen, »die Verzögerer par excellence in der Geschichte« (Nietzsche), die nicht nur, einzig auf der Welt, die frömmsten Kirchensteuerzahler sind, sondern immer schon gerne den Aufforderungen nicht nur der weltlichen, sondern auch der geistlichen Obrigkeit nachgekommen sind. Und wenn diese geistliche Obrigkeit höchst verbindlich erklärt, daß die Bibel »der einzige Richter, Regel- und Richtschnur« sei, »nach welcher als dem einzigen Probierstein sollen und müssen alle Lehren erkannt und beurteilt werden, ob sie gut oder bös, recht oder unrecht seien« (evangelische Kirche), daß »die Bücher des Alten wie des Neuen

Testaments... *mit allen ihren Teilen* als heilig« anzusehen sind, »weil sie, unter der Einwirkung des Heiligen Geistes geschrieben, Gott zum Urheber haben«, daß »Gott Menschen erwählt hat, die ihm... dazu dienen sollten, all das, und *nur* das, was er... geschrieben haben wollte... zu überliefern« (katholische Kirche), so ist hier ein für allemal alles klar.

Und da kann es doch nur empören, sollte einer tatsächlich kommen – und der brave christliche Deutsche wird sich fragen: Ist hier vielleicht der Blick über die allzu nahe französische Grenze schuld, daß jemand so undeutsch denkt? – und angesichts der überwältigenden mediengestützten Übermacht gegenteiliger Selbstverständlichkeiten einmal ganz schlicht zu fragen wagt, ob all diese Jubeldeutschen wirklich auch kennen, was sie so überschwenglich preisen, ob sie wirklich »nicht wissen, was sie glauben«.[1] Oder hat sich hier gar wieder einmal das alte Gesetz verwirklicht, daß Klassiker allseits gepriesen, aber nur selten gelesen werden, schon gar nicht in ihrer Gänze? Denn wie ist die Bibel wirklich, wie heilig ist denn die »Heilige Schrift« tatsächlich?

Im Unterschied zum Reich der Ideologien gibt es Schwarzweiß-Phänomene in der Realität nur selten. So findet sich auch in der Bibel – und von den hochselektiven Zitaten dieser Stellen leben die Kirchen bis heute – Vorzügliches, Ansprechendes, Humanes: »Wer von euch ohne Sünde ist, werfe als erster einen Stein auf sie.« (Joh. 8, 7; allerdings, wie uns moderne Theologen sagen, auch dies kein echtes Jesus-Wort), oder das Gleichnis vom verlorenen Sohn; Ansprechendes, ja Faszinierendes im übrigen nicht nur im kirchlich-erbaulichen Sinne findet sich ebenfalls in der Bibel, so wenn etwa Hiob über seinen Gott spricht und damit wohl die religiöse Erfahrung vieler moderner Menschen zum Ausdruck bringt: »Wollte ich rufen, würde er mir Antwort geben? Ich glaube nicht, daß er auf meine Stimme hört. Er, der im Sturm mich niedertritt, ohne Grund meine Wunden vermehrt...« (Hiob, 9; 16, 17).

Solchen positiven Aspekten dieses ein Jahr lang wieder fast schwärmerisch (in Deutschland!) hochgelobten Buches steht nun aber eine solche Fülle von exzessiv archaisch-inhumanen (leitbildlichen!) Aussagen gegenüber, eine so große Zahl (mindestens 1000) an entsprechenden Stellen, daß hier, auch auf das Ganze der Bibel bezogen, Quantität in Qualität umschlägt, daß nicht mehr von einem »Aus-dem-Zusammenhang-Reißen« einzelner »dunkler« Stellen gesprochen werden kann, sondern der Gesamtcharakter dieses Buches sich als zu einem großen, ja wohl überwiegenden Teil nach Wortlaut *und* Gesinnung als inhuman darstellt. Und je länger man in der Bibel selbst und nicht nur in kirchlich vorselegierten Ausschnitten liest, desto unverständlicher wird es, wie jemand bei Kenntnis dieses Sachverhaltes dieses Buch so überschwenglich loben und empfehlen kann; und die Alternative, etwas überschwenglich zu loben und zu empfehlen, das man nicht oder nur ganz unvollständig kennt, scheint ebenfalls nur schwer verantwortbar.

Denn dieser biblische Gott stellt sich immer und immer wieder zum ersten als ein sehr kriegslüsterner Gott dar: »Meine Pfeile mache ich trunken vom Blut, während mein Schwert sich ins Fleisch frißt, trunken vom Blut Erschlagener und Gefangener.« (Dtn. 32, 42).

Und er führt nicht nur selbst mit Leidenschaft Angriffs- und Eroberungskriege, sondern ordnet immer und immer wieder die schlimmste Variante des Krieges, den Genozid, die Abschlachtung ganzer Völker vom Säugling und Kind bis zum Greis, an, befiehlt seinen »heiligen Kriegern«, seinen »hochgemuten jauchzenden Helden«, Kinder vor den Augen ihrer Eltern »zu zerschmettern« (Jes. 13). »Wohl dem, der deine Kinder packt und sie am Felsen zerschmettert« (Ps. 137; 8, 9) läßt er sein inspiriertes und autorisiertes menschliches Sprachrohr verkünden, und die nicht vollständige Ausführung dieser Ausrottungsbefehle wird ausdrücklich sanktioniert: »Sie rotteten die Völker nicht aus, wie ihnen der Herr einst befahl.« (Ps. 106, 34). Hier, in der nicht ganz perfekten Ausführung eines Ausrottungsbefehls, lag auch der eigentliche Grund der Verwerfung Sauls; kaum ein Christ weiß dies, denn die schulischen Religionsbücher verbergen diesen Sachverhalt wie viele andere Peinlichkeiten mit einem schönen Bibelvers: »Sind dem Herrn etwa Brandopfer und Schlachtopfer lieber als der Gehorsam gegenüber seinen Befehlen? Wahrhaftig, Gehorsam ist besser als Opfer.« (1 Sam. 15, 22).

Aber dieser biblische Gott liebt nicht nur die kriegerische Gewalt in ihren schlimmsten Auswüchsen, sondern ist auch ein geradezu strafwütiger Herr, der »seine Freude daran hat, euch auszutilgen und zu vernichten« (Dtn. 28, 63), der »weder mit Witwen noch Waisen Erbarmen hat« (Jes. 9, 16), dessen »Gewand mit dem Blut« derjenigen »bespritzt« ist, die er zuvor »in seinem Grimm und Zorn zertreten und zerstampft hat«. (Jes. 63, 3).

Und der Sadismus dieser Strafen ist kaum noch zu überbieten: »Ihr eßt das Fleisch eurer Söhne und Töchter« (Lev. 26, 29), um nur eine von vielen anderen angedrohten physischen und psychischen Strafen zu nennen. Die göttliche Anordnung grausam vollzogener Todesstrafen erstreckt sich auf ein sehr weites Feld, von der Verletzung von Ritualvorschriften über die Ausrottung ganzer Stadtbevölkerungen oder einzelner Menschen – »Nimm alle Anführer des Volkes und spieße sie *für den Herrn* im Angesicht der Sonne auf Pfähle!« (Num. 25; 3, 4) – wegen der Teilnahme an fremden Kulten bis zu so schwerwiegenden sexuellen Abweichungen wie Geschlechtsverkehr während der Menstruation (Lev. 20, 18), Homosexualität (Lev. 20, 13), von Ehebruch (z. B. Lev. 20, 10 und Dtn. 22, 22), sexuellen Beziehungen zu Verwandten (Lev. 20, 11–17) oder gar Verkehr mit Tieren (Ex. 22, 18; Lev. 20; 15, 16) ganz zu schweigen. Eine junge Frau, deren Mann ihr vorwirft, nicht unberührt in die Ehe gegangen zu sein, und die »keine Beweisstücke für die Unberührtheit« beibringen kann, soll von den Männern ihrer Stadt vor der Tür ihres Vaterhauses gesteinigt werden (Dtn. 22) usw. usw.

Die Bibel, »eine Gebrauchsanweisung für unser Leben, die in jedem Alter, in allen Lebensfragen und Lebenslagen verwendbar ist«? »Wer sie aufschlägt, findet sich schnell auf dem wahren Weg. Ich weiß, wovon ich spreche«? (*Bibel. Das Magazin zum Buch*, S. 5). Wir belassen es bei diesen wenigen Beispielen für die Qualität der Bibel als »Regel, Richter und Richtschnur«, verzichten hier auf andere göttliche Normierungen, etwa was das Gebiet der biblischen (Prügel-)Pädagogik oder der Toleranz gegenüber Andersgläubigen betrifft.

Und gegen diesen verdrängten Skandal der archaischen Inhumanität eines allseits gepriesenen und empfohlenen Buches helfen, soweit überhaupt wahrgenommen, auch die immer wieder gehörten Ausflüchte nicht hinweg: Hier geht es nicht um ein »fundamentalistisches« Wörtlichnehmen (so schlimm bei einem Gotteswort?), sondern um den *Geist*, die *Gesinnung*, die sich in den genannten und vielen anderen Texten äußert, auch nicht, noch einmal gesagt, um ein Aus-dem-Zusammenhang-Reißen oder einzelne »Betriebsunfälle«, denn auch der »Zusammenhang« ist schon so weitgehend inhuman, und über 1000 anführbare Stellen prägen den Gesamtcharakter dieser Heiligen Schrift so umfassend, daß man diesen Einwand nur schwer ernst nehmen kann. Und daß diese Texte aus einer anderen, früheren historischen Epoche stammen, ist als Feststellung trivial, argumentativ kann sie nur zur Schlußfolgerung führen, daß sie für den heutigen Menschen nicht mehr als Quelle von Religiosität und Ethik akzeptierbar sind.

Aber treffen diese Feststellungen denn nicht nur auf das (böse = jüdische) »Alte« Testament zu? Verhält es sich mit dem (christlichen = guten) Neuen Testament nicht ganz anders?

In noch viel stärkerem Maße bedeutet es, tief verankerte Tabus und Selbstverständlichkeiten in Frage zu stellen, wenn man aufzuzeigen versucht: Auch das Neue Testament ist, unter humanem Standard gesehen, eine nicht weniger problematische Schrift. Was etwa die inhumane Grausamkeit von Strafen angeht, so fällt es in seinen immer wieder ausgestoßenen Drohungen mit *ewigen* extremen Höllenstrafen noch hinter das Alte Testament zurück. Denn eine nie endende qualvolle Bestrafung stellt das Extremste an Inhumanität und Grausamkeit dar, das ausgedacht werden kann.

Aber auch die Vermittlung eines Gottes (auch an Kinder!), der als Voraussetzung seiner Versöhnung – »Ohne daß Blut vergossen wird, gibt es keine Vergebung« (Hebr. 9, 22) –, des Erlasses der eigentlich verdienten ewigen Höllenstrafen, ausdrücklich die Kreuzigung, eine der grausamsten Hinrichtungsarten, wünscht, verlangt, eines Menschen, zu dem er gar noch in einem Vater-Kind-Verhältnis steht, bleibt hinter dem archaisch-inhumanen Charakter eines Großteils alttestamentarischer Texte nicht zurück.

All dies und viele andere extrem inhumane Implikationen hinderten und hindern bis heute viele Vertreter der deutschen intellektuellen und religiösen Szene nicht, das Loblied der Bibel zu singen. Während entmachtete Ideologien (Nationalsozialismus, Kommunismus) mutig kritisiert werden (zu Recht!), findet sich nach wie vor ein großes Maß an vorauseilendem Gehorsam und Beflissenheit, »Orthopraxie« (G. Anders) des durchschnittlichen deutschen Bildungsbürgers und Intellektuellen gegenüber noch mächtigen und einflußreichen Institutionen. (Etwa, wenn auch nicht nur, in den öffentlich-rechtlichen Medien: Welche großen Scheren in den Köpfen gerade von Fernseh- und Rundfunkjournalisten am Werk sind, kann nur der nachvollziehen, der provokante, tabubrechende Thesen vertritt.)

»Das Opfer des Intellekts, das einmal... bei Pascal oder Kierkegaard vom fortgeschrittensten Bewußtsein und um nicht weniger als den Preis des ganzen Lebens gebracht war, ist mittlerweile sozialisiert, und wer es bringt, ist dabei unbeschwert von Furcht und Zittern.«[2]

Halten wir die Provokation fest: Immer noch gründen wir wesentlichste Inhalte privater und gesellschaftlicher Religiosität und Moral auf ein nicht nur, aber doch in einem außerordentlich weitgehenden Umfang inhuman-archaisches Buch, übernehmen und konservieren wieder einmal oder immer noch Traditionen, die vor einem Mindeststandard humaner Ethik nicht näher zu rechtfertigen sind. Deutschland, immer noch ein Wintermärchen?

Gerhard Streminger

Die Jesuanische Ethik

Und ich sah den Himmel geöffnet, und siehe, ein weißes Pferd, und der darauf saß, heißt »treu« und »wahrhaftig«, und er richtet und führt Krieg in Gerechtigkeit. Seine Augen aber sind eine Feuerflamme, und auf seinem Haupt sind viele Diademe, und er trägt einen Namen geschrieben, den niemand kennt als nur er selbst; und er ist bekleidet mit einem in Blut getauchten Gewand, und sein Name heißt: *Das Wort Gottes.* Und die Kriegsheere, die im Himmel sind, folgten ihm [...]

Die Offenbarung des Johannes[1]

Bereits in der Apostelgeschichte wird von Meinungsverschiedenheiten unter den ersten Anhängern Jesu berichtet. So soll es beim Konzil in Jerusalem »Zwiespalt« und »viel Zank« gegeben haben[2]; und schon wenig später kam es zu regelrechten Verdammungen. Denn Paulus berichtet, daß er »zwei Ketzer [...] dem Satan übergeben habe, damit sie durch seine Züchtigung das Lästern verlernen«, und Petrus meinte, daß Irrlehrer »wie unvernünftige Tiere von Natur aus zum Eingefangenwerden und Vernichten geschaffen« seien.[3] Angesichts solcher Intoleranz nimmt es nicht wunder, daß bereits 385, und zwar in Trier, die ersten Christen aus Glaubensgründen von anderen Christen umgebracht wurden. Aber gab es auch unter ihnen von allem Anfang an Streit und Aggressionen, die schließlich Millionen Menschen das Leben kosteten, so gab es doch auch eine gemeinsame Basis, auf die sich die verschiedenen christlichen Gruppen berufen konnten (und es im Zeitalter der Ökumene verstärkt tun): *die Vorbildlichkeit der Jesuanischen Ethik.* Daß diese gemeinsame Basis in Wirklichkeit auf höchst tönernen Füßen ruht, soll im folgenden gezeigt werden.

Das Neue Testament gilt allen Christen als »Gottes Wort«, als von Gott inspirierte Botschaft, als »letzte religiöse und moralische Autorität, als ›Maßstab aller Maßstäbe‹«, als *Offenbarungsurkunde.* »Ihr hohes Ansehen als ›Heilige Schrift‹ zeigt sich auch heute noch in unserer vorgeblich so säkularen Gesellschaft in vielen Aspekten, so etwa, wenn noch heute der mächtigste Mann der [...] Welt, der Präsident der Vereinigten Staaten, seinen Amtseid auf die Bibel leistet [...] Die Bibel ist immer noch das meist verbreitete und übersetzte Buch der Welt: Sie wird inklusive unvollständig-auszugsweiser Ausgaben jährlich in ca. 50 Millionen Exemplaren gedruckt und verbreitet.«[4]

Vertieft man sich aber auch nur ein wenig in das Neue Testament, so dürfte als erstes der unsystematische Charakter der Jesuanischen Lehren auffallen: Vieles, was gesagt wird, folgt nicht aus dem zuvor Gesagten. Zudem sprach Jesus zumeist in Gleichnissen, wobei einige so vieldeutig sind, daß sogar »viele seiner Anhänger« murren: »Das sind unverständliche Reden, wer mag das verstehen«, heißt es im Johannesevangelium.[5] Selbst die ersten Jünger waren also durch die Reden ihres Meisters eher erregt als erleuchtet, und angesichts des Folgenden wäre helle Empörung wohl die angemessene Reaktion gewesen: »Und als er allein war, fragten ihn, die um ihn waren, samt den Zwölfen [!] nach den Gleichnissen. Und er sprach zu ihnen: Euch ist das Geheimnis des Reiches Gottes gegeben, jenen aber, die draußen sind, wird alles in Gleichnissen zuteil, [...] *damit sie sich nicht etwa bekehren und ihnen vergeben werde.*«[6] Allein schon ob dieses Ausspruchs sollte man m. E. aufhören zu behaupten, der Sohn Gottes sei gekommen, um *alle* zu erlösen.

Dabei mag das Erzählen von Gleichnissen durchaus geeignet sein, gewisse Botschaften in eindringlicher Weise zu vermitteln, da sie im Zuhörer zahlreiche Assoziationen auslösen und andere Bereiche als das reine Denken ansprechen. Aber dieser Vorteil wird mit einem bedeutenden Nachteil erkauft: Fragt man nach dem Sinn des Gesagten, so wird man wahrscheinlich alsbald bemerken, daß man ziemlich im dunkeln tappt. Will man genau wissen, worin die Botschaft Christi besteht, so benötigt man neben den Gleichnissen eine Erläuterung, und möglicherweise sollte das Johannesevangelium ebendiesen Zweck erfüllen. Aber haben sich auch Dutzende Generationen christlicher Theologen mit der Auslegung der wenigen Texte beschäftigt, so ist bis heute fast alles unverständlich geblieben. Bislang konnten Christen sich nicht darüber einigen, »was moralisch und was unmoralisch ist. Verschiedener Meinung sind sie nicht nur in Angelegenheiten, von denen nach ihrer Auffassung das Seelenheil abhängt, sondern auch in aktuellen Fragen dieser Welt, vom Pazifismus bis zur Ehescheidung und zur Geschlechtsmoral im allgemeinen, vom richtigen Verhalten einer totalitären Regierung gegenüber bis zur Todesstrafe.«[7]

Jesus ist für dieses Chaos zumindest mitverantwortlich, denn, wie oben zitiert[8], hatte er sich aus sehr dubiosen Motiven entschlossen, vieles ganz bewußt im dunkeln zu lassen. Und wenn jenen, »die draußen sind«, alles in Gleichnissen zuteil wird, »damit sie sich nicht etwa bekehren und ihnen vergeben werde«, dann gehörten die Verfasser der drei synoptischen Evangelien offenbar nicht zu diesen Auserwählten. Denn bei Markus, Matthäus und Lukas redet Jesus vor allem in Gleichnissen.

Trotz der Unsystematik der Bibelberichte lassen sich doch drei Hauptgebote unterscheiden: *Liebt Gott!*, *Glaubt an mich!* und *Liebet einander!* Jesus nennt auch zwei Gründe, weshalb diese Gebote befolgt werden sollten: weil das Ende nahe ist *und* weil jene, die die Gebote nicht befolgen, »Heulen und Zähneknirschen« (Matthäus 8, 12) erwartet.

Vor allem Albert Schweitzer hat gezeigt, daß der Jesus der synoptischen Evangelien in seiner Botschaft von der Annahme ausging, daß die Welt kurz vor ihrem Ende stehe. So prophezeite Jesus, »daß der Menschensohn kommt in der Herrlichkeit seines Vaters mit seinen Engeln, und alsdann wird er einem jeglichen vergelten nach seinen Werken. Wahrlich, ich sage euch: Es stehen etliche hier, *die nicht schmecken werden den Tod*, bis daß sie des Menschen Sohn kommen sehen in seinem Reich.«[9]

Aber die Prognose des künftigen Gottesreiches: die Auferstehung der Toten, das endzeitliche Weltgericht, die Überwindung aller dämonischen Mächte, ist nicht eingetroffen. Trotz der angeblichen Menschwerdung des Erlösers hat sich wenig geändert, und wahrscheinlich wurde durch das Christentum (und später durch den Islam) die Situation der Menschen eher verschlechtert als verbessert. Denn Errungenschaften wie das römische Rechtssystem, die antike Philosophie, die griechische Tragödie oder die keltische Naturphilosophie wurden zumindest teilweise zerstört; und der Erfolg des Christentums hat etwa den Buddhismus im Westen bislang kaum Einfluß gewinnen lassen.

Die von Jesus selbst nahegelegte eschatologische Deutung seines Todes und die Erwartung einer allgemeinen endzeitlichen Totenauferstehung klingen im nachapostolischen Zeitalter stark und deutlich nach, vor allem bei Matthäus: Er berichtet von einer dreistündigen Finsternis beim Tod Jesu, »und siehe, der Vorhang des Tempels zerriß in zwei Stücke, von oben bis unten; und die Erde erbebte, und die Felsen zerrissen, und die Grüfte taten sich auf, und viele Leiber der entschlafenen Heiligen wurden auferweckt; und sie stiegen nach seiner Auferweckung aus den Grüften und gingen in die heilige Stadt und erschienen vielen«.[10] Diese endzeitliche Totenauferstehung dürfte allerdings nur in der überhitzten Phantasie des Apostels stattgefunden haben, denn sonst weiß niemand von diesen wunderbaren Ereignissen zu berichten.[11]

Die *Hoffnung*, daß Jesus bald wiederkehren werde, teilten allerdings viele: In dem wahrscheinlich ältesten Dokument des Neuen Testaments, dem ersten Brief an die Thessalonicher, versicherte Paulus den Gläubigen, daß sie noch alle am Leben sein würden, wenn der Herr komme. »So ermuntert nun einander mit diesen Worten.«[12] Die Gemeinde in Thessalonich hatte, wie andere Christen auch, die verheißene Rückkehr des Messias sehnsüchtig erwartet. Einige hatten zu arbeiten aufgehört, andere waren schwärmerisch geworden ob des nahen Gottesreiches. Paulus' erster Brief an sie ist noch relativ ruhig geschrieben, aber der zweite ist schon heftiger. Offenbar war ihm zu Ohren gekommen, daß die Situation weitaus problematischer war, als er zunächst angenommen hatte, weshalb er ihnen »gebot«, ihre Aufgaben zu erfüllen und ihre Pflichten zu tun; »wenn jemand nicht arbeiten will, soll er auch nicht essen«.[13] Der Schluß des ersten Briefes legt sogar nahe, daß jene, die die Wiederkehr des Erlösers erwarteten, sich durch moralische Nachlässigkeit auszeichneten; sie dürften der Meinung gewesen sein, wegen der baldigen Wiederkehr des Erlösers sei alles Tun unwichtig geworden.

Eingetroffen ist das Ende der Welt indes nicht. Aber »wo ist die Verheißung seiner Ankunft? Denn seitdem die Väter entschlafen sind, bleibt alles so von Anfang der Schöpfung an«, meinen im zweiten Petrusbrief einige Spötter.[14] Offenbar hatte Jesus sich in diesem Punkt geirrt, weshalb schließlich auch Paulus seine Meinung ändern mußte und eine Entwicklung einleitete, die das Warten auf die Wiederkehr des Herrn immer mehr hinauszuschieben vermochte und schließlich sogar als überflüssig erscheinen ließ. Denn hatte Paulus zunächst gemeint: »Dies aber sage ich, Brüder: Die Zeit ist begrenzt: daß künftig die, die Frauen haben, seien, als hätten sie keine, und die Weinenden, als weinten sie nicht, und die sich Freuenden, als freuten sie sich nicht, [...] *denn die Gestalt dieser Welt vergeht*«[15], so verkündet Paulus nun, daß die große Wende bereits eingetreten sei: »Wenn jemand in Christus ist, so ist er eine neue Schöpfung; *das Alte ist vergangen*, siehe, Neues ist geworden.«[16]

Jesus wurde im Zeitalter der spätjüdischen Apokalyptik geboren, als viele Israeliten die Vorstellung vom Ende der irdischen Geschichte durch eine künftige, übernatürliche Neugestaltung der Welt beschäftigte. In bewußtem Gegensatz zur ägyptischen Religion hatte Moses jeden Glauben an ein Leben nach dem Tod abgelehnt. Im alten Israel gibt es kein Interesse an einem jenseitigen Leben. Für Moses ist der Tod das Ende des Individuums, aber das Reich Jesu »ist nicht von dieser Welt«[17]. Mit dem Beginn der Babylonischen Gefangenschaft, aus der die Israeliten von den Persern befreit wurden, begann eine lange Phase des Machtverlusts. Mit diesem Verlust schwand auch das Interesse für diese Welt, und mit diesem Schwund ging eine Zunahme an Spekulation über eine bessere, künftige Welt am Ende aller Zeiten einher. Deshalb berief Jesus sich direkt fast nur auf späte Teile des Alten Testaments: auf das Danielbuch und insbesondere auf die erst knapp vor unserer Zeitrechnung entstandenen Henochischen Bilderreden. Nichtapokalyptische Stoffe des Alten Testaments benutzte er hingegen weitgehend auf dem Weg der Umdeutung.[18] An die jüngsten Teile des Alten Testaments »erinnert nicht nur ein Ausdruck wie ›Menschensohn‹, sondern die gesamte Einstellung Jesu zum Diesseits und sein Interesse für eine andere Welt: Entgegen der Tradition, die von Amos bis zum zweiten Jesaja reicht, steht das Diesseits nicht mehr im Mittelpunkt des Interesses, da man glaubt, daß diese Welt bald enden wird; und selbst jetzt, da diese Welt noch besteht, sollen wir weniger an sie denken als an eine andere – ja wir sollen möglichst überhaupt nicht mehr an diese Welt denken, sondern uns durch Tun und Trachten auf die ›andere‹ Welt vorbereiten.«[19]

Jesus hat also »das unmittelbar bevorstehende Weltende gepredigt und sich im Zentrum seiner Verkündigung vollständig getäuscht. Dies gilt als die sicherste Erkenntnis der gesamten modernen historisch-kritischen christlichen Theologie.«[20] Die Tatsache, daß Jesus sich irrte, wird allerdings bis heute von den meisten Christen verdrängt, obwohl bereits Schweitzer deutlich gemacht hatte: »Unser Christentum beruht auf Trug, insoweit das Nichteintreffen der eschatologischen Erwartungen darin nicht eingestanden ist.«[21]

Weil Jesus ganz in der Naherwartung des Weltendes lebte, glaubten auch die Urchristen, daß das Ende der Welt mit seinem Tod unmittelbar in Zusammenhang stehe. Da aber keine übernatürlichen Zustände anbrachen, die Toten nicht auferstanden, das endzeitliche Weltgericht nicht begann und die dämonischen Mächte nicht überwunden wurden, *ist damit auch der objektive Beweis für die Auferstehung Jesu ausgeblieben.*

Aber noch ungleich problematischer als dieser Irrtum Jesu ist das zweite Argument, das er zur Begründung seiner Gebote vorbrachte. Denn jemand, der die Hölle akzeptierte und an diesbezügliche Ängste der Menschen appellierte, war kaum sensibel für eine »Lauterkeit des Motivierens«, die in einem ruhigen Appell an Einsicht und Vernunft besteht. Weil die Aufklärung in diesem Punkt einigermaßen erfolgreich war und weil jeder von uns Menschen kennt, die moralisch sind, ohne an eine Hölle zu glauben, werden jene Passagen im Neuen Testament, die von ewigen Strafen handeln, von liberaler Denkenden für gewöhnlich übersehen. Aber warum werden derartige Passagen übersehen, wenn man zugleich behauptet, Jesus sei der von Gott Gesandte oder gar Gott selbst? Wenn Jesus derjenige war, an dem der Allmächtige sein Wohlgefallen hatte, dann kann er sich doch nicht so häufig geirrt haben (schon gar nicht dann, wenn es um die Begründung göttlicher Gebote geht)! Außerdem steht geschrieben: »Das *ganze* Wort, das ich euch gebiete, sollt ihr bewahren.«[22]

Und Jesus spricht von der Hölle nicht nur einmal, sondern etwa zwanzigmal. Er droht mit ewiger Verdammnis, mit Höllenfeuer, »wo der Wurm nicht stirbt und das Feuer nicht erlöscht«, mit Feueröfen, wo es »Heulen und Zähneknirschen« geben wird[23]; und auch die Bergpredigt ist mit Höllendrohungen durchsetzt.[24] Jemand, der in Aussicht stellte, daß endliche Vergehen mit ewig währenden Qualen bestraft werden, war wohl nicht »der vorbildlichste Morallehrer aller Zeiten«, sondern ein ganz besonders ungerecht empfindendes Wesen. Denn es gibt nur wenige Menschen, die es als gerecht erleben, daß für endliche Vergehen unendliche Strafen ausgesprochen werden.

Häufig wird von christlicher Seite behauptet, das Neue Testament sei ungleich »harmloser« als das Alte Testament, da Gott sich im Neuen Testament als liebender offenbare, nachdem er sich zuvor als eifersüchtiger geoffenbart hatte. Wahr ist allerdings das Gegenteil: Im Alten Testament ist Gott derjenige, der auch Leid und Tod schickt, aber im Neuen Testament, in dem der überweltlich vorgestellte Gott des Alten Testaments durch den Mensch gewordenen Gott ersetzt wird, ist ER derjenige, der auch ewiges Leid schickt. Der psychische und physische Terror ist also im Neuen Testament ein ganz anderer! Da der Jahwe des Alten Testaments nur mit dem Tod, der liebe Gott des Neuen Testaments jedoch mit dem ewigen Tod strafte, ist der grollende Jahwe relativ harmlos im Vergleich zum lieben Vater des Neuen Testaments. Diese Tatsache dürfte einer der Gründe sein, weshalb die meisten Juden die christliche Sekte ablehnten und sich auch durch Höllendrohungen nicht beeindrucken ließen. Denn der Gott Mose schickte zwar den Tod, niemals jedoch die ewige Hölle.[25]

Die in diesem Zusammenhang von christlichen Apologeten immer wieder vorgebrachte Behauptung, die Jesuanischen Höllendrohungen seien aus der Zeit heraus zu verstehen, ist wenig einsichtig, da eben in großen Teilen des Alten Testaments Jenseitsvorstellungen keine ausgezeichnete Rolle spielen und auch Zeitgenossen Jesu, nämlich die Sadduzäer, nicht an ein Leben nach dem Tod glaubten.[26] Und selbst dann, wenn Höllenvorstellungen so verbreitet gewesen sein sollten, wie üblicherweise behauptet wird, weshalb klärt der angeblich Allgütige die Menschheit nicht darüber auf, daß sie in diesem Punkt irre und keinerlei Höllenqualen zu befürchten habe? Anstatt mit der Hölle zu drohen, hätte er Menschen die Angst davor nehmen sollen – und Jesus hätte es wohl getan, wenn er der Gott der Liebe gewesen wäre. Aber er war wohl kein Gott der Liebe, sondern ein ziemlich gewissenloser Mensch, der die Ängste seiner Mitmenschen noch *steigerte*, um auf sich und seine Botschaft aufmerksam zu machen.

Gerade in Zeiten allgemeiner Orientierungslosigkeit mag es attraktiv sein, im Neuen Testament eine Ethik zu finden. Und an der Tatsache, daß Jesus eine solche vertreten hat, läßt sich selbstverständlich *nicht* rütteln. Aber seine Form der Begründung ethischer Gebote offenbart eine wenig zivilisierte Form des Appells an den Egoismus der Menschen. Zwar gebietet Jesus ein bestimmtes Verhalten gegenüber anderen, aber das Motiv ist nicht *deren* Wohlergehen, sondern *das eigene* Seelenheil (»auf daß es dir wohl ergehe«): »Freut euch, daß eure Namen in den Himmeln angeschrieben sind«[27] und: Hütet euch vor der Hölle! Das Gebot »Liebet einander!« entpuppt sich also bei näherer Betrachtung als »Liebt euch!«.

Besonders deutlich wird dies in der vielgepriesenen Bergpredigt. Auch dort geht es im Grunde nicht um das Schicksal anderer, sondern um das eigene Seelenheil. Worauf es *wirklich* ankommt, wird deutlich gesagt: Sammelt nicht Schätze auf Erden, wo Diebe nachgraben und sie stehlen, sondern sammelt Schätze im Himmel! Jede Seligsprechung verkündet eine Belohnung: Am Schluß werden jene, die die Gebote befolgen, »klug«, und jene, die es nicht tun, »töricht«

genannt. Selbst in der Bergpredigt geht es also nicht um menschliche Gemeinschaft oder gar um das Wohl der Menschheit als einen Wert an sich, sondern um die eigene Besserstellung: Sei klug, vermeide die Hölle, sammle himmlische Schätze! »Wahrlich, ich sage euch, wenn ihr es einem dieser Geringsten nicht getan habt, habt ihr es auch mir nicht getan. Und diese werden hingehen in die ewige Pein, die Gerechten aber in das ewige Leben.«[28]

Die Liebe der Christen macht sich also bestens *bezahlt*. Aber eine solch jenseitsorientierte Selbstsucht erweitert zwischenmenschliches Verstehen nicht, sondern untergräbt und zerstört es. Ist man davon überzeugt, daß die gute Handlung durch himmlische Schätze belohnt wird, während irdische Schätze durch Motten und Rost zerfressen werden, dann wird eine Sorge um *diese* Welt höchst überflüssig, ja ein Hindernis. Die Ethik Jesu ist eine Ethik der Klugheit, aber das heißt auch, daß das Neue Testament die Idee einer »guten Tat, die ihren Wert in sich trägt« nicht kennt. Mag man für intellektuelle Leistungen durchaus Anerkennung erstreben, so büßt jede moralische Tat durch die Absicht, daraus einen subjektiven Vorteil zu ziehen, an Wert ein. Tugend verzichtet gerade auf billige Vorteile: »Ihr liebt eure Tugend, wie die Mutter ihr Kind; aber wann hörte man, daß eine Mutter bezahlt sein wollte für ihre Liebe?«[29]

Aber sehen wir einmal von der Begründung ab, die Jesus für die Befolgung seiner Gebote vorbrachte. Sind nicht die Gebote selbst von besonderer Überzeugungskraft?

Schon das erste Gebot: *Liebt Gott über alles!*, will nicht einleuchten. Denn weshalb sollten wir den Gott Jesu über alles lieben, der beispielsweise bereit ist, unendliche Strafen für endliche Vergehen auszusprechen, und der, wenn man an das Schicksal des Sohnes denkt, überdies physisches Leid einsetzte, um ein bestimmtes Ziel zu erreichen, obwohl Alternativen möglich gewesen wären: Der Allgütige hätte nämlich seinen Geschöpfen für die Vergehen der ersten Menschen einfach verzeihen können[30]; und er hätte es wohl getan, wenn er tatsächlich barmherzig gewesen wäre. Aber das Drama um Jesus offenbart kein derartiges Wesen, weshalb der Betroffene an einer Stelle durchaus folgerichtig die Warnung aussprechen konnte, daß wir Gott vor allem fürchten sollen: »Ich will euch zeigen, wen ihr fürchten sollt: den, der Leib und Seele in der Hölle verderben kann.«[31]

Aber wie kann derjenige, vor dem wir uns fürchten sollen (Gottes*furcht!*), zugleich barmherzig sein? Und wie kann man lieben, was man fürchtet? Furcht ist eine der Liebe entgegengesetzte Empfindung. Ein Sohn, der seinen Vater fürchtet, den dessen Launen ängstigen, der also Grund hat, sich vor dessen Zorn zu hüten, wird ihn niemals aufrichtig lieben. Die Liebe eines Christen zu seinem Gott kann somit nicht wahrhaftig sein. Wenn der Gottesfürchtige glaubt, Gott zu lieben, dann ist seine Liebe eine vorgetäuschte Huldigung ähnlich jener, die man unmenschlichen Despoten erweist, die von ihren Untertanen äußere Zeichen der Anhänglichkeit fordern.

Das erste Gebot besäße allerdings dann eine gewisse Überzeugungskraft, wenn das zweite, *Glaubt an mich!*, plausibel wäre. Nun ist es schwierig, jemanden für vertrauenswürdig zu halten, der so massiv an die Ängste der Menschen appellierte. Dies mag eminent blasphemisch klingen, ist es jedoch nicht, denn selbst die meisten seiner Anhänger sind nicht bereit, sich auf Jesus zu verlassen. Denn nur wenige vertrauen darauf, daß es genüge, zu bitten, und ihnen gegeben werde[32] und daß Jesus es ernst meinte, als er forderte: »Verkaufe alles, was du hast, und gib es den Armen [...] Dann komm und folge mir nach!«[33] Daß diese Forderung von den allermeisten offiziellen Vertretern der christlichen Kirchen kaum ernst genommen wird, ist evident: So ist, um ein einziges Beispiel zu nennen, die katholische Kirche der größte Grundbesitzer auf Erden.[34]

Auch hinsichtlich anderer Forderungen wäre es einmal interessant, die Vertrauenswürdigkeit, die Jesus bei Gläubigen genießt, auf die Probe zu stellen. Selbstverständlich verkündet der Klerus, die Bibel sei das Wort Gottes, und feiert Jesus als den Erlöser der Menschheit. Nun hatte dieser gefordert: »Ihr habt gehört, daß da gesagt ist: Aug um Aug, Zahn um Zahn! Ich aber sage euch: Ihr sollt dem Bösen nicht widerstehen, sondern wenn dich jemand auf deine rechte Wange schlägt, dem biete auch die andere dar.«[35] Ich bezweifle sehr, ob beispielsweise die Konzilsväter von Trient (oder die

Inquisitoren) Sätze wie diese in einem wortwörtlichen Sinn verstanden. Aber warum sollten derartige Gebote, deren Autor angeblich Gott ist, bloß in einem »übertragenen« Sinn zu verstehen sein? Schließlich sind sie völlig verständlich. Zudem wäre es höchst unplausibel, wenn Gott keine deutlichen Grundsätze, sondern »Mysterien« geoffenbart haben sollte.

Mag man auch bedauern, daß die Geistlichkeit diese Jesusworte nicht wirklich ernst nimmt, so ist es andererseits ein Glück, daß Christen auch das Folgende nicht ganz so ernst nehmen: »So jemand zu mir kommt und hasset nicht seinen Vater, Mutter, Weib, Kinder, Brüder, Schwestern, auch dazu sein eigen Leben, der kann nicht mein Jünger sein.« (Lukas 14, 26). Und viele, die sich so große Sorge um das christliche Abendland machen und allerorts seine Bedrohung sehen, können offenbar nicht einmal genau lesen: »Seid nicht besorgt [...] was ihr essen, noch [...] was ihr anziehen sollt [...] Trachtet nicht danach [...] und seid nicht in Unruhe; denn nach diesem allen trachten die Heiden; euer Vater aber weiß, daß ihr dies benötigt [...] Sorget euch nicht um den morgigen Tag, denn der morgige Tag wird für sich selber sorgen.«[36] Wie verträgt sich diese manchen vielleicht gar nicht so unsympathische Hippie-Moral mit den vielen Sorgen, die Christen sich um das Morgen machen, und damit, daß sie auch noch vor dem Kreuz desjenigen schwören, der vom Schwören nichts wissen wollte: »Es sei euer Jawort ein Ja, euer Nein ein Nein. Was darüber hinausgeht, ist vom Bösen«[37]? Es gibt also zahlreiche Hinweise, daß auch Christen, von Lippenbekenntnissen abgesehen, gar kein so großes Vertrauen in die Worte ihres Erlösers haben.

Soviel zum zweiten Gebot der Jesuanischen Ethik: *Glaubt an mich!* Aber, so könnten Gläubige immer noch entgegnen, die große Tugend der Feindesliebe macht die Jesuanische Ethik zur hervorragendsten. In der Tat ist neben der Gottesliebe und dem Glauben an die herausragende Rolle Jesu die Menschenliebe, gelegentlich bis zur ausdrücklichen Liebe gegenüber den Feinden gesteigert, die große Forderung des Neuen Testaments. Sie äußert sich am deutlichsten in der Kritik Jesu an der pharisäischen Einhaltung der Sabbatgesetze, *die doch um der Menschen willen da sind*, in seinen tröstenden Reden und in seinem unbefangenen Umgang mit den Außenseitern der Gesellschaft: mit Frauen, Prostituierten und Finanzbeamten. Als einmal eine Ehebrecherin gesteinigt werden sollte, trat Jesus dazwischen und meinte: »Wer von euch ohne Sünde ist, der werfe den ersten Stein [...] Ich verurteile dich nicht. Geh und sündige von jetzt an nicht mehr.«[38]

Mir ist nicht bekannt, daß in der Geschichte der heiligen Kirche eine Ehebrecherin jemals mit so milder Ermahnung davongekommen wäre. Bereits Augustinus soll Jesus in diesem Punkt ob seiner »übertriebenen Milde« getadelt haben. Mir ist auch nicht bekannt, daß der Jesuanische Hinweis »Was ihr den Geringsten getan habt, habt ihr mir getan« in der Geschichte der christlichen Kirchen auf ein besonders nachhaltiges Echo gestoßen wäre. Zwar werden die Gläubigen ermuntert, die kleinen Kreuze des täglichen Lebens zu tragen, aber oft ist dies nur deshalb nötig, weil die offiziellen Vertreter des Glaubens nicht bereit sind, *ihr* Kreuz auf sich zu nehmen.

Trotz der beeindruckenden Worte Jesu zu der Ehebrecherin weckt auch seine vielgerühmte Liebesbotschaft einige fundamentale Zweifel.

1. Spätestens seit der Entdeckung der Schriftrollen vom Toten Meer im Jahr 1947 dürfte es als gesichert gelten, daß es keine spezielle Lehre gibt, deren alleiniger Urheber Jesus ist. Seine Ideen finden sich, zumindest in ähnlicher Weise, bereits in der jüdischen Literatur; alter Wein wurde hier bloß in neue Schläuche gefüllt. Die Texte, die man in Qumran fand, »enthalten Stellen, die inhaltlich, ja teilweise sogar wörtlich, mit Passagen übereinstimmen, die im Neuen Testament zu lesen sind. Der Bezug zur Bergpredigt tritt deutlich hervor. Brüderlichkeit galt den Essenern als religiöse Pflicht, Nächstenliebe als moralisches Gebot. Zu schwören war ihnen untersagt; statt dessen sollten sie nur ›ja, ja‹ oder ›nein, nein‹ sagen. Armut, Demut und Askese waren ihre Ideale. Sie glaubten an die Unsterblichkeit der Seele.«[39] Auch in anderer Hinsicht ist vieles nicht originell, was über das Leben Jesu behauptet wird: Es ist wohl kein Zufall, daß der ursprünglich persische Gott Mithras, der spätere Heiland und Sonnengott der Römer, nach dem der erste Tag der

christlichen Woche noch immer Sonntag heißt, von einer Jungfrau in einer Krippe ausgerechnet am 25. Dezember geboren und ihm von Hirten gehuldigt wurde – um nur einige der auffallendsten Parallelen zum evangelischen Christus zu erwähnen.[40]

2. Auch im Vergleich mit dem Alten Testament war die Forderung nach Nächstenliebe nicht originell, was ja auch Jesus selbst bezeugt: »Und siehe, da stand ein Schriftgelehrter auf, versuchte ihn und sprach: ›Meister, was muß ich tun, daß ich das ewige Leben ererbe?‹ Er aber sprach zu ihm: Was steht im Gesetz geschrieben? Wie liesest du? Er antwortete und sprach: ›Du sollst Gott, deinen Herrn, lieben von ganzem Herzen, von ganzer Seele, von allen Kräften und von ganzem Gemüte und deinen Nächsten wie dich selbst.‹ Er aber sprach zu ihm: Du hast recht geantwortet; tue das, so wirst du leben.«[41]

Während sich also das berühmte Gebot der Nächstenliebe bereits im Alten Testament findet, steht im Neuen Testament gerade auch das Gegenteil: »Dies redete Jesus und hob seine Augen auf zum Himmel [...] Ich habe deinen Namen den Menschen offenbart [...] [einige] haben geglaubt, daß du mich gesandt hast. Ich bitte für sie; nicht für die Welt bitte ich, sondern für die, welche du mir gegeben hast [...]«[42] *Die berühmte Feindesliebe wird also von ihrem angeblichen Erfinder mehr gefordert als in die Tat umgesetzt.*[43] Es fügt sich nahtlos in dieses Bild, daß das Gleichnis vom guten Samariter nur von Lukas berichtet wird, während die Drohung, daß jenen, die seinen Jüngern nicht glauben, es einmal fürchterlich ergehen werde, in allen synoptischen Evangelien zu finden ist.[44]

3. Der angeblich »größte Morallehrer aller Zeiten« war oft bar jeden Mitleids. Denn Jesus droht allen mit Verdammnis, die gegen den Heiligen Geist lästern[45], er erwartet, daß seine Botschaft dazu führen werde, daß »der Bruder den Bruder in den Tod liefern wird und der Vater das Kind«[46], er rät uns, nicht zu glauben, daß er gekommen sei, »Frieden auf die Erde zu bringen«, sondern »das Schwert« und »Entzweiung«; und »des Menschen *Feinde* werden seine Hausgenossen sein«[47].

Es besteht kein Zweifel, obwohl dies von liberalen Theologen zumeist verdrängt wird, daß Jesus von der Existenz Satans überzeugt, ja davon geradezu besessen war: Er spricht von Satan als seinem Feind, er bezeichnet sich als denjenigen, der gekommen sei, jenen zu vernichten, er sieht ihn »wie einen Blitz« vom Himmel fallen.[48] Ein besonders drastisches Beispiel für die Schroffheit des angeblichen Friedefürsten und dessen Glauben an Dämonen findet sich im Johannesevangelium: »*Ihr* habt den Teufel zum Vater, und ihr wollt das tun, wonach es euren Vater verlangt. Er war ein Mörder von Anfang an.«[49] Jesus spricht diese Bannformel über keine Massenmörder, sondern über Juden, »die an ihn glaubten« oder geglaubt hatten.[50]

Vor dem Hintergrund solcher Passagen ist es nicht verwunderlich, daß viele von Jesus genug hatten: »Daraufhin zogen sich viele Jünger zurück und wanderten nicht mehr mit ihm umher«[51], was wiederum im Meister eine der nicht untypischen Reaktionen verkannter Genies hervorrief: »Dann begann er den Städten, in denen er die meisten Wunder getan hatte, Vorwürfe zu machen, weil sie sich nicht bekehrt hatten: Weh dir, Chorazin! Weh dir, Betsaida! [...] Und du, Kapernaum, meinst du etwa, du wirst bis zum Himmel erhoben? Nein, in die Unterwelt wirst du hinabgeworfen. Wenn in Sodom die Wunder geschehen wären, die bei dir geschehen sind, dann stünde es heute noch. Ja, das sage ich euch: Dem Gebiet von Sodom wird es am Tag des Gerichts nicht so schlimm ergehen wie dir.«[52] An anderer Stelle droht Jesus, was besonders sinnig ist, gar den Schwangeren und Säugenden.[53]

4. Es gibt wohl nur wenige Lehren, die so voller Drohungen gegenüber Andersdenkenden und so voller Verheißungen gegenüber Anhängern sind: »Ich verordne euch [...] ein Reich. Ihr sollt [...] mit mir an meinem Tisch essen und trinken, und ihr sollt auf Thronen sitzen und die zwölf Stämme Israels richten.«[54] Welcher eitle Mensch wäre nicht bereit, einige irdische Mühen auf sich zu nehmen, wenn *derartiges* ihn erwartete? Solche und ähnliche Passagen (»Wißt ihr nicht, daß die Heiligen die Welt richten werden? [...] Wißt ihr nicht, daß wir Engel richten werden?«[55]) sind eine der Wurzeln christlicher Selbstgerechtigkeit, gelegentlich bis zum Größenwahn gesteigert. Und es gibt weitere Beispiele für die unverständliche Schroffheit Jesu:

– sein Verhalten gegenüber Familienangehörigen. Jesus spricht seine Mutter nie mit einem respektvollen oder gar liebevollen Wort an. Sie ist für ihn die »Gebärende«, das Weib, eine Anrede, die für damalige Ohren, als Familienbande noch enger als heute waren, wohl noch skandalöser als für unsere geklungen haben muß. Aus dem Umgang Jesu mit seiner Mutter spricht kaum Nächstenliebe, wohl aber ein altes Thema: das Genie und seine Familie: »Was habe ich mit *dir* zu schaffen, Weib?«[56] In der Kirche Roms nimmt Maria einen ganz außergewöhnlichen Rang ein, aber auf Jesus können sich ihre Vertreter kaum berufen, da dieser für einen Mutterkult denkbar ungeeignet ist. Zudem dürfte Jesus nur eines der Kinder Mariens gewesen sein[57], aber zumindest Katholiken fällt es auch heute noch schwer zu glauben, daß die Mutter Gottes auch in anderer Weise als durch den Heiligen Geist geschwängert wurde.

– sein Verhalten gegenüber dem jüdischen Klerus. Fast immer hat Jesus die Ältesten, die Rabbiner, Schriftgelehrten und Pharisäer vor allem Volk herabgewürdigt, manchmal sogar verteufelt. Er diffamierte sie, die in Zeiten der Besatzung wahrscheinlich als einzige dem jüdischen Volk einen Rückhalt und eine gewisse Identität geben konnten, als Schlangenbrut und Otterngezücht. Aber ein solch verkommenes Pack können sie schon deshalb nicht gewesen sein, weil sie die Jesuanische Drohbotschaft nicht ernst nahmen.

– sein Verhalten gegenüber Heiden. Auch von ihnen hatte Jesus keine sehr hohe Meinung. Ihm ging es auch gar nicht um deren Bekehrung, seine Liebe scheint deren Erlösung *nicht* eingeschlossen zu haben: »Gehet nicht auf der Heiden Straße und zieht nicht in der Samariter Städte, sondern gehet hin zu den verlorenen Schafen aus dem Hause Israel.«[58] An einer Stelle meint Jesus sogar, die Nichtjuden »plappern«, wenn sie beten[59], und er dürfte *sie* gemeint haben, als er von »Hunden« und »Säuen« sprach: »Ihr sollt das Heiligtum nicht den Hunden geben, und eure Perlen sollt ihr nicht vor die Säue werfen.«[60] Als stolzer Israelit ging er sogar so weit, dem Gebot der Nächstenliebe eine nationale Grenze zu setzen: Als eine Nichtjüdin von ihm Heilung für ihre kranke Tochter erfleht, hört sie aus seinem Munde diese bitteren Worte: »Füttern wir erst die Kinder; es ist nicht fein, den Kindern das Brot zu nehmen und es den Hunden vorzuwerfen.«[61] Erst als sich die Frau erniedrigt und sich mit den Hunden vergleicht, die »von den Krumen der Kinder« essen, hatte Jesus Erbarmen.[62] Sie mußte sich also unwürdig-unterwürfig, eben *hündisch*, verhalten, damit der *Menschensohn* sich ihrer erbarmte.

Im Gegensatz dazu findet sich meines Wissens in den rabbinischen Texten der damaligen Zeit *kein* Verbot, Nichtjuden zu helfen. Die von Jesus faktisch geübte Feindesliebe, die über die Nächstenliebe noch hinausgehen soll, war also weit weniger beeindruckend als die Forderungen, die er an andere stellte. Auch Sünder (und wer ist bei dem sogleich zu Zitierenden *kein* Sünder?) scheint die angeblich vorbildliche Feindesliebe Jesu nicht zu umfassen: »Geht von mir, Verfluchte, in das ewige Feuer [...]! Denn mich hungerte, und ihr gabt mir nicht zu essen; mich dürstete, und ihr gabt mir nicht zu trinken; ich war Fremdling, und ihr nahmt mich nicht auf [...] Und diese werden hingehen in die ewige Pein, die Gerechten aber in das ewige Leben.«[63] Wenn alles das schon ausreicht, um ins ewige Feuer zu gehen, dann werden es im Himmel wahrlich wenige sein.

5. Die Historizität der Bergpredigt, sofern man darunter eine tatsächlich von Jesus gehaltene, abgeschlossene Rede versteht, ist sehr umstritten. Wahrscheinlich ist sie eine vom Evangelisten aus kursierenden Jesusworten zusammengestellte Ansprache. Ausführlich wird sie nur von Matthäus berichtet, bei Lukas ist sie stark gekürzt, bei Markus und Johannes fehlt sie überhaupt. Man sollte meinen, daß die Bergpredigt bei den Evangelisten größere Beachtung gefunden haben müßte, wenn sie für das Verständnis der Person und der Botschaft Jesu tatsächlich so wichtig wäre (wie die allermeisten modernen Christen glauben). Aber nicht nur schweigen sich die einen über eine vermeintliche Bergpredigt mit dem darin u. a. aufgestellten Gebot der Feindesliebe aus, sondern Markus hebt ausdrücklich nur die Nächstenliebe hervor. In einer Diskussion bekennen sich der markinische Jesus und ein Schriftgelehrter übereinstimmend zur Nächstenliebe, nicht aber zur Feindesliebe.[64]

Aber sind wir damit nicht doch zu jenem Punkt zurückgekehrt, der *trotz allem* die Jesuanische Ethik zur hervorragendsten macht, nämlich bei der Forderung nach Feindesliebe? Selbst dieses Gebot indessen kann, von Meinungsverschiedenheiten unter den Evangelisten einmal abgesehen, kaum überzeugen. Denn zum einen ist es zu eng (nichtmenschliches Leben wird zumindest nicht explizit eingeschlossen), und zum anderen ist es zu weit, da für die meisten Menschen schlichtweg unerreichbar: Wer kann denn schon die Feinde, die einen erniedrigt, entwürdigt, im Selbstwert verletzt haben, *lieben*? Derjenige, der von Menschen Unerreichbares fordert, erzeugt bloß Schuldgefühle und macht die Moral zu einem Phantasiegebilde anstatt zu etwas, dessen Befolgung die Menschen ernsthaft anstreben und voneinander verlangen können. An einem Kanon unerreichbarer Tugenden, etwa der Forderung, selbst die Feinde *zu lieben*, verzweifeln die meisten. Fordern allein genügt nicht. Wäre unser Empfinden auf diese Weise nachhaltig beeinflußbar, so müßten alle Christen angesichts der Frohbotschaft kreuzfidele Wesen sein, was sie offenbar nicht sind.

6. Die Forderung: »Das *gebiete* ich euch, daß ihr einander liebt!«[65] ist noch aus einem anderen Grund unsinnig. Sie schafft nämlich einen emotionalen Einheitsbrei, in dem die verschiedensten Zwischentöne menschlicher Zuneigung untergehen. Denn eine so universelle Liebe ist gegenüber jenen, die uns *wirklich* wohlgesinnt sind, ungerecht. Daher ist es gar nicht wünschenswert, die Feinde zu lieben, was freilich *nicht* impliziert, daß man den Wunsch, sie zu vernichten, kultivieren sollte. Aber zwischen »lieben« und »vernichten« gibt es ein sehr breites, für Anhänger Jesu aber wohl eher laues Spektrum an Möglichkeiten. Viel sinnvoller als die Forderung, die Feinde zu lieben, ist die Forderung, sich einmal ehrlich zu fragen, ob nicht auch in deren Vorwürfen ein Körnchen Wahrheit steckt. Leider hat der Mensch »eine wahre Wollust darin, sich durch übertriebene Ansprüche zu vergewaltigen und dieses tyrannisch fordernde Etwas [...] nachher zu vergöttern. In jeder asketischen Moral betet der Mensch einen Teil von sich als Gott an und hat dazu nöthig, den übrigen Teil zu diabolisiren«; hierher gehört »die ganze Moral der Bergpredigt«[66].

7. Zudem wird bei den Jesuanischen Forderungen nicht bedacht, daß es verschiedenster Voraussetzungen bedarf, damit Menschen überhaupt ein Mitgefühl entwickeln können. Beim Nazarener finden sich außer »Bete und bitte!« kaum Hinweise, wohl aber etwa bei

Schopenhauer, der in seiner Mitleidsethik so argumentierte: Indem wir verstehen lernen, daß überall der gleiche Wille zum Leben herrscht, ist eine Basis geschaffen, den subjektiven Willen, dessen Interesse stets partikulär ist, zumindest gelegentlich zu verneinen. Durch Willensverneinung entsteht Mitleid, Menschenfreundlichkeit und Achtung gegenüber anderen Lebewesen. Nur vor dem Hintergrund solcher oder ähnlicher Überlegungen entsteht Respekt: Betrachte andere nicht nach Stand und Würde, denn dies weckt Gefühle des Hasses und der Verachtung, sondern betrachte ihre Leiden, ihre Nöte, ihre Ängste, ihre Schmerzen! Dann wird man das eigene Wesen im fremden wiedererkennen, sich mit anderen verwandt fühlen, mit ihnen sympathisieren und Mitleid empfinden.

Das Wissen um diese Hilflosigkeit der Menschen, um die Tatsache, daß wir alle Mängelwesen sind, kann Mitgefühle aufkommen lassen. Aber Jesus ist, zumindest in den uns heute noch verfügbaren Quellen, über Forderungen nicht hinausgekommen, die er überdies in höchst zweifelhafter Weise begründete und selbst nur sehr bedingt in die Tat umsetzte. Aber wenn man nicht bloß predigen, sondern sich über die menschliche Situation ernsthaft Gedanken machen will, dann muß man sich auch überlegen, welche Bedingungen notwendig sind, damit Menschen imstande werden, bestimmte Forderungen zu realisieren, und was sie daran hindert, es *nicht* zu tun.[67] Ohne derartige Überlegungen sind gerade schönklingende Gebote besonders unterdrückend, heuchlerisch und nichts anderes als subtile Formen der Erpressung. Es ist wohl kein Zufall, daß dem nun schon fast zweitausend Jahre währenden Großversuch zur Vermehrung von Liebesgefühlen Millionen Unschuldige zum Opfer gefallen sind.

Menschen, die nicht aus Einsicht, sondern aus Pflicht mitfühlend und nächstenliebend sind, sind bloße Diener. Manchmal sind sie einfach farblos, häufig sind sie jedoch schlimme Tyrannen. Viele Missionare sind Menschen, die vor anderen Kulturen wenig Respekt haben; sie sind Despoten, denen kaum beizukommen ist, da die Institutionen, denen sie angehören, sie vor der unwissenden oder sich dumm stellenden Welt schützen. Aber viel eher denn im

Wunsch, anderen Menschen eine Religion aufzubürden, äußert sich Nächstenliebe in der Bereitschaft, mit anderen ernsthaft zu kommunizieren. Wer zu solch vertrautem Umgang nicht fähig oder bereit ist, sollte keinesfalls als »Entwicklungshelfer« in ein fremdes Land gehen. Viel wichtiger, als einander zu belehren oder zu dienen, ist es, einander verstehen und gefallen zu wollen.

8. In vielen sogenannten linkskatholischen Kreisen gilt Jesus als Sozialreformer. Tatsächlich wird im Neuen Testament das Streben nach irdischen Gütern kritisiert und der Reichtum verdammt. Die berühmteste Stelle lautet: »Es ist leichter, daß ein Kamel durch ein Nadelöhr gehe, als daß ein Reicher ins Reich Gottes komme.«[68] Dennoch war Jesus kein Verfechter eines sozialen Gleichheitsgrundsatzes, da ihm nicht die gerechte irdische Gesellschaft, sondern das jenseitige Heil der Menschen am Herzen lag. Dies läßt sich an zwei Punkten verdeutlichen:

a) Das Verhalten Jesu gegenüber den Reichen war keineswegs eindeutig. Derselbe Jesus, der von dem reichen Jüngling forderte, daß er alles verkaufe, verlangt dies keineswegs von dem korrupten Oberzöllner Zachäus, bei dem eine solche Forderung vielleicht angebrachter gewesen wäre.[69] Derselbe Jesus, der seine Jünger ermahnte, ihren Besitz den Armen zu geben, ließ sich selbst mit kostbarstem Nardenöl salben, und als Judas einwarf, daß es besser wäre, das Geld den Armen zu geben, erfährt er von höchster Stelle eine schlimme Abfuhr: »Die Armen habt ihr allezeit bei euch, mich aber habt ihr nicht allezeit.«[70] *Das* könnten freilich alle Reiche jederzeit sagen.

b) Das Gleichnis von den Arbeitern im Weinberg macht deutlich, daß soziale Gerechtigkeit Jesus wenig interessierte. Denn der Besitzer entlohnt alle gleich, obwohl die einen schon seit dem frühen Morgen geschuftet haben und die anderen erst nachmittags zur Arbeit erschienen sind.[71] In einem anderen Gleichnis redet Jesus wie ein zynischer Kapitalist. »Ich ernte, wo ich nicht gesät, und sammle, wo ich nicht ausgestreut habe.«[72] Und endgültig unerträglich ist dies: »Jesus sprach zu den Dabeistehenden: Nehmt das Pfund von ihm und gebt es dem, der die zehn Pfunde hat. Und sie sprachen zu ihm: Herr, er hat ja schon zehn Pfunde! Ich sage euch aber: Wer da hat, dem wird gegeben werden; von dem aber, der nicht hat, wird auch genommen werden, was er hat. Doch jene meine Feinde, die nicht wollten, daß ich über sie König würde, bringt her und erschlaget sie vor mir.«[73] Wie sollte aus derartigem Seelenmüll eine Soziallehre herleitbar sein?

9. Viele Worte Jesu sind nur vor dem Hintergrund seiner Naherwartung des Gottesreiches zu verstehen. Wenn man überzeugt ist, daß das Ende der Welt naht, dann ist es durchaus konsequent, sich um die Dinge dieser Welt nicht zu kümmern beziehungsweise sich dafür keine klaren Richtlinien auszudenken. So ist auch das Folgende keine Offenbarung göttlicher Weisheit: Wenn es auf dasselbe hinausläuft, ob man die Ehe bricht oder eine Frau begehrlich ansieht, dann wird *ein* Fundament der Sittlichkeit geleugnet, nämlich der entscheidende Unterschied zwischen Impuls und Tat. Wer das Unglück hat, das Verlangen zu einer bösen Tat zu verspüren, hat nun keinen Grund mehr, sie *nicht* auszuführen, besteht doch laut Jesus zwischen Impuls und Tat kein Unterschied. Religiosität zerstört hier Moralität. Es ist, gerade auch in konservativen Kreisen, Mode geworden, zur Bergpredigt ein Lippenbekenntnis abzulegen und zugleich in jenen Riesenindustrien zu arbeiten (oder ihr Kunde zu sein), die systematisch bemüht sind, die Häufigkeit begehrlicher Blicke zu steigern. Es fällt nicht leicht, diese Heuchelei zu überbieten.

10. Ein soziales Reformprogramm läßt sich, entgegen landläufiger Meinung, aus der Bergpredigt kaum ableiten. Wohl zu idyllisch, wenn nicht gar ausgesprochen unverantwortlich wäre der Traum, daß bei genügend Gottvertrauen die Probleme von bald sechs Milliarden Menschen sich von selbst lösen würden und Gott für alle Bedürfnisse sorgen werde, so, wie er es angeblich »für die Blumen auf dem Felde und für die Vögel unter dem Himmel tut« – allzu groß ist im übrigen auch diese Sorge nicht, wenn man bedenkt, daß alle zehn Minuten eine Pflanzen- oder Tierart ausstirbt.

Selbstverständlich gab es auch vor zweitausend Jahren genug der Dinge, die die Aufmerksamkeit und die Sorge Jesu verdient hätten: die Situation der Sklaven, der Mühseligen und Beladenen, diese schlimmste Form der Ausbeutung. Aber anstatt Sklaven zu ermutigen, sich für ihre Interessen einzusetzen und gegen ihre Peiniger aufzustehen, wird ihnen zugerufen, sich mit ihrem irdischen Los abzufinden; *sie werden in ihrem elenden Zustand seliggesprochen.* Aber die Abschaffung der Sklaverei wäre wohl der erste Schritt zur Einleitung eines sozialen Programms. Ist man hingegen überzeugt, daß das Ende naht, so gibt es wenig Gründe, Energien zu verschwenden, um das ohnehin zum Untergang verdammte irdische Dasein zu verbessern. Viel vernünftiger ist die Forderung: Habt euer künftiges Seelenheil im Auge und »gebt dem Kaiser, was des Kaisers ist«[74]. Aber ein Spruch wie dieser bedeutete zur damaligen Zeit nichts anderes als die Rechtfertigung einer Sklavenhaltergesellschaft. Selbst Kaiser Augustus, der vielerorts Glorifizierte, soll einen Sklaven haben kreuzigen lassen, weil dieser seine Lieblingswachtel getötet und gegessen hatte.

Zwar wird menschliche Freiheit als ein überragendes Gut behauptet, sobald es darum geht, Gott zu entlasten, aber ansonsten ist Freiheit kein allzu großes Gut; viel häufiger geht es um Unterordnung unter die *eine* übergeordnete Autorität und ihre Vertreter auf Erden. Mit dem Hinweis, daß das Christentum den Sklaven ohnedies *religiöse* Gleichstellung gebracht habe, wurde im christlichen Zeitalter der Menschheit die Sklaverei nicht beseitigt. *Ein* Beispiel möge für viele stehen: »Selbst der berühmte hl. Martin von Tours, Schutzpatron Frankreichs und Patron der Gänsezucht, der noch als Soldat, wer wüßte es nicht, einem nackten Bettler [...] seinen halben Mantel schenkte (warum nicht den ganzen?), hat als Bischof [...] dann 20 000 Sklaven gehalten – wer wüßte es!«[75] Die Sklaven und die Armen teilen mit den Reichen den Himmel, nicht aber die Welt. In ihren besten Zeiten gab die Kirche vor, alles mit Bettlern zu teilen, und hat doch fast alle zu Bettlern gemacht. Als Ausgleich durfte dann die Herde am Gottesdienst teilnehmen, geistliche Lieder singen und kostenlos das Abendmahl empfangen.

Die Tatsache, daß die Gesellschaft in Herren und Sklaven eingeteilt ist, hat Jesus nicht als besonders anstößig empfunden. Im folgenden Gleichnis wird das Verhältnis von Herr und Sklave sogar ausdrücklich als Vorbild für das Verhältnis des Menschen zu Gott dargestellt: »Wenn einer von euch einen Sklaven hat, der pflügt oder das Vieh hütet, wird er etwa zu ihm, wenn er vom Feld kommt, sagen: ›Nimm gleich Platz zum Essen‹? Wird er nicht vielmehr zu ihm sagen: ›Mach mir etwas zu essen, gürte dich und bediene mich; wenn ich gegessen und getrunken habe, kannst auch du essen und trinken.‹ Bedankt er sich etwa bei dem Sklaven, weil er getan hat, was ihm befohlen wurde? *So soll es auch bei euch sein:* Wenn ihr alles getan habt, was euch befohlen wurde, sollt ihr sagen: ›Wir sind unnütze Sklaven; wir haben nur unsere Schuldigkeit getan.‹ «[76] Angesichts solcher Herrenworte überrascht es nicht, daß Christenmenschen sich oft wie Sklaven aufführen und, als Ausgleich für diese Verletzung ihres Selbstwertgefühls, sich dann rächen, wenn sie die Macht dazu haben.

In diesem Gleichnis Jesu und noch ausgeprägter in den Briefen des Paulus wird die Beziehung des Sklaven zu seinem Herrn als Modell für die Beziehung des Menschen zu Gott verwendet.[77] Die Leiden der Sklaven werden salbungsvoll ins Geistige erhöht, sie werden seliggesprochen, aber der Skandal, daß es auf Erden Sklavenhalter gibt, wird vergessen. Weder Jesus noch Paulus, noch die urchristliche Kirche, noch das mittelalterliche Christentum, noch Luther haben das *Recht* aller auf ein die humanen Bedürfnisse respektierendes, erfülltes und freies Leben anerkannt; an deren Elend vorbei schwindelten sie sich zum Gottesdienst. Man braucht an dieser Stelle vielleicht nur an den Ausspruch Jesu zu erinnern, daß es besser sei, »als Krüppel« zu leben und in den Himmel einzugehen, »als daß du zwei Hände habest und fahrest in die Hölle, in das ewige Feuer« (Markus 9, 43).

Angesichts solcher Passagen ist das Bild, das sich heute große Teile der Öffentlichkeit vom Helden des Christentums machen, völlig grotesk. Es ist weitgehend von zwei Aussprüchen bestimmt: »Wer unter euch ohne Sünde ist, der werfe den ersten Stein« und »Vater vergib ihnen, denn sie wissen nicht, was sie tun«.[78] *Aber beide Aussprüche fehlen in den ältesten und wichtigsten Handschriften!* Weil Jesus an einer gerechten diesseitigen Gesellschaft nicht interessiert war, mußten die allermeisten Errungenschaften einer zivilisierteren, demokratischen Gesellschaft *gegen* die christlichen Kirchen durchgesetzt werden. Jesus und die Evangelien sind, um diesen

Punkt zusammenzufassen, »an der sozialen Ungerechtigkeit an sich nicht interessiert: sie stellen den Himmel und das ewige Feuer in den Mittelpunkt«.[79]

11. Bemerkenswerterweise wird *Liebe*, obwohl angeblich so zentral für die Lehre Jesu, in den Evangelien kaum näher bestimmt. Aber »Liebe« ist der Name für eine sehr komplexe, erklärungsbedürftige Empfindung, die Dinge einschließt wie Erinnerungen, Assoziationen, Phantasien, sympathetische Anteilnahme, die Freude am Anderssein, die Aufgabe von Besitzansprüchen und von Konventionen in der Freiheit der Intimität. Und es gibt nicht nur diese Form der Liebe. Es gibt die Liebe der Eltern zu ihrem behinderten Kind, der Großeltern zu ihren Enkeln, der Vertriebenen zu dem Land, in dem sie geboren wurden, der Künstler zu ihrem Werk, der Menschen zu sich selbst, der Nonnen zu Christus, der Philosophen zur Wahrheit.

Alle diese Dinge bedürfen in einer Liebesethik der Klärung, aber Jesus gab nur einen einzigen deutlicheren Hinweis: »Das ist mein Gebot, daß ihr einander liebet, wie ich euch geliebt habe. Eine größere Liebe hat niemand als die, daß er sein Leben hingibt für seine Freunde. *Ihr* seid meine Freunde, wenn ihr tut, was ich euch auftrage.«[80]

Zum einen überrascht, daß nur diejenigen Freunde Jesu sind, die gehorchen; und zum anderen überrascht, daß derjenige am meisten lieben soll, der sein Leben für seine Freunde gibt. Aber ist nicht die Liebe desjenigen größer, der auch für jene stirbt, die nicht bloß das tun, was von ihnen verlangt wurde? Und ist nicht die Liebe eines Bodhisattva ungleich größer, der erlaubt, immer und immer wiedergeboren zu werden, also nicht nur für einige Stunden zu leiden, sondern so lange, bis *alle* Lebewesen, nicht nur die Freunde, nicht nur die Menschen, erlöst sind? Zudem ist Liebe zumeist etwas ganz anderes als Selbstaufopferung für Freunde, obgleich diese ein besonderes Zeichen für Liebe sein *kann*. Aber ein Mensch, der bereit ist, sich stets für seine Freunde aufzuopfern, zerstört das Glück der meisten, ausgenommen vielleicht sein eigenes, im Grunde recht erbärmliches Glück. Liebe ist mehr als Selbstaufopferung, die im übrigen von allen Machthabern zur Verfolgung ihrer inhumanen Ziele gefordert wird. Liebe ist zumindest die Bereitschaft zu vertrautem Umgang mit anderen Lebewesen. Im ersten Korintherbrief, Kapitel 13, werden einige interessante Dinge genannt, aber es ist wohl nicht Liebe, wenn man sich mit der Absicht erniedrigt, schließlich erhöht zu werden.[81]

Ich fasse kurz zusammen: Wenn zumindest wesentliche Teile meiner Ausführungen richtig waren, dann folgt daraus, daß die Jesuanische Ethik nicht vorbildlich ist. Trotz einiger bemerkenswerter Sinnsprüche (die sich allerdings auch anderswo finden) war Jesus keine Idealgestalt. Von einem speziellen Gottesglauben und Sendungsbewußtsein erfüllt, glaubte er, daß ihm fast alles erlaubt sei. Vor fremdem Eigentum zeigte er deshalb wenig Respekt und wurde, als er die Händler aus dem Tempel warf und ihre für die verschiedenen Riten unerläßlichen Gegenstände umstieß, sogar physisch gewalttätig.[82] Wie die ständigen Drohungen mit Finsternis und ewigem Feuer zeigen, war Jesus überdies gehässig, rachsüchtig und grausam, und seine Einteilung der Menschen in Böcke und Schafe erfolgt danach, ob sie seine Anhänger sind oder nicht: »Wenn jemand nicht in mir bleibt, der wird weggeworfen wie eine Rebe und verdorret, und man sammelt sie und wirft sie ins Feuer, und sie müssen brennen.« (Johannes 15, 6). Jemand, der solches über die Lippen brachte, hat wohl nicht zum Wohl seiner Mitmenschen gelebt.[83]

Dieter Birnbacher

Das Dilemma der christlichen Ethik

Das Vorurteil ist schwer zu erschüttern, nach dem zwischen religiösem Glauben und Ethik eine besondere und enge Verbindung besteht. Auch bei schrumpfender Anhängerschaft gelten die christlichen Kirchen hierzulande weiterhin als Hort höherer und anspruchsvollerer moralischer Werte und als Garanten der Unverführbarkeit durch totalitäre, insbesondere faschistische Ideologien. Gläubige Christen werden zwar zunehmend als Ewiggestrige belächelt, genießen aber weiterhin das Privileg, für ein bißchen bessere Menschen gehalten zu werden. Und noch vor nicht allzu langer Zeit konnte man sich kaum offen als Atheist ausweisen, ohne sich dem Verdacht der moralischen Libertinage auszusetzen.

Bei Lichte besehen haben religiöse Glaubensüberzeugungen und Moral wenig miteinander zu tun, sehr viel weniger jedenfalls als gemeinhin angenommen. Zwar wird der gläubige Christ möglicherweise seine religiösen und seine moralischen Überzeugungen, Einstellungen und Verhaltensbereitschaften als eine unauflösliche Einheit sehen und dann vielleicht schon die rein gedankliche Trennung zwischen Religion und Moral als künstlich ablehnen. Aber das ändert nichts daran, daß der Sache nach die Sphären der Religion und der Moral voneinander getrennt sind: Religiöse Überzeugungen sind (zumindest im Rahmen theistischer Religionen) *deskriptiver* Art – Überzeugungen über die Existenz und die Natur Gottes, über die Stellung des Menschen in der Welt und zu Gott, über Gottes vergangenes und zukünftiges Handeln usw., während es die Ethik im wesentlichen mit *axiologischen* und *normativen* Überzeugungen zu tun hat, das heißt, mit Überzeugungen darüber, was wertvoll, welche Art von Leben erstrebenswert ist und welche Ziele wir handelnd verwirklichen sollten. Die theologische Ethik muß in irgendeiner Weise von Überzeugungen der ersten, deskriptiven Art zu Überzeugungen der zweiten, normativen Art übergehen; ihr Dilemma besteht genau darin, daß Ausgangspunkt und Ziel nicht zueinander passen: Auf der einen Seite muß sie ihren Ausgang von bestimmten *partikulären*, mit alternativen Vorstellungen konkurrierenden religiösen Überzeugungen nehmen, auf der anderen Seite muß sie – sofern sie nicht nur als *Sonderethik* gelten will, die Verbindlichkeit nur für die Angehörigen der jeweiligen Konfession beansprucht – daraus Wert- und Normaussagen mit *universalem* Geltungsanspruch herleiten. Man kann aber nicht beides zugleich haben. Je theologischer die Begründung für eine Norm ausfällt, desto schlechter steht es um ihren Anspruch auf universale Verbindlichkeit, und je mehr Verbindlichkeit eine Norm beansprucht, desto weniger darf sie theologisch begründet sein. Je mehr der theologische Ethiker Theologe bleibt, desto stärker muß er den Geltungsbereich seiner Überlegungen auf die Angehörigen partikulärer Gruppen einschränken. Je mehr er sich andererseits als Ethiker mit Allgemeingültigkeitsanspruch äußert, desto unklarer ist, was ihn – abgesehen von persönlichen Loyalitäten und institutionellen Einbindungen – von einem philosophischen Ethiker unterscheidet.

Warum funktioniert eine theologische Begründung moralischer Normen nicht? Moralische Normen müssen sich im Prinzip jedem Verständigen einsichtig machen lassen, wenn sie begründet beanspruchen wollen, diesem vorzuschreiben, wie er sich zu verhalten und wie er sich nicht zu verhalten hat. Sie dürfen daher auf keine Voraussetzungen zurückgreifen, von denen von vornherein klar ist, daß sie nur von einem Bruchteil der Verständigen – etwa den Angehörigen einer bestimmten Religion oder Konfession – akzeptiert, nachvollzogen oder verstanden werden. Moralische Normen, die für Christen gelten, müssen auch für Muslime und Atheisten gelten und für alle gleichermaßen einsehbar sein.

Diesen Anforderungen werden religiöse Überzeugungen – und insbesondere theistische Überzeugungen – nicht gerecht. Ihre Wahrheit ist *nicht* jedem einsichtig zu machen, und es gibt viele, die auf religiösem Gebiet schlicht »unmusikalisch« sind, ohne daß sie deshalb insgesamt kognitiv beeinträchtigt wären. Die Mehrzahl aller Religionssysteme fußt auf Glaubensannahmen, die nach den in Wissenschaft und Alltagsleben üblichen Rationalitätsstandards fragwürdig sind – entweder weil sie offen oder verdeckt widersprüchlich, mit der Erfahrung nicht in Einklang zu bringen oder durch sie in keiner Weise fundiert sind. Theistische Religionen sind dieser Kritik in besonderem Maße ausgesetzt, denn ihr ausgeprägt anthropomorphes Gottesbild hat zu offensichtlich projektiven Charakter, als daß ihnen auch nur eine wie immer kleine Anfangsplausibilität zuzubilligen wäre. Andererseits kann aber gerade eine theologische Moralbegründung auf das »Wunder des Theismus«[1] und seine anthropomorphisierende Redeweise von »Willen«, »Wort« oder »Geboten« Gottes nicht verzichten: Ein moralischer Gesetzgeber ist nur als Person (allenfalls als Gruppe von Personen) denkbar. Wozu soll uns auch ein Gott verpflichten können, der keine wie immer geartete Person ist, sondern ein philosophisches Prinzip, eine Urkraft oder eine Weltformel?

Wenn aber die Idee einer körperlosen, überweltlichen und womöglich überzeitlichen göttlichen Person schon unter kognitiven Gesichtspunkten kaum zu akzeptieren ist, ist ausgeschlossen, daß eine moralische Norm dadurch akzeptabler wird, daß sie ihre Geltung aus dem vermeintlichen Willen eines solchen Gottes herleitet. Im Gegenteil: In demselben Maße, in dem sie ihre Überzeugungskraft statt aus der inneren Plausibilität der von ihr gesetzten und vorausgesetzten Werte aus derart dubiosen Quellen bezieht, wird ihr Geltungsanspruch eher geschwächt als verstärkt.

Das ist nicht das einzige, was religiöse und insbesondere theistische Überzeugungen für die Begründung moralischer Normen ungeeignet erscheinen läßt. Ein weiterer Grund für ihre Untauglichkeit ist die für sie charakteristische *Heteronomie*. Religiöse Argumentationen berufen sich in der Regel auf *Autoritäten*, sei es die des Wortes Gottes, die der »Stimme« des Gewissens (sofern sie als Manifestation Gottes gedeutet wird), die quasigöttlicher Personen wie (im Christentum) der Person Jesu oder die religiöser Institutionen und Traditionen. Moralische Richtigkeit läßt sich aber – unabhängig davon, ob es sich dabei um religiöse oder weltliche Autoritäten handelt – grundsätzlich nicht aus Autoritäten begründen. Die Berufung auf einen göttlichen Gesetzgeber ersetzt die Angabe von Vernunft- und Erfahrungsgründen ebensowenig wie die Berufung auf eine bestimmte kulturelle Tradition. Sie kann – als Objektivierung vorangegangener Problemlösungsversuche – der jeweils autonomen Normenfindung allenfalls als ethische *Heuristik* dienen.

Der Grund dafür liegt in der Unterscheidung zwischen begründeter und unbegründeter Autorität. Einer begründeten Autorität (wie dem Urteil eines ausgewiesenen Experten) zu folgen ist in dem Maße vernünftig, in dem sie sich tatsächlich – durch die Erfahrung – als gut begründet erwiesen hat und man sich über ihre Kompetenz keine Illusionen macht. Im Rahmen einer religiösen Moralbegründung kann es jedoch für die Glaubwürdigkeit des Willens Gottes keine unabhängigen, zumindest keine *moralischen* Begründungen geben. Denn wenn moralische Normen ihre Verbindlichkeit erst durch den Willen Gottes erhalten, läßt sich dieser nicht seinerseits mit moralischen Kriterien für seine Glaubwürdigkeit und Akzeptabilität beurteilen. Wenn der Maßstab der moralischen Autorität erst durch die freie Gesetzgebung Gottes geschaffen wird, kann er nicht seinerseits dazu dienen, die Autorität des Gesetzgebers zu begründen. Wenn die Geltung moralischer Maßstäbe ausschließlich darauf beruht, daß Gott sie so gewollt hat, muß die Autorität des göttlichen Willens vorgängig zu den Inhalten seines Willens anerkannt sein. Läßt sich die Anerkennung der göttlichen Autorität aber nicht aus den Folgen ihrer Anerkennung rechtfertigen, ist nicht zu sehen, wie sie sich anders rechtfertigen lassen soll: Insbesondere wenn Gott – wie in der monotheistischen Tradition – zugleich als Schöpfer dieser Welt gedacht wird, wird er durch deren Unvollkommenheit als Gesetzgeber insgesamt eher disqualifiziert.

Eine weitere Schwierigkeit kommt hinzu. Eine religiöse Moralbegründung, die sich wesentlich auf das »Wort« oder die »Gebote« Gottes beruft, findet diese in den jeweils heiligen Texten nur selten in eindeutiger Gestalt vor. Das von Gott Gewollte muß vielmehr erst durch Interpretation fixiert werden. Zumal die christlichen Quellen weisen eine derartige Vielfalt unterschiedlicher und wechselseitig unvereinbarer Gottesbilder auf (Gott als eifersüchtiger Tyrann, als gerechter Richter, als barmherziger Vater), daß jede Aussage darüber, welches Verhalten Gott von den Menschen erwartet, Ergebnis eines prekären Auslegungs- und Selektionsprozesses ist. Faktisch hängt das, was der Theologe als vermeintliches »Gotteswort« in die ethische Debatte einbringt, davon ab, was er höchstpersönlich für zeitgemäß hält. Da die Bibel nicht nur die Bergpredigt mit der Aufforderung zur Feindesliebe, sondern auch die Bücher Samuel mit der Aufforderung zum Völkermord enthält, ist es kein Wunder, daß sie sich auf pazifistischen Kundgebungen ebensogut zitieren läßt wie in Feldgottesdiensten auf Vernichtungsfeldzügen: Gott will jeweils das, was an der Tagesordnung ist – mit dem feinen Unterschied, daß der theologische Ethiker, indem er vorgibt, das Gotteswort »nur auszulegen«, sich leichter als der philosophische Ethiker davon dispensieren kann, die eigene Wertung zu verantworten. In diesem Sinne hat schon Kant vor der Gefahr der Willkür in der Herleitung von Richtig und Falsch aus voreingenommenen Gottesvorstellungen gewarnt: »Der Anthropomorphismus, der in der theoretischen Vorstellung von Gott und seinem Wesen den Menschen kaum zu vermeiden, übrigens aber doch (wenn er nur nicht auf Pflichtbegriffe einfließt) auch unschuldig genug ist, der ist in Ansehung unseres praktischen Verhältnisses zu seinem Willen und für unsere Moralität selbst höchst gefährlich; denn da *machen wir uns einen Gott*, wie wir ihn am leichtesten zu unserem Vorteil gewinnen zu können und der beschwerlichen ununterbrochenen Bemühung, auf das Innerste unserer moralischen Gesinnung zu wirken, überhoben zu werden glauben.« (*Die Religion innerhalb der Grenzen der bloßen Vernunft*, IV, § 1)

Nur daß dies nicht nur für den *Vorteil* gilt, den Kant hier – im Vertrauen auf die Existenz einer einziggültigen, objektiv wahren Moral – der »moralischen Gesinnung« entgegensetzt, sondern auch für die jeweils individuelle Moral. Wenn gilt, was Alfons Auer, einer der einflußreichsten gegenwärtigen Vertreter einer »autonomen Moral« innerhalb der katholischen Moraltheologie, sagt: daß nur »respektvolle Zeitgenossenschaft [...] den Theologen fähig und bereit [macht], die Wahrheit des Heils mit der Wahrheit der Welt fruchtbar ins Gemenge zu bringen und die christlichen Aussagen über den Menschen sinnvoll auf die jeweilige Gegenwart hin neu auszulegen«[2], dann ist damit der Willkür der Auslegung Tür und Tor geöffnet.

Bei den Schwierigkeiten, denen sich eine genuin religiöse Moralbegründung gegenübersieht, ist es nicht weiter überraschend, daß mehr und mehr theologische Ethiker an die Tradition des christlichen Naturrechts anknüpfen und sich um eine nicht mehr von Glaubensüberzeugungen abhängende »autonome« Moral bemühen. Von einer Herleitung moralischer Normen aus genuin religiösen Quellen ist bei den Vertretern dieser Richtung keine Rede mehr. Für die »autonome Moral« ist die Rolle der Theologie für die ethische Normfindung auf weniger als eine Nebenrolle geschrumpft: »Ein konkretes weltethisches Konzept [kann] mit theologischen Mitteln überhaupt nicht entwickelt werden [...] die Tatsache, daß christliche Theologie und Pädagogik dies getan haben und immer noch tun, ist kein Argument dagegen.«[3]

Normenbegründung ist damit zu einem rein rationalen Unternehmen geworden. Allenfalls sollen die gewonnenen Werte und Normen in einen religiösen Sinnhorizont eingebettet oder mit zusätzlichen religiösen Motiven der Normbefolgung versehen werden. Das Pathos, mit dem diese »Einbettung« beschworen wird, kann jedoch nicht darüber hinwegtäuschen, daß die religiösen Elemente zu bloßem Beiwerk, zu »Stimulantien« geworden sind: »Der christliche Sinnhorizont stellt nicht nur für das konkrete ethische Handeln neue Motivationen bereit, sondern bringt in den Prozeß der Herausbildung ethischer Orientierungen und Normierungen unablässig den kritischen und stimulierenden Effekt der Botschaft Jesu ein.«[4]

Damit werden theologische und säkulare Ethik nicht nur kommensurabel, sondern weitgehend auch ununterscheidbar: Es gibt nichts mehr, was die Arbeit des theologischen Ethikers von der eines säkularen Ethikers unterscheidet. In der Tat läßt sich vielen theologischen Ethikern mittlerweile ihre Herkunft kaum noch anmerken. Wie in den Zeiten des Marxismus-Leninismus werden die obligaten Loyalitätsbekundungen gegenüber der Ideologie bevorzugt in Präambeln und Anmerkungen versteckt. Katholische Moraltheologen und evangelische Sozialethiker nehmen zu ethischen Zeitfragen als reine Ethiker Stellung, und allenfalls die von ihnen bevorzugten normativen Positionen verraten ihren theologischen Hintergrund. In den USA bekommen theologische Ethiker seit einiger Zeit die Aufforderung zu hören: »Say something theological.«[5]

Von anderen wird, um ein letztes Stückchen christlicher Identität zu retten, dennoch immer wieder auf der Eigenständigkeit und Unverwechselbarkeit der christlichen Ethik bestanden. Gibt es ein solches »Proprium«? Da eine »autonome Moral« auf religiöse Moralbegründungen verzichtet, könnte sich dies allenfalls in bestimmten bevorzugten Norminhalten, in spezifisch christlichen Werten finden lassen. Gerade dort aber sucht man es vergebens. Es gibt keinen von theologischen Ethikern im Namen der »autonomen Moral« vertretenen normativen Inhalt, der nicht auch von säkularen Ethikern vertreten würde. Daß einige der Schlüsselbegriffe unserer ethischen Tradition sich *historisch* in engem Zusammenhang mit spezifisch christlichen Vorstellungen entwickelt haben, macht diese Begriffe nicht zu spezifisch christlichen und Theologen nicht zu deren privilegierten Interpreten. Mag etwa auch der Begriff der Menschenwürde erst im Zusammenhang mit der christlichen Vorstellung von der Gottebenbildlichkeit des Menschen (sowie der metaphysischen Anthropologie Kants) seine besondere Bedeutung erhalten haben, so haben doch deswegen Christen und Kantianer kein Privileg auf dessen aktualisierende Ausdeutung.

Viele der heute von christlichen Theologen stammenden Beiträge zur Ethik sind schon deshalb in keiner Weise spezifisch »christlich«, weil sie sich darauf beschränken, Selbstverständlichkeiten – nach dem »Durchlauferhitzer-Prinzip« – zu emotionalisieren. Mit emphatischen Leerformeln wie »Verantwortung«, »Humanität«, »Menschenwürde« oder »Gerechtigkeit« werden rhetorische Erfolge eingeheimst, ohne daß ernstlich darangegangen würde, diese Begriffe inhaltlich zu differenzieren und zu konkretisieren. Daß Verantwortung, Humanität, Menschenwürde und Gerechtigkeit ethisch zentrale Begriffe sind, ist ja nicht weiter strittig. Strittig sind ihre konkreten Inhalte, und da fängt das Geschäft der Ethik erst eigentlich an.

Aber auch da, wo sich die christlich-theologische Ethik auf Konkretionen einläßt, läßt sich ein Proprium nicht ausmachen. Charakteristisch ist allenfalls eine gewisse Gegnerschaft gegen den Utilitarismus (obwohl andererseits einige theologische Ansätze, wie etwa Joseph Fletchers Situationsethik[6], dem Utilitarismus nahekommen). Aber diese Vorbehalte gegen den Utilitarismus finden sich auch in den verschiedensten säkularen Richtungen der Ethik und verdanken sich weithin dem moralischen Common sense. Verbreitet unter theologischen Ethikern sind die Ablehnung des utilitaristischen Prinzips der gleichen Interessenberücksichtigung und ein Plädoyer für die privilegierte Berücksichtigung der Interessen der jeweils Schlechtestgestellten – quasi in Anlehnung an Matthäus 25, 40: »Was ihr getan habt einem unter diesen meinen geringsten Brüdern, das habt ihr mir getan.« Aber dieses Moment findet sich auch im »Unterschiedsprinzip« der Gerechtigkeitstheorie von John Rawls[7]. (Hier gibt es auch die – in krassem Gegensatz zu diesem Prinzip stehende – »speziesistische« Vernachlässigung der Interessen leidensfähiger Tiere gegenüber menschlichen Interessen, an der insbesondere viele katholische Ethiker festhalten.)

Ein vorrangiges Anliegen für die meisten christlichen Ethiker ist – im Gegensatz zum Utilitarismus – der Schutz menschlichen Lebens auch in seiner embryonalen und residualen Form, als Embryo, Fötus oder als irreversibel vegetative Existenz. Der protestantische Ethiker Paul Ramsey gehörte zu den ersten und einflußreichsten Kritikern der »verbrauchenden« Forschung an menschlichen Embryonen im Zuge der Entwicklung der In-vitro-Fertilisation.[8] Auf der anderen Seite gehen gerade einige christliche Ethiker wie Daniel Callahan[9] mit der Erlaubnis, nach Erreichen einer »natürlichen« Lebensspanne auf den Einsatz »außergewöhnlicher« lebensrettender Maßnahmen zu verzichten, irritierend freizügig um. Aber auch hier werden dieselben Positionen durchweg und teilweise mit denselben Begründungen von säkularen Ethikern und religiös nicht gebundenen Laienethikern vertreten. Das deutsche Embryonenschutzgesetz, das die Forschung an menschlichen Embryonen und umstrittene Fortpflanzungstechniken wie die Leihmutterschaft verbietet, wäre wohl auch ohne die nahezu geschlossene Ablehnung der neuen Verfahren durch die theologischen Ethiker Gesetz geworden. Ähnliches dürfte für die Abtreibung gelten, die auch ohne die Parteinahme der katholischen Ethiker umstritten wäre, auch wenn der Einfluß der christlichen Kirchen auf die Politik in Deutschland nicht unterschätzt werden darf. (In der Berichterstattung über die Anhörung des Sonderausschusses »Schutz des ungeborenen Lebens« des Deutschen Bundestags am 14. November 1991[10] werden als »ethische Sachverständige« bezeichnenderweise ausschließlich Vertreter der christlich-theologischen Ethik genannt.) Das Potentialitätsprinzip, auf das sich die meisten theologischen Stellungnahmen stützen, nach dem der befruchteten menschlichen Eizelle als potentieller menschlicher Person tendenziell dieselben Rechte wie der aktuellen Person zukommen, wird auch von vielen nichtchristlichen Ethikern für plausibel gehalten – mit dem einzigen Unterschied, daß diese es bei der Ableitung der Folgen für die Praxis noch häufiger als die Theologen an Konsequenz fehlen lassen.

Vom Utilitarismus setzen sich die theologischen Ethiker meistens auch durch das Festhalten an bestimmten folgenunabhängigen (deontologischen) Prinzipien der moralischen Handlungsbeurteilung ab, etwa Prinzipien der ausgleichenden Gerechtigkeit (»Sühne«) und der moralischen Differenzierung zwischen folgengleichem Handeln und Unterlassen. Aber auch damit gewinnt die christlich-theologische Ethik kein eigenständiges Profil. Im Gegenteil: Mit diesen ethischen Präferenzen steht sie der Common-sense-Moral näher als der in diesen Punkten radikalere Utilitarismus. Daß theologische Ethiker an diesen Prinzipien festhalten, läßt sich auch schlicht als Anpassung an landläufige vortheoretische Intuitionen deuten. Es ist jedenfalls auffällig, wie sehr sich die von theologischen Ethikern vertretenen und häufig als »christlich« definierten Positionen zwischen den nationalen »Ethikkulturen« unterscheiden. Während etwa in Deutschland die christlich-theologische Ethik die *passive* Sterbehilfe auf Verlangen durchweg für moralisch zulässig, die *aktive* jedoch, zumeist ohne nähere Begründung, aber in Übereinstimmung mit dem geltenden Recht, für moralisch unzulässig erklärt, wird diese von dem niederländischen Theologen Kuitert[11], in Übereinstimmung mit der niederländischen Praxis, gerechtfertigt.

Daß die Christlichkeit der christlichen Ethik *nichts* ausschließt – und deshalb auch nichts einschließt –, zeigen die in den letzten Jahren von theologischen Ethikern vorgelegten Ansätze zu einer christlichen *Umweltethik*. Das Dilemma der theologischen Ethik besteht auch hier wiederum darin, daß sie ihre Inhalte gänzlich oder weitgehend aus anderen als den in dieser Hinsicht nichts besonders ergiebigen christlichen Quellen und Traditionen bezieht, dennoch aber für das Resultat dieser Bemühungen eine spezifisch »christliche« Qualität reklamiert. So stellt Bernhard Irrgang in seiner *Christlichen Umweltethik*[12] bereits ganz zu Anfang klar, daß das spezifisch Christliche dieser Ethik weder in den Handlungsnormen noch in der Bewertung der Handlungsfolgen zu finden sei, sondern in einer spezifischen *Ethosform*: Das spezifisch Christliche soll sich weder in den normativen noch in den axiologischen Aspekten der postulierten Umweltethik finden, sondern in den für die praktische Umsetzung dieser Ethik geforderten Haltungen, Einstellungen und Gesinnungen. Ist damit das Christliche bereits aus dem Kern der Ethik verdrängt und in die Randbereiche verwiesen, gelingt es aber nicht einmal, diese Ethosform in irgendeiner Weise dingfest zu machen, geschweige denn als spezifisch christlich auszuweisen. (Hier zeigt sich wieder, daß der unter Theologen endemische »Kult der Undeutlichkeit«[13] nicht stilistisches Unvermögen ist, sondern zwangsläufige Folge eines in sich paradoxen Auftrags.) Zwar ist in diesem Kontext des öfteren von einem christlichen »Schöpfungsethos« die Rede, aber dieses ist offen für eine Vielzahl gegensätzlicher – und keineswegs spezifisch »christlicher« – Ausdeutungen. Der Schöpfungsbegriff läßt sich mit der physiozentrischen Vorstellung einer alles umgreifenden »Rechtsgemeinschaft der Natur«[14] ebenso gut und ebenso schlecht verbinden wie mit dem biozentrischen Pathos einer Gemeinschaft alles Lebendigen[15] und traditionelleren humanistisch-anthropozentrischen Konzeptionen[16]. Für den einen sind Kernkraftwerke Manifestationen der »Naturvergessenheit«[17], für den anderen eine von vielen legitimen Möglichkeiten der in der »evolutiven Vernunft« der Schöpfung angelegten »Ausweitung der technischen Welt«[18]. Von einem irgendwie *spezifisch* christlichen Schöpfungsethos kann keine Rede sein. Vielmehr wird durch die Vielfalt der Positionen nur Auers Feststellung bestätigt, daß »der Schöpfungsglaube allerdings keine Vorgabe an Wissen darüber [vermittelt], wie das Leben des einzelnen und die Geschichte im ganzen konkret zu gestalten sind. Der Glaubende muß genauso wie der Nichtglaubende und mit ihm zusammen nach optimalen Mitteln und Wegen sinnvoller und fruchtbarer Daseinsgestaltung suchen.«[19]

Man wird allerdings auch dieser selbstkritischen Diagnose nicht recht froh, sieht man, wie im selben Atemzug der Schöpfungsglaube zum Persilschein umfunktioniert wird, der dank seiner Inhaltsleere *jedem* möglichen Umweltverhalten die Gewißheit vermittelt, mit den Zwecken des Universums in Übereinstimmung zu sein: »Der Glaube an die Schöpfung versichert dem Menschen, daß er sich nicht täuscht, wenn er Vertrauen hat, und daß es ein Sinnzentrum aller Wirklichkeit gibt, von dem her alles Sein und Leben mit ihrer Existenz zugleich auch ihren Sinn und Wert empfangen.«[20]

Durch die Wendung zu einer »autonomen« Ethik, die – wie die philosophische Ethik – ihre Quellen »in einer reflektierten Erfahrung und in der Vernunft«[21] findet, büßt die theologische Ethik ihre Eigenständigkeit mehr oder weniger ein. Wird sie dafür zumindest die Schwierigkeiten los, die sich bei der religiösen Moralbegründung zeigten – die Interferenzen von rationaler ethischer Argumentation und nicht rational zu begründender Glaubensbasis? Nicht einmal das. Auf dem zweiten Horn des Dilemmas sitzt es sich letztlich nicht wesentlich bequemer als auf dem ersten.

Mag er sich faktisch auch als philosophischer Ethiker betätigen, bleibt der theologische Ethiker doch zugleich Theologe und damit bestimmten Glaubenswahrheiten verpflichtet – allen voran der Überzeugung von der Existenz Gottes in einem wörtlichen, nicht nur »symbolischen« Sinn. Nonkognitivistische Selbstdeutungen religiöser Überzeugungen, nach denen religiöse Aussagen keinen deskriptiven Wahrheitsanspruch erheben, sondern lediglich »Geschichten« zur Verlebendigung und Vermittlung bestimmter moralischer Maximen darstellen[22], stehen dem Theologen nicht ohne weiteres zur Verfügung: Man ist nicht schon dadurch Christ, daß man christliche Legenden zur Verdeutlichung eigener moralischer Positionen bevorzugt, und von einem christlich-theologischen Ethiker wird man mindestens erwarten dürfen, daß er Christ ist.

Sobald der Vertreter einer »autonomen Moral« die von ihm favorisierten moralischen Normen unabhängig von Glaubensüberzeugungen begründet, besteht zwischen Moral und Glaubenswahrheit keine prästabilierte Harmonie mehr. Die moralischen Wahrheiten, die der theologische Ethiker *als Ethiker* für gerechtfertigt hält, können mit den Glaubenswahrheiten, die er *als Theologe* akzeptiert, in Konflikt geraten. Da das moralisch Richtige nicht mehr definitorisch mit dem von Gott, Jesus oder der Kirche Gewollten oder Gebotenen gleichgesetzt wird, ist es eine offene Frage, ob dieses Wollen den autonom begründeten moralischen Kriterien genügt.

Und diese Frage ist wahrhaftig offen: Ich für meinen Teil sehe mich jedenfalls nicht in der Lage, die Gottesbilder oder das Jesusbild der Bibel mit meinen moralischen Kriterien vereinbar zu machen. Ein patriarchalischer Gott, der die von ihm geschaffenen Menschen erst sündig werden läßt, um sie dann dafür zu richten (oder, alternativ, zu begnadigen), kann ebensowenig als moralisch vorbildlich gelten wie ein Gottessohn, der im selben Atemzug die Feindesliebe predigt und denjenigen, die dieser so heroischen wie selbstzerstörerischen Norm nicht folgen wollen oder können, das »höllische Feuer« (Matthäus 5, 22) androht. Vor allem wird für eine solche Position das Theodizee-Problem unauflösbar. Wenn Gott der freie Schöpfer dieser Welt ist und die Welt also seinem Willen entspricht, wird durch die Normen einer autonom begründeten Ethik – sofern diese auch nur ein Minimum an kritischem Potential behält – ein Maßstab an die Welt angelegt, dem diese nicht oder nur unzureichend entspricht und dem deshalb auch der Wille Gottes nicht entsprechen kann. Der einzige Ausweg, der sich hier anbietet, ist die von John Stuart Mill[23] angedeutete Lösung, die Macht des weiterhin als vollkommen gut gedachten Gottes zu beschränken. Aber dann fragt sich, wieweit ein in seiner Macht beschränkter Gott imstande

ist, die für das Religiöse charakteristischen Gefühle von schlecht-
hinniger Abhängigkeit einzuflößen. Ein Ausweg aus dem Dilemma
der theologischen Ethik ist auch mit diesem Vorschlag nicht in
Sicht.

Franz Buggle · Edgar Dahl

»Denn sie wissen nicht, was sie tun.«

Der englische Moralphilosoph Richard Robinson erzählte einmal eine kleine Geschichte von einem Priester, der zu zwei moralisch untadeligen Atheisten sagte: »Ich verstehe euch Burschen nicht. Wenn ich nicht an Gott glaubte, würde ich mir ein tolles Leben machen.«[1] Es wird oft davon gesprochen, wie segensreich es sei, eine Religion zu haben: eine Religion, die dem Gläubigen verrät, woher er kommt und wohin er geht, die ihm sagt, was er zu tun und was er zu lassen hat. Eine solche Religion mag in der Tat recht hilfreich sein, kann sie dem Gläubigen doch Geborgenheit bieten, Trost spenden und Hoffnung geben, kurz: seinem Leben jenen allumfassenden Sinn verleihen, nach dem sich die meisten von uns so verzweifelt sehnen. Aber – und das deutet die schöne Anekdote von Robinson an – jede Religion hat auch ihren Preis!

Wie hoch dieser Preis ist, wissen oft nur die zu ermessen, die ihn zahlen müssen: die Eheleute, denen als »schwere Sünder« mit der ewigen Hölle gedroht wird, weil sie Verhütungsmittel benutzen; der geschiedene Mann, dem vorgeworfen wird, »im Stande der Sünde« zu leben; die Homosexuellen, deren Liebe als »widernatürlich« gebrandmarkt wird; das vergewaltigte Mädchen, das nach offizieller römisch-katholischer Lehre genötigt ist, ein Kind seines Peinigers auszutragen.[2] Sie alle kennen den Preis. Denn sie haben ihn zu entrichten: Sie müssen in der beständigen Furcht leben, dem ewigen Feuer der Hölle verfallen zu sein.

Sicher, viele Katholiken lassen den Papst einen guten Mann sein und scheren sich nicht um das Urteil ihrer Kirche. Doch nicht alle sind so frei. Lassen die Hirten ihre Schäfchen doch nach wie vor wissen, daß weltliche Verfehlungen ihren höllischen Lohn finden. So hörte man erst kürzlich wieder aus dem Munde römischer und deutscher Kleriker: Die Hölle existiert! Sie ist nicht Symbol, sondern Wirklichkeit. Und niemand kann katholischer Christ sein, ohne an das ewig lodernde Feuer der Unterwelt zu glauben.[3]

Wohl jedem klinischen Psychologen sind aus seiner Praxis Fälle »ekklesiogener Neurosen« bekannt: Patienten, die unter religiösen Schuldgefühlen leiden, Menschen, die unter der Last ihres Glaubens zusammengebrochen sind.[4]

Schuld an diesem Leiden sind jene düsteren *Dogmen*, wie sie von der Kirche seit Jahrhunderten verkündet und noch heute jedem getauften Kind bereits im zartesten Alter eingebleut werden: die Lehre von der »Erbsünde«, wonach jeder von uns »in Adam« gesündigt hat, vom blutigen Sühnetod Jesu, wonach der Gottessohn sich für unsere Schuld hingegeben hat, bis zu jenem grauenerregenden, ebenfalls biblisch begründbaren kalvinistischen Dogma von der »doppelten Prädestination«, über das schon der Dichter Conrad Ferdinand Meyer mit Entsetzen schrieb: »Wie gesagt, ich verstehe nichts von Theologie, aber mein Ohm, der Chorherr in Fryburg, ein glaubwürdiger und gelehrter Mann, hat mich versichert, es sei ein calvinistischer Satz, daß, eh' es Gutes oder Böses getan hat, das Kind schon in der Wiege zur ewigen Seligkeit bestimmt oder der Hölle verfallen sei. Das ist zu schrecklich, um wahr zu sein!«[5]

Für den Außenstehenden mag es leicht sein, über derlei Märchen und Ungereimtheiten zu lachen. Aber für den Psychologen, der Kinder wie Erwachsene unter einem solchen Lehrgebäude zusammenbrechen und leiden sieht, stellt sich der Fall ernster dar. Er muß es hier mit Nietzsche halten, der einmal sagte: »Man muß das Verhängnis aus der Nähe gesehn haben, noch besser, man muß es an sich erlebt, man muß an ihm fast zugrunde gegangen sein, um hier keinen Spaß mehr zu verstehn.«[6]

Ein nicht geringer Teil seelischer Störungen dürfte auf die christliche Erziehung zurückgehen, auf die Art und Weise, wie Kinder schon früh »ins Gebet genommen« werden.[7] Viele Eltern glauben immer noch, es sei gut für ihr Kind, wenn es den Religionsunterricht besuche. Sie meinen, daß ihr Kind dort lerne, ein anständiger

Mensch zu werden. Daß es von der Bergpredigt, dem Barmherzigen Samariter und den Zehn Geboten höre. Daß es lerne, Vater und Mutter zu ehren und sich des Lügens und Stehlens zu enthalten. Die Wirklichkeit sieht jedoch anders aus. Denn die Erziehung zur Nächstenliebe wird von der offenkundigen Strategie begleitet, Angst und Verunsicherung zu schüren.

Um sich ein getreues Bild vom christlich-allzuchristlichen Religionsunterricht zu machen, ist es hilfreich, einmal in den *Grünen Katechismus* zu sehen. Er war das von der Deutschen Bischofskonferenz für viele Jahre verbindlich vorgeschriebene Schulbuch, nach dem die Mehrheit der heute über fünfundzwanzig- bis dreißigjährigen Katholiken in Religion unterrichtet wurde. Darin durften acht- und neunjährige Kinder lesen, daß der liebe Gott mit den »Qualen des höllischen Feuers« strafen werde (S. 256–265).[8] Eine Pein, wie sogleich hinzugefügt wird, die niemals enden, sondern in alle Ewigkeit fortdauern werde. Damit den Kindern nicht etwa Zweifel an der Richtigkeit des Gesagten kommen, wird jede Behauptung fein säuberlich durch Bibelzitate belegt und beteuert, daß alles, was im »Buch der Bücher« steht, »Gott zum Urheber hat« und »mit unfehlbarer Wahrheit niedergeschrieben« sei (S. 92).

Damit diese »Wahrheit« sich auch tief einpräge und jedes Kind erkenne, wie ernst es Gott mit alledem sei, wird den Kindern die Aufgabe gestellt, nach biblischen Beispielen dafür zu suchen, »daß Gott etwas androht und daß er seine Drohung ausführt« (S. 13). Anschließend werden sie dazu aufgefordert, »an das Gericht des heiligen und gerechten Gottes, an das Fegfeuer und an die Hölle« zu denken und zu »erwägen: Welche Strafen habe ich für meine Sünden verdient?« (S. 175). Sünden, die ewige Höllenstrafen nach sich ziehen, sind nicht etwa nur Verstöße gegen die Zehn Gebote. Wie jedes Kind erfahren muß, zählen hierzu schon das Fernbleiben von der Sonntagsmesse ohne wichtigen Grund (S. 210), der Abfall vom katholischen Glauben (S. 163) und der Austritt aus der Kirche (S. 123). Überhaupt, so wird den Kindern klargemacht, könne nur die römisch-katholische Kirche die Menschen zur ewigen Seligkeit führen und vor der drohenden Verdammnis bewahren (S. 106). Für *diese* Behauptungen werden freilich keine Bibelzitate beigebracht.

Angesichts solcher Drohungen wird wohl selbst der Nachsichtigste zugeben müssen, daß es der christlichen Religionspädagogik um mehr geht, als nur den Kindern beizubringen, daß sie ihren Nächsten wie sich selbst lieben sollen. Es ist offenkundig, daß man hier intellektuell unmündige, ja wehrlose Kinder zu verunsichern und von sich abhängig zu machen sucht: Sie werden ganz gezielt bei ihrer Angst gepackt, durch ihre »Sünden« gegängelt und so an die Kirche gekettet. Es zeigt sich hier, was Friedrich Nietzsche schon vor hundert Jahren gesagt hat: Die Kirche *lebt* von der Sünde.[9]

Wie bedenkenlos die Kirche dabei verfuhr, arglosen Kindern ins Gewissen zu reden, zeigt etwa auch das *Glaubensbuch für das 3. und 4. Schuljahr* der Erzdiözese Freiburg.[10] Auch hier werden den Kleinen die abstrusesten Schuldgefühle eingepflanzt. Wieder versucht man ihnen zu suggerieren, *sie* seien daran schuld, daß Jesus gekreuzigt wurde. So müssen sie beten: »Heiland am Kreuz! Hab' Dir so weh getan, ja ich bin schuld daran, Heiland am Kreuz [...] groß ist Dein Schmerz. Siehst mich barmherzig an, bös' ist, was ich getan [...] Du stirbst für mich« (Abschnitt I, 86). Dazu bekommen sie noch Aufgaben wie diese: »Sammle Bilder vom leidenden Heiland und betrachte sie andächtig! Klebe ein Bild in Dein Heft und schreibe darunter: Jesus ist verwundet worden um unserer Missetaten willen« (Abschnitt I, 83). Oder, geradezu makaber: »Aufgabe: Zeichne die Marterwerkzeuge: Hammer, Nägel und Zange! Schreibe darunter: Ich danke Dir, Herr Jesus Christ, daß Du für mich gestorben bist; ach, laß Dein Blut und Deine Pein an mir doch nicht verloren sein« (Abschnitt I, 86).

Ist es auch Wahnsinn, so hat es doch Methode: Man redet den Kindern ein, daß Jesu Blut an ihren Händen klebe und nur die Kirche sie von ihrer Schuld reinwaschen und vor der ewigen Verderbnis bewahren könne. Was wunder also, daß sie zu Kreuze kriechen und inbrünstig beten:

> »Erbarm' Dich, Vater, über mich,
> verzeih' mir meine Sünden,
> sonst kann ich nicht vor Dir bestehen,
> und keine Rettung finden!

O Gott, Du kennst die Sünden all',
die ich vor Dir getan.
Erbarme Dich, erbarme Dich!
Sieh' an, wie schlimm es um mich steht;
sieh' meine Sündenschuld [...]«
(Abschnitt III, 22)

Es ist so leicht, Kindern Angst und Schuldgefühle einzuflößen, anstatt sie zu Liebe und Achtung vor sich selbst zu erziehen!

Seit einiger Zeit geben selbst Theologen offen zu, daß der Religionsunterricht nicht selten ein einziger »Alptraum unter dem Kreuz« sei. Sie bedauern, daß den Kleinen von einem Gott erzählt wird, der ein Kinderschreck ist, »einer, der das Böse nicht nur rächt, sondern überall riecht, einer, der im wunden und wirren Herzen der Kinder unablässig nach Bösem schnüffelt«[11].

So groß dieses Bedauern aber auch sein mag: Es wird an der Einschüchterung von Kindern kaum etwas ändern können. Denn der Gott der Bibel ist nun einmal ein Gott, der Angst und Schrecken verbreitet. Er ist der »Würger der Erstgeborenen«, wie ihn das Neue Testament stolz nennt (Hebräer 11, 28). Der Gott, der unschuldige Kinder töten läßt, nur um einen verstockten Pharao zu strafen (2. Mose 12, 29f). Der den Richter Jephta als Held des Glaubens preist, weil er ihm seine Tochter opfert (Hebräer 11, 32). Der Abrahams Gehorsam prüft, indem er ihn auffordert, seinen Sohn zu töten (1. Mose 22, 1f). Der spricht: »Wohl dem, der deine Kinder packt und sie am Felsen zerschmettert« (Psalm 137, 9). Und der immer wieder zu Blutbädern und Vernichtungskriegen aufruft: »So spricht der Herr der Heerscharen: Schlage Amalek und vollstrecke den Bann an ihm und allem, was es hat; schone seiner nicht, sondern töte Männer und Frauen, Kinder und Säuglinge« (1. Samuel 15, 27).

Man gibt es nur ungern zu: Selbst der vielgeliebte Jesus schürt solche Kinderängste. So sagt er: »Fürchtet euch vor dem, der nicht nur töten kann, sondern die Macht hat, euch auch noch in die Hölle zu werfen. Ja, das sage ich euch: Ihn sollt ihr fürchten« (Lukas 12, 5). Allen, die an seinen Worten zweifeln, verkündet er: »Wer nicht glaubt, wird verdammt werden« (Markus 16, 16). Immer wieder, selbst in der viel gepriesenen, aber selten gelesenen Bergpredigt droht er mit der Hölle, dem »Feuer, das nicht erlischt« (Matthäus 5, 29). Und schließlich kündet der »Friedensfürst« sogar an, daß er selbst die Bestrafung der Sünder vornehmen werde: »Der Menschensohn wird seine Engel aussenden, und sie werden aus seinem Reich alle zusammenholen, die andere verführt und Gottes Gesetz übertreten haben, und werden sie *in den Ofen werfen, in dem das Feuer brennt.* Dort werden sie heulen und mit den Zähnen klappern« (Matthäus 13, 41 f).[12]

Wie also will man Kinder vor diesem »Gott der Liebe« bewahren, ohne die »Heilige Schrift«, ohne das »Wort Gottes« Lügen zu strafen? Dies stellt ein schweres Dilemma dar. Denn der einzige Ausweg ist nur durch *Unredlichkeit* zu erkaufen: dadurch, daß man den Kindern das wahre Gesicht des biblischen Gottes vorenthält!

Hartmut Kliemt

Der Glaube als Feind der Aufklärung

Das sogenannte christliche Abendland rechnet es sich zu Recht als große Errungenschaft an, institutionelle Strukturen ausgebildet zu haben, die ein friedvolles Zusammenleben unterschiedlicher Religionen erlauben. Diese Strukturen sind Ergebnis langwährender religionspolitischer Auseinandersetzungen, welche die europäische Geschichte seit der Reformation wesentlich mitprägten. Unter dem Eindruck dieser teils von blutigen Kämpfen begleiteten Auseinandersetzung erhob man zunächst die Forderung nach Duldung verschiedener Religionen (so interessanterweise u.a. Gotthold Ephraim Lessings Großvater Theophilus in dem Traktat *De religionum tolerantia*). Später, etwa in den Schriften Spinozas und Lockes ebenso wie in Lessings Drama *Nathan der Weise*, wurde Toleranz zu einem eigenständigen Wert. Zusammen mit den verwandten Werten der Geistesfreiheit ist er schließlich in den Institutionen der offenen Gesellschaft verankert worden.

Das Ausmaß an geistiger und in enger Verbindung damit religiöser Freiheit, das wir seitdem im Westen erreicht haben, ist erstaunlich. Vielen von uns erscheint es als eine gesicherte Errungenschaft unserer Zivilisation und damit das Thema von Glauben und Toleranz als weitgehend ausgestanden. Wer an die lange Geschichte religiöser Intoleranz – insonderheit des Christentums – erinnert, setzt sich dem Verdacht aus, die Schlachten von gestern schlagen zu wollen. Er wird von den aufgeklärten Mitgliedern und Funktionären heutiger Glaubensgemeinschaften tendenziell als nörgelnder Querulant abgestempelt. Sie erachten es als unfair, wenn man sie bei ihrer Geschichte nimmt – obschon sie andererseits die heute eher positiv bewerteten Aspekte der Religionsgeschichte bei passender Gelegenheit gern anführen.

Tatsächlich ist das Auftreten nahezu aller heutigen westlichen religiösen Gemeinschaften in der Öffentlichkeit fundamental von der endemischen Intoleranz früherer Jahrhunderte unterschieden. Das ist zweifellos wesentlich auf den trivialen Grund zurückzuführen, daß die modernen westlichen Glaubensgemeinschaften der früheren Machtmittel entbehren. Der moderne Rechtsstaat hat sie in ziemlich enge Grenzen verwiesen und zugleich die religiösen Märkte für Konkurrenz geöffnet. Das ist nicht spurlos an den westlichen Glaubensgemeinschaften vorübergegangen. Sie haben sich reorganisiert und zum Teil sogar Prinzipien wechselseitiger Toleranz und wechselseitigen Respekts in ihre Lehren inkorporiert.

Wenn wir wissen wollen, wieweit wir diesem Frieden trauen dürfen, müssen wir prüfen, ob es spezifische, den Glaubensgemeinschaften innewohnende Tendenzen zur Intoleranz und zur Unterdrückung abweichender Auffassungen gibt. Nach verbreiteter Ansicht ergibt sich die Neigung zur Intoleranz gleichsam »logisch« aus der Unwissenschaftlichkeit des religiösen Glaubens und dem damit grundsätzlich verbundenen Mangel an wissenschaftlicher Skepsis. Diese Sicht lenkt jedoch eher von den eigentlichen Risiken ab, die sich aus der Existenz organisierter Glaubensgemeinschaften ergeben. Deshalb werde ich mich in einem zweiten Schritt bestimmten Anreizsystemen der öffentlichen Überzeugungsbildung in der modernen Massendemokratie zuwenden. In Koalition mit politischen Parteien können von den Verbänden der organisierten religiösen Überzeugungsbildung und -beeinflussung auch weiterhin Gefahren für ein allgemeines Klima der Toleranz und der Offenheit ausgehen.

Die Auffassung, daß der Glaube an die objektive Wahrheit als solcher intolerant mache, während skeptische Ungläubigkeit zu größerer Toleranz führe, ist weit verbreitet. Es wird angenommen, beides liege gleichsam in der Logik der Sache. Diese Sicht scheint jedoch verfehlt zu sein.

Zunächst muß man unterscheiden, ob es sich bei den geglaubten Inhalten um der menschlichen Beeinflussung entzogene Tatsachen handelt oder nicht. Das Newtonsche Gravitationsgesetz etwa gilt oder gilt nicht, ohne daß menschliche Intervention etwas daran ändern könnte. Wir können im Unterschied beispielsweise zu einem normativ rechtlichen Gesetz nicht beschließen, daß ein solches Tatsachengesetz nicht mehr gelten soll. Auch gemeinsames Handeln zum Zweck der Beeinflussung dieser Tatsache ist ohne praktischen Sinn. Für jene, die von der objektiven Geltung des Gesetzes überzeugt sind, ergeben sich insoweit keine praxisbezogenen Anreize, andere zu derselben Überzeugung zu bringen.

Ähnliches gilt mit Bezug auf den Gottesglauben. Sieht man einmal von gewissen eher abwegigen – wenn auch nicht unverbreiteten – modernen Deutungen von Existenzaussagen ab, so trifft die Überzeugung, daß Gott als eigenständige Entität existiert beziehungsweise bestimmte Eigenschaften hat, unabhängig von der menschlichen Glaubenspraxis zu oder nicht zu. Ihre Wahrheit läßt sich nicht durch eine individuelle oder kollektive Praxis beeinflussen. Sie bietet daher ebenfalls als solche keinen Anlaß zu praktischem Handeln.

Überdies wird der Anhänger wissenschaftlicher ebenso wie derjenige religiöser Auffassungen dazu neigen, seine Sicht der Welt gegenüber konkurrierenden Ansichten zu verteidigen, andere Sichtweisen zu kritisieren und den Versuch zu unternehmen, andere von dem zu überzeugen, was er selbst glaubt. Auch in der Wissenschaft sind Bekenntnisse und das Eintreten für das, was man glaubt, von Bedeutung und gefordert. Der Begriff des Professors leitet sich nicht von ungefähr ab von dem lateinischen Wort für »sich bekennen«. Von Wissenschaftlern wird erwartet, daß sie für die Richtigkeit ihrer Überzeugungen eintreten und abweichende Auffassungen kritisieren. Die Maxime »Alles geht« ist Ausdruck weder rechtverstandener wissenschaftlicher Toleranz noch eines hohen wissenschaftlichen Ethos. Der Wissenschaftler muß vielmehr wissenschaftsöffentlich gegen jene Auffassungen auftreten, die er für falsch hält. Nur so läßt sich jene Bereitschaft zur Auseinandersetzung erhalten, die unter der Bedingung freien Zugangs zum Markt der Meinungen zuallererst die Dynamik der Wissenschaft ermöglicht.

Da überdies der Status von Wissenschaftlern wesentlich davon abhängt, ob sie jene Theorien, an die sie selbst glauben, in der Konkurrenz mit Andersdenkenden durchsetzen können, haben sie allen Grund, für ihre jeweiligen Ansichten einzutreten. Auch in der Wissenschaft gibt es deshalb aus Gründen, die in der menschlichen Natur ebenso wie in der Natur der Tradierung und der Aufrechterhaltung von Überzeugungssystemen liegen, eine Tendenz, abweichende Meinungen und Auffassungen zu bekämpfen. Schulenbildungen, Veröffentlichungs- und Verbandspolitik tun ein übriges.

Prinzipielle Unterschiede zu theologischen Disputen sind hier nur schwer auszumachen. Auch in der Religion hat es mit Bezug auf die Tatsachenfragen einen in bescheidenem Maße wissenschaftsähnlichen Prozeß gegeben. Sofern es somit um den Glauben an Tatsachen geht, die als durch menschliches Handeln nicht beeinflußbar angesehen werden, scheint die Annahme, der religiöse Charakter der betreffenden Überzeugungen führe als solcher zu einer verstärkten Neigung zu Dogmatismus und Intoleranz, wenig plausibel.

Neben Überzeugungen, die sich auf menschlicher Intervention entzogene Tatsachen beziehen, gibt es solche über die rechte Beeinflussung und Gestaltung der sozialen und natürlichen Welt. Es geht darum, die menschliche Praxis an Normen rechten Handelns auszurichten. Auch diesbezüglich werden häufig Ansprüche auf objektive Richtigkeit erhoben. Das gilt für viele Systeme philosophischer Ethik ebenso wie für das Alltagsdenken und insbesondere auch religiöse normative Forderungen. Wenn nun behauptet wird, daß der Glaube an die objektive Wahrheit oder den Erkenntnischarakter von Begründungen normativer Forderungen als solcher zwingend zu einer größeren Neigung zur Intoleranz führen müsse, so ist wiederum vor übereilten Schlußfolgerungen zu warnen.

Wer mit den meisten Religionsanhängern glaubt, daß sich normative Forderungen für die rechte Gestaltung des persönlichen und sozialen Lebens auf objektive Wert- oder Normerkenntnisse stützen lassen, kann ohne weiteres zugleich davon ausgehen, daß auch die Erkenntnis solcher »normativer Tatsachen« fehlbar ist, zumal es völlig kohärent mit dem – häufig religiös fundierten – Glauben an eine objektive Werterkenntnis ist, davon überzeugt zu sein, daß sich Toleranznormen objektiv rechtfertigen lassen. Er kann Toleranznormen sogar mit einiger Plausibilität einen fundamentalen, anderen Anforderungen übergeordneten Status zuweisen. Dem stünde der bloße Objektivitätsanspruch im Prinzip nicht entgegen, mögen derartige Toleranznormen aus anderen Gründen auch nicht gerade typisch für religiöse Überzeugungssysteme sein.

Umgekehrt ist der Wertskeptiker keineswegs logisch zwingend auf Toleranznormen festgelegt. Das Argument etwa, der Skeptiker könne nichts gegen einen Hitler oder einen Stalin einwenden, weil er solche und andere Gangster nicht mit Objektivitätsanspruch kritisieren könne, ist verfehlt. Der Wertskeptiker akzeptiert nur hypothetische Imperative kluger Interessenwahrung oder sogenannte technologische Normen. Für ihn können und werden daher stets auch technische Normen, wie man andere gegebenenfalls auch gegen ihren Willen zu etwas bringt, prinzipiell rechtfertigungsfähig sein.

Die Anwendung der betreffenden Verhaltensanweisungen ist für den Skeptiker allerdings immer nur relativ zum Bestehen oder Nichtbestehen von Zielen begründet. Wenn etwa jemand faktisch die Ziele von Hitler oder Stalin nicht teilt, hat er doch gerade aus Sicht des Skeptikers guten Grund, Normen zu befolgen, die ihm geeignete Maßnahmen gegen einen Hitler oder einen Stalin vorschlagen. Diese Normen geben ihm geeignete Mittel zur klugen Bekämpfung dessen an, was nicht mit seinen faktischen Zielen, Werten oder Interessen übereinstimmt.

Es bedarf somit keineswegs eines Glaubens an die objektive Begründetheit von Normen, bevor man sich gerechtfertigt fühlen kann, gegen solche Individuen, die andere normative Vorstellungen haben, vorzugehen. Gerade derjenige, der nicht an die objektive Begründetheit letzter Werte und Normen glaubt, hat guten Grund, seine eigenen Werte und Normen gegen die abweichenden Auffassungen anderer durchzusetzen. Er kann sich ja gerade nicht durch normative Erkenntnisse letzter Prinzipien beschränkt sehen, sondern sieht sich letztlich nur vor die Aufgabe gestellt, seine eigenen egoistischen oder altruistischen Ziele, Werte und Interessen mit geeigneten praktischen Mitteln durchzusetzen. Solange jemand nicht faktisch der verfehlten Auffassung aufsitzt, der Wertskeptizismus verlange, jede beliebige normative Auffassung zu tolerieren, kann er höchst »intolerant« gegenüber Werten und Normen agieren, die er für verwerflich hält.

Nach alledem darf man folgern, daß Neigungen zur Intoleranz nicht in der reinen Logik eines Glaubens an die objektive Begründbarkeit von Praxisnormen verankert sein können. Ebensowenig liegt die Neigung zur Toleranz in der Logik des Skeptizismus als solchem.

Es läßt sich allerdings nicht abstreiten, daß die zumal von den Religionsgemeinschaften immer wieder vertretene Auffassung, ohne die von ihnen gelieferte »objektive« Begründung von Werten und Normen sowie die sie vorgeblich stützenden Tatsachenbehauptungen breche die Wertbasis der Gesellschaft weg, und niemand habe dann mehr einen guten Grund, für »gute« Werte und Normen einzutreten, psychologische Wirkungen entfalten kann und auch immer wieder entfaltet hat. Der Glaube an die objektive Begründbarkeit wird von interessierter religiöser Seite selbst zu einem Mittel erklärt, das dem Zweck dient, die Wertbasis der Gesellschaft zu erhalten. Ohne dieses Mittel, so wird suggeriert, wird alles das gefährdet, was auch der Skeptiker erhalten wissen will.

Akzeptiert man die Prämisse, daß ohne den Glauben an objektive Werte kein guter Grund bestehen könne, auch für die »besten« Ziele und Ideale einzutreten, dann ergibt sich tatsächlich ein – ironischerweise – technologisches Argument für eine intolerante Haltung gegenüber dem Skeptizismus: Da uns der Bestand einer »guten« Gesellschaft nicht in den Schoß fällt, der Skeptiker aber nichts dafür tun wird, gebietet das Interesse am Erhalt der »guten« Gesellschaft, den Skeptizismus zu bekämpfen. Man gewinnt eine Rationalisierung dafür, Gläubigkeit als Tugend und skeptische Distanz als Untugend zu bewerten. Da die schlimmsten Verbrechen der Menschheitsgeschichte aber nicht von der distanzierten Skepsis, sondern vom Glauben an eine gute Sache oder eine Mission befeuert wurden, kommt diese von den Religionsgemeinschaften besonders gepflegte Ansicht einer Verkehrung der Erfahrung in ihr Gegenteil gleich. Die in der religiösen Erziehung für gewöhnlich angestrebte Ausbildung entsprechender Verhaltensdispositionen ist also nicht unbedenklich.

Ganz auf dieser Linie liegt es, daß Religionsgemeinschaften den

Skeptizismus selbst dann verdammen, wenn der Skeptiker in seinen inhaltlichen normativen Vorstellungen mit den Forderungen der betreffenden Religionsgemeinschaften völlig übereinstimmt. Es geht den Religionsgemeinschaften primär nicht darum, die betreffenden Werte durchzusetzen, sondern um den Nachweis ihrer eigenen Unentbehrlichkeit. Was das anbelangt, verstehen insbesondere ihre organisierten Vertreter keinen Spaß. Denn hier geht es um die Begründung der Notwendigkeit oder der gesellschaftlichen Nützlichkeit organisierter Religion überhaupt. Für die religiösen Unternehmer, die Funktionäre und Verbandsvertreter ist dies der eigentlich relevante Sachverhalt. Sie neigen deshalb dazu, blindes Engagement und blinde Gläubigkeit als Tugenden zu betrachten. Damit verkehren sie die Dinge in ihr Gegenteil: Die gefährlichsten aller politischen Untugenden werden aus religiösem Organisationsinteresse zu Tugenden erhoben. Hierin treffen sie sich unglücklicherweise mit den Interessen anderer weltanschaulicher Verbände, die ebenfalls auf Engagement und Folgebereitschaft der Mitglieder angewiesen sind.

Glaubensinhalte sind kulturelle Artefakte, die in menschlichen Gesellschaften ebenso wie andere derartige Hervorbringungen tradiert werden können. Sie sind Bestandteile der kulturellen Evolution. Als solche können sie zu Erfolg und Mißerfolg der sie tragenden und sie von Generation zu Generation weitergebenden Gruppen beitragen. Hierin ähneln sie Phänomenen wie der Sprache, der Sitte usw. Mit Bezug auf die Religionsausübung in komplexen Gesellschaften muß man allerdings feststellen, daß sich im Unterschied zu vielen anderen kulturellen Traditionen überall spezialisierte Trägerinstitutionen der Traditionsweitergabe mit den entsprechenden Funktionärskasten gebildet haben.

Die Existenz religiöser Glaubenssysteme und die Existenz spezialisierter Instanzen zu deren Verbreitung, Weitergabe und Interpretation scheinen sich wechselseitig zu begünstigen. Wie der Vergleich mit anderen Phänomenen unseres Lebens zeigt, ist allerdings auch dies keineswegs ein Spezifikum religiöser Gemeinschaften. Insbesondere der Vergleich von Glaubensgemeinschaften mit Parteien ist hier aufschlußreich.

Ähnlich den Glaubensgemeinschaften weisen die Parteien Priesterkasten und Organisateure gemeinschaftlicher Aktion auf. Sie bieten ein Vereinsleben, Karrieren für Funktionäre und weitere dem kircheninternen Leben ähnliche Gemeinschaftsaspekte. Von daher nimmt es nicht wunder, daß sich Parteien – vor allem in der Frühzeit der Weltanschauungsparteien – oft als direkte Konkurrenten von Religionsgemeinschaften begriffen (und umgekehrt). Heute ist jedoch allenthalben die Verflechtung zwischen Kirchen und Parteien an die Stelle der Konfrontation (so eine solche überhaupt bestand) getreten.

Dies ist angesichts der Gegebenheiten der modernen demokratischen Massenkommunikationsgesellschaft nicht als Zufall anzusehen. Die Beteiligten haben die Vorteile der Kooperation erkannt. Da eine direkte rechtliche Kontrolle und Unterdrückung abweichender Auffassungen unter den Bedingungen des demokratischen Rechtsstaates nicht möglich ist, kann man grundsätzlichen Herausforderungen bestimmter weltanschaulicher Positionen nicht mehr mit einem direkten Verbot begegnen. Man muß zu »sanfteren« Mitteln greifen. Die Vertreter der Kirchen haben das zur Kenntnis nehmen müssen. Da die Kirchenvertreter jedenfalls in bestimmten Bereichen ziemlich leicht auf die öffentliche Meinung, von der wiederum die Parteien zentral abhängen, Einfluß nehmen können, sind sie den Parteien willkommene Verbündete. In solchen Koalitionen können sie einigen Einfluß auf die Politik gewinnen. Dabei verstehen sie es nach wie vor, die ihnen von der Gesellschaft fraglos zugeschriebene moralische Sonderkompetenz zu nutzen. Daß ihre Vertreter und Lobbyisten als scheinbar überparteiliche »Experten für das Gute« auftreten können, ist ihr größtes Kapital. Die Nutzung dieses Kapitals ist in der offenen Gesellschaft grundsätzlich legitim. Daß die Glaubensgemeinschaften davon einen Gebrauch machen könnten, der einem Klima der Toleranz und der Offenheit nicht unbedingt förderlich ist, ist allerdings ebenfalls absehbar.

Wissenschafts-, Informations- und Meinungsfreiheit sind bei uns als hochrangige Verfassungsgüter institutionell-rechtlich garantiert. Dennoch gibt es genügend Bereiche, in denen sich die meisten von uns hüten, von dieser Freiheit auch Gebrauch zu machen. Die Kosten für den öffentlichen Gebrauch der Freiheit sind häufig so hoch, daß es unklug wird, entsprechende Auffassungen zu äußern. Man denke nur an jene (rechts-)ethischen und rechtspolitischen Fundamentalfragen, die sich durch die Erfolge der Medizintechnik und der Biowissenschaften im allgemeinen stellen und in Zukunft verstärkt stellen werden. Wer hier etwa mit fundamental nichtchristlichen Auffassungen hervortritt, muß sich auf einiges gefaßt machen. (Ähnliches gilt im übrigen für grundsätzliche Fragen der Sozial- und Wirtschaftspolitik, in denen die Glaubensgemeinschaften ebenfalls auf eine lange antiliberale Tradition zurückblicken können.)

In unserer Gesellschaft hat zwar jeder grundsätzlich das formalrechtlich verbürgte Recht, auch mit nonkonformen Aussagen hervorzutreten. Er muß jedoch befürchten, daß ihm auf informelle Weise Kosten auferlegt werden. Andere kritisieren ihn nicht nur, sondern brechen unter Umständen mit ihm den Kontakt ab oder ähnliches. Nun ist eine derartige Haltung keineswegs immer abwegig. Es ist das gute Recht der Adressaten abweichender Meinungen, sich in dieser Weise zu verhalten. Wer sich etwa noch heute im Sinne der Ziele eines Hitler oder eines Stalin äußert, der diskreditiert sich zu Recht selbst. Zuhörer, die nur ein Minimum an moralischer Sensibilität und moralischem Selbstrespekt mitbringen, werden kaum umhinkönnen, einen entsprechenden öffentlichen Druck gegen derartige Äußerungen zu akzeptieren und an der Erzeugung dieses Drucks teilzunehmen. Dennoch muß man sich bewußtmachen, daß man sich mit diesen Reaktionen auf einem sehr schmalen Grat befindet. Der sogenannten demokratischen Öffentlichkeit der Billig- und Gerechtdenkenden ist vieles heilig. Angriffe auf die gesellschaftlich heiligen Kühe wecken schnell unheiligen Zorn, der gern von interessierter Seite orchestriert wird. Es entstehen Anreize, diesen Zorn auch um den Preis der Selbstverleugnung zu vermeiden. Das Ergebnis sind die uns allen wohlvertrauten Distanzierungswettläufe, in denen sich Teilnehmer am öffentlichen Diskurs in Unterwerfungsgesten gegenüber dem, was als vorherrschende öffentliche Meinung auftritt, wechselseitig überbieten.

Nun gehört es offenkundig zur menschlichen Natur, spontan mit Unmutsäußerungen auf mißliebige Äußerungen anderer zu reagieren. Wenn dies in der demokratischen Öffentlichkeit geschieht und es dabei von selbst zu einer weitgehenden Gleichartigkeit oder Konformität eigenständiger Reaktionen kommt, so ist dagegen nichts einzuwenden. Gefährlich wird die Angelegenheit dann, wenn bestimmte Gruppen durch organisierten Druck äußerliche Konformität herbeiführen, obschon diese Gleichförmigkeit der Überzeugungen eigentlich gar nicht entstehen oder bestehen würde. In einer Welt, die schon wegen des bloßen Wachstums des staatlichen Sektors zunehmend von Politik bestimmt wird und in der sich zugleich Politik zunehmend direkt an vorherrschenden Meinungsbildern orientiert, können organisierte Interessengruppen einiges durch Beeinflussung der Meinungssphäre gewinnen. Dort, wo Politiker stets mit dem feuchten Finger prüfen, woher der Wind der öffentlichen Meinung gerade weht, ist es für organisierte Gruppen attraktiv, bereits jene, die durch öffentliche Äußerungen an der Meinungsbildung teilnehmen, dazu zu bringen, im vorhinein den Wind zu prüfen.

Die erwiesene Fähigkeit, öffentlichen Wind zu machen, der den Äußerern mißliebiger Meinungen ins Gesicht zu wehen droht, ist das politisch wirksame Drohkapital sogenannter gesellschaftlich relevanter Gruppen. Angesichts solcher Drohpotentiale wird es möglich, daß Individuen bestimmte Auffassungen nicht nur nicht äußern, sondern sie möglicherweise in der Öffentlichkeit verfälschen. Sie nehmen unter Umständen sogar an der Verunglimpfung von Nonkonformisten teil, obschon sie diesen insgeheim zustimmen. Bei gut organisiertem Meinungsdruck und geringer Meinungsvielfalt fühlen sie sich unter dem Konformitätsdruck, denjenigen, der nonkonformistische Auffassungen äußert, entsprechend zu behandeln. Dies ist nicht nur das zweifelhafte Privileg der totalitären Diktaturen, sondern durchaus auch in der Demokratie anzutreffen.

Nehmen wir etwa an, ein Individuum i habe privat die Auffassung A_i. Die öffentlich geäußerten Auffassungen O, O', O'' usw. wichen davon in einer bestimmten Hinsicht vollkommen ab. Rechtlich wäre das Individuum befugt, A_i zu äußern. Weiterhin sei angenommen, sehr viele Individuen, j, k, l usw., seien privat derselben Auffassung wie i, also A_j, A_k, A_l usw. Wenn sie alle mit dieser Auffassung an die Öffentlichkeit träten, würde sie diese konzertierte Aktion gegen eine Ausgrenzung und eine etwaige moralische Diskreditierung relativ gut schützen. Da die Individuen in ihren privaten Auffassungen jedoch nicht organisiert sind und daher nicht konzertiert zu handeln vermögen, stehen sie vor einem Dilemma. Jeder sagt sich: »Hannemann, geh du voran!« Für jeden ist es individuell-rational, sich bedeckt zu halten. Er muß, sollte sich nicht eine hinreichend große kritische Masse gleichartiger Äußerungen ergeben, große individuelle Kosten fürchten.

Jede Gruppe, die in der öffentlichen Sphäre aufgrund ihrer eigenen Organisiertheit und der Statuierung von Exempeln glaubwürdig machen kann, daß sie anderen bei Äußerung mißliebiger Auffassungen hohe Kosten aufzuerlegen vermag, hat davon einen grundsätzlichen Vorteil im öffentlichen Meinungskampf und damit auch in der Beeinflussung der Politik. Die Funktionäre aller gesellschaftlich relevanten Gruppen streben deshalb tendenziell danach, ein derartiges glaubwürdiges Drohpotential zu etablieren. Das ist in ihrem Interesse und in der Regel auch im (jedenfalls kurzfristigen) Partikularinteresse ihrer Mitglieder. Im Fall der Kirchen ist allerdings die Fähigkeit, Meinungsdruck zu erzeugen, so ziemlich der einzige Grund für ihre fortdauernde gesellschaftliche Relevanz. Die Kirchenfunktionäre haben deshalb einen besonders starken Grund, darauf zu achten, daß ihre öffentlichen Drohpotentiale erhalten bleiben. Mit sinkendem anderweitigen Einfluß sollte daher ihre Neigung eher zunehmen, sich als hinzutretender Verbündeter an die Spitze von Bewegungen zu setzen, die gegen jeweils Andersdenkende vorzugehen trachten.

Im Unterschied etwa zu den Bauernverbänden gelingt es den Kirchen zwar heute nur noch schwer, eine feste Klientel zu halbwegs koordiniertem Abstimmungsverhalten in geheimen Wahlen zu bewegen. Auf der anderen Seite befinden sie sich mit Bezug auf grundsätzliche moralische Fragen jedoch in der günstigen Lage eines Quasimonopolisten, dem keine organisierte konkurrierende Gruppierung gegenübersteht. Genau in solchen Grundsatzbereichen können und werden sie auch in Zukunft abweichende Auffassungen einfach für intolerabel erklären, sich selbst gerade nicht argumentativ mit ihnen auseinandersetzen und auf die Verhinderung einer argumentativen Auseinandersetzung hinwirken.

Insbesondere in den in den nächsten Jahrzehnten auf uns zukommenden fundamentalen moralischen Fragen müssen wir damit rechnen, daß es den Kirchen gelingen könnte, die öffentliche Äußerung bestimmter Auffassungen so zu stigmatisieren, daß die mit der bloßen Äußerung verbundenen durchaus gravierenden Kosten nur von jenen auf sich genommen werden, die sehr intensive abweichende Überzeugungen und Gefühle besitzen. Das mehr oder minder unbedachte »Parteiergreifen« könnte dadurch leicht der vorherrschende Modus der öffentlichen Auseinandersetzung werden. Im Ergebnis müßten wir dann fürchten, daß die nüchternen und möglicherweise auch ernüchternden Stimmen der milde interessierten, eher unparteiischen Moralbeurteiler ungehört bleiben werden. Für jene, die gerade kein blindes Engagement aufbringen, lohnt es sich, falls sie hohe Nonkonformitätskosten zu erwarten haben, einfach nicht, mit ihren Auffassungen hervorzutreten.

Wenn man der von solchen Drohungen bewirkten Tendenz zur Anpassung öffentlicher Äußerungen an Standards moralischer (oder auch politischer) Korrektheit entgegenwirken will, muß man vor allem den kirchlicherseits erhobenen Anspruch auf besondere Kompetenz angreifen. Dieser Angriff ist, da diese besondere Kompetenz bei nüchterner Betrachtung nun wirklich nicht zu entdecken ist, argumentativ leicht zu führen. Mit größeren Kosten ist es allerdings verbunden, mit derartigen Argumenten an die Öffentlichkeit zu treten und sie als stetes »ceterum censeo« im öffentlichen Bewußtsein zu halten. Es sollte uns alle nachdenklich stimmen, daß es den Kirchen ungeachtet ihres ansonsten eher schwindenden direkten öffentlichen Einflusses ganz gut gelungen ist, die öffentliche Kirchen- und Religionskritik, sofern sie nicht von kirchenkritischen Religionsanhängern geäußert wird, als querulantische Nörgelei zu diskreditieren. Das sollte uns jedoch nicht zum vorauseilenden Kniefall motivieren, denn sonst würde der organisierte Glaube zu neuen, den Bedingungen der modernen Massenkommunikationsgesellschaft und der Parteiendemokratie angepaßten Formen der

Intoleranz finden. Da ein erwiesenes Drohpotential in der öffentlichen Sphäre die Kirchen als Verbündete im Meinungskampf attraktiv werden läßt, gibt es jedenfalls entsprechende Anreize für sie.

Karlheinz Deschner

Die unheilvollen Auswirkungen des Christentums

Im Namen der Liebe, des Friedens, als »Frohe Botschaft« in die Welt getreten, hat keine Religion dieser Welt ihre Verkündigung so sehr verraten, ihre Praxis derart zum Gegenteil ihrer Predigt gemacht wie das Christentum. Zwar sucht ein wohldotiertes Heer von Apologeten dies seit langem zu bestreiten, zu bagatellisieren, zu beschönigen; doch die geschichtlichen Tatsachen sprechen für sich. Nur einige der wichtigsten seien genannt.

Die Vernichtung des Heidentums

Hatte die unterdrückte Kirche der vorkonstantinischen Zeit mit Engelszungen Religionsfreiheit erfleht, so forderte die triumphierende des 4. Jahrhunderts bald die Ausrottung jeder Konkurrenz. Von den östlichsten Provinzen des Römischen Reichs über Griechenland bis Spanien und Gallien wurden immer mehr heidnische Heiligtümer geplündert, geschleift, in christliche umgewandelt, wurden Altäre zertrümmert, heilige Bäume gefällt, unersetzliche Kunstwerke vernichtet und Spottprozessionen mit Tempelgeräten veranstaltet. Bischöfe und Äbte führten randalierende Mönchshaufen, fanatisierte Massen an, wiegelten zu Straßenkämpfen, zu Massakern auf. Und die Kaiser, von den Kirchenvätern gedrängt, bedrohten gesetzlich immer rigoroser die alte Religion. Ihre Einrichtungen wurden systematisch zu Fall gebracht, nach 394 die Olympischen Spiele als »Fest des Teufels« nicht mehr begangen, 396 den heidnischen Priestern jedwede Privilegien entzogen, 418 alle antichristlichen Schriften verbrannt (auch Porphyrius' fünfzehn Bücher *Gegen die Christen*). 529 schloß man die Universität von Athen und erklärte noch im selben Jahrhundert sämtliche Heiden für besitz- und rechtlos. Die größten Autoritäten der antiken Kirche, Hieronymus, Johannes Chrysostomos, Ambrosius und Augustinus, riefen zu Untaten auf, die unvergleichlich grausamer waren als je eine Christenverfolgung durch die Heiden.

Der Kampf gegen die Juden

Im Anschluß schon an das Neue Testament, besonders an die Schriften des Paulus und das Johannesevangelium, attackierten fast alle antiken Kirchenväter leidenschaftlich die Juden. Bereits die ersten christlichen Kaiser ergriffen entsprechende Maßnahmen. Es kam zum Ausschluß aller Juden aus öffentlichen Ämtern, zur Zerstörung vieler Synagogen. Zahlreiche Synoden erließen scharfe judenfeindliche Bestimmungen. Ein Konzil in Toledo befahl 638 die Zwangstaufe aller in Spanien lebenden Juden, ein weiteres 694 die Versklavung sämtlicher Juden. Ihre Vermögen wurden konfisziert, ihre Kinder vom siebten Lebensjahr an weggenommen.

Die erste in Deutschland sicher bezeugte Judenvertreibung veranlaßte Kaiser Heinrich II., später heiliggesprochen, 1012 in Mainz. Ende desselben Jahrhunderts noch hat man zu Beginn des Ersten Kreuzzugs, zwischen Metz und Prag, Tausende von Juden umgebracht, 1298 in Bayern 140 jüdische Siedlungen ausgerottet, 1349 in mehr als 350 deutschen Städten und Dörfern nahezu sämtliche Juden getötet, meistens durch Verbrennen bei lebendigem Leib. Die Christen ermordeten in diesem einzigen Jahr (1349) weit mehr Juden als die Heiden Christen während der über zweihundertjährigen antiken Christenverfolgung! Bei den zahlreichen Zwangstaufen des Hochmittelalters stellte man die Juden einfach vor die Wahl: Taufe oder Tod; und für getaufte, aber rückfällige Juden sahen die mittelalterlichen Theologen fast einhellig die Verbrennung auf dem Scheiterhaufen vor.

Im Jahr 1189, mit dem Dritten Kreuzzug, begannen die Judenmassaker auch in England. In Sevilla wurden 1391 unter Führung des stellvertretenden Erzbischofs Martinez 4000 Juden getötet, in vielen anderen Städten Spaniens die Judenviertel niedergebrannt und ihre Bewohner in Stücke geschnitten oder vertrieben. In Prag schlachtete man 1389 an einem Tag 3000 Juden, in Schlesien 1453, nach einer Agitation des Kapuzinergenerals Capistrano, sämtliche Juden. In Polen, wo Kirchensynoden die Durchsetzung der antijüdischen Beschlüsse der Laterankonzile von 1179 und 1215 forderten, beseitigte man fast alle Juden. Als die Inquisition, die unentwegt dazu aufrief, die Juden zur Strecke zu bringen, im 16. Jahrhundert nach Mexiko übergriff, mußten sie aus dem katholischen Südamerika fliehen. All diese verbrecherischen Aktionen gegen die »Gottesmörder« und »Glaubensfeinde«, deren Hab und Gut man jeweils raubte, gingen von der christlichen Kirche und vielen von ihr aufgeputschten Herrschern aus.

Die Reformation verschärfte den Antisemitismus noch. Luther attestierte den Verfolgten »des Teufels Herz«, sprach von dem »hurerischen Geschlecht«, den »verfluchten und verdammten Juden«, identifizierte sie mit Schweinen und fand sie »schlimmer als eine Sau«; ja, er übernahm fast alle katholischen Lügen und Greuelmärchen (der Brunnenvergiftung, des Ritualmords, der Spionage und Bestechung zugunsten der Türken) und verlangte für die Ausübung ihres Gottesdienstes die Todesstrafe, das Verbot ihrer Schriften, die Zerstörung ihrer Häuser sowie das Niederbrennen ihrer Schulen und Synagogen.

Wie aber die Katholiken und Protestanten im Westen, so verfuhren die orthodoxen Christen im Osten. Noch in den ersten Jahren des 20. Jahrhunderts wurden bei Judenpogromen in Rußland etwa 50000 Menschen mit Billigung der Regierung ermordet.

Über all dies führt ein gerader Weg in die Gaskammern Hitlers, der selber ein Produkt des christlichen Antisemitismus war. 1933 in Berlin berief er sich im Zusammenhang mit seiner Judenverfolgung gegenüber mehreren Prälaten auf die »1500 Jahre« lange Tradition der katholischen Kirche, dabei unwidersprochen äußernd, derart erweise er »dem Christentum den größten Dienst«.

Die Liquidation der »Ketzer«

Schon im Neuen Testament begann der Kampf gegen andersgläubige Christen. Man verleumdete sich gegenseitig als »Hunde« und »Lügenapostel«, als »vernunftlose Tiere, die ihrer Natur nach nur dazu geschaffen sind, daß man sie fängt und umbringt« (Philipper 3, 2; 2. Korinther 11, 13; 2. Petrus 2, 12). Bereits 385 ließ die katholische Kirche in Trier die ersten Christen aus Glaubensgründen köpfen – wenn auch die eigentliche Inquisition, im Ausschneiden der Zunge und im Feuertod gipfelnd, erst im Hochmittelalter begann.

Papst Innozenz IV. stellte 1252 alle nichtkatholischen Christen auf eine Stufe mit Räubern und verpflichtete die Fürsten, »schuldige« Häretiker binnen fünf Tagen zu töten. Verlangte doch auch Thomas von Aquin, der offizielle Kirchenphilosoph, energisch die Ausmerzung »verpesteter Menschen« aus der Gesellschaft. Verantwortlich für »Ketzerei« waren im allgemeinen Jungen vom vierzehnten, Mädchen vom zwölften Lebensjahr an; doch zog man gelegentlich auch Zehn-, Neun-, ja Siebenjährige zur Rechenschaft.

Für die Inquisitoren selber, Bevollmächtigte des Papstes, von denen manche selig- oder heiliggesprochen wurden, gab es kaum etwas, »das mehr gehegt, gepflegt und ausgebreitet zu werden verdient als die von Gott geschaffene Einrichtung der hochheiligen Inquisition«; zumal man bald auch immer mehr das Vermögen der Opfer einzog, entweder zugunsten der Kirche oder zugunsten der Inquisitoren selber.

Hauptabsicht des Inquisitionsverfahrens, bei dem Kläger und Richter identisch waren, ist die Geständniserpressung gewesen. Alles geschah ebenso geheim wie willkürlich. Jede Täuschung, jeder Betrug wurde erlaubt, der Inquisitor ausdrücklich angehalten, juristische Formen unbeachtet zu lassen und das Verfahren abzukürzen. Zeugenaussagen, die auf Hörensagen, auf Gerüchten oder Geschwätz beruhten, waren gestattet. Wer Schlechtes von einem »Ketzer« meldete, etwa daß er ein Dieb oder ein Mörder sei, erschien im allgemeinen glaubwürdiger als wer Gutes berichtete. Selbst Meineidige ließ man als Zeugen zu. Angehörige des Angeklagten aber konnten nur gegen, nicht für ihn aussagen. Überhaupt schlug man ihm jeden Rechtsbeistand und jede wirkliche Gelegenheit zur Verteidigung ab.

Unentwegt wurde die Folter eingesetzt, ein beliebtes Mittel der Inquisition, das sich bei der weltlichen Exekutive viel langsamer durchsetzte als bei der kirchlichen. Die Folterarten, durch das kanonische Recht nicht festgelegt, standen im Belieben des Richters. Wurde ein Gefolterter ohnmächtig, bespritzte man ihn, nach Empfehlung der Inquisitionsbücher, mit Wasser und ließ ihn Essig und Schwefeldämpfe einatmen, um ihn erneut erfolgreich foltern zu können. Viele hockten jahrelang ohne Verurteilung oder Freispruch im Kerker; doch kam Freispruch kaum vor. Man verurteilte »Ketzer« zu den Galeeren, zu lebenslänglichem Gefängnis (entsetzliche, mit Moder und Unrat gefüllte Löcher, oft ohne Licht und Luft), man kettete sie mit Händen und Füßen an, verdammte sie zu ewiger Einmauerung. Die Opfer wurden aufgehängt, geköpft, lebendig verbrannt. Zuvor verhöhnte man sie häufig noch, ließ sie auf ihrem letzten Weg Spottkleider tragen, auf einem Esel reiten und zwickte sie mit glühenden Zangen. Manchmal hackte man ihnen die Hände ab oder schnitt ihnen die Zunge heraus; und während sie, je nach Windrichtung, erstickten oder langsam verbrannten – nur Bereuenden erwies man die Gnade, sie zu erwürgen –, sangen die versammelten Gläubigen: »Großer Gott, wir loben dich…« Als ein »erhebendes Schauspiel sozialer Vollkommenheit« rühmt all das noch 1853 die vatikanische Jesuitenzeitschrift.

Die Verbrennung der Hexen

Durch ein Jahrtausend ermordete die christliche Kirche Hexen. Und wie die Heiden-, Juden- und Ketzerbekämpfung dem Wesen dieser Kirche entsprach, ihrer Intoleranz, ihrem Absolutheitsanspruch und ihrem grenzenlosen Machthunger, so resultierte auch der Hexenwahn aus typisch großkirchlichen Elementen. Die Grundlage bildete ein grotesker Teufels- und Dämonenglaube, den die berühmtesten Kirchenlehrer wie Augustinus und Thomas von Aquin ausdrücklich vertraten: psychologisch gesehen nicht zuletzt

Folge einer umfassenden Frauenverachtung. Galt die Frau, durch die die »Sünde« in die Welt gekommen, doch als »Gefäß der Unreinheit«, als höllischen Einflüssen besonders zugänglich. Ja, man glaubte, eine Frau könne mit dem Satan sexuell verkehren, wodurch sie buchstäblich zur »Teufelshure« wurde. Diesen und ähnlichen Unsinn haben scholastische Theologen in ausführlicher Form »wissenschaftlich« begründet. Doch spielte bei der Beseitigung der Hexen auch die Geld- und Besitzgier des Klerus eine beträchtliche Rolle.

Im frühen Mittelalter verboten Staat und Kirche zwar noch das *willkürliche* Umbringen von Zauberern, hatten aber gegen ein geordnetes Strafverfahren zu diesem Zweck nichts einzuwenden, ja ließen schon damals gerade Frauen wegen Zauberei töten. Soll man doch »eine Zauberin nicht am Leben lassen«, wie die biblische Hauptstelle (Exodus 22, 17) im Kampf gegen die Hexen lautet. An deren Existenz hielten auch die Päpste Gregor IX., Alexander VI., Leo X., Julius II., Hadrian VI. und viele andere fest. Maßgebend für das Vorgehen gegen die teuflische Zauberei wurde die 1484 von Innozenz VIII. erlassene »Hexenbulle«, in der davon die Rede ist, daß Männer und Frauen zum schwersten Schaden für Erde, Mensch und Tier »mit buhlerischen Nachtgeistern sich leiblich vermischen«.

Die Hexenverfolgung entsprach keinesfalls, wie die kirchliche Apologetik uns weismachen will, dem Zeitgeist, sondern wurde *gegen* den Willen breiter Volksschichten von oben durchgesetzt, wobei man mit kirchlicher Unterstützung die absurdesten Teufelsgeschichten auf ungezählten Flugblättern kolportiert hat. Es gab wenig, was *nicht* geeignet war, jemand in den Verdacht der Zauberei zu bringen: nachlässiger und auffallend fleißiger Besuch des Gottesdienstes; Furcht bei der Verhaftung oder besonderer Mut dabei; großes Glück oder großes Unglück; Schönheit oder Häßlichkeit; Krankheit, Leiden, rote Haare, ungewöhnlicher Frost, Heimsuchung durch eine Viehseuche und so fort.

Ähnlich wie der Ketzerprozeß zielte auch der Hexenprozeß auf ein Geständnis. Da man dies gewöhnlich nicht freiwillig bekam, unterzog man die Opfer der Tortur, die man oft stundenlang ausdehnte, wobei viele schon starben. Durch die Folter erpreßte man erlogene Geständnisse und Namen neuer Opfer, aus denen dann wieder weitere Namen herausgemartert wurden. Man zwang Eltern, gegen ihre Kinder, und Kinder, gegen ihre Eltern auszusagen. Die Angeklagten waren gänzlich rechtlos. Alle für den Hexenprozeß entwickelten Verfahrensgrundsätze gingen zu ihren Lasten. Strafabwendung war fast ausgeschlossen. Und wer ein Opfer verteidigen wollte, erschien meistens schlimmer als dieses selbst. Widerrief ein Geständiger, wurde er abermals gefoltert. Man fesselte die Elenden in unterirdischen Verliesen auf Holzkreuze, schmiedete sie im Freien an Mauern an, setzte sie Ratten, jeder Witterung aus und notzüchtigte selbst Kinder. Viele »Hexen« flehten kniefällig um ihren baldigen Tod – nach wochen-, monate-, jahrelangen Folterungen. Man warf Hundertjährige und Kleinkinder ins Feuer, Krüppel und Blinde, Todkranke und Schwangere, ganze Schulklassen, sogar Kleriker und Nonnen. Das Bistum Breslau erfreute sich 1651 bereits eines speziellen Verbrennungsofens für Hexen!

Nachdem sie der Klerus aber umgebracht hatte, raubte er ihr Vermögen – nicht selten der eigentliche Grund vieler Prozesse. Ernst Neusesser, Dechant des Petersstiftes in Mainz, ließ in zwei Jahren über dreihundert »Zauberer« durch Feuer und Schwert hinrichten, nur um ihre Güter konfiszieren zu können. Jedes der zahlreichen Todesurteile im Bistum Augsburg endete mit der Formel: »Ihr Hab und Gut verfällt dem Fiskus Ihrer fürstlichen Gnaden des hochwürdigen Herrn Marquard Bischofs zu Augsburg und Dompropstes zu Bamberg.«

Die Reformation hat am Hexenwahn so wenig geändert wie am Antisemitismus. Im Gegenteil; in vielen protestantischen Gegenden starben mehr Zauberer und Hexen als in katholischen, ja, erst in nachreformatorischer Zeit kulminierte die Verfolgung, und noch im 17. Jahrhundert fielen ihr in Europa Hunderttausende, vor allem Frauen, zum Opfer.

Kriege und Kreuzzüge

Größere Schuld noch als durch seine Heiden-, Juden-, Ketzer- und Hexenmassaker lud das Christentum durch Tausende von kleinen und großen Kriegen auf sich, die man in seinem Namen führte oder mit heraufbeschwor und unterstützte: Kreuzzüge (wozu Papst Urban II., in richtiger Einschätzung der Sache, selbst die Räuber aufrief), Religionskriege, Bürgerkriege, Verteidigungs- und Angriffskriege. Die Päpste, bisweilen selber mit Helm, Panzer und Schwert erscheinend, hatten ihre eigene Kriegskasse, ihr eigenes Heer, ihre eigene Marine und Waffenfabrik. Bekannte doch schon im 5. Jahrhundert Kirchenvater Theodoret: »Die geschichtlichen Tatsachen lehren, daß uns der Krieg größeren Nutzen bringt als der Friede.«

Erst dienten die Päpste dem christlichen Byzanz und rotteten mit seiner Hilfe zwei germanische Völker aus, wobei man die Vandalenabschlachtung wie das zwanzigjährige Gotengemetzel als Glaubenskriege gegen die arianische Häresie ausgab und Italien, schlimmer als Deutschland im Dreißigjährigen Krieg, in eine rauchende Wüste verwandelte. Dann vertrieben die Päpste ihre bisherigen Herren, die Byzantiner, mit Hilfe der Langobarden und ließen schließlich die katholischen Langobarden durch die katholischen Franken vernichten. In genau hundert Jahren, beginnend mit Karl Martell 714 bis zum Tod seines Enkels Karl 814, führten die neuen Bundesgenossen Roms dreiundneunzig Jahre Krieg, wobei dieser Karl, nicht umsonst »der Große« genannt und heiliggesprochen, in sechsundvierzigjähriger Regierung auf fast fünfzig Feldzügen Hunderttausende Quadratkilometer zusammengeraubt hat – »unseren Mahnungen Folge leistend«, wie das Papst Hadrian I. kommentierte. Karls Raubzüge waren stets auch Religionskriege und Schwertmissionen. Überall kollaborierten Klerus und Miliz, folgten den Schlachtenden die Priester, sicherte erst das Kreuz den Raub, war Christentum Symbol von Terror und Versklavung.

Zur Ottonenzeit ist die Reichskirche völlig militarisiert, ihr Kriegspotential manchmal doppelt so groß wie das der weltlichen Herren. In allen Himmelsrichtungen kommandierten Kardinäle und Bischöfe ganze Armeen. Es gab kein Bistum, in dem nicht der

Bischof zuweilen jahrzehntelange Fehden führte. Von Jahrhundert zu Jahrhundert schlug sich der Klerus mit den Königen gegen die Fürsten, mit den Fürsten gegen die Könige, mit dem Papst gegen den Kaiser, mit dem Kaiser gegen den Papst, mit einem Papst gegen den anderen (immerhin 171 Jahre lang) – in offenen Feld-, in Straßen-, in Kirchenschlachten, mit Dolch, Gift, Hängen, Köpfen, Blenden, auf jede nur mögliche Weise. Im 12. und 13. Jahrhundert kosteten allein die Kreuzzüge, vorsichtig geschätzt, 22 Millionen Menschenleben. Gleichzeitig rangen die Päpste, auf ganz anderen Kriegsschauplätzen wieder, mit den Kaisern um die Weltherrschaft und stachelten außerdem bis zum Ende des Mittelalters zu immer neuen Kreuzzügen auf.

Im 16. Jahrhundert griff die »Frohe Botschaft« auf Amerika über, wo im Laufe der Zeit etwa fünfzig Millionen Indios und Schwarze dem Katholizismus, oft auf fürchterlichste Weise, zum Opfer fielen. Auch in Europa dozierte man die Nächsten- und Feindesliebe weiter mit dem Schwert, jetzt aber sozusagen ökumenisch. Hatte doch inzwischen auch Martin Luther von Theologen wie Augustin und Thomas von Aquin die Theorie vom »gerechten Krieg« übernommen und gelehrt: »In solch einem Krieg ist es christlich und ein Werk der Liebe, die Feinde getrost zu würgen, zu rauben, zu brennen«; und hatte er im Bauernkrieg, in einer der verhängnisvollsten Katastrophen deutscher Geschichte, aufgefordert, »zu würgen, zu stechen, *heimlich* und öffentlich, wer da kann, wie man einen tollen Hund totschlagen muß«. Im 17. Jahrhundert führte man dann gemeinsam den großen Religionskrieg, wobei mehr als ein Drittel der Deutschen umkam.

Noch im 20. Jahrhundert verbrechen christliche Nationen die größten Greuel der Geschichte und töten mehr Menschen als je zuvor. Das Blutbad von 1914–18, bei dem täglich sechstausend Soldaten umkommen – insgesamt 10 Millionen Tote, 20 Millionen Verwundete und Krüppel, 7 Millionen, die verhungert sind –, preist der christliche Klerus als »Völkerfrühling«, »heilige Zeit«, »Gnadenzeit«, »Deutschlands größte Zeit«, als den »Krieg, der dem Herrn gefällt«, »die Neuschöpfung des Heiligen Geistes«, den »Wiederaufbau von Gottes Reich«, die »Hochzeit der siegesfreudigen Nation mit ihrem Gott« usw. Im Zweiten Weltkrieg befehlen die deutschen Bischöfe den katholischen Soldaten, aus Gehorsam zu Adolf Hitler ihre Pflicht zu tun und bereit zu sein, ihre ganze Person zu opfern, verlangen sie von »jedermann ganz und gern und treu seine Pflicht«, die »ganze Kraft«, »jedes Opfer«, verfolgen sie Hitlers Rußlandüberfall »mit Genugtuung«, identifizieren diesen mit »dem heiligen Willen Gottes« und versäumen nicht, der Nachwelt inmitten des Infernos gemeinsam zu bezeugen, daß sie zum kriegerischen Kampf »immer wieder« und »eindringlichst aufgerufen« haben. Und die Protestanten trommeln, wenige Ausnahmen beiseite, genauso für Hitler. Nach dem Gemetzel aber sanktionieren die Kirchen sogar mehr oder minder den Atomkrieg – selbst wenn die Welt darüber untergehen sollte. Denn, wie Jesuit und Papstvertrauter Gustav Gundlach erläutert: »Wir haben erstens sichere Gewißheit, daß die Welt nicht ewig dauert, und zweitens haben wir nicht die Verantwortung für das Ende der Welt…«

Resümee

Ich habe, wie angekündigt, nur einige der wichtigsten unheilvollen Auswirkungen des Christentums skizziert.

Unerwähnt blieb die fatale sexuelle Unterdrückung mit all ihren – noch heute fortwirkenden – Folgen auf dem Gebiet des Rechts sowie in bestimmten Bereichen der Medizin und der Psychologie.

Unbehandelt blieb der finanzielle Sektor, insbesondere die Verschleuderung von Kirchengütern an Verwandte, der Schacher von der Papstwahl bis zur Einsetzung der Landpfarrer, vom Stimmenkauf auf Synoden bis zum Verkauf von Salböl und Hostien und zur Beteiligung an den größten Industrieunternehmen der Welt, einschließlich der Rüstungsindustrie. Unerwähnt blieben Zinsgeschäfte, Kollekte, Ablaß, überhaupt das Entstehen und die Vermehrung des Kirchenbesitzes durch Kauf, Tausch, Erpressung, Betrug, Raub, durch Umfunktionieren des germanischen Totenkults und der Totengabe zum Seelenkult und Seelgerät, durch Ausnutzung der Naivität und des Jenseitsglaubens. Unerwähnt blieb die ungeheure Ausbeutung der Sklaven, Leibeigenen, Hörigen, überhaupt die Unterdrückung großer Bevölkerungsteile.

Nicht gesprochen wurde von dem »frommen Betrug«, etwa dem Reliquien- und Wunderkult, den Heiligenviten, Mirakelbüchern, Wallfahrtsorten, der Fabrikation falscher Diplome oder der Fälschungen originaler durch Interpolation, wobei bemerkenswert ist, daß die Fälscher bis ins hohe Mittelalter hinein fast durchweg Geistliche waren und die Behauptung, es habe im Mittelalter fast ebensoviel unechte Urkunden gegeben wie echte, kaum übertrieben sein dürfte.

Kein Wort fiel schließlich über die skrupellose Ausnutzung von Unwissenheit und Aberglauben, über das ganze erziehungspolitische Gebiet. Experiment und induktive Forschung wurden verbannt, die Erfahrungswissenschaft durch Bibel und Dogma erstickt, Naturwissenschaftler in Gefängnisse und auf Scheiterhaufen getrieben, Ärzte folgenschwer behindert, so daß die medizinische Forschung im Abendland bis ins 16. Jahrhundert hinein fast völlig stagnierte.

Zwar scheute Papst Leo XIII. 1885 in seiner Enzyklika »Immortale Dei« die Behauptung nicht: »Alles, was die persönliche Würde des Menschen fördert, was die Rechtsgleichheit unter den einzelnen Bürgern erhält, das alles hat die katholische Kirche ins Leben gerufen, begünstigt und stets geschützt.« Doch wahr ist das Gegenteil. Wahr ist, daß alle sozialen Erleichterungen der Neuzeit nicht durch die Kirche, sondern gegen sie geschaffen wurden. Daß die Menschheit fast alle humaneren Formen und Gesetze des Zusammenlebens verantwortungsbewußten außerkirchlichen Kräften verdankt. Daß die Kirche, wie nicht ein Gegner des Christentums, sondern der bedeutende protestantische Theologe Martin Dibelius schreibt, stets die »Leibwache von Despotismus und Kapitalismus« gewesen ist. »Darum waren alle«, wie der christliche Gelehrte bekennt, »die eine Verbesserung der Zustände dieser Welt wünschten, genötigt, gegen das Christentum zu kämpfen.«

Hubertus Mynarek

Wie »progressive« Theologen das Christentum »retten«

Der Katholizismus der Gegenwart beweist, wie alle Katholizismen vergangener Generationen, eine erstaunliche Anpassungsfähigkeit. Und er hat den Finger am Puls der Zeit, besitzt eine sensible Antenne für das, was gerade »in« ist. Mag die Amtskirche mit dem theokratischen Papst an der Spitze sich noch so fundamentalistisch, doktrinär, autoritär und dogmatisch gebärden, ihre Theologen und Schriftsteller von links bis rechts sorgen schon dafür, daß die katholische Kirche im Gespräch, in den Medien, in der Aktualität bleibt. »In« ist selbstverständlich der Feminismus, der (durchaus berechtigte) Kampf der Frauen um ihre Rechte, ihr Widerstand gegen die patriarchalischen Relikte in den gesellschaftlichen Strukturen – also schreibt der katholische Journalist Franz Alt seinen Bestseller *Jesus – der erste neue Mann*, weil dieser eben, nach Alt, als erster und als unser bleibendes Vorbild die Weiblichkeit, das weibliche Prinzip, die Anima, in sich voll integriert habe. (C. G. Jung läßt grüßen! Denn dieser Jesus ist weit mehr den Kategorien der Tiefenpsychologie Jungs entnommen als dem Neuen Testament.)

Inzwischen hat sich längst, trotz der vielen Geschichten vom guten Jesus im »Wort zum Sonntag« und von den Kanzeln, in breiteren Kreisen herumgesprochen, daß wir streng wissenschaftlich-historisch nichts Genaues, nichts absolut Sicheres über Jesus von Nazareth wissen. Da trifft es sich gut, daß am Ende des 20. Jahrhunderts und angesichts des Zusammenbruchs so vieler wissenschaftlicher Theorien die tiefere Bedeutung der Mythen wiederentdeckt wird.[1] Zwar steht es schlecht um die historische Wahrheit der Worte und Taten Jesu, doch dagegen steht es um so besser um den verborgenen, archetypischen Tiefen-Sinn in den Erzählungen der Ur- und Frühchristen von Jesus! In diese Kerbe hauen gleich zwei theologische Bestsellerautoren: Eugen Drewermann und Peter de Rosa, der erstere wissenschaftlich versierter, der letztere populärer. Beide aber wollen Jesus retten – retten als Vorbild für die Menschen des ausgehenden zweiten und des beginnenden dritten Jahrtausends.[2]

Es gibt noch eine dritte Ebene, auf welcher der Katholizismus seine uralten Anpassungs- und Weltumarmungskünste zelebriert. Man muß nämlich nicht unbedingt auf der Schiene der Mythologie fahren, um Jesus und das Christentum für die Menschheit zu retten; man kann das auch über die Ethik versuchen. Daß die Schar der gläubigen Christen von Tag zu Tag kleiner wird, daß die Plausibilität jeder Art dogmatischen Christentums ständig schrumpft und fast bis auf den Nullpunkt gesunken ist, weiß inzwischen so gut wie jeder. Da schaut so mancher Christ, Theologe oder Kirchenmann nicht ohne Anflug von Neid auf die durch keinerlei Zweifel angekränkelten fundamentalistisch und vital gläubigen Massen im Islam oder auch auf buddhistische, taoistische und hinduistische Strömungen, die einen derart lebhaften Einfluß auf die nichtkirchlichen spirituellen Bewegungen des Westens ausüben. Also versuche man es doch mal mit *Ethik*, sagen sich da die Verteidiger des Christentums. »Projekt Weltethos« heißt es bei Küng.[3] Man sehe einmal von den ganzen glaubensmäßigen, dogmatischen, ideologischen und anderen Differenzen zwischen den Religionen ab und schaue auf das gemeinsame ethische Fundament! Was dabei herauskommt, sind zwar im großen und ganzen nur ethische Gemeinplätze (Gerechtigkeit, Gleichheit, Frieden und dergleichen, die auch eine säkulare Gesellschaft ohne Bemühung der Religion kennt und anerkennt) und Abstracta, denn gerade das ethische Sondergut der einzelnen Religionen ist das Interessante und Wertvolle wie auch Lebendige an ihnen. Aber man bereitet doch auf diesem Weg vom Christentum aus die Brücke, auf der man ins interreligiöse Gespräch mit den Vertretern anderer nichtchristlicher Weltanschauungen kommen kann. Und vielleicht läßt sich dann der eine oder andere doch herüberziehen, denn – so betonte jüngst Hans Küng in einem *Spiegel*-Gespräch mit Vertretern des Judentums und des Islams – das genuin

Christliche, das Handeln im Geist und in der Gesinnung Christi, dürfe einem ethisch-religiösen Synkretismus natürlich nicht zum Opfer fallen. Und in seinem Weltethos-Projekt wird Küng auch nicht müde, unentwegt die Gefahr einer Moral ohne Gott an die Wand zu malen. Menschliche Moral und Ethik würden hinfällig und unmöglich, wenn das Absolute, der Glaube an einen persönlichen Gott entschwinde.[4] Was wir aber tatsächlich in der Geschichte erlebt haben, war Unmoral in allen Spielarten im Namen des persönlichen christlichen Gottes: Judenpogrome, Kreuzzüge, Hexenverbrennungen, Ausrottung der Indianer und anderer »heidnischer« Völker, lodernde Scheiterhaufen für Ketzer, Schismatiker und Apostaten usw.

Die Küngs, die Drewermanns, die de Rosas betreiben das »Geschäft der Kirche« mit einer unüberbietbaren Effizienz. Wer kümmert sich denn unter den Intelligenteren noch um irgendwelche Verkündigungen der offiziellen Vertreter der Amtskirche oder um die beschwörend-nichtssagenden Predigten eines konservativen Pfaffen. Nein, wenn intelligentere Christen in der Kirche bleiben, dann deshalb, weil »intelligente« Theologen wie Küng, Drewermann oder de Rosa in ihr ausharren und gar nicht daran denken, aus ihr auszutreten.

In seinem Buch *Der Jesus-Mythos* geißelt Peter de Rosa scharf die unmenschliche, autoritäre Struktur der katholischen Amtskirche.[5] Die einzige Konsequenz wäre der Ausstieg aus dieser Institution, die Macht immer nur mißbraucht hat. Doch weit gefehlt. De Rosa betont bombastisch, daß er »praktizierender Katholik« sei.

Mit Tausenden von Wendungen entlarvt de Rosa auch die Unhistorizität der Anfänge des Christentums, zeigt er beredt, daß nur noch Blinde oder Naive mit der sogenannten historischen Wahrheit des Christentums hausieren gehen können. Wer jetzt aber dächte, das Christentum sei ad acta gelegt, der weiß nichts von einem gestandenen Katholiken. Nein: Nur die historische Wahrheit des Christentums ist passé – aber es lebt (und lebe!) die tiefere mythische (Sinn-)Wahrheit desselben. Und der Mythos ist ja bekanntlich nicht umzubringen. Er war niemals – aber er, seine tiefere Wahrheit, ist immer da, ist stets anwesend und wirksam.

Genauso verfährt de Rosa mit der »Wahrheit« eines persönlichen Gottes. In tausend Variationen betont er die Unerkennbarkeit Gottes oder die völlige Unmöglichkeit, einen Gott zu beweisen. Aber fast gleichzeitig – oder lediglich ein paar Zeilen oder Seiten später – kennt unser Autor schon wieder eine ganze Reihe von Eigenschaften Gottes. Vor allem aber weiß er ganz genau, daß es der böse Atheismus ist, der das Leben traurig und düster macht.[6]

De Rosas Buch ist zweifellos farbig geschrieben, wimmelt von Ironismen und Zynismen, von eingängigen, zum Lachen reizenden kritischen Formeln über die Amtskirche, über naiven und blinden Dogmenglauben. Aber immer dann, wenn man meint, jetzt habe der Autor die Kurve gekriegt, jetzt werde er geradlinig und eindeutig, schwenkt er um und lobt – selbstverständlich auf »tieferer Ebene« – das, was er gerade total zertrümmert zu haben scheint. Aber natürlich ist derjenige naiv, der solches feststellt. »Das, mein Freund, ist nämlich katholische Dialektik!« Und die wollte schon immer – seit Paulus! – allen alles sein.

Nicht anders als Peter de Rosa macht es der Theologe Eugen Drewermann, der augenblicklich grünste Zweig am »Lebens«-Baum des deutschsprachigen Katholizismus, zugleich ein besonderer Hoffnungsträger für Frauen zwischen 35 und 95, die von der Macho-Theologie der Amtskirche enttäuscht sind, von der mythischen und psychotherapeutischen Theologie Drewermanns jedoch fasziniert werden. Demnächst will er ja sogar ein Buch zu ihren Ehren, *Das Lob der Frauen*, herausgeben.

Drewermann, schwächt die der feministischen Theologie nahestehende Uta Ranke-Heinemann ab, sei doch nur ein »neuer Märchenerzähler«. Sie selbst bezeichnet sich in einem Interview in der *Bunten* als »cool und Historikerin«, die »keine Märchen mehr hören will, sondern was wirklich war und ist. Mit der totalen Erkenntnis natürlich.« Aber auch sie will den echten, authentischen Jesus retten, ihn aus dem Gestrüpp der Legenden, Märchen und frühchristlichen Geschichtslügen herauslösen, wie ihr neuestes Buch beweist.[7] Und ebenso will sie Gott reinwaschen, vom Vorwurf des Völkermords, den er in der Bibel befiehlt, befreien.

Auch ihr ist es aber unmöglich, die katholische Kirche zu verlassen. Denn zwar »muß man sich genieren vor jedem gebildeten Türken bei der Müllabfuhr mit solch einer Religion« wie der christkatholischen. Aber andererseits müsse sie sagen: »Ich bin ja sehr gut katholisch. 38 907,67 DM habe ich an Kirchensteuer im vorigen Jahr gezahlt. Der einzige Verein, wo ich Mitglied bin, ist die katholische Kirche, und das kostet mich eine Stange Geld.« Und außerdem: »Ich bin noch nicht am Ende meiner Kurzschlüsse. Deshalb bleibe ich also drin. Ich habe mich als theologische Abrißbirne des kirchlichen Märchengebäudes betätigt, zwecks eventuellen Neubaus.«

Und wie sie diesen Neubau errichten will! Nachdem nun fast zweitausend Jahre Männer als Päpste regierten, fordert sie für die nächsten zwei Jahrtausende »Päpstinnen mit Recht auf Heirat«.[8] Aber ob die theokratisch-autoritäre, antidemokratisch-hierarchische Struktur der katholischen Kirche wegfiele, wenn Frauen den Papstthron bestiegen, darf schon bezweifelt werden. »Macht korrumpiert, absolute Macht korrumpiert absolut«, lautet das Axiom des englischen Historikers Lord Acton. Von diesem Gesetz sind auch Frauen nicht ausgenommen.

Hier ist sie also wieder – auch bei Uta Ranke-Heinemann: die katholische Dialektik, die nur ein undifferenziert und zu geradlinig Denkender nicht kapieren kann oder will. Katholische Dialektik, das bedeutet: Du kannst die Kirche als grausam, unmenschlich, ja als absurdes Theater, als Tod der Freiheit, als Feindin jeglicher Emanzipation usw. bezeichnen, wie das forsch-freche Insidertheologen durchaus tun. Aber du mußt in ihr drinbleiben, denn außerhalb ihrer Mauern gibt es schon überhaupt kein Heil, ist alles noch viel schlimmer (»extra ecclesiam nulla salus«).

Deswegen emigriert auch Drewermann nicht aus dieser Kirche. Lieber läßt er sich als der von ihr verfolgte Märtyrer feiern. Keine Zeitung, die nicht Krokodilstränen über den »armen Verfolgten« vergösse. Dabei kann ihm der Entzug der kirchlichen Lehrerlaubnis gar nicht weh tun, denn seinen Publikationen gibt das einen neuen Popularitätsschub. Den kirchlichen Lehrauftrag, den er als Privatdozent an der theologischen Fakultät der Hochschule Paderborn wahrnahm, hat er zwar verloren. Aber er erhielt fast postwendend in einem anderen Universitätsbereich einen kulturwissenschaftlichen Lehrauftrag. Der Wirbel, den etwa Franz Alt in seiner »Report«-Sendung um ihn machte, war völlig grundlos. Es ist die aktualisierte Dramatisierung des uralten katholischen Theaters. Denn auf das, was die Konservativen, die Ewiggestrigen in der Kirche sagen und tun, gibt doch ernstlich niemand mehr etwas. Man kann also die Kirche für die Öffentlichkeit nur noch aufmöbeln und interessant machen, indem man Leute präsentiert, welche die Kirche »erneuern« wollen, deren »Herz blutet«, weil sich dieselbe so weit von ihren »perfekten Anfängen« entfernt habe.

In diese Kerbe haut auch der Theologe Drewermann. Den Entzug seiner kirchlichen Lehrerlaubnis nennt er »grotesk« und fügt gleich hinzu: »Das, was die Öffentlichkeit hier miterlebt, ist die Degeneration der Theologie zu einer Ideologie der verwalteten Macht, die sich selber als die Wahrheit setzt.« So sieht also die Degenerationstheorie eines progressiven Theologen aus! Die Theologie war gut, aber sie degenerierte zu einer Ideologie verwalteter Macht. In einem Interview mit dem *FAZ-Magazin* unterschied er zwischen einer »humanitären« und einer »autoritären« Form der Religion. Nach ihm war die humanitäre Form par excellence im Urstadium des Christentums verwirklicht. Er sieht zwar die Anfänge des Christentums anders als das kirchliche Lehramt, leugnet beispielsweise die Stiftung des Sakraments der Eucharistie und die Einsetzung des Priestertums durch Jesus, sieht in der jungfräulichen Geburt Jesu durch Maria nur ein Symbol. Aber gerade so, von allen amtskirchlichen Fehlsichten gereinigt, ist ihm Jesus Christus der absolute, unbezweifelbare Bezugspunkt des Glaubens.

Wie sehr Jesus und die Erlösung durch ihn auch für Drewermann unbezweifelbar normativ-maßgebend bleiben, zeigt auch ein Kapitel in seinem zweibändigen Werk *Tiefenpsychologie und Exegese*, das die Überschrift trägt: »Das Christentum ist nur kraft der Erlösung wahr – Sigmund Freud als Vorbild«. Freud wird da für eine romantisierende und verklärende Psychoanalyse und Therapie des Seelenlebens in Anspruch genommen, die mit dessen ausdrücklichem und eindeutigem Rationalismus und Atheismus gar nichts mehr zu tun hat, auch nicht mit seiner realistisch-nüchternen, teilweise sogar pessimistischen Sicht der menschlichen Psyche.

Dennoch ist Drewermann noch ein wenig redlicher als das Gros christlicher Theologen. Vieles, ja fast alles, was Christen als von den Evangelien und der Apostelgeschichte berichtete historische Tatsachen jahrhundertelang geglaubt haben, wird durch die historisch-kritische Methode als nicht existent, als nicht geschehen, als Märchen, Mythos, Legende, religiöse Intuition und Inspiration, als Übernahme aus anderen Religionen oder als Fälschung aufgedeckt. Andere Theologen wissen das ebenfalls. Aber sie halten sich mit der Enthüllung dieser Wahrheiten zurück – zwar weniger vor ihren Studenten, wohl aber fast durchgehend vor dem Kirchenvolk auf der Kanzel und im allsamstäglichen »Wort zum Sonntag«. In dieser Situation müßte die Kirche einem Theologen wie Drewermann eigentlich dankbar sein, der die auf der historischen Ebene in vielen Punkten nicht mehr haltbare »geschichtliche Wahrheit des Christentums« dadurch zu retten sucht, daß er sie auf einer anderen, tieferen Ebene neu etabliert. Gemeint ist die tiefenpsychologische Ebene, genauer: die Tiefenpsychologie C. G. Jungs mit ihren Archetypen, ihren kollektiven Urbildern. Gerade das ursprüngliche Christentum, wie auch andere Religionen, liefert nach Drewermann eine große Anzahl religiöstranszendentaler Urbilder von Ereignissen, Handlungen, Kultformen, Erfahrungen, Verhaltensweisen und Symbolen, die für die gläubigen Christen aller Jahrhunderte normativ und die Seele erbauend und aufbauend sind.

Drewermann weiß, daß es um die rational erforschte historische Wahrheit des Christentums nicht gut steht. Darum wendet er, der Belesene und Vielwissende, sich in *Tiefenpsychologie und Exegese* ähnlich wie die blindesten, unwissendsten Fundamentalisten gegen den Wert der Ratio, der Wissenschaft: »Religiös ist eine Auslegung religiöser Texte nur legitim, wenn sie innerlich ist; alles Historische aber ist äußerlich.« Oder: »Im Grunde stellt sich die Aufgabe, die Theologie christlich-abendländischer Prägung insgesamt aus dem Ghetto ihrer Verstandeseinseitigkeit herauszuführen.« Oder: »Die Exegese historisch-kritischer Provenienz wirkt wie ein Verfahren, geradezu vorsätzlich den tödlichen Atemwind der Moderne an die uralten Bilder und Symbole der Religion heranzuführen.« Oder, ganz fundamentalistisch: »Den Aberglauben, daß Wissenschaft eine

Form sei, objektiv Wahrheit zu suchen, habe ich hinter mir.« Mit Recht haben Kritiker darauf hingewiesen, daß Drewermanns Therapievorschlag für das Christentum auf »die Relativierung kritischer Vernunft und den Paradigmenwechsel zur Tiefenpsychologie als Medium der Glaubensaneignung« hinauslaufe.⁹ »Für ihn ist die historisch-kritische Exegese das Trojanische Pferd einer mit dem Glauben prinzipiell unvereinbaren rationalistischen Weltauffassung.«¹⁰

So schließt sich der Kreis zwischen dem im Augenblick als der kritischste Theologe geltenden Drewermann und den eingefleischtesten, kritiklosesten Fundamentalisten. Beide sind sich in der religiösen Ablehnung des historisch-kritischen Bibelverständnisses völlig einig. Freilich bleibt ein Unterschied: »Während jene allerdings, von Aufklärung und autonomer Vernunft völlig unberührt, im Namen eines unfehlbaren Systems von Glaubenswahrheiten die Geltung bibelkritischer Einsichten einfachhin abstreiten, räumt Drewermann die Wahrheit der historischen Kritik ein, um dann im selben Atemzug allerdings ihre gänzliche Irrelevanz und Unzuständigkeit in Glaubensdingen darzutun. Weil er sich keinen Illusionen darüber hingibt, daß die exklusiven Wahrheitsansprüche des Glaubens nicht mehr zu halten sind, wenn sie vor dem Gerichtshof autonomer Vernunft verantwortet werden müssen [...], propagiert er ein existentiell-psychologisches Glaubensverständnis, kurz: ersetzt er Wissenschaft durch Lebenshilfe.«¹¹

Aber damit kommt Drewermann aus dem grundlegenden Dilemma nicht heraus. Er weiß zwar wie wir, daß keine Religion, zumindest keine monotheistische, auf Hypothesen basieren kann. Deshalb sagt er: »Kein Mensch, der wissen will, wie er sein Leben einrichten soll, kann seine Existenz auf Hypothesen gründen«¹² (obwohl diese Behauptung, auf den mündigen einzelnen bezogen, genau falsch ist; nur Religionen als Kollektivanstalten benötigen hundertprozentig sichere Grundsätze, um die Labilen anzuziehen, ihnen eine scheinbare Sicherheit zu geben). Weil er also das Christentum nicht auf Hypothesen, das heißt unsicheren historischen Kenntnissen und Erkenntnissen, basieren lassen will, versucht er das ursprüngliche Christentum als den Idealfall der Erfüllung der religiösen Bedürfnisse nach Trost, Sinnstiftung, seelischer Ganzheit und Geborgenheit darzustellen. Gerade darin aber besteht das Dilemma: Wer tröstet, argumentiert nicht. Und wer argumentiert, der tröstet nicht. Auf jeden Fall ist nie auszuschließen, daß die Wahrheit hart und untröstlich sein kann. Und auf jeden Fall hat die neuzeitlich-aufklärerische Religionskritik von Feuerbach, Marx, Freud und anderen gezeigt, »daß die Wirksamkeit einer Religion, ihre Fähigkeit, Sinn zu stiften, Trost zu vermitteln und ethische Orientierung zu geben, von ihrer theoretischen Wahrheit unabhängig ist«. Man kann die Wahrheit des Glaubens nicht aus seiner tröstenden Kraft ableiten. Nur wenn Gott als Zentrum, als A und O monotheistischer Religionen, »nicht bloß ein ewiges Sehnsuchtsbild der menschlichen Psyche ist, sondern auch eine außerpsychische, unabhängige Existenz hat, ist der Trost der Religion keine Illusion«.[13]

Wer aber wie Drewermann das Christentum retten will, die Einsichten der historisch-kritischen Methode jedoch nicht übersehen kann, der muß fundamentalistisch an einem anderen Punkt ansetzen, der muß den »religiösen Irrweg der historisch-kritischen Methode« in der Bibelauslegung betonen, indem er ganz fundamentalistisch auf den absoluten Trost und die absolute Lebenshilfe setzt, welche die Schrift vermitteln soll. Dann kann er wieder wie Drewermann in seinem Franz Alt in der »Report«-Sendung gegebenen Interview mit Emphase und rhetorischem Pathos die »prophetische Mission« Jesu gegen die erstarrte Amtskirche von heute ins Feld führen. Nur: Einen historischen Beweis für die absolute Einzigartigkeit und die ethische Vollkommenheit des »größten Propheten«, ebendieses Jesus von Nazareth, kann er nicht führen. Jedoch: Viele wollen ohnehin nur getröstet werden. Wahr ist, was selig macht!

Drewermann hat das zur Zeit neueste, umfassendste, systematischste Konzept zur Rettung der christlichen Religion und Theologie erarbeitet. Daher muß man sagen: Wenn das ein die Kirche derart hart kritisierender Theologe tut, der in seinem Bestreben, das Christentum zu retten, zum »Fundamentalisten des vollkommenen Anfangs« wird, dann ist von vornherein dasselbe für die kleineren Geister in der christlichen Theologie der Gegenwart anzunehmen.

Das hier über führende heutige Insidertheologen Dargelegte bestätigt das Urteil eines scharfen, aber historisch unanfechtbaren Kirchenkritikers: »Wer in dieser Kirche noch ›etwas retten‹ will, ist entweder unwissend oder Opportunist oder von Mystik besoffen. Man kann in dieser Kirche längst nichts mehr retten, sondern nur sich noch und andere vor ihr! Denn Kirche, das ist eine Praxis, die blind macht, um führen, die krank macht, um heilen zu können; die in Nöten hilft, die man ohne sie gar nicht hätte; das Gängeln derer, die noch immer glauben, durch jene, die es nicht mehr tun.«[14]

Der Autor der *Kriminalgeschichte des Christentums*, der dieses Urteil ausgesprochen hat, Karlheinz Deschner, bezieht es auch auf Hans Küng. Doch trifft das, was er zu diesem Theologen sagt, mutatis mutandis ebenfalls auf andere »progressive«, »liberale« und »kritische« Theologen zu: »Wer die Wahrheit verdreht bis zu der Lüge, die Kirche habe nichts von der Wahrheit, alles von der Unwahrheit zu fürchten, wer seine schonsamen, ja so fürsorglichen Angriffe auf ein Dogma kapriziert, nicht um es zu entlarven, sondern weniger angreifbar zu machen, und dabei die Welt vergessen läßt, daß die anderen – wie oft durch Verbrechen und Gaunerei erstrittenen – Glaubenssätze dieser Kirche doch genauso unlogisch, widervernünftig, absurd und historisch-kritisch leicht zu widerlegen sind, der kennt entweder keine Kirchengeschichte oder keine Redlichkeit; der betreibt, mehr als der konservativste Kirchenknecht, den Fortschritt der finstersten Reaktion. Und es ist grotesk, ja satirereif, daß dieser Mann, der seit Jahren vermutlich mehr Publizität genießt als jeder andere Theologe unserer Zeit, der weiterhin einen wohldotierten Lehrstuhl, weiterhin ein hohes Ansehen, weiterhin ein Millioneneinkommen aus seinen Büchern hat, ringsum von der Presse zu einem Märtyrer, einem zweiten Galilei hochgejubelt wird, als schrieben unsere Zeitungen Idioten.«[15]

Inzwischen scheint wenigstens Küng tatsächlich kein Märtyrer mehr bleiben zu wollen. In der letzten Zeit hat er immer wieder betont, daß er das Klischee des ewigen Kirchen- beziehungsweise Papstkritikers loswerden möchte. In der eben erschienenen Festschrift zu Küngs 65. Geburtstag erklären Freunde dieses Theologen es geradezu für absurd, »diesem *Verteidiger und Diener des katholischen Glaubens* seine Katholizität kraft höchster Verfügung« absprechen zu wollen. Das sei gerade angesichts von Küngs Wirkungen in der Öffentlichkeit absolut absurd. Dem ist nichts mehr hinzuzufügen, denn es spricht für sich und bestätigt die Hypothese dieses Beitrags, daß auch noch die progressivsten, kritischsten Theologen das kirchliche System stützen, ja, daß sie es wahrscheinlich am wirksamsten fördern.

Edgar Baeger

Staat und Kirche

Im Jahr 1958 erschien in Deutschland ein Buch mit dem bemerkenswerten Titel *Die Zukunft des Unglaubens*[1]. Dieses Buch erregte seinerzeit einiges Aufsehen, bekannte sich doch in jenen Jahren eine geradezu überwältigende Mehrheit der bundesdeutschen Bevölkerung zu den christlichen Kirchen. Selbst im Jahr 1970 wies die damalige Volkszählung noch einen Bevölkerungsanteil von 93,6 Prozent als Mitglieder der beiden großen christlichen Kirchen aus (44,6 Prozent Katholiken, 49 Prozent Protestanten). So gesehen hatte Gerhard Szczesny, der Autor des genannten Buches, schon beträchtlichen Mut, angesichts solcher Zahlen und gegen nahezu die gesamte veröffentlichte Meinung jener Zeit Thesen zu vertreten wie die folgenden:

- Der eigentliche Inhalt der christlichen Heilslehre sei für einen vorherrschenden Typ des zeitgenössischen Menschen unannehmbar und gleichgültig geworden.
- Die »Glaubenslosigkeit« sei nicht mehr das Vorrecht einer besonders aufgeklärten Minderheit, sondern Schicksal eines sich wahrscheinlich in der Mehrheit befindenden Typs des westlichen Menschen.
- Man stehe in den Endstadien der restaurativen Phase einer Übergangsepoche. Die noch für einige Jahrzehnte zu veranschlagende Vorherrschaft konservativ eingestellter Generationen täusche darüber hinweg, daß die Mehrzahl der Zeitgenossen die entscheidende Wende bereits vollzogen habe.
- Der Grund dafür, daß viele Menschen darauf verzichteten, von

ihrer Glaubens- und Gewissensfreiheit Gebrauch zu machen, sei jene anonyme, aber allmächtige Zensur, die sich öffentliche Meinung nenne.

– Der politische und geistige Autonomieanspruch des Zivilisationsbürgers lasse sich mit der genuin autoritären Struktur des christlichen Weltbildes niemals vereinbaren.

Heute, fünfunddreißig Jahre nach der Erstveröffentlichung seines Buches, lassen sich die Aussagen Gerhard Szczesnys, zumindest hinsichtlich ihrer tendenziellen Prognosen, überprüfen. Waren vor der Wiedervereinigung Deutschlands bereits 15,9 Prozent der Bevölkerung nicht mehr Mitglied der beiden christlichen Großkirchen (Stand 1988), so führte die Wiedervereinigung zu einem Sprung in dieser Entwicklung. Derzeit kann davon ausgegangen werden, daß nahezu jeder vierte Bundesbürger nicht mehr Mitglied einer Kirche ist. Zum Katholizismus bekennen sich noch 35 Prozent, zum Protestantismus 39 Prozent der Deutschen. Zugleich ist aber die Kirchenaustrittsrate deutlich angestiegen, so daß die Abnahme der Anzahl der Kirchenmitglieder nicht mehr zeitlich linear, sondern beschleunigt verläuft. Wenn die These Szczesnys zutrifft, daß nur der massive Druck der öffentlichen Meinung große Teile einer bereits ungläubigen Bevölkerung davon abhält, die Konsequenz des Kirchenaustritts zu ziehen, dann ist in der Tat eine Zunahme der Kirchenaustrittsrate zu erwarten. In dem Maße, in dem es dem klerikal-konservativen Lager nicht mehr gelingt, den Eindruck einer staatsbeherrschenden Macht aufrechtzuerhalten, schwindet für eine zunehmende Anzahl von Menschen die Motivation, gesellschaftliche Anerkennung und Sicherheit durch Mitlaufen in der großen Herde der Gläubigen zu suchen. Naturgemäß müßten sich diese Tendenzen zunächst in den Ballungszentren mit ihren anonymen Menschenmassen abzeichnen und erst wesentlich später in kleineren Städten oder gar Dörfern sichtbar werden. Tatsächlich verläuft die zu beobachtende Entwicklung in ebendieser Weise: In Berlin beispielsweise stellen die Konfessionsfreien mit 47 Prozent der Bevölkerung bereits den größten Anteil, verglichen mit 36 Prozent Protestanten und 9 Prozent Katholiken. In den beiden Stadtstaaten Norddeutschlands ist der Anteil der Christen ebenfalls drastisch zurückgegangen, auf 50 Prozent in Hamburg und auf 60 Prozent in Bremen.[2]

Dennoch trägt die Politik dieser Entwicklung bislang in keiner Weise Rechnung. Die gesellschaftliche Situation in Deutschland ist vielmehr weiterhin gekennzeichnet durch eine massive Privilegierung des christlichen Bevölkerungsteils, eine Mißachtung des Grundgesetzauftrages zur religiös-weltanschaulichen Neutralität des Staates und teilweise sogar durch Versuche, staatliche Einrichtungen mißbräuchlich dafür einzusetzen, der zunehmenden Entchristianisierung entgegenzuwirken. Bei den Überlegungen zu einer durch die Wiedervereinigung bedingten Verfassungsreform ist bislang keine Bereitschaft erkennbar, auch das Verhältnis von Staat und Kirchen in Deutschland einer Revision zu unterziehen. Eine derartige Politik ist jedoch auf Dauer gefährlich. Werden nämlich große Teile eines Staatsvolkes auf Grund ihrer Weltanschauung oder Religion permanent benachteiligt, also als Bürger zweiter Klasse behandelt, dann können sich jene Spannungen aufbauen, die sich oft erst nach Jahrzehnten gewalttätig entladen.

In dem Jahr, in dem diese Zeilen geschrieben werden, lassen sich weltweit drastische Beispiele finden, die zeigen, welche Folgen Spannungen zwischen religiösen Gruppen innerhalb eines Staates haben können. Auch wenn soziale, historische, rassische oder nationale Komponenten bei diesen Auseinandersetzungen mitspielen können, ist es keine Frage und in der Geschichte leider durchgängig zu belegen, daß das Herrschaftsstreben der organisierten Religion einen wesentlichen Anteil an Kriegen und Massakern hat.

Die Fernsehanstalten liefern die grausamen Bilder der Folgen religiös motivierten Hasses beinahe täglich in die Wohnzimmer. Bilder aus Indien von Massakern zwischen Sikhs und Hindus oder zwischen Hindus und Muslimen; Bilder aus dem ehemaligen Jugoslawien, in denen der Pope den serbischen und der katholische Priester den kroatischen Panzer segnet; den jungen serbischen Kämpfer, der dem Reporter erklärt, bisher hätten die Christen es noch immer geschafft, das Entstehen eines islamischen Staates in diesem Lande zu verhindern, und sie würden es auch jetzt wieder schaffen; Bilder aus

Nordirland von schwerbewaffneten Soldaten und Polizisten, denen es nicht gelingt, das Morden der protestantischen und katholischen Killerkommandos zu beenden; Bilder von den Kämpfen zwischen Muslimen und Christen in den Randstaaten der ehemaligen Sowjetunion.

Fundamentalistische Muslimfanatiker morden und terrorisieren in vielen Staaten der arabischen Welt, um den jeweiligen Staat zu einem islamischen »Gottesstaat« umzugestalten. Die furchtbaren Opfer bei den »Säuberungen« im Innern solcher »Gottesstaaten« sind noch nicht gezählt. Das Bild wäre unvollständig ohne Erwähnung der religiös motivierten Konflikte in Afrika und im südostasiatischen Raum.

In seinem Buch *Der ideologische Wahn*[3] nennt J. G. Thieme die Ideologien zu Recht »die Geißel, mit der die Menschheit seit unzähligen Jahrtausenden gezüchtigt wird«. Die gleichrangige Behandlung der politischen und der religiösen Ideologien in seinem Buch ist absolut gerechtfertigt. Über die Verantwortung oder zumindest Mitverantwortung der organisierten Religion für unsägliche Massaker, gerade auch im europäischen Raum, kann sich heute jeder informieren, der die verfügbare religions*kritische* Literatur[4] heranzieht. Die These, die organisierte Religion habe den Menschen überwiegend Gutes gebracht, kann angesichts der geschichtlichen Tatsachen allenfalls von jenen vertreten werden, denen eine frühkindliche religiöse Prägung nur noch eine hochgradig selektive Wahrnehmung bestimmter Fakten gestattet, wie Franz Buggle eindrucksvoll belegt.[5] Allzu vieles spricht dafür, daß der Anspruch, im alleinigen Besitz einer absoluten Wahrheit zu sein, eine der wichtigsten Ursachen für Intoleranz und Haß auf Andersdenkende ist. Es ist den Ideen der Aufklärung zu verdanken, daß Prinzipien wie Toleranz, Religionsfreiheit, Gleichberechtigung, Minderheitenschutz zu den Grundlagen zivilisierter Staaten gehören. Diese Prinzipien verlangen zwingend einen in religiöser und weltanschaulicher Hinsicht neutralen Staat. Nur ein Staatswesen, in dem dieser Grundsatz beachtet wird, kann eine »Heimstatt für alle Staatsbürger« sein, wie es das Bundesverfassungsgericht in einer Entscheidung gefordert hat. Ein religiös-weltanschaulich neutraler Staat kann aber nur ein Staat sein, in dem Staat und Kirche getrennt sind. Dabei ist zu beachten, daß ein derartiger Staat keineswegs ein religionsfeindlicher Staat ist, denn das Prinzip der Religionsfreiheit und das Recht zur ungestörten Religionsausübung sind untrennbare Bestandteile dieser Staatsauffassung.

Das Eintreten für einen in weltanschaulicher Hinsicht neutralen Staat und damit für eine eindeutige Trennung von Staat und Kirchen ist keine religionsfeindliche Haltung. Vielmehr ist die Durchsetzung dieses Prinzips die wichtigste Voraussetzung für den inneren Frieden in jedem Staat. Es soll Ziel der folgenden Ausführungen sein, darzustellen, inwieweit Verfassung und Verfassungswirklichkeit in der Bundesrepublik diesem Anspruch gerecht werden.

Das Grundgesetz der Bundesrepublik Deutschland enthält durchaus Rechtsnormen, die der Zielsetzung eines weltanschaulich neutralen Staates entsprechen. Es legt in einem grundlegenden Artikel (Art. 3 [III]) fest, daß niemand wegen seines Glaubens oder seiner religiösen Anschauungen *benachteiligt* oder *bevorzugt* werden darf. Auch der Genuß bürgerlicher und staatsbürgerlicher Rechte, die Zulassung zu öffentlichen Ämtern und im öffentlichen Dienst erworbene Rechte sind unabhängig vom religiösen Bekenntnis. Niemandem darf aus seiner Zugehörigkeit oder Nichtzugehörigkeit zu einem Bekenntnis oder einer Weltanschauung ein Nachteil erwachsen (Art. 33 [III]).

Doch leider war die christliche Lobby bereits in der verfassunggebenden Versammlung bemüht, diese eindeutigen Grundsätze zu relativieren und zu verwässern. Auf die damals geführten Auseinandersetzungen ist die Kuriosität zurückzuführen, daß einige der Kirchenartikel der Weimarer Reichsverfassung vom 11. August 1919 Bestandteil des Grundgesetzes wurden. Allein schon auf Grund dieser Entstehungsgeschichte ist die Vermutung naheliegend, daß dieser Schachzug dem Prinzip eines weltanschaulich neutralen Staates nicht gerade förderlich sein sollte. Zwar gerieten dadurch einige Sätze in die neue Verfassung, die die christliche Lobby lieber nicht mit übernommen hätte, jedoch waren die übrigen Vorteile dieser verfassungsrechtlichen Flickschusterei für die Sache der christlichen Großkirchen viel entscheidender. Der Satz »Es besteht keine Staatskirche« und das Gebot zur Ablösung der »Staatsleistungen« waren die für die christlichen Interessenvertreter mißlichen Formulierungen. Die gravierenden Vorteile der übrigen Rechtskonstruktionen überwogen diese Nachteile jedoch bei weitem. An erster Stelle ist hier die Privilegierung der christlichen Kirchen als »Körperschaften des öffentlichen Rechts« zu nennen. Im Grunde genommen handelt es sich hierbei um eine absurde Konstruktion, denn eine »Körperschaft des öffentlichen Rechts« ist definiert als ein *mitgliedschaftlich organisierter Verband*, der *staatliche Aufgaben* mit *hoheitlichen Mitteln* unter *staatlicher Aufsicht* wahrnimmt. Einen solchen Status einer Religionsgesellschaft zuzuerkennen ist juristische Pfuscharbeit, denn religiöse Anliegen können und dürfen keine staatlichen Aufgaben sein.[6] Der Grund für die damalige Handlungsweise wird jedoch sehr schnell einsichtig, wenn man weiß, daß mit diesem Rechtsstatus den so privilegierten Religionsgesellschaften das Recht verliehen wird, »auf Grund der bürgerlichen Steuerlisten nach Maßgabe landesrechtlicher Bestimmungen *Steuern zu erheben*«. Damit wurde dieser Artikel 137 (V) und (VI) der Weimarer Reichsverfassung die Grundlage für den Kirchensteuereinzug. Die Bedeutung dieses Schachzuges für die Finanzierung der christlichen Großkirchen kann gar nicht überschätzt werden. Der Einzug ihrer Mitgliedsbeiträge durch die staatliche Finanzverwaltung in Form einer Steuer machte die christlichen Großkirchen der Bundesrepublik mit zu den reichsten Kirchen der Welt. Hierzu trug der Umstand bei, daß die Kirchen schlauerweise ihre »Kirchensteuer« an die Lohn- und Einkommensteuer koppelten. Damit ist die laufende, automatische Dynamisierung ihrer Einnahmen verbunden – sie wachsen mit den Einkommen und Löhnen der Kirchenmitglieder ohne jedes Zutun der Religionsgesellschaften. Betrugen die Kirchensteuereinnahmen der beiden christlichen Kirchen im Jahr 1970 noch 3,98 Milliarden Mark, so waren es im Jahr 1990 infolge der dynamischen Anpassung bereits 14 Milliarden Mark.

Wer jemals mit der Verwaltung von Vereinsbeiträgen befaßt war, kann ermessen, welch immenses Privileg den christlichen Kirchen hier zugestanden wurde. Für sie sind seither die Buchhaltungen aller deutschen Firmen als kostenlose Beitragsinkassostellen für abhängig Beschäftigte tätig. Das Beitreiben der kirchlichen Mitgliedsbeiträge von Selbständigen besorgt die staatliche Finanzverwaltung. Die leidigen Diskussionen bei den Jahreshauptversammlungen der Vereine über die Anpassung der Mitgliedsbeiträge an die Kostenentwicklung brauchen die christlichen Kirchen nicht zu führen. Obwohl die Kirchen den Staat für seine Inkassodienste mit rund 3 Prozent des Kirchensteueraufkommens entschädigen, bleibt dieser Betrag weit hinter dem zurück, den ein eigener Apparat zum Beitragsinkasso die Kirchen kosten würde.[7]

Eine der vielen Absurditäten, zu denen diese Regelung geführt hat, kann man heute, da der Begriff Datenschutz jedem geläufig ist, leicht veranschaulichen: Der Artikel 136 (III) der Weimarer Reichsverfassung, der ebenfalls in das Grundgesetz übernommen wurde, soll gewährleisten, daß niemand gezwungen ist, seine religiöse Überzeugung zu offenbaren. Aber schon der nächste Satz dieses Verfassungsartikels macht die eben gegebene Zusicherung völlig wertlos. Danach haben die Behörden dann ein Recht, nach der Religionszugehörigkeit zu fragen, wenn davon Rechte und Pflichten abhängen. Zu solchen Pflichten gehört aber die Verpflichtung der Kirchenmitglieder zur Entrichtung der Kirchensteuer. Dadurch erfährt nunmehr zwangsläufig jeder Arbeitgeber über den Eintrag in der Lohnsteuerkarte, ob ein Arbeitnehmer einer Religionsgesellschaft angehört und gegebenenfalls welcher. Dies ist eine durchaus typische Erscheinung unserer Verfassungswirklichkeit: Das Bestreben, den christlichen Kirchen Privilegien zu sichern, führt zu systemwidrigen Verfassungskonstruktionen, die ihrerseits wieder zu rechtlich sehr bedenklichen Folgeerscheinungen führen.

Ein weiterer Begriff, der mit der Übernahme der Kirchenartikel aus der Weimarer Reichsverfassung im Grundgesetz des neuen Staates auftauchte, ist der Begriff der »Staatsleistungen«. Auf dubioser Rechtsgrundlage, nämlich als Entschädigung für im Jahr 1803 (!) säkularisiertes Kirchenvermögen, kassierten und kassieren die christlichen Kirchen beachtliche Summen aus den Länderhaushalten. Nach Horst Herrmann[8] liegen diese derzeit bundesweit bei über 1 Milliarde Mark. Sie werden ausgewiesen als Zuschüsse für das Einkommen von Geistlichen, als Sachmittel für Ordinariate und Domkirchen, Unterhalt von kirchlichen Gebäuden, Bauverpflichtungen für Kirchenbauten und vieles mehr.[9] Horst Herrmann hat auf die in diesem Zusammenhang sich aufdrängenden Fragen hingewiesen, u. a.: Ob sich die Kirchen seinerzeit auf Rentenbasis haben enteignen lassen? Für welche anderen Institutionen oder Personen unser Staat nach derartigen Zeitspannen noch Entschädigungen glaubt zahlen zu müssen? Woher wohl das seinerzeit enteignete Kirchenvermögen stammte? Ob denn die Kirchen jemals ihre Opfer entschädigt haben?[10] Die Ablösung dieser Staatsleistungen wird zwar in der Verfassung gefordert, aber die meisten der deutschen Bundesländer haben diesen Verfassungsauftrag bis zum heutigen Tag ignoriert. Daß ein Staat von seinen Bürgern Treue zur Verfassung fordert, jedoch seinerseits einen eindeutigen Verfassungsauftrag seit dem Jahr 1919 mißachtet, wird offenbar für unproblematisch gehalten.

Hier muß auch noch der Artikel 141 der Weimarer Reichsverfassung erwähnt werden. Dieser Artikel regelt die »Seelsorge« in Krankenhäusern, Strafanstalten, sonstigen öffentlichen Einrichtungen und im »Heer«. Zwar heißt es im Text lediglich, die Religionsgesellschaften seien zur Vornahme religiöser Handlungen *zuzulassen* (wobei jeder Zwang fernzuhalten sei!), in der Praxis jedoch wurde dies einfach zu einer Verpflichtung des Staates umgefälscht, die Vornahme religiöser Handlungen auch noch zu finanzieren. Der wohl spektakulärste Teil aus diesem Komplex ist die »Militärseelsorge«, die den Steuerzahler jährlich rund 50 Millionen Mark kostet. Militärgeistliche haben den Status von Staatsbeamten. Der von ihnen erteilte »lebenskundliche Unterricht« ist ein allgemeiner Unterricht in der Truppe während der regulären Dienstzeit. Daß hier den Kirchen ein Missionsfeld eröffnet werden soll, wird in aller Unverfrorenheit zugegeben. In einer Talkshow des ZDF, die am 22. Oktober 1992 ausgestrahlt wurde, sagte ein Staatssekretär des Verteidigungsministeriums vor laufender Kamera, er habe anläßlich der Eingliederung von Teilen der ehemaligen »Nationalen Volksarmee« der untergegangenen DDR (überwiegend konfessionsfrei!) einem protestantischen Bischof gegenüber erklärt: ›Ich biete Ihnen eine Armee zur Missionierung an.‹ Es ist durchaus kennzeichnend für die Situation in der Bundesrepublik Deutschland, daß ein hochrangiger Beamter im Verteidigungsressort offen zu verstehen geben kann, er denke gar nicht daran, das Recht der ihm anvertrauten Wehrpflichtigen auf Weltanschauungsfreiheit zu respektieren, ohne irgendwelche Konsequenzen befürchten zu müssen. Hier zeigt sich immer noch in aller Deutlichkeit die uralte Symbiose zwischen Kirchen und Militär: Als Gegenleistung für die »moralische Aufrüstung« der Truppe wird den Kirchen ein staatlich finanziertes Missionsfeld geboten.

Unabhängig von dem Coup mit den Kirchenartikeln der Weimarer Reichsverfassung gibt es noch eine weitere Stelle im Grundgesetz, die im Sinne eines weltanschaulich neutralen Staates vollkommen systemwidrig ist: die Garantie des Religionsunterrichts nach Art. 7(I)–(III). Bemerkenswert: Außer dem Religionsunterricht wird kein anderes Schulfach in der Verfassung erwähnt. Der Umstand, daß ausgerechnet die Weitergabe religiöser Lehren zu einer Staatsaufgabe gemacht wird, ist eine der problematischsten Aussagen im Grundgesetz. Dieses »ordentliche Lehrfach« ist ein ausgesprochener Fremdkörper im Schulsystem: Die Inhalte dieses Faches können von den Schulbehörden nur im Einverständnis mit den Religionsgesellschaften festgelegt werden. Funktionäre der religiösen Organisationen dürfen in diesem Fach an den Schulen agieren. Kein anderes Fach spaltet den Klassenverband aus ideologischen Gründen. Kein Lehrer darf gegen seinen Willen verpflichtet werden, Religionsunterricht zu erteilen, und die Erziehungsberechtigten haben das Recht, über die Teilnahme ihrer Kinder an diesem Unterrichtsfach zu befinden. Daß das staatliche Schulsystem, das von den Kindern aller Staatsbürger in Anspruch genommen werden *muß*, Religionsgesellschaften zur religiösen Prägung der Kinder ihrer Anhänger zur Verfügung gestellt wurde, ist in der Schulpraxis eine Quelle unendlicher Ärgernisse für den Bevölkerungsteil, der diesen Religionsgesellschaften nicht angehört. Die auf diesem Gebiet immer wieder vorkommenden Gesetzesverstöße und Schikanen sind konfessionsfreien Eltern nur zu gut bekannt.

Auch in finanzpolitischer Hinsicht hat die Einführung in die religiösen Lehren bestimmter Religionsgesellschaften in Form eines »ordentlichen Lehrfaches« an staatlichen Schulen enorme Konsequenzen. Wie nicht anders zu erwarten, wird hieran die Verpflichtung des Staates festgemacht, die Besoldung der Religionslehrer zu übernehmen und für deren Ausbildung an staatlichen Hochschulen Sorge zu tragen. Die Einrichtung und die Unterhaltung der hierfür erforderlichen theologischen Fakultäten schlägt ebenfalls mit beträchtlichen Kosten zu Buche. Nach Horst Herrmann hat im Jahre 1987 allein das Bundesland Nordrhein-Westfalen für den Unterhalt der theologischen Fakultäten 25 Millionen Mark und für die Besoldung von Religionslehrern 292 Millionen Mark aufgebracht.[11]

Wie immer, wenn zugunsten kirchlicher Privilegien ein grundlegendes Verfassungsprinzip durch spezielle Artikel derselben Verfassung wieder unterlaufen wird, stellen sich oftmals an anderer Stelle äußerst bedenkliche Folgeerscheinungen ein, sozusagen »als Fluch der bösen Tat«. Als ein Beispiel hierfür muß die an theologischen Fakultäten nicht existierende, obschon von der Verfassung für staatliche Hochschulen ausdrücklich garantierte Lehrfreiheit genannt werden. Eine Reihe von Lehrentzugsverfahren, für die hier stellvertretend die Namen Herrmann, Küng und Ranke-Heinemann stehen sollen, sprechen diesbezüglich eine deutliche Sprache. Daß für die finanziellen Folgen dieser Lehrentzugsverfahren, wie könnte es in der Bundesrepublik auch anders sein, nicht die intolerante Religionsgesellschaft, sondern der Steuerzahler aufkommen muß, versteht sich fast von selbst. Allein an der Universität Tübingen mußten auf Grund solcher Vorgänge vier Lehrstühle neu besetzt werden, mit entsprechenden finanziellen Konsequenzen für das Land Baden-Württemberg.

Eine Verfassung bildet das Fundament für die nachrangige Gesetzgebung. Jedes andere Gesetz, das in der Bundesrepublik Anwendung findet, von Landesverfassungen bis zu kommunalen Verordnungen, vom Zivilrecht bis zum Strafrecht, muß auf seine Vereinbarkeit mit der Verfassung geprüft werden können. Deshalb sind an die Formulierungen in einem Verfassungstext extrem hohe Anforderungen zu stellen. Ebensowenig, wie ein in sich widersprüchliches Axiomensystem in der Mathematik für die Ableitung weiterer Gesetze tauglich ist, kann eine in sich widersprüchliche Verfassung den an sie zu stellenden Forderungen gerecht werden. So ist beispielsweise der fundamentale Grundsatz, daß niemand wegen seines Glaubens oder Bekenntnisses benachteiligt oder bevorzugt werden darf, bereits im Grundgesetz durch so viele Privilegien, von denen in der Praxis ausschließlich die christlichen Großkirchen profitieren, relativiert, daß der Artikel 3 (III) des Grundgesetzes kaum das Papier wert ist, auf dem er gedruckt wurde. Von daher war zu erwarten, daß die nachrangige Gesetzgebung noch viel weniger Rücksicht auf diesen Grundsatz nehmen würde, wobei sich immer wieder zeigt, daß das in sich widersprüchliche Grundgesetz allenfalls als stumpfe Waffe zur Verteidigung der weltanschaulich-religiösen Neutralität des Staates brauchbar ist.

Was im Grundgesetz begonnen wurde, nämlich der organisierten Religion in Gestalt der beiden christlichen Großkirchen den Zugriff auf das staatliche Schulsystem zu ermöglichen, wird in den Verfassungen einiger Bundesländer noch wesentlich weiter getrieben. Hierbei handelt es sich vor allem um die Länder Bayern, Baden-Württemberg, Rheinland-Pfalz und Saarland. Bei der Formulierung der Landesverfassungen dieser Länder waren die politischen Mehrheitsverhältnisse offenbar so beschaffen, daß man das staatliche Schulsystem ganz hemmungslos auf die Ideologie des Christentums verpflichten konnte. Danach ist die Jugend stets »in Ehrfurcht vor Gott«, »nach den Grundsätzen der christlichen Bekenntnisse« und »auf der Grundlage christlicher Bildungs- und Kulturwerte« zu erziehen, und zwar »unabhängig von ihrer Religionszugehörigkeit«, wie die Landesverfassung des Saarlandes noch ausdrücklich betont. Diese Einrichtungen, die als »christliche Gemeinschaftsschulen« firmieren, versuchen nicht einmal mehr, auch nur den Anschein religiös-weltanschaulicher Neutralität zu erwecken. Zwar hat das Bundesverfassungsgericht in einer Entscheidung festgestellt, daß diese Schule keine missionarische Schule sein und keine Verbindlichkeit christlicher Glaubensinhalte beanspruchen darf. Außerhalb des Religionsunterrichts dürfe die Schule nicht christlich-konfessionell fixiert sein. Die Bejahung des Christentums beziehe sich in erster Linie auf die Anerkennung dieser Religion als prägenden Kultur- und Bildungsfaktor, wie er sich in der abendländischen Geschichte herausgebildet habe. Doch nutzt ein solches Urteil herzlich wenig.

Da die (mehrheitlich christlichen) Verfassungsrichter mit derartigen juristischen Eiertänzen unbedingt das Verdikt vermeiden wollten, daß solche Konstruktionen (selbst nach unserem widersprüchlichen Grundgesetz) schlicht verfassungswidrig sind, bestehen diese Artikel in den Landesverfassungen fort. Sie eröffnen klerikal orientierten Kultusministern immer wieder die Möglichkeit, versuchsweise, in einer Art »Salamitaktik«, die Konfessionalisierung des staatlichen Schulsystems auszuweiten. Hierher gehören die wiederholt unternommenen Versuche zur Einführung von Schulgebeten (wie neuerdings wieder in Bayern praktiziert) ebenso wie »Schulgottesdienste« sowie Versuche, konfessionsfreie Lehrer vor ihrer Verbeamtung schriftlich auf eine Erziehertätigkeit im Sinne der christlichen Glaubensinhalte und Wertvorstellungen zu verpflichten (auch hier hat sich wieder das Bundesland Bayern hervorgetan); kennzeichnend sind Äußerungen wie die des früheren baden-württembergischen Kultusministers Mayer-Vorfelder, wonach Atheisten »eigentlich« für die Ausübung des Lehramtes ungeeignet seien. Hierzu gehört auch die in vielen Bundesländern durchgängige Ausstattung aller Klassenräume in staatlichen Schulen mit Kruzifixen. Man darf gespannt sein, wie sich das Bundesverfassungsgericht bei einem in dieser Sache anhängigen Verfahren aus der Affäre ziehen wird.

In das von der christlichen Politik nachhaltig verfolgte Konzept einer christlichen Schule fügt sich nahtlos eine Veranstaltung ein, die bereits in einigen Landesverfassungen vorgesehen war: der »Ethikunterricht«. Das von christlichen Politikern offen zugegebene Ziel besteht darin, dafür zu sorgen, daß Schüler, die nicht am Religionsunterricht teilnehmen, dadurch nicht weniger Schulstunden haben. Es sollte schlicht erreicht werden, daß eine Abmeldung vom Religionsunterricht »keine Vorteile bietet«. Dieser Unterricht wurde vor allem auf Betreiben der christlichen Kirchen eingerichtet, unbeschadet dessen, daß diese Religionsgesellschaften hiermit für einen Personenkreis Forderungen aufstellten, für den zu sprechen sie nicht das geringste Mandat haben. Der Ethikunterricht ist mittlerweile in Bayern, Baden-Württemberg, Hessen, Rheinland-Pfalz, Niedersachsen und im Saarland eingeführt. Von den neuen Bundesländern ist nunmehr Brandenburg hinzugekommen. Das Unterrichtsfach trägt von Bundesland zu Bundesland die unterschiedlichsten Bezeichnungen: Unterricht über die allgemein anerkannten Grundlagen der Sittlichkeit (Bayern), Unterricht über die allgemein anerkannten Grundlagen des natürlichen Sittengesetzes (Rheinland-Pfalz), Unterricht in den allgemein anerkannten Wahrheiten des natürlichen Sittengesetzes (Saarland), Werte und Normen (Niedersachsen), Ethikunterricht (Baden-Württemberg, Hessen), Lebensgestaltung/Ethik (Brandenburg).

Der hier konzipierte Unterricht ist jedoch in dieser Form eindeutig verfassungswidrig. Nach dem Grundgesetz der Bundesrepublik Deutschland kann und darf es keine Pflicht geben, einer Religionsgesellschaft anzugehören und einen Religionsunterricht zu besuchen (andernfalls wäre das das Ende der Religionsfreiheit). Aus diesem Grunde müssen alle Ersatzfachkonstruktionen, und um solche handelt es sich ausnahmslos, verfassungswidrig sein. Wo keine Originalpflicht besteht, kann es keine Pflicht geben, einen Ersatz zu leisten. Gelingt es nicht, diese Ersatzfachkonstruktionen irgendwann einmal vor das Bundesverfassungsgericht zu bringen und als verfassungswidrig einstufen zu lassen, dann existiert eine Quasireligionspflicht an deutschen Schulen. Wer ihr nicht nachkommt (eine Forderung, die für konfessionsfreie Schüler eine Absurdität wäre), muß *ersatzweise* an einem Ethikunterricht teilnehmen.[12]

Die zusätzliche Diffamierung, die in dieser Konstruktion steckt, ist von christlichen Politikern durchaus beabsichtigt. Wer religiös erzogen wird, den befähigt seine Erziehung zu sittlich-ethischem Handeln. Wer areligiös erzogen werden soll, bei dem muß der Staat durch einen zwangsweise zu besuchenden Ethikunterricht die Grundlagen für moralisches und sittliches Verhalten vermitteln. Es ist beinahe unglaublich, wie viele konfessionsfreie Menschen in Deutschland sich dies ohne Widerstand bisher gefallen ließen.

Dabei hätten sie allen Grund, sich jeden Nachhilfeunterricht in Ethik, der ihren Kindern von einer christlichen Politik zugedacht wird, zu verbitten. Kirchen mit einer Kirchengeschichte, zu der untrennbar Erscheinungen wie Ketzerverfolgung, Heidenausrottung, Judenpogrome, Inquisition, Hexenverbrennung, Kreuzzüge gehören, sind in Fragen von Moral und Ethik grundsätzlich als inkompetent zu betrachten, um so mehr, als diese Erscheinungen in der Kirchengeschichte durchaus mit der vermittelten Lehre zu tun haben, wie Franz Buggle nachgewiesen hat.[13]

Den christlichen Kirchen und ihren politischen Helfern ist offenbar nicht bewußt, daß sie mit ihrer Forderung nach einem »Ethikunterricht« für nicht an einem Religionsunterricht teilnehmende Schüler den Bankrott ihres Religionsunterrichts erklären. Ganz offensichtlich sind die Segnungen dieser vom Staat finanzierten Glaubensunterweisung nicht mehr dazu angetan, den so Privilegierten das »Opfer« der dafür aufgewendeten Schulstunden einsichtig zu machen. Alle »gläubigen« Eltern und Elternvertretungen, im Verein mit ihren christlichen Politikern, scheinen nicht zu merken, was sie mit ihrer Forderung nach einem »Ethikunterricht« für konfessionsfreie Schüler über ihre eigene Religiosität dokumentieren. Eltern, die ihren Kindern einen Unterricht zukommen lassen, den sie für wertvoll halten, würden das wohl kaum davon abhängig machen, daß auch andere Kinder mit der gleichen Stundenzahl belastet (!) werden.

Neben dem Einzug der Kirchenmitgliedsbeiträge durch die staatliche Finanzverwaltung und der Finanzierung der religiösen Prägung im staatlichen Schulsystem ist ein dritter, großer Teilbereich zu diskutieren, in dem es zu einer intensiven Verfilzung von Staat und Kirche gekommen ist: die Konfessionalisierung beträchtlicher Teile des Sozialwesens. Die Grundlagen hierfür sind in diesem Fall nicht in verfassungsrechtlichen Regelungen zu suchen, sondern in der Übernahme eines Prinzips, das sich »Subsidiaritätsprinzip« nennt. Dieses Prinzip, dessen Übernahme in die Sozialgesetzgebung vor allem von der katholischen Kirche immer wieder rigoros gefordert wurde, klingt im ersten Augenblick durchaus plausibel: Es besagt, daß der Staat keine Sozialdienste übernehmen soll, wenn »freie Träger« solche anbieten. In der Tat, wenn eine gemeinnützige Hilfsorganisation, finanziert durch Mitgliedsbeiträge, Spenden und unentgeltliche Arbeitsleistungen ihrer Mitglieder, sich sozialer Aufgaben annimmt, warum sollte der Staat ihr Konkurrenz machen?! Die Probleme liegen, wie so oft, im Detail. Zunächst einmal ist der Begriff »freier Träger« nicht ganz unproblematisch. Betrachtet man als

Prototyp einer solchen Organisation beispielsweise Verbände wie das Rote Kreuz oder ein Hilfswerk der Vereinten Nationen (z. B. UNICEF), so wäre ein derartiger Trägerverband akzeptabel. Vereinigungen, die ausschließlich zum Zweck der Hilfeleistung gegründet wurden und bei denen unterstellt werden kann, daß sie ohne jede Nebenabsicht sich dieser Aufgabe widmen, kämen als »freie Träger« in Frage. Ganz anders sieht es aus, wenn die betreffende Hilfsorganisation einer Kirche, einer Sekte oder einer politischen Gruppierung zuzurechnen ist. Hier ist ein Motiv der Hilfe immer die Absicht, die eigene religiöse oder politische Ideologie zu verbreiten, das heißt, Mission oder Propaganda zu betreiben, unter Umständen in sehr subtiler Form. Ein in Not befindlicher Mensch, dem von einer solchen Organisation Hilfe geleistet wird, ist der Ideologie dieser Organisation gegenüber nicht mehr unbefangen. Hilfe beseitigt in einem solchen Fall nicht nur Not, sondern schafft als Nebenwirkung eine problematische Abhängigkeit und Befangenheit.

Noch bedenklicher wird die Situation, wenn man die Finanzierung der sozialen Dienste durchleuchtet. Bei einer Finanzierungsanalyse der von den Kirchen betriebenen Sozialdienste stellt sich nämlich heraus, daß der überwältigende Teil der Kosten vom Staat getragen wird, also der »freie Träger« diese Einrichtungen nur zum geringsten Teil trägt. Der von dem »freien Träger« Kirche eingebrachte Eigenanteil ist vergleichsweise bescheiden. Er liegt je nach Einrichtung im Bereich zwischen rund 15 und 0 Prozent der Kosten. Bei den konfessionellen Privatschulen in Bayern beispielsweise übernimmt das Land deren Kosten zu 100 Prozent. Bei konfessionellen Kindergärten findet man Kostenaufteilungen wie etwa die folgende: Elternbeiträge 13, Land 23, Gemeinde 50, Kirche 14 Prozent. Der Leser mache selber den Versuch, bei kirchlichen Sozialeinrichtungen in seiner Umgebung die Verteilung der Kostenlast in Erfahrung zu bringen. Zwei Dinge lassen sich problemlos voraussagen: Er wird große Schwierigkeiten haben, an zutreffende Zahlen zu gelangen, und er wird, sollte ihm dies dennoch gelingen, im wesentlichen den hier geschilderten Sachverhalt bestätigt finden. Die beiden christlichen Großkirchen geben pro Jahr ungefähr 1 Milliarde Mark für das öffentliche Sozial- und Bildungswesen aus (wichtig ist das Wort »öffentliche«, denn die Kirchen weisen einen beträchtlichen Teil als Sozialausgaben aus, der ausschließlich kircheninternen, also nichtöffentlichen Einrichtungen zuzurechnen ist!). Dem steht allein schon ein Einnahmenausfall des Staates gegenüber, der durch die Absetzbarkeit der Kirchensteuer von der Lohn- und Einkommensteuer entsteht. Dieser Einnahmenausfall betrug beispielsweise im Jahr 1985 rund 2,8 Milliarden Mark. Berücksichtigt man die enormen Finanzleistungen des Staates, die den Kirchen zugute kommen (Religionslehrerbesoldung, Staatsleistungen, Kirchensteuereinzug), dann sieht die Gesamtbilanz für das Staatswesen nicht günstig aus. Anders ausgedrückt: Der Staat könnte die Beiträge der Kirchen für Sozialaufgaben problemlos übernehmen, wenn dafür die enorme Subventionierung dieser Religionsgesellschaften eingestellt würde. Die Kirchen haben selbstverständlich jedes Interesse daran, daß dieser Sachverhalt nicht bekannt wird, und versuchen ständig, in ihren Verlautbarungen den Eindruck zu erwecken, die Kirchensteuer komme zu einem sehr großen Teil ihren sozialen Einrichtungen zugute.

Doch ist die finanzielle Seite nur ein Aspekt der Problematik. Entscheidend ist, daß in vielen Gegenden Deutschlands die Kirchen bei den Sozialeinrichtungen fast eine monopolartige Stellung errungen haben. Für kirchenfreie Menschen in diesen Gebieten bedeutet das zweierlei: Sie finden in erreichbarer Nähe nur konfessionelle Einrichtungen vor, bei deren Inanspruchnahme ihr Recht auf Weltanschauungsfreiheit in nicht mehr hinnehmbarer Weise beeinträchtigt ist. (Häufigstes Beispiel: Konfessionsfreie Eltern finden für ihr Kind nur einen konfessionell gebundenen Kindergarten vor, mit dem erklärten Ziel der frühkindlichen konfessionellen Prägung.) Sofern sie einen Beruf im Sozialwesen anstreben, müssen sie erfahren, daß in vielen Gegenden Deutschlands fast ausschließlich konfessionelle Sozialeinrichtungen vorhanden sind, was für sie dort quasi auf ein Berufsverbot hinausläuft. Der Staat aber, und das ist besonders verwerflich, stiehlt sich ihnen gegenüber aus seiner Pflicht. Alle Bürger, die diesen Staat mit ihren Steuern unterhalten, haben in sozialer Not einen Hilfsanspruch *gegenüber ihrem Staat*, nicht aber gegenüber einer ihnen fremden Religionsgesellschaft. Die

Konfessionalisierung weiter Teile des Sozialwesens ist eine verfassungswidrige Privilegierung des christlichen Bevölkerungsteils und eine nicht hinnehmbare Benachteiligung der konfessionsfreien Bürger.

Die hier geschilderten Mechanismen haben dazu geführt, daß die beiden christlichen Kirchen zum zweitgrößten Arbeitgeber nach dem Staat wurden und derzeit in der Bundesrepublik rund 700 000 Menschen beschäftigen. Man mache sich einmal klar, welche immense gesellschaftliche Macht das bedeutet. Das erstaunlichste daran ist der Umstand, daß die Kirchen diese Position mit einem vergleichsweise bescheidenen Eigenkapitalanteil erringen konnten. Nirgendwo in der Wirtschaft ist das Phänomen zu beobachten, daß bei einer Mischfinanzierung ein Partner mit bescheidener Minderheitsbeteiligung die vollständige Verfügungsgewalt über die gemeinsam finanzierte Einrichtung erhält. Ebendies ist aber das Merkmal beim Betrieb der konfessionellen Sozialeinrichtungen. Die Kirchen bestimmen alleinverantwortlich über Einstellung und Entlassung der Mitarbeiter in den von ihnen betriebenen Sozialeinrichtungen (Kindergärten, Kindertagesstätten, Altenheime, Sozialstationen, Beratungsstellen, Behinderteneinrichtungen). Ihre Macht ist so groß, daß sie sich vom allgemein gültigen Arbeitsrecht abkoppeln konnten. Die von ihnen geführten »Tendenzbetriebe« erheben den Anspruch darauf, daß auch die private Lebensführung ihrer Mitarbeiter kirchlichen Normen zu entsprechen habe. Wer diesen Vorstellungen nicht genügt, weil er beispielsweise nach einer Ehescheidung erneut heiratet, muß mit der Kündigung seines Arbeitsverhältnisses rechnen. Der Einwand, daß auch manch ein Firmeninhaber sich auf arbeitsrechtlichem Gebiet einiges zuschulden kommen lasse, verfängt nicht. Erstens geschieht im Fall der kirchlich geführten Betriebe die Einengung bürgerlicher Rechte in Einrichtungen, die zum überwältigenden Teil mit öffentlichen Geldern unterhalten werden. Zweitens steht bei privaten Firmen den betroffenen Arbeitnehmern immer noch das Arbeitsrecht zur Seite. Im Fall der Tendenzbetriebe mit eingeschränkten Arbeitnehmerrechten jedoch gehen die meisten Arbeitsrechtsprozesse ungünstig für die betroffenen Arbeitnehmer aus. Darüber hinaus ist die Mitarbeitervertretung in kirchlichen Betrieben gegenüber der freien Wirtschaft deutlich eingeengt.

Unabhängig von den oben diskutierten Verfassungsartikeln und Schulgesetzen gibt es auch im Bereich des Strafrechts einige Strafgesetze, bei denen die kirchliche Einflußnahme offenkundig ist. Hierzu gehören der Paragraph 166 (der frühere »Gotteslästerungsparagraph«), der Paragraph 218 (der das Problem des Schwangerschaftsabbruchs regelt) und die Strafvorschriften im Zusammenhang mit dem Problem der Sterbehilfe.

Beim Paragraphen 166 StGB, der die Beschimpfung von Religions- und Weltanschauungsgesellschaften oder ihrer Lehren ahndet, kann es nicht um die Abwehr von Beleidigungen gehen. Hierfür stehen andere Strafgesetze zur Verfügung, auf die sich jeder klagende Bürger berufen kann. Das Problem dieses speziellen Paragraphen liegt in seiner unpräzisen Formulierung, die eine Grenzziehung zwischen zulässiger Religionskritik, satirischen Überzeichnungen (durch die Freiheit der Kunst geschützt) und verletzender Beleidigung mitunter schwermachen kann. Die Praxis zeigt, daß mit dieser Strafvorschrift allzuoft versucht wird, sie im Sinne einer Einschüchterung von Religionskritikern zu mißbrauchen (eine verletzende Beleidigung soll hier keineswegs gutgeheißen werden!). Es liegen mittlerweile genügend Erfahrungen mit der deutschen Justiz vor, um feststellen zu können, daß diese Strafvorschrift eine Einbahnstraße ist. Während die Staatsanwaltschaften gegen Religionskritiker, die möglicherweise bei ihrer Kritik überzogen haben, mit allem Nachdruck ermitteln, können hochrangige kirchliche Würdenträger (zu nennen wäre hier der Kölner Kardinal Meißner) völlig hemmungslos konfessionsfreie Menschen herabsetzen, ohne daß ihnen ein Staatsanwalt zu nahe tritt.

Bei der Frage des Schwangerschaftsabbruchs und der Sterbehilfe ist die Situation dadurch gekennzeichnet, daß die Kirchen versuchen, ihre rigorosen Ansichten zu diesen Problemen nicht nur zur Grundlage von Forderungen an ihre Mitglieder zu machen (was legitim wäre). Es wird vielmehr erwartet, daß der Staat die Maximalforderungen der Kirche zur Grundlage einer Gesetzgebung macht, der *alle* Staatsbürger unterliegen. Das ist jedoch deshalb nicht mehr akzeptabel, weil sich das Rechtsbewußtsein in den beiden hier zu diskutierenden Fragen in der Bevölkerung weit auseinanderentwickelt hat. Der von den Kirchen vorgetragene Standpunkt wird selbst von ihren Mitgliedern keineswegs mehr einhellig geteilt. Der Staat wird einen Weg zu einer Gesetzgebung finden müssen, die einem Minimalkonsens entspricht. Es ist ja keinem Gläubigen verwehrt, wesentlich darüber hinausgehende, in seinem Glauben begründete Wertungen seinen persönlichen Entscheidungen zugrunde zu legen.

Vieles spricht dafür, daß der von den beiden christlichen Kirchen demonstrierte Rigorismus in der Frage des Schwangerschaftsabbruchs, aber auch in Fragen der Sterbehilfe ihnen auf lange Sicht gesehen wesentlich mehr schaden als nutzen wird.

Neben der bisher aufgezeigten Verfassungswirklichkeit eines nominell neutralen, faktisch aber quasichristlichen Staates sind noch eine Reihe von Bereichen wenigstens stichwortartig zu erwähnen, in denen eine Privilegierung der christlichen Kirchen (und, damit einhergehend, eine Benachteiligung des nicht kirchlich gebundenen Bevölkerungsteils) zu verzeichnen beziehungsweise die Verfassungswirklichkeit mit einem weltanschaulich neutralen Staat nicht zu vereinbaren ist.

– die weit überproportionale Vertretung der Kirchen in den öffentlich-rechtlichen Rundfunk- und Fernsehanstalten (verglichen mit den Sendezeiten der Kirchen ist die für den konfessionsfreien Bevölkerungsteil verfügbare Sendezeit nahezu gleich Null; mit Besorgnis muß darüber hinaus registriert werden, daß zunehmend »getarnte« Sendungen im Programm erscheinen, bei denen für den nichtkundigen Zuhörer oder Zuschauer nicht mehr ohne weiteres erkennbar ist, daß es sich um eine Sendung handelt, die im Interesse einer Religionsgesellschaft produziert wurde);
– Gebührenbefreiung der Kirchen bei Gerichten und Notaren;
– Wehrdienstbefreiung für Theologiestudenten und Geistliche;
– Fortbestehen mittelalterlicher »Reichnispflichten« zu Lasten einzelner Gemeinden oder sogar einzelner Anwesen auf dem Lande;
– Eidesformeln mit religiöser Beteuerung als Standardversion im

staatlichen Bereich (versehen mit dem Zusatz, der Eidesleistende
dürfe die religiöse Beteuerung auch weglassen);
- bürgerlich-rechtliche Wirkung innerkirchlicher Handlungen (die
  Taufe begründet eine Kirchenmitgliedschaft, die nur durch einen
  staatlichen Akt aufgehoben werden kann);
- keine konfessionsneutrale Ausgestaltung von Friedhofseinrich-
  tungen.

Die im Rahmen dieses Beitrags sehr knapp gehaltene Übersicht über
das gegenwärtige Verhältnis von Staat und Kirche in Deutschland
dürfte deutlich gemacht haben, daß von einem weltanschaulich-reli-
giös neutralen Staat, einer Heimstatt für alle Staatsbürger, wie ihn
das Bundesverfassungsgericht einst charakterisierte, keine Rede sein
kann. Es zeigt sich, daß das alte Bündnis von Thron und Altar lediglich eine Reihe von Mutationen durchgemacht hat und sich heute als
ein Staats-Kirchen-Filz präsentiert. Mit einer raschen Änderung im
Hinblick auf einen weltanschaulich neutralen Staat ist kurzfristig
nicht zu rechnen. Insbesondere sind es zwei Umstände, die dazu
beitragen, das System zu stabilisieren:

- die frühkindliche religiöse Indoktrination mit Hilfe staatlicher
  Einrichtungen vom Kindergarten über das Schulsystem und
- die enorme, durch Kirchensteuer, Staatsleistungen und Konfessionalisierung des Sozialwesens gespeiste Wirtschafts- und Fi-
  nanzmacht der christlichen Kirchen.

Um so erstaunlicher mutet es an, daß trotz dieser mächtigen, von
einer christlichen Lobby geschaffenen Instrumentarien das Ge-
bäude des quasichristlichen Staates seine Stabilität langsam verliert.
Unbeschadet der noch überwiegenden frühkindlich-religiösen Prägung der Mehrheit, wächst in zunehmend mehr Menschen die Erkenntnis, daß die Lehren der etablierten Religionsgesellschaften ihrem persönlichen Bildungs- und Wissensstand nicht mehr entsprechen. Wer eine solide naturwissenschaftliche Bildung hat und nicht
Opfer früherer religiöser Prägung ist, wird nur schwerlich sein
Weltbild mit dem von den christlichen Kirchen vermittelten Begriff

eines personalisierten Gottes in Einklang bringen können. So formulierte beispielsweise Albert Einstein: »Einen Gott, der die Objekte seines Schaffens belohnt und bestraft, der überhaupt einen Willen hat nach Art desjenigen, den wir an uns selbst erleben, kann ich mir nicht einbilden.«[14] Vielen fällt es schwer, die oft als autoritär, gewalttätig und inhuman empfundenen Bekundungen in fast zweitausend Jahre alten »heiligen Schriften« als Grundlage einer heute verantwortbaren Ethik zu akzeptieren.[15] Sehr viele Menschen merken erstmals an den Antworten der Religionsgesellschaften auf aktuelle Fragestellungen (beispielsweise: zur Frage der Geburtenkontrolle angesichts existenzbedrohender Übervölkerung der Erde; zu dem jeden Menschen betreffenden Problem eines humanen Sterbens; zur Frage des Schwangerschaftsabbruchs), daß die von ihrer Religion gegebene Antwort nicht mehr mit ihrer eigenen Anschauung in Einklang zu bringen ist. In Fragen des Sexualverhaltens, der nichtehelichen Partnerschaften, der Ehescheidung hat sich bereits der größte Teil der deutschen Bevölkerung den Vorstellungen des organisierten Christentums weitgehend entzogen.

Die christlichen Kirchen sind sich dieser Realität sehr wohl bewußt. Mit beträchtlichem Werbeaufwand (es werden tatsächlich Werbeagenturen hierfür eingeschaltet!), mit dem Import US-amerikanischer Fernsehprediger, mit Kirchenjazz, Comics über biblische Geschichte(n), »Bibelmobilen« und vielen anderen Angeboten versuchen sie den Eindruck zu vermitteln, daß ihre Organisationen durchaus noch in die moderne Zeit passen. Ihre Sektenbeauftragten kümmern sich derweil im Verein mit christlichen Politikern um die Sekten-Konkurrenz. Doch ein Erfolg dieser Bemühungen, also eine Stagnation der Abwanderung ihrer Mitglieder, gar eine Trendumkehr, ist nicht in Sicht. Im Jahr 2000 werden, selbst bei sehr vorsichtiger Extrapolation, die beiden christlichen Kirchen allenfalls noch je ein Drittel der Bevölkerung zu ihren Mitgliedern rechnen können.

Es deutet alles darauf hin, daß die eingangs zitierten Prognosen Gerhard Szczesnys zutreffen. Langsam, wie bei der enormen Trägheit gesellschaftlicher Systeme auch nicht anders zu erwarten, aber unaufhaltsam nimmt die Anzahl konfessionsfreier Menschen in

Deutschland zu. Daher kann und darf es nicht dabei bleiben, daß die christlichen Kirchen weiterhin diesen Staat als ihre Beute betrachten können. Die ständig steigende Anzahl nicht (mehr) kirchlich gebundener Menschen, die diesen Staat ebenso unterhalten wie der christliche Teil der Bevölkerung, zeigt deutlich, daß die Zeit des quasichristlichen Staates abläuft. Was längst fällig ist, ist die Fortentwicklung der Bundesrepublik zu einem gerechten Staat, der allen seinen Bürgern gleichermaßen eine Heimstatt ist, zum weltanschaulich neutralen Staat!

Horst Herrmann

Pecunia non olet

Gewiß Gazetten sind gefüllt mit jenen Sinnfragen en gros und en detail, die jene, die darin ihren Brotberuf haben, sich unentwegt stellen lassen – und stets ihre Antwort parat halten. In einer Gesellschaft, die mehrheitlich so denkfaul ist, daß sie sich eigene Experten dafür halten muß, heißt Ratgeber sein, Sinnlöser zumal, auf der Sonnenseite des Lebens stehen. Psychologen, Pädagogen, Theologen streiten sich um die Wette. Ob sie auch materiell verdienen? Schon mit dieser Frage macht man sich bei ihnen höchst unbeliebt. Die Lehrmeister der Nation tun ihren Job allem Anschein nach allein um des Guten, Schönen, Edlen willen. Wer diese Voraussetzung hehren Denkens nicht hinnimmt, wirkt im Volk der Raffer degoutant.

Nicht ein einziges Mal hörte ich einen Wertevater im Interview oder in der Talkshow von seinem nichtspirituellen Verdienst sprechen. Er beantwortet solche Fragen allenfalls im Vorfeld, bevor er auf der Cathedra Platz nimmt und über »uns alle bewegende Fragen« sinniert. Nur auf Umwegen erfuhr ich, welche Honorare die Ratgeber unseres Landes nehmen (plus gesetzlicher Mehrwertsteuer), wieviel Spesen sie abrechnen, wie lange sie sich bitten lassen, bis ihre Kasse – nach Steuern – stimmt.

Ich rechne nicht ab, ich denunziere nicht, ich zeige Verständnis. Denn was die neuen Kleriker gegenwärtig tun, hat eine immense Tradition. Auf dem Gebiet, von dem ich etwas verstehe, dem der abendländischen Religion und ihrer Großkirchen, ist die praktische Überlieferung besonders aktuell. Die unter Wohlhabenden sprichwörtliche Devise »Über Geld redet man nicht, Geld hat man« könnte von Kirchenlobbyisten erfunden sein.

Die Schultheologen erlernten diesen Grundsatz früh. Sie schaffen es mittlerweile, Jahr für Jahr mit größter Selbstverständlichkeit die Resultate ihrer Auch-Wissenschaft unters hoffende Volk zu bringen. Ihre eigene Grundbefindlichkeit, die beamtete Sicherheit des Denkens, die – an den hiesigen Universitätsfakultäten – pro Jahr mit 1 Milliarde Mark zu Buche schlägt (und von allen Steuerzahlern, auch von kirchenfreien, aufgebracht wird[1]), ist ihnen nicht einmal eine erklärende Fußnote wert. Ebenso selbstverständlich schweigen sie über die Finanzsysteme ihrer Kirche, von denen sie profitieren. Wer will, kann die Probe aufs Exempel machen. Er braucht nur eine Buchhandlung zu betreten, die eine Abteilung mit religiöser Literatur aufweist. Unter Dutzenden von religionspädagogischen Schriften, die Eltern und Kinder im Glauben aufrichten sollen, findet sich ebensowenig ein Büchlein, das sich ernsthaft mit den Milliardeneinnahmen und -vermögen der Kirchen befaßt, wie unter den Werken der sogenannten führenden Theologen.

Gleiches gilt von den amtlichen Angaben der beiden »Mächte« Staat und Kirche; diese brachten es, unter dem Anspruch, »gläserne Taschen« zu verwalten, zur Meisterschaft im Verstecken von Subventionen. Den staatskirchlichen Finanzfilz der Bundesrepublik aufzudröseln wäre selbst für ein Team qualifizierter Fachleute schwierig. Allein die Haushaltspläne ungezählter Kommunen und die einfachen Dienstanweisungen von Amt zu Amt auf versteckte Subventionen an die Großkirchen zu durchkämmen, um endlich die riesigen Geldströme zu rekonstruieren, die Jahr für Jahr an die beiden Großkirchen fließen, wäre eine Sache von Jahren. Anfragen in dieser Richtung gingen zum Beispiel[2] in einer größeren Stadt an das Sozialamt, das Jugendamt, das Schulverwaltungsamt, das Gesundheitsamt, das Amt für Altenversorgung, das Bauamt, das Kulturamt, das Liegenschaftsamt. Dutzende von Sachbearbeitern wären beschäftigt, anordnungsbefugte Dienststellen müßten mithelfen und mit ermitteln. Ich wundere mich unter diesen Umständen nicht, daß so gut wie nichts gegen grundgesetzwidrige Filzokratien geschieht. Ich staune allenfalls darüber, daß Tausende von Beamten und Angestellten im öffentlichen Dienst von Bund, Ländern und Gemeinden Mitwisser sind und Mittäter bleiben.

Da die Lobby versucht, dieses Kapitel kirchlicher Kriminalgeschichte weiterzuschreiben, rate ich: Möglichst viele Bürgerinnen und Bürger dieser Republik müssen nachforschen, nachrechnen, den Schleier des (fiskalisierten) Geheimnisses lüften helfen, öffentliche Diskussionen über Kirchengewohnheiten und -unverschämtheiten anzetteln, die Zahlen auf jeden Tisch legen lassen. Das ist der Beginn einer langen Wanderschaft, an deren Ende der Wahltag und die Abstimmung über die Frage stehen, ob die Bundesdeutschen es sich noch länger leisten können und wollen, die teuerste Kirche der Welt so zu finanzieren, wie es gegenwärtig geschieht. Wer Beispiele für großkirchliche Geschäftsmoral sucht, braucht nicht ins Mittelalter auszuweichen. Da sich in der Kirche nichts Wesentliches reformieren läßt, findet er vor der eigenen Haustür genug aktuelle Exempel.

Allerdings scheinen immer mehr Bundesdeutsche den Großkirchen (die wahrscheinlich nie »ihre« waren) auf die Finger zu schauen; entsprechend aufgeregt fallen die Reaktionen der Ertappten aus. Zwar waren seit 1980 die Austrittszahlen in der Bundesrepublik auf einem relativ hohen Niveau geblieben, doch erst 1989 wurde mit insgesamt über 240 000 Austritten ein neuer Rekord erreicht. 1990 und 1991 gab es dann einen regelrechten Einbruch in der Mitgliederstruktur; allein die Catholica mußte 1990 über 143 000 Austritte hinnehmen, davon 103 000 in den alten Bundesländern. Nach den Angaben des evangelischen Bischofs G. Müller verließen schon 1990 nicht weniger als 144 000 Menschen die Kirche; 1991 waren es bereits 60 Prozent mehr.[3] Nicht enthalten sind darin die Zahlen aus den neuen Bundesländern. Nach internen Angaben waren es dort 1991 um die 119 000 Austritte. Da die Zahlen für 1992 nochmals höher liegen[4], handelt es sich um einen dramatischen und in seiner Dimension einmaligen Ablösungsprozeß.

Die bisherigen Austrittswellen in diesem Jahrhundert – nach dem Ersten Weltkrieg, zur Zeit des Nationalsozialismus, bei der Achtundsechziger-Generation – hatten einen sachlichen Zusammenhang zwischen Austritt und allgemeiner politischer Entwicklung erkennen lassen.[5] Die gegenwärtige Welle, die folgenreichste in Deutschland seit 120 Jahren (Beginn der Statistik), läßt sich nicht mehr politisch einordnen. Sie traf, so Bischof Müller, die Kirche in einer »gewissen Ahnungslosigkeit«[6].

Die Austrittswelle führt ihr Eigenleben: Während *kirchengebundene* Theologen mit *kirchlichen* Amtsträgern medienwirksam um des Kaisers Bart streiten, ziehen die Menschen an der Basis die längst fällige Konsequenz. Wer dagegen noch eine »Reform« der Großkirche erhofft und nach Jahrzehnten nicht merkt, was er vom Reformwillen der Oberhirten zu halten hat, dem ist nicht zu helfen. Millionen waren und sind klüger: Themen wie Jungfrauengeburt, Empfängnisverhütung und Zölibat sind für die Mehrheit auch dann nicht mehr interessant, wenn sie dutzendfach neu aufgelegt werden.

Doch die bundesdeutschen Großkirchen lassen sich, Glaubwürdigkeit hin, Glaubwürdigkeit her, auch weiterhin von einer überwältigenden Mehrheit an Mitläufern aushalten. Gingen die Kirchen in Geldangelegenheiten von der Anzahl der praktizierenden Gläubigen aus, wären ihre Organisationen pleite. Nur die statistische Unehrlichkeit, von Bedenken gegen die Rechnung mit der (längst nicht mehr existierenden) Volkskirche[7] zu schweigen, erhält die Großkirchen hierzulande überlebensfähig.

Die Kirche und unser Geld – ein allzulange von der Kirchenkritik übersehenes Kapitel. Dennoch schenke ich mir an dieser Stelle besondere Ausführungen über das Vermögen des Papstes und des Vatikans[8] sowie über ein so bestürzendes Faktum wie den Status der beiden Großkirchen als die größten nichtstaatlichen Großgrundbesitzer der Republik.[9] Auch verzichte ich hier darauf, die durchschnittliche Jahreszuwachsrate an Kirchensteuereinnahmen mit dem – wesentlich geringeren – Anstieg der Durchschnittseinkommen von bundesdeutschen Arbeitnehmern wertend zu vergleichen.[10] Zu diesen dunklen Punkten schweigt sich die Lobby beflissen aus; weitere nichtkirchliche Recherchen sind gefragt.

Und die gegenwärtig so intensiv gepflogene Großlegitimation »Caritas«? Das »gute Werk« der Kirchen, allerorten anzutreffen, überall unentbehrlich? Es handelt sich, mit Verlaub, um einen der am grandiosesten inszenierten Etikettenschwindel der Republik.[11] Caritas als Zensurmittel, das ist ein erprobtes Instrument im Kampf für den privilegierten Status quo.

Wer kritisch aufklärt, läßt sich den Mund von staats- und kirchentragenden Personen nicht verbieten. Die katholische Kirche, ansonsten gern um den Nachweis ihrer zentral gesteuerten und dabei weltumfassenden Bedeutung bemüht, kennt noch nicht einmal eine zentrale Finanzstatistik.[12] Die Bistümer führen in der Regel ihre Ausgaben für soziale Dienste getrennt in den Haushaltsplänen auf, folgen jedoch keinem einheitlichen Schema, so daß Abgrenzungsprobleme entstehen: Schulen und andere Ausbildungsstätten werden nicht in jedem Fall zu den karitativen Einrichtungen gerechnet, Investitionszuschüsse sind verschiedentlich nicht getrennt für soziale Dienste ausgewiesen, und aus den Angaben in den Haushaltsplänen geht nicht immer eindeutig hervor, welcher Teil der Ausgaben durch zweckbestimmte Einnahmen (zum Beispiel Leistungsentgelte) gedeckt ist, so daß die Gefahr von Doppelerfassungen besteht.

Dennoch tappen wir nicht ganz im dunkeln. Laut groben Schätzungen des Deutschen Caritasverbandes teilten sich die Mittel bei der Finanzierung der laufenden Hilfeleistungen der Sozialeinrichtungen in der ersten Hälfte der achtziger Jahre wie folgt auf[13]:

Leistungsentgelte (z. B. Krankenkassenleistungen, Zahlungen von Betroffenen[14]) 60 Prozent, Zuwendungen der öffentlichen Hände 18 Prozent und Einnahmen aus Spenden, Mitgliedsbeiträgen sowie aus kirchlichen Zuwendungen 22 Prozent. Unter dem Posten »kirchliche Zuwendungen« sind allem Anschein nach die Zahlungen gemeint, die ausschließlich aus Kirchensteuermitteln stammen. Wer also wissen will, wieviel an echter Kirchensteuer in solche Wohltätigkeit fließt, ist hier richtig am Platz: Es handelt sich durchschnittlich um weniger als ein Fünftel der Gesamteinnahmen.

Für den Bereich der Diakonie sieht es beinahe noch schlimmer aus.[15] Nach den Eigenberechnungen des Diakonischen Werkes waren am Gesamteinkommen des Jahres 1986 die Leistungsentgelte mit 82 Prozent (1982: 78,8 Prozent[16]), die öffentlichen Hände mit 10,8 Prozent, Spenden, Mitgliedsbeiträge und andere Eigenmittel mit 3,4 Prozent und die Zuwendungen der Kirchen mit ganzen 3,8 Prozent beteiligt. Da 1982 die sogenannte Kirchenquote noch bei 8,2 Prozent lag, hat die Großkirche die tatsächlichen Leistungen aus

Kirchensteuermitteln an die Diakonie innerhalb weniger Jahre wesentlich – nämlich um über 60 Prozent – *reduziert!*

Auch andere Berechnungen kommen zu keinem wesentlich anderen Resultat: 1986 sind nach Mitteilung in der Dissertation von E. Goll von 1991 gegenüber Leistungsentgelten von 79,5 Prozent, Zuwendungen der öffentlichen Hände von 12 Prozent und Spenden von 2,3 Prozent ganze 4,7 Prozent Kirchenquote auszumachen, eine Zuwendung aus Kirchensteuermitteln von stark *verminderter* Bedeutung.[17] Im Gesamtbereich der Evangelischen Kirche in Deutschland (EKD) wurden im Rechnungsjahr 1984[18] für kirchliche Sozialarbeit (die nicht schon öffentliche ist) 2,077 Milliarden Mark ausgegeben.[19] Das entspricht gerade 21,8 Prozent der gesamten Ausgaben.

Das ist schon für sich genommen relativ wenig, wenn die immensen Ausgaben für das kirchliche Personal zum Vergleich herangezogen werden.[20] Noch fragwürdiger wird die Zahl, wenn mitbedacht – und endlich einmal auch öffentlich ausgesprochen – wird, daß diese Ausgaben zu 67,5 Prozent aus Einnahmen bestritten werden, die nichts mit spezifisch kirchlichen Geldern (Kirchensteuereinnahmen und Mittel des allgemeinen Finanzvermögens) zu tun haben. Unter dem Strich zahlte die EKD lediglich 674,65 Millionen Mark aus eigener Kasse; das sind knapp 13,1 Prozent der Kirchensteuereinnahmen im selben Rechnungsjahr, die sich 1984 auf 5,156 Milliarden Mark beliefen.[21] E. Goll kommt aufgrund seiner Berechnungen zu dem Schluß, daß die tatsächliche Kirchenquote der Diakonie in einer Größenordnung unter 5 Prozent anzusiedeln ist.[22]

Im Fall der katholischen Kirche, die 1986 aus Kirchensteuermitteln in Höhe von 5,802 Milliarden Mark nur rund 960 Millionen Mark an Einrichtungen und Verbände der Caritas zahlte, liegt die entsprechende Quote bei 16,7 Prozent.[23] Nimmt man gar die Gesamteinnahmen der freien Wohlfahrtspflege in der Bundesrepublik in Höhe von 46,6 Milliarden Mark (für 1986) zur Basis, nimmt sich der Kirchenanteil in Höhe von ganzen 1,73 Milliarden Mark noch mickriger aus. Viel Staat ist mit dem bißchen kirchenfinanzierter Nächstenliebe also nicht zu machen.

Dagegen liegt die »Sozialstaatsquote« (Staatsquote plus Leistungen der gesetzlichen Versicherung) ungleich höher, mindestens bei 72 Prozent.[24] Die entlarvend niedrige Kirchenquote von 3,7 Prozent[25] gibt nicht im entferntesten Anlaß, die noch immer massenwirksame These vorzutragen oder gar zu stützen, ohne die Kirchen breche das Sozialsystem der Bundesrepublik zusammen. Wer so argumentiert, will die Gesellschaft erpressen.[26]

Noch nicht einmal von einer auch nur halbwegs zufriedenstellenden Finanzierung der sozialen Dienste und Einrichtungen in kirchlicher Trägerschaft durch die betroffenen Kirchen selbst kann die Rede sein.[27] Das weitaus meiste Geld, das in der Bundesrepublik für soziale Zwecke ausgegeben wird, fließt aus den Taschen der Bundesbürger in Form von Leistungsentgelten, Spenden, Mitgliedsbeiträgen und Zuwendungen aus öffentlichen Kassen an die Wohlfahrtspflege.

Da die Kirchen zwar lauthals von ihrer unbezahlbar wichtigen karitativen Tätigkeit sprechen, jedoch kaum Geld aus Eigenmitteln für diese aufbringen, müssen wir alle einspringen. Großkirchliche Wohltätigkeit ist überwiegend fremdfinanzierte Hilfe.[28] Den Hauptteil der Kirchensteuer kassieren die Kirchenoberen selbst. Sie denken nicht im entferntesten daran, mehr als einen *Bruchteil* ihrer Kirchensteuereinnahmen für öffentliche soziale Zwecke auszugeben. Nur am Rande sei hier angemerkt, daß auch die Situation des in der Wohlfahrtspflege der Kirchen eingesetzten Personals vergleichsweise schlecht ist: Wer sich für die Kirchen als Arbeitgeber entscheidet, muß auf wesentliche Rechte (Tarifverträge, Streik u. ä.) verzichten[29], die sonst seit langem üblich sind.

Die betroffenen Großkirchen zeigen kein Interesse, die Bevölkerung sachgerecht über die Tatsache aufzuklären, daß ihre Diakonie zum überwiegenden Teil eine reine »Pflegesatzdiakonie«[30] darstellt. Noch herrscht in der Bundesrepublik in Sachen Caritas ein intensives Denkverbot. Nach einer Umfrage, die die Katholische Nachrichtenagentur im April 1988 wiedergab[31], sind sich zwar fast alle Kirchensteuerzahler einig, daß die Einnahmen aus der Kirchensteuer vor allem für soziale Zwecke ausgegeben werden müßten. Doch zeigt die Wirklichkeit ein anderes Bild: Die 16 Milliarden Mark, die gegenwärtig (mit steigender Tendenz) an Kirchensteuern hereinkommen, werden von den Kirchen zum weitaus überwiegenden Teil gerade nicht für Soziales, sondern für den Eigenbedarf verwandt. Diesem Gebaren, das 80 Prozent der Ausgaben für sich (»Personalausgaben«) beansprucht, ist noch immer die amtskirchliche Legitimation sicher.[32]

Das bleibt eben eine Spezialität der bundesdeutschen Kirchen: Um Unterstützung geworben wird auffallend gern unter dem Etikett »Caritas und Diakonie«, doch das eingeworbene Geld wird hauptsächlich für Eigenzwecke – und *nicht* für die Caritas – verbraucht. Inmitten einer Gesellschaft, die sich jede Dienstleistung entweder bezahlen läßt oder sie verweigert, stellen Kirchen keine Ausnahme dar. Sie haben in einem unvergleichlich überdimensionierten Maß Anteil am Zeitgeist; anderslautende Fensterpredigten beweisen dieses Faktum nochmals.

Die höchst eigentümliche Option des Klerus führt dazu, daß noch kaum ein Geistlicher in der Bundesrepublik öffentlich über seine Bezüge klagte. Während die Mitbrüder der bundesdeutschen Kleriker in den meisten europäischen Ländern oft darben müssen, lassen sich die Herren hierzulande nach den Gehaltssätzen für Beamte im höheren Dienst bezahlen. Ein Pfarrer wäre der letzte, der um Gotteslohn arbeitete; er verdient sogar erheblich mehr als die Mehrheit seiner Gemeindemitglieder.[33]

Sorgen nun aber die Kleriker vor allem für sich selbst, und lassen sie sich ihre Seelsorge gerade in der Bundesrepublik so teuer wie nirgendwo sonst auf der Welt bezahlen, muß die Armenpflege von anderen übernommen werden. Es ist, wie vieles im Verhältnis von Staat, Gesellschaft und Kirche in der Bundesrepublik, unglaublich, aber wahr: Auch wenn sie es je gewollt hätten, schaffen es die Kirchenleute längst nicht, für den Sachbereich Caritas aufzukommen. Was sie selbst finanziell zu ihrer sogenannten Wesensaussage Diakonie beitragen, sind ziemlich mickrige Prozentteile.

Die unausbleibliche, wenn auch höchst paradoxe Schlußfolgerung: Die bundesdeutsche Kirche kann wesentliche Bereiche ihrer Tätigkeit nur mit Unterstützung *Kirchenfreier* garantieren. Ohne die Finanzspritzen aus öffentlichen Geldern, die nicht nur von Christen aufgebracht werden, sondern auch von den 20 Millionen kirchenfreien Bürgern unserer Republik, wäre unter anderem die soziale Tätigkeit, die sich die Kirchen wie einen Orden anheften, längst am Ende.[34] Kirchenfreie Mitzahler dürfen sich freilich hierzulande vorhalten lassen, sie nähmen Sozialeinrichtungen in kirchlicher Trägerschaft in Anspruch, ohne ein eigentliches Recht auf diese zu haben...

Dankten Bischöfe je den Millionen – konfessionslosen oder nichtchristlichen (z. B. islamischen) – Steuerzahlern für die Milliardenbeträge, die auch sie für spezifische Kirchenzwecke aufbringen müssen? Nein. Das Gegenteil ist wahr: Sie werden als eine Art Schmarotzer kirchlicher Liebestätigkeit betrachtet. Wie soll ich die Realität bischöflichen Denkens und Handelns charakterisieren? Da kassieren Oberhirten auch von Menschen, die deren Herde eben verlassen haben, Beträge in Milliardenhöhe. Da werden die eingenommenen Riesensummen nicht etwa für Zwecke verwandt, die allen Staatsbürgern zu gleichen Teilen zugute kommen. Vielmehr wird kein Hehl daraus gemacht, daß Konfessionslose hierzulande für Religionsunterricht, Atheisten für theologische Fakultäten, Kirchenfreie für Kirchenbauten mitzahlen, als sei dies die normalste Sache der Welt. Es dürfte schwerfallen, eine Praxis in einem demokratischen Land der Erde zu belegen, die auch nur annähernd mit der bundesdeutschen zu vergleichen wäre. Deutschland ist ein verdammt schwieriges Vaterland.

Es ist zwar kaum vorstellbar, doch seit Generationen deutsche Wirklichkeit: Oberhirten lassen nicht nur jedes Wort des Dankes vermissen, sondern äußern sogar öffentlich ihren mangelnden Respekt vor Andersdenkenden. Machen sie weiter wie bisher, bleiben sie der jahrhundertealten Überlieferung treu: Kirchen sind unverhüllte Ankündigungen von Denkverbot – und Geistesverletzung. Die Vertreter der Amtskirchen können freilich der Schützenhilfe mancher Theologen sicher sein. Dies wird in der künftigen Geschichtsschreibung kaum übersehen werden, falls sie sich überhaupt der Theologie des 20. Jahrhunderts annimmt.

Genug der Beispiele für die materielle Ausbeutung der Menschen unter dem Vorwand der Kleriker, (unaufgefordert) Betreuung (»Seelsorge«) zu leisten oder die Eigenkirchen als »Sinninstanzen«

der Nation fungieren zu lassen. Aufklärerische Geister ließen sich, nach allem, was wir wissen, von dieser Seite religiösen Denkens und Tuns freilich nur selten zum Nachfragen anregen. Als sei es wirklich unpassend, beschäftigten sie sich zwar mit den Zusammenhängen von Glaube und Vernunft, Wissenschaft und Religion, schichteten Dutzende von Gründen und Gegengründen aufeinander, wiesen schließlich nach, daß der Glaube an den Kirchengott keinen einzigen rationalen Grund für sich hat – und übersahen eine, wenn nicht die wesentliche Tatsache religiöser Institutionalisierung: den Zusammenhang von Geld und Glauben. Ich halte diese Verbindung für unauflöslich.

Während die historisch-kritische Forschung die Bibel auf weiteste Strecken hin entzauberte, die Dogmenkritik manchen als unantastbar geltenden Glaubenssatz als Zeitereignis entlarvte und das aufklärerische Denken der Neuzeit die religiöse Verschleierung durchschaute, überstand das kircheneigene Geheimnis »Fiskus« relativ unbeschadet alle Versuche der Entmythologisierung.

Wenn schon in feineren Kreisen penetrant nach Sinn gefragt wird: Den Unsinn aufzudecken, daß manche Leute sich ihre jeweiligen Glaubens- und Moralsätze reichlich honorieren lassen, ist Sinn eines wissenschaftlichen Lebens genug. Endlich kommen selbst Daten, Fakten und Hintergründe ans Licht, die den Zusammenhang von Kirche und Geld ausmachen; dies mögen manche als Aufklärung bewerten.

Oberhirten, die ihre Schäfchen längst ins trockene gebracht haben, sind anderer Meinung. Das weckt Verdacht. Haben Kleriker Angst, allein durch die Offenlegung ihrer Finanzen – und des einschlägigen Geschäftsgebarens – entstehe der Eindruck, »das Heil«, die Gewissenssphäre, der Glaubensbereich würden einfach (finanz-) amtlich verwaltet, streuen sie Sand. Daß Kirchenfürsten seit eh und je etwas, und nicht wenig, mit Amtlichkeit und Behörde zu schaffen haben, störte die Argumentation der Herren nie. Störend wirkt in diesem Zusammenhang eher die Tatsache, daß Bischöfe
– einen milliardenschweren Ideologiekonzern mittragen, dessen Spitzenmanager sich ihre Gehälter aus öffentlichen Steuermitteln bezahlen lassen;

- ihre Hilfshirten nach der Besoldungsordnung für Beamte bezahlen;
- förmliche »Amtsblätter« veröffentlichen;
- am Begriff »Kirchensteuer« nichts auszusetzen haben, sondern dieses »Modell Deutschland« gar noch als Exportschlager bewerben;
- Scharen von Kirchenjuristen und -notaren beschäftigen;
- unter Scheinnamen Banken gründen und diese spezifische Geschäfte machen heißen;
- riesige Devisentransaktionen auch etwas außerhalb der Legalität betreiben;
- immer wieder Besuch von Steuerfahndern und Kriminalbeamten erhalten;
- selbst auf Haftbefehle wegen illegaler Finanzgeschäfte gefaßt sein müssen.

Wer gegenüber dieser Art Amtlichkeit Toleranz aufbringt, könnte auch seine Finanzen – und die damit verbundene Bürokratie – aus dem Dämmer befreien, ohne einen Verlust an »Glaubensgeheimnis« befürchten zu müssen. Und wer unter den kritischen Geistern noch schweigt, wo er längst informiert sein und reden müßte, ist Komplize.

Geld steht am Ursprung fast aller Dinge, es bleibt das Geheimnis fast aller Dinge. Gerade in den verfaßten Großkirchen ist dies so seit Jahrhunderten, wenn nicht von Anbeginn. Daher habe ich eine simple Regel, nach der ich bestimme, ob ein Mensch die Religion unserer Breiten durchschaut: Versteht er, was Kirchen und Finanzen notwendig gemeinsam haben, ist er ein gehöriges Stück weiter zum Wesen der Institution vorgedrungen.

Edgar Dahl

Die zerbrochenen Tafeln

Und da der Herr ausgeredet hatte
mit Mose auf dem Berge Sinai,
gab er ihm zwo Tafeln des Zeugnisses;
die waren steinern
und geschrieben mit dem Finger Gottes.

2. Mose 31, 18

Wohl kaum ein Christ glaubt noch daran, daß Gott auf dem Berge Sinai, »mitten aus dem Feuer, aus Wolken und Dunkel, unter lautem Donner«[1], mit Moses gesprochen und ihm dort die »Tafeln des Gesetzes« gegeben habe. Dennoch halten viele Christen an der Überzeugung fest, daß Gott der alleinige Herr über Gut und Böse sei und wir uns in allem seinem Willen zu beugen haben. Für sie hängt daher auch die Frage, ob eine Handlung moralisch richtig oder falsch ist, einzig und allein davon ab, ob sie von Gott gebilligt oder mißbilligt wird.

Es ist klar, daß Menschen, die nicht an Gott glauben, einige Schwierigkeiten mit dieser Sichtweise haben. So wird ein Atheist etwa sagen: »Bevor ich bereit bin anzuerkennen, daß, sagen wir, die künstliche Empfängnisverhütung falsch ist, weil sie von Gott für falsch befunden worden ist, muß man mich erst davon überzeugen, daß es Gott überhaupt gibt.«

Das erste Problem, vor dem ein Christ steht, wenn er andere Menschen für seine moralischen Überzeugungen gewinnen will, besteht also ganz klar darin, daß er sie zunächst einmal von der *Existenz Gottes* überzeugen muß. Und vor diesem Problem steht er

237

nicht nur, wenn er sich mit Atheisten unterhält, sondern auch dann, wenn er es mit Jainisten, Taoisten, Hinduisten oder Buddhisten zu tun hat – kurz, wann immer er mit Menschen spricht, die seine religiösen Anschauungen nicht teilen. Sie alle zu überzeugen, dürfte dem Christen um so schwerer fallen, als man alle bisherigen »Gottesbeweise« als mißlungen betrachten muß.[2]

Aber selbst wenn es dem Christen gelingen sollte, seine Zuhörer von der Existenz Gottes zu überzeugen, wäre er noch längst nicht am gewünschten Ziel. Denn nun stünde er plötzlich vor dem altbekannten *Theodizee-Problem*: Wenn Gott tatsächlich allmächtig und allgütig ist, warum gibt es dann so viel Leid und Elend in dieser Welt? Daß dieses Problem unlösbar ist, hat der griechische Philosoph Epikur bereits vor mehr als 2000 Jahren gezeigt. Er schrieb: Wenn Gott das Böse nicht beseitigen will, dann ist er nicht gut. Wenn er es nicht beseitigen kann, dann ist er nicht allmächtig. Mit anderen Worten: Die Allmacht und Allgüte Gottes sind mit den Übeln dieser Welt logisch einfach nicht vereinbar.[3]

Wenn man das Theodizee-Problem auch nicht lösen kann, so kann man es doch *umgehen*. Eine Möglichkeit, dies zu tun, besteht natürlich darin, zu bestreiten, daß Gott allmächtig sei. In diesem Fall wird man seinen Glaubensgefährten allerdings erklären müssen, wie es komme, daß Gott zwar mächtig genug gewesen sei, diese Welt aus dem Nichts hervorzuzaubern, aber leider zu ohnmächtig, um einer verbrecherischen Kreatur wie Hitler in den Arm zu fallen. Die andere Möglichkeit, das Theodizee-Problem zu umgehen, ist noch unattraktiver, um nicht zu sagen, geradezu verhängnisvoll: Man müßte Gott absprechen, gut zu sein. Aber wenn Gott nicht gut ist, warum dann noch tun, was er von uns verlangt?[4]

Für eine christliche Moralbegründung noch viel problematischer ist das sogenannte *Euthyphron-Dilemma*, das der griechische Philosoph Platon entwickelt hat: Ist die Nächstenliebe gut, weil Gott sie gutheißt, oder heißt Gott die Nächstenliebe gut, weil sie gut ist?[5] Wer sagt, daß die Nächstenliebe nur gut sei, weil Gott sie gutheiße, würde das Urteil darüber, was gut und böse ist, zu einer Sache göttlicher Willkür machen und beispielsweise zugestehen müssen, daß, wenn Gott die Nächstenliebe zufällig für falsch befunden hätte,

238

Nächstenliebe tatsächlich falsch wäre.[6] Wer jetzt sagt, daß Gott die Nächstenliebe nie für falsch befinden würde, weil er ja gut sei, verstrickt sich in eine Tautologie. Denn wenn »gut« nur soviel bedeutete wie »von Gott für gut befunden«, würde die Behauptung »Gott ist gut« lediglich besagen, daß Gott »sich selbst für gut befunden hat« – und damit natürlich inhaltsleer werden. Wenn man die Forderung, zu tun, was Gott von uns verlangt, aber nicht mit seiner Güte begründen kann, womit will man sie dann begründen? Das einzige, worauf man noch verweisen könnte, wäre seine Macht. Aber kann die Macht, über die er verfügen mag, wirklich den Anspruch rechtfertigen, daß wir tun müssen, was er von uns verlangt? Wohl kaum. Daß jemand mächtig ist, bedeutet nicht, daß seine Gebote deshalb auch Gehorsam verdienen. So würden wir einem Mann wie Hitler, nur weil er mächtig ist, sicher keinen größeren Anspruch auf unseren Gehorsam zubilligen als einem Mann wie Gandhi. Wir sehen also: Ohne die Voraussetzung, daß Gott gut ist, kann es für uns keine moralische Verpflichtung geben, das zu tun, was er von uns verlangt.[7]

Wer dagegen sagt, daß Gott die Nächstenliebe gutheiße, weil sie tatsächlich gut ist, würde zugeben, daß das Urteil darüber, welche Handlungen gut oder böse sind, vollkommen unabhängig davon ist, ob Gott sie billigt oder nicht. Mit anderen Worten: Er würde eingestehen, daß das, was die Nächstenliebe gut macht, in etwas anderem bestehen muß als in der bloßen Billigung Gottes. So könnte er beispielsweise sagen, daß die Nächstenliebe gut sei, weil sie zu einem friedlichen Miteinander der Menschen beitrage, und daß dies auch der eigentliche Grund dafür sei, daß Gott die Nächstenliebe gutheiße. Wer so argumentiert, könnte dann natürlich auch in einem nicht-tautologischen Sinne davon sprechen, daß Gott gut sei. Er würde dann mit der Behauptung »Gott ist gut« nicht mehr nur meinen, daß Gott sich selbst gutheiße, sondern daß Gott das Glück der Menschen zu befördern suche.

Diese Argumentation klingt gewiß viel plausibler. Aber, wie gesagt: Wer sie sich zu eigen macht, sollte nicht vergessen, daß er damit bestreiten würde, was er zuvor behauptet hatte. Hatte er zuvor noch gesagt, daß die Frage, ob eine Handlung moralisch richtig ist, allein davon abhänge, ob Gott sie billige, würde er nun sagen, daß dies allein davon abhänge, ob sie zum Glück der Menschen beitrage. Indem er nicht mehr die »Billigung Gottes«, sondern das »Glück der Menschen«[8] zum Kriterium des moralisch Richtigen nähme, würde er von der Moral*theologie* zur Moral*philosophie* gewechselt haben und nun auch zugeben müssen, daß moralische Probleme ohne jede Berufung auf Gott gelöst werden können.

Ein Christ könnte nun natürlich sagen: »Gut, ich sehe ein, daß es nicht die Billigung Gottes ist, die eine Handlung gut macht, sondern die Tatsache, daß sie das Wohl der Menschen befördert. Das bedeutet aber noch lange nicht, daß Gottes Urteil nun überflüssig geworden wäre. Ganz im Gegenteil! Da Gott ja nicht nur allmächtig und allgütig, sondern zudem noch allwissend ist, weiß er einfach besser als wir, was unser Glück befördert. Wir sollten also Gottes Urteil berücksichtigen, weil uns seine Allwissenheit garantiert, daß das, was er billigt, tatsächlich das ist, was das Glück der Menschen befördert.«

Das klingt zunächst einmal vernünftig. Unter der Voraussetzung, daß Gott tatsächlich existiert und wirklich die Eigenschaften besitzt, die ihm für gewöhnlich nachgesagt werden, würde das, was Gott billigt, stets mit dem zusammenfallen, was das Glück der Menschen befördert. Dennoch: Der Vorschlag, uns auf Gottes weisen Ratschluß zu verlassen, stellt uns sogleich vor ein neues Problem, nämlich das der *Offenbarung Gottes*: Woher wollen wir eigentlich wissen, was Gott will?

Die Antwort scheint zunächst einfach: »Natürlich aus der Bibel!« Offizieller Lehrmeinung zufolge ist die Heilige Schrift ja tatsächlich das »geoffenbarte Wort Gottes«. So heißt es z. B. im *Katechismus der Katholischen Kirche*: »Das von Gott Geoffenbarte, das in der Heiligen Schrift enthalten ist, ist unter dem Anhauch des Heiligen Geistes aufgezeichnet worden; denn aufgrund apostolischen Glaubens gelten unserer heiligen Mutter, der Kirche, die Bücher des Alten wie des Neuen Testaments in ihrer Ganzheit mit allen ihren Teilen als heilig und kanonisch, weil sie, unter der Einwirkung des Heiligen Geistes geschrieben, Gott zum Urheber haben und als solche der Kirche übergeben sind.«[9]

Die Bibel, wie es auch die evangelisch-lutherische Kirche bekennt, zum »einzigen Richter, Regel und Richtschnur« darüber zu machen, welche »Lehren [...] gut oder bös, recht oder unrecht seien«[10], erweist sich jedoch als schwieriger als man zunächst denken mag. Zum einen gibt die Bibel über die meisten Probleme, die uns heute beschäftigen, keinerlei Auskunft. Man denke nur einmal an die Frage, wie wir mit der Kernenergie, der Gentechnologie, der Embryonenforschung und anderen Möglichkeiten des wissenschaftlichen Fortschritts umgehen sollten.[11] So angenehm, ja bequem es auch wäre, diesbezüglich Gottes weisen Ratschluß einholen zu können, hat er sich darüber doch leider ausgeschwiegen. Zum anderen aber – und das ist noch viel wichtiger – wird Gott in der Bibel nicht unbedingt als besonders vertrauenswürdig beschrieben. Wer das »Wort Gottes« nur aus der sonntäglichen Messe kennt, mag den »Schöpfer des Himmels und der Erden« als »barmherzigen Vater« kennengelernt haben. Wer die vom »Heiligen Geist inspirierten Schriften« jedoch gründlicher liest, wird die bittere Erfahrung machen müssen, daß »der Gott der Liebe« noch ein zweites Gesicht hat. So zeigt ihn die Bibel beispielsweise auch als den »Würger der Erstgeborenen« (Hebräer 11, 28), als den Gott, der unschuldige Kinder töten läßt, nur um einen verstockten Pharao zu bestrafen (2. Mose 12, 29f.). Der den Richter Jephta als Held des Glaubens preist, weil er ihm seine Tochter opfert (Hebräer 11, 32). Der Abrahams Gehorsam prüft, indem er ihn auffordert, seinen Sohn zu töten (1. Mose 22, 1f.). Der spricht: »Wohl dem, der deine Kinder packt und sie am Felsen zerschmettert« (Psalm 137, 9). Und der immer wieder zu Blutbädern und Vernichtungskriegen aufruft: »So spricht der Herr der Heerscharen: Schlage Amalek und vollstrecke den Bann an ihm und allem, was er hat; schone seiner nicht, sondern töte Männer und Frauen, Kinder und Säuglinge« (1. Samuel 15, 27).[12]

Angesichts solcher Ungeheuerlichkeiten muß jeder Christ, der die Güte Gottes verteidigen will, wohl oder übel bestreiten, daß die Bibel tatsächlich das »Wort Gottes« ist.[13] Wenn wir den Willen Gottes aber nicht in der Heiligen Schrift bezeugt finden, wo dann? Vielleicht in den Verlautbarungen der Kirche? – Die Kirche hat viele schöne Worte für sich gefunden. So bezeichnet sie sich beispielsweise als die

»Braut Christi«, die »Himmelsleiter zu Gott« oder – noch poetischer – als »das Schiff, das da sicher auf hoher See fährt, mit den Segeln am Mastbaum des Kreuzes, die sich blähen im Sturmwind des Heiligen Geistes«.[14] Trotz der nach Weihrauch duftenden Worte sollte jedoch klar sein: Wer sich, statt auf die Autorität der Bibel, auf die Autorität der Kirche beruft, gerät schnell vom Regen in die Traufe. Denn wer möchte angesichts der Kreuzzüge, der Hexenverbrennungen oder der Ketzerverfolgungen noch sagen: »Wo die Kirche, da ist der Geist Gottes, und wo der Geist Gottes, da ist die Kirche«?[15]

Hat das »Euthyphron-Dilemma« gezeigt, daß wir moralische Probleme ohne jede Berufung auf Gott lösen *können*, so zeigen die Überlegungen zur »Offenbarung Gottes«, daß wir moralische Probleme auch ohne jede Berufung auf Gott lösen *sollten*. Denn eines dürfte klargeworden sein: Wenn sich der Wille Gottes darin offenbart, was die Bibel sagt, oder gar darin, was die Kirche tut, dann ist Gott offenbar kein Wesen, das wirklich das Glück der Menschen zu befördern sucht. Wer sich dieser – zugegebenermaßen blasphemischen – Schlußfolgerung entziehen will, dem bleibt wohl nichts anderes übrig, als zu leugnen, daß sich der Wille Gottes offenbart hätte. Daraus ließe sich dann aber nur der Schluß ziehen, daß wir moralische Probleme sogar ohne jede Berufung auf Gott lösen *müssen*.[16]

Viele Christen verstehen ihr »Christsein« heute nur noch in einem moralischen Sinn. Das heißt, sie glauben gar nicht mehr »an Gott, den Vater, den allmächtigen, den Schöpfer des Himmels und der Erde«, noch an die »Vergebung der Sünden, Auferstehung der Toten und das ewige Leben«, wie es das Apostolische Glaubensbekenntnis eigentlich verlangt, sondern nur noch daran, daß Jesus ein einzigartiger und in jeder Hinsicht vorbildlicher Mensch war. Sie meinen, ein Christ zu sein bedeute, so zu leben, wie Jesus lebte.

Wie sich leicht denken läßt, nimmt kaum einer dieser Christen Jesus wirklich beim Wort. So sind die meisten von ihnen beispielsweise nicht bereit, all ihre Reichtümer hinzugeben oder, nachdem sie auf die eine Wange geschlagen worden sind, auch noch die andere hinzuhalten. Doch das ist nicht der Punkt. Der Punkt ist, ob wir nicht eine »christliche Ethik« vertreten sollten, deren ganzer Inhalt darin besteht, wenigstens zu versuchen, so zu leben, wie Jesus lebte?

Abgesehen davon, daß es sich bei einer solchen Ethik um gar keine theologische Ethik mehr handeln würde, und wir sie besser »Jesuanische Ethik« statt »christliche Ethik« nennen sollten, ist sie einer Vielzahl von Problemen ausgesetzt. Zunächst einmal scheint man ganz zu vergessen, daß wir darüber, wie Jesus wirklich lebte, so gut wie gar nichts wissen. Die Evangelien, die über Jesu Leben berichten, sind ja alles andere als autorisierte Biographien. Sie sind, wie es die historisch-kritische Theologie ausdrückt, nur »Anekdotensammlungen«, reine »Erbauungs- und Unterhaltungsgeschichten«, verfaßt von Autoren, die »nicht Geschichte schreiben, sondern Evangelium predigen«[17] wollten. Da die Evangelisten also nicht in historischer, sondern vor allem in missionarischer Absicht schrieben, können wir nur zu dem Schluß gelangen, zu dem schon der Neutestamentler Hans Conzelmann gelangte: »Wenn wir ein Lebensbild Jesu nachzeichnen wollen, dann bleibt uns nur wenig Stoff. Ob wir das bedauern, ist bedeutungslos. Wir haben das Ergebnis der philologischen Textanalyse ohne Rücksicht auf Gefühle und Wünsche festzustellen.«[18]

Viel entscheidender aber ist, daß die Jesuanische Ethik buchstäblich auf einem Irrtum beruht. Denn zu dem Wenigen, das wir über Jesus sicher wissen, gehört, daß er vom baldigen, ja unmittelbar bevorstehenden Weltuntergang überzeugt war und fest damit rechnete, daß das »Jüngste Gericht« und das »Reich Gottes« schon in Kürze kommen werden.[19] So verkündete er seinen Jüngern beispielsweise: »Wahrlich, ich sage euch: Unter denen, die hier stehen, sind einige, die den Tod nicht kosten werden, bis sie das Reich Gottes in Kraft kommen sehen.«[20]

Jesu Erwartung, daß das Reich Gottes nahe sei, erklärt nicht nur manche ungewöhnlich harte Forderung, wie zum Beispiel, daß man die Toten ihre Toten begraben lassen solle, daß man alles, was man habe, unverzüglich verkaufen möge, oder sich nicht mehr scheiden lassen dürfe, sondern auch, warum er sich zu so wichtigen sozialen Fragen wie die der Gleichberechtigung der Frau, der Sklaverei, der Todesstrafe oder des Kriegs überhaupt nicht geäußert hat. Angesichts des bevorstehenden Strafgerichts und des kommenden Gottesreiches gab es einfach wichtigeres zu tun, als Tote zu begraben, Schätze anzuhäufen oder gar Ehen zu scheiden. Wozu noch lange erörtern, wie man sich in dieser Welt einzurichten habe, wenn diese Welt ohnehin dem Untergang geweiht ist?[21]

Was Wunder also, daß uns die Jesuanische Ethik bei den moralischen Problemen unserer Generation schlichtweg im Stich läßt: Sie war für eine Generation vor zweitausend Jahren bestimmt, für eine Generation, von der Jesus glaubte, daß es die letzte sein würde. Es ist daher auch vollkommen verfehlt, sich von ihm irgendeinen Rat darüber zu erwarten, wie wir Probleme der Gegenwart, Probleme wie die Organtransplantation, die In-vitro-Fertilisation, die Mikro-Injektion oder die Kryokonservierung, lösen können.[22]

Nach alldem sollten, denke ich, auch Christen einsehen, daß wir die Regeln, die uns ein glückliches Zusammenleben ermöglichen, selbständig finden müssen, und daß wir die Verantwortung dafür nicht länger auf Gott abwälzen können.[23]

Helga Kuhse

Kirche und Abtreibung
Eine Unterhaltung mit Gott

Das Thema »Kirche und Abtreibung« umfaßt mehrere Disziplinen – die Philosophie und Ethik, die Kirchengeschichte und die Theologie. Als Philosophin habe ich das Problem der Abtreibung und ihm verwandte Fragen in mehreren Publikationen ausführlich behandelt.[1] Statt meine Argumente hier zu wiederholen, entschloß ich mich, einer weithin anerkannten Autorität auf all den hier angeschnittenen Fachgebieten das Wort zu geben: Gott.[2]

Wie es mir gelang, ein persönliches Interview mit Gott zu erhalten, sei dahingestellt. Ich denke jedoch, daß es viel mit meinem Thema zu tun hatte. Gott brachte eindeutig zum Ausdruck, daß sie als Frau seit eh und je ein außerordentlich reges Interesse an dem Thema »Kirche und Abtreibung« gehabt habe. Die Kirche, sagte sie, sei eine männliche Institution und die von der Kirche verbreitete Moral eine männliche Konstruktion. Schwangerschaft, unerwünschte Mutterschaft und Abtreibung dagegen seien weibliche Realitäten. Wie sei es möglich, so fragte sie, daß von Männern aufgestellte Regeln und Gebote so lange die Wirklichkeit von Frauen bestimmt haben? Ich war versucht, Gott auf ihre Allwissenheit hinzuweisen, besann mich dann aber eines Besseren...

Aber ich greife den Dingen voraus. Unsere Unterhaltung, die übrigens an verschiedenen Stellen bezeugt, daß Gott von der im Duden behaupteten generischen Funktion des Maskulinums wenig zu halten scheint – eine Einstellung, der auch ich meine Sprache in diesem Gespräch stillschweigend anpaßte –, begann wie folgt:

Ich: Gott, ich danke dir für die Gelegenheit, mit dir über das Thema »Kirche und Abtreibung« sprechen zu dürfen.

Gott: Gern geschehen. Ich habe die Debatte auf diesem Gebiet nun schon an die zweitausend Jahre verfolgt und begrüße die Gelegenheit, mich dazu nun selbst einmal äußern zu dürfen.

Ich: Die Abtreibung wird oft als die vorgeburtliche Tötung eines Fötus im Mutterleib verstanden.[3] Ist es richtig, daß die Kirche – und ich spreche hier von der christlichen Kirche – die Abtreibung traditionell verurteilt hat, weil sie jedes menschliche Leben als »heilig« oder »unverfügbar« betrachtet, und nur du, Gott, das Recht hast, über Leben und Tod zu entscheiden?

Gott: Das hört sich schön an – Heiligkeit und Unverfügbarkeit des Lebens… Mir wird so richtig wohl dabei. Es gibt da aber leider ein paar fundamentale Probleme. Mit der sogenannten Heiligkeit oder Unverfügbarkeit des Lebens ist es nämlich nicht weit her. Auch impliziert deine Frage, daß wir es mit *einer* christlichen Kirche und mit *einer* Einstellung zur Abtreibung zu tun haben, und daß all die Kirchenväter und Theologen (und es waren so gut wie immer Männer!) mit »Abtreibung« das gleiche meinten. Das war und ist aber nicht der Fall.

Ich: Ja, dann müssen wir etwas langsamer vorgehen. Fangen wir mit dem Begriff der »Heiligkeit« oder »Unverfügbarkeit« des Lebens an. Du sagtest, damit sei es nicht weit her?

Gott: Nein, damit ist es weiß-Ich nicht weit her. Lassen wir für den Moment einmal ungeborenes Leben aus dem Spiel und konzentrieren uns der Einfachheit halber auf erwachsene Menschen. All das Gerede von der Unverfügbarkeit des menschlichen Lebens hat die Kirche und ihre Vertreter während der letzten zweitausend Jahre nicht davon abgehalten, oft außerordentlich frei über unerwünschtes menschliches Leben zu verfügen.

Ich: Aber wie konnte man denn einerseits auf der Heiligkeit eines jeden menschlichen Lebens bestehen und andererseits, wie du anzudeuten scheinst, Menschen töten?

Gott: Ja, das ist eine gute Frage. Man war hier offensichtlich inkonsistent. Auf der einen Seite sagte man: Es ist absolut verboten, Menschen zu töten; auf der anderen Seite tat man genau das Verbotene. Diese Inkonsistenz bereitete den Kirchenvätern natürlich einige Kopfschmerzen. Aber eine Lösung fand sich bald. Man kam auf die Idee, daß ich, Gott, ja wohl kaum ein *allgemeines* Verbot gegen das Töten von Menschen ausgesprochen haben könnte. Nein, was ich wirklich gemeint hätte, sei, daß man nicht über *unschuldiges* menschliches Leben verfügen dürfe... Du merkst sicher schon, wo das hinführt: sogenannt »schuldiges« Leben wurde ausgeklammert und war damit nicht mehr unverletzlich. Siehst du, selbst der heutige Papst hat sich meines Wissens nicht gegen die Todesstrafe ausgesprochen, und Pazifist scheint er auch nicht zu sein...

Ich: Ja, das ist interessant. Aber könntest du vielleicht auch ein paar historische Beispiele nennen?

Gott: Aber ja. Hunderte oder Tausende, wenn du willst. Es war schon ziemlich leicht, seine »Unschuld« zu verlieren, und wenn sie erst verloren war, war ja auch das Tötungsverbot aufgehoben. »Schuldige« Angreifer durften jetzt in Selbstverteidigung getötet werden. Andere »Schuldige« – Ketzer, Andersgläubige und Hexen zum Beispiel – konnten gefoltert, gehenkt, ertränkt, verbrannt oder auf eine andere phantasievolle Weise ins Jenseits befördert werden. Und für die, die von Testosteron und unbefriedigter männlicher Lust getrieben eine Rechtfertigung für blutige Kriegszüge brauchten, lag die Lösung auf der Hand: »Schuldige« Feinde durften nach Herzenslust niedergemetzelt werden.[4]

Fangen wir mit den sogenannten »Hexen« an. Im 17. Jahrhundert wurden Tausende von ihnen von den Jesuiten verbrannt. Um 1630 ließ der Bischof von Bamberg rund 900 Hexen und Zauberer hinrichten. Der Bischof von Würzburg verbrannte 1200 auf dem Scheiterhaufen, und der Erzbischof von Trier war in seinem Bestreben, das Leben all der Frauen zu beenden, die angeblich mit dem Teufel Geschlechtsverkehr gehabt hatten, so erfolgreich, daß im Jahre 1585 in zwei Dörfern nur vier Frauen übrigblieben. Das ging übrigens noch eine ganze Weile so weiter. Die letzten Hexenverbrennungen fanden 1782 in der Schweiz statt – und die letzten Hexen wurden 1838 in Danzig ersäuft.[5]

Aber es waren nicht nur Hexen, denen die Kirche ihre Aufmerksamkeit schenkte. Da waren auch die Juden und die Anabaptisten, und weiß ich noch wer. So trieben die christlichen Bürger und Bürgerinnen von Basel im 14. Jahrhundert zum Beispiel mehrere hundert jüdische Menschen in einem besonders zu diesem Zweck errichteten Holzbau auf einer Insel im Rhein zusammen – und steckten ihn dann in Brand. Nicht weit entfernt davon, in Zürich, konzentrierte sich der große protestantische Reformator Huldenreich Zwingli auf die Anabaptisten. Um ihr ketzerisches Ritual der Erwachsenentaufe zu parodieren, ließ er sie im schönen Zürichsee ertränken.[6]

Und so weiter, und so weiter...

Ich: Ja, das sind schon schlimme Auswüchse gewesen. Aber wenn es um das ungeborene menschliche Leben geht – um Embryonen oder Föten –, dann zumindest haben wir es doch wohl mit menschlichem Leben zu tun, das im Rahmen der christlichen Lehre als »unschuldig« und damit als »unverfügbar« angesehen werden muß. Föten sind noch keine Vernunftswesen und können sich also im moralischen Sinn in keiner Weise schuldig gemacht haben.

Gott: Das ist richtig. Im moralischen Sinne sind Föten unschuldig. Allerdings hatte das Zugeständnis der moralischen Unschuld eine unmittelbare Folge, die selbst manchem Theologen nicht gefiel. Es ist noch gar nicht so lange her, daß Frauen während der Geburt starben, weil der Kopf des ungeborenen Kindes nicht durch den Geburtskanal paßte. Wenn der Fötus nun ein unschuldiges menschliches Wesen ist, dann folgt daraus, daß es verboten ist, den Fötus zu töten, um das Leben der Mutter zu retten. In der Vergangenheit bedeutete das oft, daß beide – Mutter und ungeborenes Kind – während der Geburt starben. Hätte man dagegen den Schädel des Fötus zerdrückt, um den Fötus sodann aus dem Geburtskanal entfernen zu können, dann wäre zumindest das Leben der Mutter gerettet worden. Der Glaube also, daß man unter gar keinen Umständen ein unschuldiges menschliches Wesen töten dürfe, führte dazu, daß man tatenlos dabeistand, wie *zwei* Menschen – der Fötus *und* die Mutter – starben.

Nun behauptet man, daß *ich* dafür verantwortlich bin.

Ich: Ja, bist du das denn nicht? Du sollst doch im fünften Gebot des Dekaloges gesagt haben: »Du sollst nicht töten.« Und wie ich das verstehe, ist das ein absolutes Gebot – ein Menschenleben darf niemals absichtlich beendet werden.

Gott: Du mußt mich wohl für recht einfältig halten! Nehmen wir einmal an, daß ich wirklich auf die Idee gekommen wäre, dem Mose einige nützliche moralische Regeln mit auf den Weg zu geben. Was immer ich getan hätte, ich hätte ihm ganz gewiß keine absoluten Gebote gegeben! Ein absolutes Gebot darf nie und unter gar keinen Umständen gebrochen werden – selbst dann nicht, wenn dadurch die allergrößten Übel vermieden werden könnten. Das Beispiel von Mutter und Fötus zeigt ja, wohin das führen kann – zwei Leben statt einem! Und glaubst du, daß ich die Sterbehilfe verbieten würde, das heißt, es verbieten würde, daß Ärzte und Ärztinnen todkranken und leidenden Menschen aktive Sterbehilfe leisten? Wohl kaum.

Und noch ein Punkt. Einfache negative Regeln wie »Du sollst nicht töten« verbieten nur Handlungen. Wie steht es aber mit Unterlassungen? Dazu sagen diese Regeln nichts. Ich hätte dazu allerdings sehr viel zu sagen! Für mich steht folgendes fest: Wenn es moralisch falsch ist, einen Menschen zu töten, dann ist es unter vergleichbaren Umständen auch moralisch falsch, ihn sterben zu lassen. Sterben lassen kann genau so moralisch verwerflich sein wie töten. Denken wir doch nur an all die Menschen, die täglich Hungers sterben. Diese Menschen sterben nicht, weil die Welt sie nicht ernähren kann, sondern nur deswegen, weil andere Menschen nichts tun, um sie vor dem Verhungern zu bewahren!

Als ob ich einen so großen moralischen Unterschied zwischen Tun und Unterlassen ziehen würde! Es ist doch einfach absurd zu behaupten, daß die Ärztin, die den im Geburtskanal steckengebliebenen Fötus tötet, für dessen Tod verantwortlich ist; daß aber die Ärztin, die dabeisteht, wie Mutter *und* Fötus sterben, dagegen für deren Tod nicht, oder weniger, verantwortlich ist!

Ich: Wie ich die Sache verstehe, wird gesagt, daß die Ärztin, die die Mutter und den Fötus sterben läßt, lediglich der Natur ihren Lauf läßt. Die Natur, so wird gesagt, ist für den Tod von Mutter und

Fötus verantwortlich, nicht die Ärztin. Wenn die Ärztin dagegen den Fötus tötet, dann ist sie für den Tod des Fötus voll und ganz verantwortlich.

Gott: Daß ich nicht lache! Die Natur kann doch nur darum ihren Lauf nehmen, weil die Ärztin sich entschlossen hat, sie ihren Lauf nehmen zu lassen – weil sie die Entscheidung getroffen hat, nichts zu tun. Gleichgültig aber, ob die Ärztin handelt oder nicht, es ist ihre Entscheidung. Das bedeutet auch, daß sie in beiden Fällen die volle Verantwortung für die Konsequenzen ihrer Handlungen und Unterlassungen tragen muß.

Die ganze Idee vom moralischen Unterschied zwischen Handeln/Unterlassen und Töten/Sterbenlassen basiert doch auf einer geradezu absurden Vorstellung von der moralischen Verantwortlichkeit. Wie könnte irgendein vernünftiges Gotteswesen auf die Idee kommen, die moralische Verantwortlichkeit auf Handlungen zu beschränken? Als ob Unterlassungen nicht auch Handlungen wären und, genau wie Handlungen, Folgen hätten! Verantwortung belastet zwar. Aber, es tut mir leid, ihr Menschen habt sie nun mal. Halbe Verantwortung gibt es nicht.

Ich: Ich glaube, die katholische Kirche hält noch immer an der Idee fest, daß es immer moralisch falsch ist, einen Fötus zu töten, daß es aber nicht moralisch falsch ist, den Fötus und seine Mutter sterben zu lassen?

Gott: Ja, das ist im Prinzip richtig – obwohl die moderne Medizin das Problem des im Geburtskanal steckengebliebenen Fötus wohl gelöst hat. Allerdings können auch heute noch Eileiterschwangerschaften und andere Komplikationen das Leben einer schwangeren Frau ernsthaft gefährden. Daß man in solchen Fällen Mutter *und* Fötus sterben lassen soll, erscheint aber selbst denjenigen absurd, die sonst auf der Unverletzlichkeit fötalen Lebens insistieren.

Ich: Wenn das Leben eines Fötus unverletzlich ist, dann ist da aber doch wohl nichts zu machen?

Gott: Du vergißt die Kasuistik! Sie hat schon so manchem Absolutisten aus der Klemme geholfen. In bezug auf die Abtreibung gibt es da zwei Kunstgriffe: Entweder man streitet ab, daß der Fötus unschuldig ist, oder man streitet ab, daß gewisse Handlungen Tötungen sind, auch wenn sie zum Tod des Fötus führen.

Ich: Das ist etwas verwirrend. Könntest du das etwas näher erklären? Vielleicht fangen wir mit den »schuldigen« Föten an.

Gott: Tja, eine interessante Spitzfindigkeit. Du hattest ja bereits festgestellt, daß Föten moralisch unschuldig sind und deswegen nicht direkt getötet werden dürfen. Aber wie einige Moraltheologen behaupteten, kann selbst ein im *moralischen* Sinn unschuldiger Fötus ein im *physikalischen* Sinn »schuldiger Angreifer« sein. Der Fötus wird zum schuldigen Angreifer erklärt, weil er (wenn auch, ohne es zu wollen) das Leben der Mutter gefährdet – zum Beispiel dadurch, daß er bei der Geburt in ihrem Geburtskanal steckenbleibt oder sich im Eileiter anstatt in der Gebärmutter einnistet. Er bedroht das Leben der Mutter und darf darum in Selbstverteidigung getötet werden.[7]

Ich: Aber könnte man dann nicht ebensogut sagen, daß die Mutter das Leben des Fötus bedroht – zum Beispiel, weil ihr Becken zu eng ist, um den Fötus durchzulassen? Das würde dann bedeuten, daß man die Mutter töten darf, um das Leben des Fötus zu retten?

Gott: Genau. Beide, Mutter und Fötus, sind im nicht-moralischen Sinn »schuldige Angreifer« – und wenn jedes Menschenleben gleich wertvoll und gleich unverletzlich ist, dann kann ich weiß-Ich keinen Grund sehen, warum diejenigen, die diese Ansicht vertreten, die Mutter dem Fötus vorziehen sollten. Man müßte nicht nur den Fötus töten dürfen, um die Mutter zu retten, sondern auch – wie Thomas von Aquin das in einem anderen Zusammenhang einmal gesagt hat – die Mutter »spalten« dürfen, um den Fötus zu retten.[8]

Ich: Das glaubt aber doch wohl niemand – daß man die Mutter »spalten« oder töten darf, um das Leben des Fötus zu retten? Wer sagt denn, daß das Leben eines Fötus dem der Mutter gleichwertig ist?

Gott: Man sagt es zum Beispiel in Rom.[9] Ich denke allerdings auch, daß nicht alle Herren in Rom und solche, die auf Rom hören oder hören sollten, wirklich glauben, daß das Leben von Embryonen und Föten »vom ersten Augenblick ihrer Existenz an« dem Leben erwachsener Menschen gleichzusetzen ist. Wenn diese Herren wirklich glaubten, daß es moralisch gleich ist, ob ein erwachsener Mensch oder eine neubefruchtete menschliche Eizelle getötet wird, dann würde ich erwarten, daß sie auch viel stärker gegen die sogenannte »Spirale« vorgehen würden.

Ich: Die Spirale? Du meinst das Empfängnisverhütungsmittel?

Gott: Nun, ein Empfängnisverhütungsmittel ist die Spirale nicht. Die Spirale verhindert nicht die Verschmelzung von Ei- und Samenzelle, sondern verhindert, daß eine bereits befruchtete Eizelle – »ein unschuldiges menschliches Leben« – sich in der Gebärmutter einnistet. Dieses Ausstoßen des Embryos käme dann dem Mord an einem erwachsenen Menschen gleich. Und wenn jeden Tag, in allen Teilen der Welt, unzählige Menschen durch die Spirale ihr Leben lassen, dann würde ich doch denken, daß Rom etwas lautstärker gegen dieses »Mordinstrument« protestieren sollte, als es das tut…

Ich: Ja, da scheint man dann in Amerika schon etwas konsequenter zu sein. Zwar geht es dort nicht um Spiralen, sondern um Abtreibungskliniken, aber das Prinzip, so scheint mir, ist das gleiche. Dort verteidigen Lebensrechtler die Heiligkeit fötalen menschlichen Lebens mit dem ihnen von diesem Standpunkt aus zustehenden Enthusiasmus. Abtreibungskliniken werden bombardiert und abgebrannt. Man könnte denken, das gehe zu weit. Aber tut es das, wenn – so wird ja behauptet – in diesen Kliniken wirklich Mord begangen wird? Diese Frage wurde in einem Brief an eine amerikanische Lokalzeitung aufgeworfen, nachdem eine Abtreibungsklinik in Omaha in Brand gesteckt worden war. Der Brief endete mit dem Satz: »Sie würden ein Konzentrationslager bombardieren – warum also nicht eine Abtreibungsklinik?«[10] Mir scheint, die Frage ist durchaus berechtigt. Wenn Föten wirklich das gleiche Lebensrecht wie erwachsene Menschen haben, dann stimmt die Gleichung »Abtreibungsklinik = Konzentrationslager« so in etwa. Warum setzt sich Rom also nicht mehr, als es das tut, für das sogenannte fötale Lebensrecht ein?

Gott: Du vergißt, daß Rom sich ja auch nicht gerade enthusiastisch für die Juden und die anderen Menschen in den Konzentrationslagern des »Dritten Reiches« eingesetzt hat. Die Gasöfen hat es auf jeden Fall weder bombardiert noch sabotiert. Eigentlich hat es überhaupt sehr wenig zur Judenverfolgung gesagt oder zur Rettung der jüdischen Menschen getan... Eine Zynikerin würde sagen, daß man in Rom vor 50 Jahren das Lebensrecht der Juden, wie schon damals in Basel, noch immer nicht besonders ernst nahm...

Ich: Ich würde gern auf die Abtreibung zurückkommen. Du sagtest vor ein paar Minuten, daß einige Abtreibungen in der christlichen Tradition anscheinend dadurch legitimiert werden, daß man sie nicht als »Tötungen«, sondern als etwas anderes beschreibt.

Gott: Richtig. Das ist ein interessantes Thema! Es geht hier um das sogenannte »Prinzip der Doppelwirkung«.[11] Wenn eine Handlung zwei Wirkungen oder Konsequenzen hat – eine gute und eine schlechte –, und vorausgesetzt, daß die Handelnde primär nur das Gute will, dann darf sie plötzlich das Verbotene tun. Es ist ein flexibles und darum sehr nützliches Prinzip. Das Prinzip soll es erlauben, in einem sogenannten gerechten Krieg Bomben zu werfen, die auch aller Voraussicht nach unschuldige Zivilisten töten – vorausgesetzt, daß man es primär auf militärische Stützpunkte und dergleichen und nicht auf die Zivilbevölkerung abgesehen hat. Es soll auch erlauben, einem Patienten oder einer Patientin so viel Morphin oder andere palliative Mittel zu geben, daß sie seinen beziehungsweise ihren Tod verursachen – vorausgesetzt, daß man lediglich den Schmerz lindern, nicht aber den vorausgesehenen Tod dieses Menschen herbeiführen will.[12] Ähnlich wird argumentiert, wenn es zu bestimmten Fragen der Abtreibung kommt – wie zum Beispiel bei Eileiterschwangerschaften. Hier wird argumentiert, daß es sich nicht um eine Abtreibung (also um eine Tötung) handelt, wenn man den nicht-lebensfähigen Fötus aus dem Eileiter entfernt. Interessant ist allerdings, daß auch argumentiert wird, daß man einen Fötus nicht entfernen darf, wenn die Mutter zum Beispiel an einer schweren Herzkrankheit leidet und wahrscheinlich sterben würde, wenn sie die Schwangerschaft fortsetzte.[13]

Ich: Das mit der Eileiterschwangerschaft verstehe ich nicht so ganz. Warum ist das keine Abtreibung?

Gott: Daß du das nicht verstehst, überrascht mich nicht. Diejenigen, die das Prinzip der Doppelwirkung vertreten, verstehen es meines Erachtens nämlich selber nicht. Sie streiten sich unaufhörlich über den Anwendungsbereich des Prinzips. Das Fatalste aber ist, daß sie bis zum heutigen Tag nicht in der Lage gewesen sind, eine Theorie zu entwickeln, die gewissermaßen das geistige Band liefert, um die widersprüchlichen praktischen Urteile, die angeblich im Namen des Prinzips der Doppelwirkung gefällt werden, in Einklang zu bringen.

Ich: Willst du damit sagen, daß das Prinzip der Doppelwirkung einmal so und einmal so interpretiert wird?

Gott: Ja, genau. Kommen wir auf den Fall zurück, wo der Fötus im Geburtskanal steckengeblieben ist und die Frage auftaucht, ob der Kopf perforiert werden darf, um die Mutter zu retten. Die Antwort der katholischen Kirche ist »nein«: Der Kopf darf nicht perforiert werden, weil die Ärztin, indem sie den Schädel zerdrückt, den Fötus tötet.[14]
Ich denke, daß man eine solche Handlung als Tötung beschreiben sollte. Aber warum wird dann nicht auch die Handlung der Ärztin, die eine potentiell tödliche Dosis Morphin verabreicht, als Tötung beschrieben?

Ich: Vielleicht könnte man hier folgendes sagen: Die Ärztin, die Morphin gibt, will den Tod des Patienten nicht. Sie will nur Schmerzen lindern – sie will nicht, daß der Patient stirbt. Wenn sie die Schmerzen auf eine andere Art und Weise lindern könnte, würde sie es tun. Die Ärztin dagegen, die den Schädel des Fötus perforiert, muß den Tod des Fötus wollen.

Gott: Nein, das genügt nicht, um die beiden Fälle voneinander zu unterscheiden. Auch die zweite Ärztin, die den Schädel des Fötus perforiert, kann mit derselben Berechtigung wie die erste sagen, daß sie den Tod des Fötus nicht will. Sie will nur das Leben der Mutter retten. Wenn sie ihr Leben auf eine andere Art und Weise retten könnte, würde sie das tun. Warum also die erste Handlung als »Schmerzlinderung« beschreiben und die zweite als »Tötung«? Konsistent wäre es, entweder beide Handlungen als Tötungen zu beschreiben oder, wenn die erste Handlung als

»Schmerzlinderung« beschrieben wird, die zweite als, sagen wir, »Mutterretten« zu beschreiben.

Ich: Aber die Perforation des Schädels ist doch mit dem Töten identisch?

Gott: Ja, mehr oder weniger. Aber ich kann keinen Grund sehen, warum es nicht möglich sein sollte, die Perforation (parallel zur tödlichen Morphininjektion) unter dem Prinzip der Doppelwirkung als »Mutterretten« zu beschreiben. Wie es ein Verteidiger des Prinzips der Doppelwirkung so schön ausdrückte: Wenn die Ärztin den Schädel des Fötus perforiert, tötet sie den Fötus nicht sie »verändert nur die Dimensionen des Kindes«, so daß es durch den Geburtskanal paßt.[15]

All das läuft darauf hinaus, daß es ganz einfach inkonsistent ist, einige Handlungen, die sich in allen relevanten Hinsichten von erlaubten Handlungen nicht unterscheiden, als verbotene Tötungen zu beschreiben.

Ich: Und was sagt die Kirche dazu?

Gott: Während Theologen und Philosophen sich weiterhin über diese Fragen streiten, versucht die Kirche mit derartigen Inkonsistenzen zu leben. Ich weiß nicht, ob es eine offizielle Stellungnahme in bezug auf Eileiterschwangerschaften gibt. Fest steht, daß es erlaubt ist, die Schmerzen einer Patientin zu lindern, auch wenn dies ihren Tod verursacht; daß es auf der anderen Seite aber verboten ist, den Schädel eines Fötus zu perforieren, um die Mutter zu retten. Schmerzstillen ist »in«. Mutterretten ist seit Ende des letzten Jahrhunderts definitiv »out«.

Als Frau werde ich natürlich den Verdacht nicht los, daß es für diese Theologen verhältnismäßig einfach war, sich zu der Entscheidung durchzuringen, daß das Leben der Mutter – leider, leider – manchmal auf dem Altar der sogenannten Unverletzlichkeit des fötalen Lebens geopfert werden muß. Als Männer würden sie ja nie in die Lage kommen, einen Fötus in ihrem Geburtskanal stecken zu haben, und verheiratet waren und sind die meisten ja auch nicht... Mit den Schmerzen am Ende des Lebens ist es da schon anders, sie befallen nicht nur Frauen...

Ich: Wir haben bis jetzt viel von der Einstellung der Kirche zum fö-

255

talen Leben gesprochen. Den wohl fundamentalsten Punkt haben wir allerdings überhaupt noch nicht angeschnitten: Was ist der Grund, warum die Abtreibung von der Kirche als moralisch falsch angesehen wird?

Gott: Ja, warum ist die Abtreibung falsch? Warum wird es als moralisch falsch oder verboten angesehen, menschliche Wesen zu töten, nicht aber Tiere oder Pflanzen? Was gibt den Menschen das sogenannte »Recht auf Leben«?

Ich: Meines Erachtens hat das etwas mit der Gottebenbildlichkeit zu tun?

Gott: Gottebenbildlichkeit! Wenn ich das schon höre! Welch eine Eitelkeit! Da soll ich mich also vor etwa 4000 Jahren am sechsten Tag einer arbeitsreichen Woche hingesetzt haben, um den Menschen zu machen – »ein Bild, das mir gleich sei«.[16] Der Verfasser der Schöpfungsgeschichte – zweifelsohne ein guter Fabulierer – konnte natürlich noch nichts von Darwin und der Evolutionstheorie wissen. Aber für heutige Christen ist eine etwas peinliche Frage wohl kaum vermeidbar: Welchen Menschen soll ich mir zum Bilde geschaffen haben – den Cro-Magnon-Menschen, den Neandertaler oder wen?[17] Und warum da aufhören? Welche Eigenschaft soll es denn sein, die den Menschen zu meinem Ebenbild macht und ihm (aber nicht anderen Wesen) ein Lebensrecht gibt? Es kann ja wohl nichts damit zu tun haben, daß der Mensch ein zweibeiniges, federloses Säugetier mit einem verhältnismäßig großen Kopf ist?

Ich: Ich glaube nicht. Ich denke, daß es etwas damit zu tun hat, daß Ebenbilder Gottes Seelen haben – unsterbliche Seelen. Andere Lebewesen – Hühner, Schweine, Schafe, Elefanten und Amöben – haben keine. Es ist der Besitz der Seele, der das Töten falsch macht.

Gott: Jetzt machst du aber wohl Witze! Seelen! Welche menschlichen Wesen sollen denn Seelen haben? Alle? Auch Föten und Embryonen?

Ich: Ja, so habe ich es gehört. Es gibt da sogar eine Theorie, daß du, Gott, die Seele einer jeden Zygote bei der Verschmelzung der Ei- und Samenzelle einpflanzen oder »einhauchen« würdest.[18]

Gott: Da hätte ich allerdings reichlich zu tun. Weißt du eigentlich, daß sich rund 70% aller befruchteten Eizellen nicht in der Gebärmutter einnisten können?[19] Wenn all diese »spontan abgetriebenen« Embryonen unsterbliche Seelen hätten, dann würde das bedeuten, daß der Himmel hauptsächlich mit den Seelen dieser noch ungeformten Embryonen und Zygoten bevölkert wäre.[20]

Und das alte Zwillingsproblem besteht natürlich auch noch – nicht nur was die Seelenfrage angeht, sondern auch was die Individualität betrifft. Es macht einfach keinen Sinn zu sagen, daß bei der Verschmelzung der Ei- und Samenzelle ein ganz bestimmtes menschliches Individuum entsteht – wenn das »Individuum« hinterher noch das Potential hat, sich in zwei, drei oder noch mehr »Individuen« zu teilen, die sich dann auch wieder zu einem »Individuum« vereinen können. Individuen können sich nicht teilen und wiedervereinen. Das bedeutet, daß bis zu dem Zeitpunkt, wo die Teilung bzw. Wiedervereinigung nicht mehr möglich ist, noch kein bestimmtes menschliches Individuum existiert. Anfänglich haben wir es mit »totipotenten« menschlichen Zellen zu tun, die sich in ein, zwei oder mehr Individuen entwickeln können.[21]

Aber das nur am Rande. Um also auf das Tötungsverbot zurückzukommen: Ich verstehe nicht, warum es moralisch verwerflicher sein soll, ein Wesen zu töten, das eine unsterbliche Seele hat, als ein Wesen, das keine hat. Wird nicht gesagt, daß ein Wesen mit einer unsterblichen Seele nach seinem Tod auf ewig all die Freuden des Himmels erleben wird? Ein seelenloses Wesen dagegen hat nur dieses eine kurze irdische Leben. Wenn man ihm das nimmt, hat es nichts mehr. Ein Wesen mit einer unsterblichen Seele dagegen kann dann die ewige Glückseligkeit um so früher genießen. Warum sollte es also moralisch falsch sein, einen Fötus schmerzlos zu töten, so daß er die himmlische Glückseligkeit gleich erfahren kann, anstatt erst noch durch das irdische Jammertal wandern zu müssen?

Ich: Ich glaube, der Grund ist, daß man annahm, ungetaufte abgetriebene Föten kämen nicht in den Himmel, sondern in die Hölle oder zumindest in das Fegefeuer. Ohne Taufe war das Los von beseelten abgetriebenen Föten die ewige Verdammnis. Sagte nicht der heilige Fulgentius im 6. Jahrhundert, daß ein ungetauftes Kind »auf ewig mit ewigem Feuer bestraft« würde?[22]

Gott: Ja, das soll er gesagt haben. Was mich dabei so außerordentlich ärgerlich macht, ist, daß man immer versucht hat, *mir* diese Ausgeburten der menschlichen Phantasie in die Schuhe zu schieben. Ich soll für solche Dinge wie Erbsünde, Höllenfeuer und die ewige Bestrafung von unschuldigen Kindern verantwortlich sein... Reine Verleumdung ist das!

Aber zurück zu unserer fundamentalen Frage, warum das Töten menschlicher Föten falsch ist. Wie ich es verstehe, vertritt das Zweite Vatikanum nicht mehr die Ansicht, daß Föten durch die Taufe gerettet werden müssen. Im Gegenteil. Laut Zweitem Vatikanum ist »[j]ede Person, ohne Ausnahme ... durch Christus erlöst worden«.[23] Der Grund, warum das Töten menschlicher Föten moralisch falsch ist, kann also nicht sein, daß ein ungetaufter Fötus damit zu ewigem Höllenfeuer verdammt wird.

Was also ist der Grund?

Ich: Ich komme mir fast wie auf der Anklagebank vor. Ich bin in der Kirchengeschichte und der Theologie nicht besonders bewandert. Außerdem bin ich ohnehin der Meinung, daß der Versuch, die Moral von göttlichen Geboten abzuleiten, zum Scheitern verurteilt ist.[24] Ich dachte, *du* könntest mir eine Antwort auf diese Frage geben...

Gott: Das ist gar nicht so einfach. Ich bin ja schließlich nur Gott – nicht Theologe. Aber wie ich die Dinge verstehe, ist es so, daß die katholische Kirche seit dem Ende des 19. Jahrhunderts die Frage der Abtreibung nicht mehr theologisch, sondern »naturrechtlich« betrachtet.[25] Damit hat sie sich auf dein Gebiet, auf das der Philosophie, begeben. Die Frage der Abtreibung wird so zu einer Sache der »Vernunft«, und wenn ich es richtig verstehe, geht es hier darum zu versuchen, das fötale Lebensrecht in der Gattungszugehörigkeit des Fötus, also seinem »Menschsein«, zu begründen. Ich weiß, du hältst nicht viel davon...

Ich: Nein. Aber darüber wollte ich heute eigentlich nicht sprechen.

Gott: Schon gut. Wir sollten unser Gespräch auch langsam beenden. Aber eine Sache muß ich mir doch noch vom Herzen reden.

Ist dir eigentlich aufgefallen, daß wir während unserer ganzen Unterhaltung nur von Föten und Embryonen gesprochen haben, nicht aber von den Frauen, die diese Föten ja nun einmal zur Welt bringen müssen? Auch haben wir mit keinem Wort von dem katholischen Verbot der Empfängnisverhütung gesprochen. Dieses Verbot ist mitverantwortlich für einen erschreckenden globalen Bevölkerungszuwachs, der die Welt mit einer ökologischen Katastrophe bedroht. Es ist auch mitverantwortlich dafür, daß täglich etwa 455 000 ungewollte Schwangerschaften entstehen und daß täglich 150 000 Abtreibungen vorgenommen werden. Das Abtreibungsverbot ist dafür mitverantwortlich, daß ein Drittel dieser Abtreibungen illegal ist und daß Abtreibungen unter Umständen vorgenommen werden, die das Leben der Mütter gefährden. Das bedeutet auch, daß die katholische Kirche für den Tod jener 500 Frauen mitverantwortlich ist, die pro Tag aufgrund dieser illegalen Abtreibungen sterben, und für den täglichen Tod von Tausenden von Kindern, die – ursprünglich zwar ungeplant, jetzt aber von ihren Eltern geliebt – in Not und Elend an Hunger sterben.[26]

Die Kirche ist eine Zitadelle der Männer. Ich möchte mich von ihrer Moral ganz entschieden distanzieren. Es ist eine unbarmherzige und vollkommen weltfremde Moral, konstruiert von Männern, die – hinter absoluten, aber widersprüchlichen Prinzipien verschanzt – sich dem Leid verschließen. Hier geht es meines Erachtens nicht wirklich um die Heiligkeit des Lebens, sondern um die Heiligkeit von Prinzipien.

Schwangerschaft, unerwünschte Mutterschaft und Abtreibung sind Probleme, die das Leben der Frauen und das ihrer Familien bestimmen. Wie kann es nur sein, daß von weltfremden Patriarchen konstruierte Prinzipien das Leben der Frauen für so lange Zeit bestimmen konnten?

Ich: Gott, ich dachte eigentlich, daß du...

Gott: Nein, die Antwort auf diese Fragen darfst du von mir nicht erwarten. Auch wird es langsam Zeit, zum Ende zu kommen. Ich habe unser heutiges Gespräch sehr genossen. Ich danke dir.

Ich: Und ich danke dir, Gott.

Norbert Hoerster

Kirche und Sterbehilfe

Unser geltendes deutsches Recht enthält keine ausdrückliche Regelung der Sterbehilfe. Inwieweit Sterbehilfe ethisch vertretbar ist und auch rechtlich zugelassen werden sollte, ist vielmehr seit Jahren in unserer Gesellschaft lebhaft umstritten. Dies bedeutet: Inwieweit in der Realität Sterbehilfe geleistet wird, hängt weitgehend vom Ermessen und damit auch von der weltanschaulich-moralischen Einstellung des jeweiligen Arztes ab.

Dieser Zustand einer weitgehenden Beliebigkeit und Rechtsunsicherheit ist für den Bürger, der ja immer auch potentieller Patient ist, in einer so zentralen Frage, in der es schließlich um Leben und Tod geht, auf Dauer nicht tragbar. Meines Erachtens sollte deshalb jeder – ganz unabhängig von seinen inhaltlichen Vorstellungen zur Sterbehilfe – an einer möglichst vorurteilslosen Diskussion der Sterbehilfeproblematik mit dem Ziel einer ausdrücklichen und klaren gesetzlichen Regelung dieser Problematik interessiert sein. Zu einer solchen Diskussion möchte ich einen Beitrag leisten. Ich werde mich also ausdrücklich *nicht* darauf beschränken, lediglich den gegenwärtigen Rechtszustand, der, wie gesagt, weitgehend durch Unklarheit und fehlende gesetzliche Regelungen charakterisiert ist, wiederzugeben oder gar zu verteidigen. Meine Fragestellung lautet vielmehr: Wie sollte – von einem möglichst rationalen und humanen Standpunkt aus betrachtet – in einer Gesellschaft wie der unseren die Sterbehilfe rechtlich geregelt werden?

Zunächst eine kurze methodische Vorbemerkung. Man kann darüber streiten, ob in der Philosophie im allgemeinen und in der Ethik im besonderen so etwas wie eine Letztbegründung möglich ist.

Selbst wenn sie möglich sein sollte, so kann man sicherlich bei der Behandlung einer Frage der *angewandten* Ethik – und die Frage nach der Zulässigkeit der Sterbehilfe ist eine Frage der angewandten Ethik – nicht zu letzten Begründungsufern vorstoßen. Was man jedoch sinnvollerweise tun kann – und was ich im folgenden zu tun versuchen werde –, ist dies: Man kann die zur Debatte stehende Frage – also hier die Frage der Sterbehilfe – an jenen ethischen Prinzipien messen, die sich insoweit in unserer Gesellschaft bewährt haben, als sie 1. seit langem zur Regelung von vergleichbaren Fragen herangezogen werden und 2. bis heute auch durch grundlegende philosophische Kritik jedenfalls nicht widerlegt sind. Anders gesagt: Ein Regelungsvorschlag zur Sterbehilfe wäre zumindest dann in einem provisorischen Sinne gut begründet, wenn er in Einklang steht mit in unserer Gesellschaft allgemein anerkannten, umfassenderen ethischen Prinzipien. Er wäre dagegen als zunächst einmal widerlegt zu betrachten, wenn er zu derartigen Prinzipien in Widerspruch steht. Soweit zu meiner Methode, die ich nun auf das Problem der Sterbehilfe anwenden werde.

Ich beginne mit der sogenannten *passiven* Sterbehilfe, d. h., dem Sterbenlassen durch Untätigkeit oder Unterlassen, nämlich durch Verzicht auf eine mögliche lebensverlängernde ärztliche Behandlung. Sollte eine solche passive Sterbehilfe rechtlich zugelassen werden?

Wenn man meiner soeben skizzierten Methode folgt, ist die prinzipielle Antwort auf diese Frage einfacher, als oft angenommen wird. Das hier einschlägige umfassendere ethische Prinzip lautet nämlich: Schlechthin *jede* ärztliche Behandlung – gleichgültig ob in einem alltäglichen oder in einem sehr ernsten Fall – bedarf der Zustimmung oder Einwilligung des Patienten. Ohne meine Zustimmung darf ein Arzt mir weder ein Mittel gegen Schnupfen noch eine lebensrettende Bluttransfusion applizieren. Der in unserem moralischen Denken wie in unserer Rechtsordnung fest verankerte Grundsatz der Freiheit, Autonomie oder Selbstbestimmung des Individuums verbietet jeden ärztlichen Eingriff, jede ärztliche Behandlung ohne Zustimmung – und dies selbst dann, wenn der Eingriff oder die Behandlung langfristig gesehen für den Patienten selbst (durch Rettung seiner Gesundheit oder seines Lebens) durchaus von Nutzen wäre und seinem Wohl diente.

Passive Sterbehilfe durch Verzicht auf Behandlung muß also immer dann als zulässig betrachtet werden, wenn der Patient einer möglichen Behandlung seine Zustimmung versagt bzw. eine passive Sterbehilfe ausdrücklich wünscht.

Dieses Ergebnis ist, soweit ich sehen kann, weitgehend unbestritten. Wie aber soll mit einem Patienten verfahren werden, der – sei es vorübergehend oder dauerhaft – einwilligungs*un*fähig ist, der also gar nicht in der Lage ist, die zu seiner Behandlung erforderliche Zustimmung ausdrücklich zu erteilen bzw. eine passive Sterbehilfe ausdrücklich zu wünschen? Diese Frage ist schwieriger zu beantworten.

Es wäre sicher ganz unsinnig, in einem solchen Fall *generell jede* Behandlung als illegitim zu betrachten. Man denke nur an den Fall eines bewußtlosen Unfallopfers, das, soll es nicht sterben, unverzüglich operiert werden muß. Daß auch ohne eine ausdrückliche Zustimmung eine Behandlung prinzipiell möglich sein muß, bedeutet jedoch nicht notwendig, daß hier der Arzt nach eigenem moralischen Ermessen bzw. nach seinen eigenen Vorstellungen von einem sogenannten objektiven Interesse des Patienten die Entscheidung treffen dürfte. Betrachten wir den Fall der Operation des bewußtlosen Unfallopfers näher. Nach unserer Rechtsordnung ist auch hier durchaus eine *Einwilligung* des Patienten erforderlich. Allerdings genügt – da eine *ausdrückliche* Einwilligung ja nicht eingeholt werden kann – eine *mutmaßliche* oder *zu vermutende* Einwilligung.

Ob eine solche mutmaßliche Einwilligung vorliegt, ist von der Antwort auf die folgende Frage abhängig: *Würde* der Patient der betreffenden Heilmaßnahme *ausdrücklich* zustimmen, wenn er dazu in der Lage wäre? Um diese Frage zu beantworten, muß man im Prinzip jene Einstellungen, Präferenzen und Wünsche ermitteln, die der Patient – bis zum Verlust seines Bewußtseins – in einigermaßen gefestigter Form, also über einen längeren Zeitraum, entwickelt und gehegt hat. In diesem Zusammenhang sind insbesondere Auskünfte von nahen Verwandten und Freunden des Patienten von großer Bedeutung. Sofern auf dieser Basis jedoch keine Anhaltspunkte für *un-*

gewöhnliche Einstellungen des Betreffenden ersichtlich sind, muß man nach dem Gesetz der Wahrscheinlichkeit von jenen Einstellungen ausgehen, die der gewöhnliche, normale Patient für die gegebene Situation hat. Die mutmaßliche Einwilligung des Patienten ist in diesem Fall identisch mit der hypothetischen Einstellung des Normalpatienten. Nach alledem ist ein Arzt ohne Zweifel etwa legitimiert, bei einem wesentlich gesunden, aber bewußtlosen Patienten nach einem Verkehrsunfall eine lebensrettende Operation durchzuführen.

Ganz Entsprechendes aber muß für die passive Sterbehilfe gelten. Das bedeutet: Passive Sterbehilfe ist bei einem einwilligungs*un*fähigen Patienten immer dann legitim, ja geboten, wenn anzunehmen ist, daß dieser Patient eine lebensverlängernde Behandlung in seinem gegebenen Zustand, sofern er zu einer Willensbildung fähig wäre, nicht wünschen würde. In diesem Zusammenhang ist – neben einschlägigen Mitteilungen von Verwandten oder Freunden – die sogenannte Patientenverfügung von besonderer Bedeutung. Unter einer Patientenverfügung (manchmal mißverständlich auch als »Patiententestament« bezeichnet) versteht man eine schriftliche Willenserklärung, durch die jemand im vorhinein verbindlich festlegt, unter welchen Voraussetzungen er welche Form einer medizinischen Behandlung im Fall einer Bewußtlosigkeit oder Willensunfähigkeit ablehnt. Zwar ist auch eine solche Patientenverfügung gewöhnlich zu jenem Zeitpunkt, auf den es ankommt, nicht als ausdrückliche, sondern lediglich als mutmaßliche Willensbekundung aufzufassen. Dies ist deshalb so, weil eine Patientenverfügung ja gewöhnlich eine längere Zeit *vor* Eintreten des Zeitpunktes einer eventuellen passiven Sterbehilfe abgegeben wurde und insofern zu *diesem* Zeitpunkt, auf den es für die Einwilligung ankommt, nicht mehr ohne weiteres als *ausdrückliche* Willensbekundung betrachtet werden kann. Trotzdem ist im *Normal*fall und bei Fehlen entgegenstehender Indizien davon auszugehen, daß der früher erklärte ausdrückliche Wille mit dem gegenwärtigen mutmaßlichen Willen des Patienten identisch ist.

Daraus folgt u. a.: Es ist illegitim, wenn ein Arzt (wie es immer wieder vorkommt) trotz einer entgegenstehenden Patientenverfügung einen bewußtlos Schwerkranken oder Sterbenden ausschließlich mit jener Begründung durch aktive Maßnahmen wieder ins Leben ruft, daß er (der Arzt) in ähnlichen Situationen durchaus schon erlebt habe, daß ein Patient *im nachhinein* für eine solche lebensrettende Maßnahme dankbar sei. Diese Überlegung allein kann keine hinreichende Legitimation für ärztliches Handeln bilden. Denn erstens gibt es ebenso die gegenteilige Bekundung von Patienten – also die Bekundung des nachträglichen *Bedauerns* darüber, wieder ins Leben zurückgeholt worden zu sein. Und zweitens – und das ist entscheidend – ist es nicht Aufgabe des Arztes, dem Patienten dieses Risiko, das nicht nur mit jeder Patientenverfügung, sondern mit schlechthin jeder Ablehnung einer ärztlichen Behandlung naturgemäß verbunden ist, unter Mißachtung der Autonomie des Patienten in paternalistischer Weise abzunehmen.

Soweit meine grundsätzliche Position zur sogenannten passiven Sterbehilfe. Die beiden folgenden, nicht selten vertretenen abweichenden Auffassungen sind mit dieser Position nicht vereinbar.

1. Für die von Papst Pius XII. und in seinem Gefolge von zahlreichen Kirchenführern und Theologen vertretene ethische Unterscheidung zwischen der Anwendung sogenannter »gewöhnlicher« und sogenannter »außergewöhnlicher« therapeutischer Maßnahmen der Lebensverlängerung ist nach meiner Sichtweise kein Grund vorhanden. Auch »gewöhnliche« Maßnahmen der Therapie dürfen, ja müssen vom Arzt unterlassen werden, sofern dies dem (ausdrücklichen oder mutmaßlichen) Willen des Patienten entspricht.

2. Unvereinbar mit der von mir vertretenen Position ist es auch, unter bestimmten Umständen anstatt auf den Willen des Patienten darauf abzustellen, ob eine Behandlung, wie es manchmal heißt, nach ärztlicher Auffassung noch »angezeigt« ist oder nicht. Im Sinne dieser Redeweise erklärt beispielsweise der 1986 von einem Arbeitskreis von Medizin- und Strafrechtsprofessoren vorgelegte »Alternativentwurf eines Gesetzes zur Sterbehilfe«, indem er einer mehr oder weniger schon verbreiteten ärztlichen Praxis den Segen erteilt, eine passive Sterbehilfe u. a. dann für zulässig, »wenn bei nahe bevorstehendem Tod im Hinblick auf den Leidenszustand des Betroffenen und die Aussichtslosigkeit einer Heilbehandlung die

Aufnahme oder Fortführung lebenserhaltender Maßnahmen nach ärztlicher Erkenntnis nicht mehr angezeigt ist«. Hier wird, so meine ich, unter dem Deckmantel einer sogenannten »Erkenntnis« – während es in Wahrheit doch eindeutig um eine Wertentscheidung geht – die Wertung des Patienten, die eigentlich den Maßstab bilden müßte, einfach ersetzt durch die Eigenwertung des Arztes. Ein solches Vorgehen ist mit der Autonomie, mit der Behandlungshoheit des Patienten, prinzipiell nicht vereinbar.

Ich komme nun zur Erörterung der sogenannten *aktiven* Sterbehilfe, die insgesamt in unserer Gesellschaft weit umstrittener ist als die passive Sterbehilfe. Aktive Sterbehilfe ist definitionsgemäß Sterbehilfe durch positives Tun oder Handeln, aktive Sterbehilfe ist nicht Sterbenlassen, sondern Töten des Patienten, somit Töten eines Menschen. Kann, so muß zunächst gefragt werden, die Tötung eines Menschen jemals gerechtfertigt sein? Darf die Tötung eines Menschen jemals von der Rechtsordnung zugelassen werden? Diese Frage wird nicht selten verneint, mit der Begründung, das ethische Prinzip der »Unverfügbarkeit des Lebens« (gemeint ist: des menschlichen Lebens) verbiete jede aktive Form der Tötung.

Zu diesem Argument ist folgendes zu sagen. Tatsächlich wird das Prinzip der »Unverfügbarkeit des Lebens«, wenn man genauer hinschaut, von niemandem (oder doch fast von niemandem) so verstanden, daß es absolut, unter allen Umständen das Töten verbietet. So erlauben sowohl die allermeisten Ethiker als auch die rechtlichen Institutionen unserer Gesellschaft etwa das Töten in Notwehr, ja selbst Massentötungen in einem Verteidigungskrieg. Ein weiteres Beispiel in diese Richtung wäre die Todesstrafe, die zwar in unserer deutschen, derzeit geltenden Rechtsordnung abgeschafft ist, weltweit jedoch überwiegend praktiziert wird und moralische Zustimmung findet. In den westlichen Demokratien haben insbesondere jene kirchlichen Kreise, die die aktive Sterbehilfe als Verstoß gegen die Unverfügbarkeit des Lebens so vehement ablehnen, gegen die Todesstrafe gewöhnlich keinerlei Bedenken. Erst jüngst hat der neue Katechismus der katholischen Kirche die Todesstrafe wieder ausdrücklich gutgeheißen.

Die Lehre von der »Unverfügbarkeit des Lebens« wird nach alledem selbst von ihren Vertretern kaum je in einem absoluten Sinn verstanden. Diese Lehre läßt es vielmehr völlig offen, unter welchen besonderen Voraussetzungen – Notwehr, Krieg, Todesstrafe, Sterbehilfe? – Töten eben doch als legitim betrachtet werden kann. Das bedeutet: Diese Lehre kann es uns als solche also nicht abnehmen, jede dieser strittigen Formen von Tötung – also auch die aktive Sterbehilfe – in ihrer jeweiligen Besonderheit auf ihre ethische Begründbarkeit hin zu untersuchen.

Ausgangspunkt dieser Untersuchung kann in einer freiheitlichen Gesellschaftsordnung wie der unseren nur das jedem Menschen in Art. 2 des Grundgesetzes garantierte Recht auf Leben sein. Es ist in diesem Zusammenhang zwar umstritten, ob etwa auch die menschliche Leibesfrucht dieses Recht auf Leben genießt. Es ist unter Juristen wie Politikern in unserer Gesellschaft jedoch völlig unstreitig, daß jedem menschlichen Individuum jedenfalls mit der Geburt dieses Recht auf Leben zukommt. Und auch bei philosophischer Betrachtung gibt es, so meine ich, überzeugende ethische Gründe dafür, jedem geborenen menschlichen Individuum ein Recht auf Leben durch Sozialmoral und Rechtsordnung einzuräumen.

Verstößt nun die Zulassung einer aktiven Sterbehilfe gegen dieses Recht auf Leben? Dies ist sicher dann der Fall, wenn die Sterbehilfe *ohne Einwilligung* des Betroffenen erfolgt. Eine sogenannte »Sterbehilfe«, bei der sich der Arzt – ohne das, was der Patient selbst wünscht, zu berücksichtigen – anmaßt, das Leben des Patienten einfach für nicht mehr lebenswert erklären und deshalb beenden zu dürfen, wäre sicher ein klarer Verstoß gegen das Recht des Patienten auf Leben und deshalb, ethisch wie rechtlich betrachtet, unzulässig und in hohem Maß verwerflich. Schon der *Ausdruck* »Sterbehilfe« – also *Hilfe* zu etwas, das der Patient selbst wünscht – wäre hier fehl am Platze. Eben deshalb waren die allermeisten der von den Nazis unter dem Stichwort »Euthanasie« durchgeführten Tötungen keine Aktionen der Sterbehilfe, sondern Morde.

Wie steht es nun aber, wenn die Tötung *mit Einwilligung* des Betroffenen erfolgt, ja seinem Wunsch entspricht? Liegt auch in diesem Fall ein Verstoß gegen das Recht des Betroffenen auf Leben vor? Diese Frage muß eindeutig verneint werden, und zwar aus dem folgenden, ganz generellen Grund: Daß Individuum A ein Recht auf ein bestimmtes Gut hat, schließt in keiner Weise aus, daß A selber dieses Gut freiwillig preisgibt oder zerstört.

Man betrachte folgendes Beispiel. Das Eigentumsrecht, das ich an meinem Auto habe, schließt in keiner Weise aus, daß ich mein Auto, wenn ich es nicht mehr brauchen kann, verschrotte. Dabei ist es prinzipiell irrelevant, ob ich die Verschrottung selbst vornehme oder ob ich sie durch einen anderen – mit meiner Einwilligung – vornehmen lasse. Ganz allgemein gilt: Nicht nur die Zerstörung meiner *eigenen* Sache ist erlaubt. Auch die Zerstörung einer *fremden* Sache, sofern sie mit *Einwilligung* ihres Eigentümers erfolgt, ist erlaubt und verstößt nicht gegen das Recht, das der Eigentümer an der ihm gehörenden Sache hat.

Warum sollte dies nun bei der Zerstörung des Lebens – sei es durch den Träger dieses Lebens selbst, sei es durch einen von ihm Beauftragten – prinzipiell betrachtet anders sein? Ich sehe keinen Grund, da auch das Leben – nicht anders als das Eigentum – ein individuelles, also dem betreffenden Individuum zugeordnetes Gut ist. Weder Selbsttötung noch Fremdtötung mit Einwilligung verletzt also das »Recht auf Leben«. Eine generelle Freigabe der Tötung auf Wunsch oder Verlangen würde deshalb auch *nicht* gegen unsere Verfassung verstoßen.

Daß eine bestimmte Handlung kein individuelles Recht verletzt und deshalb nicht im Widerspruch zur Verfassung steht, bedeutet jedoch nicht notwendig, daß diese Handlung nicht *aus anderen Gründen* ethisch bedenklich, ja strafrechtlich verbotswürdig sein könnte. Die folgenden Erwägungen sprechen meines Erachtens tatsächlich dafür, *im Normalfall* eine Tötung auf Verlangen auch weiterhin, so wie bisher, strafrechtlich zu verbieten. Das Leben ist zwar wie das Eigentum ein individuelles Gut, über das der einzelne prinzipiell selbst verfügen kann. Trotzdem ist das individuelle Gut des Lebens gegenüber anderen individuellen Gütern durch Besonderheiten gekennzeichnet: Das Leben ist erstens ein besonders wichtiges, ein zentrales Gut, dessen Besitz Voraussetzung des Genusses aller anderen individuellen Güter (wie Gesundheit, Lebensfreude oder Eigentum) ist. Und das Leben ist zweitens – und dies ist der entscheidende Punkt – ein Gut, dessen Verlust absolut irreversibel ist. Man kann sich zwar ein zweites, neues Auto, nicht aber ein zweites, neues Leben beschaffen.

Aus diesem Grund hat das normale Individuum *selbst* durchaus ein Interesse daran, durch die Rechtsordnung vor jener Preisgabe des eigenen Lebens geschützt zu werden, die einer bloß vorübergehenden Lebensmüdigkeit entspringt und bei langfristiger Betrachtung vom eigenen Standpunkt dieses Individuums aus fatal erscheint. Ein einfaches Beispiel: Jemand bittet um seine Tötung, der an Liebeskummer leidet und deshalb momentan seines Lebens überdrüssig ist. Vor einer Tötung unter solchen Umständen muß die Rechtsordnung den einzelnen so weit wie möglich schützen. Ich stimme insoweit der Regelung unseres geltenden § 216 Strafgesetzbuch, der die Tötung auf Verlangen generell verbietet, durchaus zu. Ja, ich möchte in diesem Punkt ausdrücklich für eine *Verschärfung* unseres geltenden Rechts plädieren: Nicht nur die Fremdtötung auf Verlangen, sondern auch die ursächliche Mitwirkung an einer Selbsttötung – also die Anstiftung sowie die Beihilfe zur Selbsttötung – sollte meines Erachtens generell verboten werden. Ich halte es für ganz ungerechtfertigt, daß nach unserer Rechtsordnung derjenige straffrei bleibt, der etwa einen Zwanzigjährigen, der an momentanem Liebeskummer leidet, zur Selbsttötung überredet und ihm zu diesem Zweck auch noch die geeignete Dosis Zyankali in die Hand drückt. Soviel generell zur Tötung auf Verlangen.

Ganz anders liegen die Dinge nun aber im speziellen Fall der Sterbehilfe. Die typische Konstellation der Sterbehilfe ist nämlich gegenüber dem gewöhnlichen Fall der Tötung auf Verlangen durch ganz besondere Merkmale gekennzeichnet. Hier befindet sich das Individuum, das seine Tötung wünscht, in einem *schweren, irreversiblen Leidenszustand*. Wenn ein solcher Zustand vorliegt, besteht offenbar eine beträchtliche Wahrscheinlichkeit, daß der Sterbewunsch des Betroffenen keineswegs nur einer vorübergehenden Laune oder Depression, sondern durchaus dem wahren Interesse dieses Menschen Ausdruck gibt.

Wer nicht zugestehen möchte, daß es solche nicht behebbaren Leidenszustände gibt, die einem Weiterleben für den Patienten selbst den Sinn nehmen, der verschließt seine Augen vor der Wirklichkeit. Und wer denjenigen, der diese Wirklichkeit zur Kenntnis nimmt und in diesen Fällen von einem für den Patienten selbst nicht mehr lebenswerten Leben spricht, deshalb als Anhänger der Nazi-Ideologie vom »lebensunwerten Leben« hinstellt, der diffamiert, anstatt zu argumentieren.

Wer sich auf Argumente einläßt, muß erkennen: In Fällen dieser Art entspricht es keineswegs dem Interesse des Individuums, vor einer Preisgabe seines Lebens auch gegen seinen Wunsch durch die Rechtsordnung geschützt zu werden. Im Gegenteil: Ein Individuum, das in einer derartigen Situation aus leicht nachvollziehbaren Gründen selbst seinen Tod wünscht, kann eine rechtliche Regelung, die es unter Strafe verbietet, ihm zu helfen, nur als grobe Mißachtung seiner Interessen betrachten.

Ich halte aus diesen Gründen eine aktive Sterbehilfe immer dann für legitim und rechtlich nicht verbotswürdig, wenn die folgenden Bedingungen erfüllt sind:

1. Der Betroffene ist einem schweren, unheilbaren Leiden ausgesetzt. – Durch diese Bedingung soll sichergestellt werden, daß der Wunsch nach Sterbehilfe nicht von vornherein den Stempel des Irrationalen, unter langfristiger Perspektive nicht Nachvollziehbaren trägt. Denn ein schweres, unheilbares Leiden ist eine Lage, in der es jedenfalls nicht unwahrscheinlich und nicht von vornherein von der Hand zu weisen ist, daß der Betroffene sein gesamtes weiteres Leben nicht mehr als lohnend oder sinnvoll erfahren kann.

2. Der Betroffene selbst wünscht aufgrund reiflicher, in einem urteilsfähigen und aufgeklärten Zustand durchgeführter Überlegung aktive Sterbehilfe. – Diese Bedingung soll sicherstellen, daß nur eine freiwillige, informierte und über einen längeren Zeitraum bestandskräftige Entscheidung des Betroffenen zu einer Sterbehilfe führt. Selbst einem schwer und unheilbar Leidenden darf Sterbehilfe unter keinen Umständen von außen aufgenötigt werden.

3. Die Sterbehilfe wird von einem Arzt oder mit Ermächtigung eines Arztes durchgeführt. – Diese Bedingung ist meines Erachtens deshalb unverzichtbar, weil nur ein Arzt normalerweise kompetent ist, das Vorliegen der ersten beiden Voraussetzungen zu beurteilen und

außerdem für die erbetene Sterbehilfe die dem Wunsch des Patienten genau entsprechende, wirksame Form zu finden.

Bevor ich zur Erörterung möglicher Mißbrauchs- und Dammbruchgefahren einer Zulassung aktiver Sterbehilfe komme, noch ein Wort zur sogenannten *indirekten* Sterbehilfe. Unter indirekter Sterbehilfe versteht man die Herbeiführung eines vorzeitigen Todes als Nebenfolge bestimmter ärztlicher Maßnahmen, insbesondere der Verabreichung starker Schmerzmittel. Intendiert, angestrebt wird hier nicht der Tod, sondern die Schmerzlinderung; der beschleunigte Eintritt des Todes wird lediglich in Kauf genommen. Diese Form der Sterbehilfe wird inzwischen von fast allen Theologen, Juristen und Ärzten befürwortet.

Hierzu die folgenden Bemerkungen. Auch die indirekte Sterbehilfe ist fraglos eine *aktive* sowie im juristischen Sinn auch *vorsätzliche* Sterbehilfe! Die Zulassung der indirekten aktiven Sterbehilfe bei gleichzeitiger Kriminalisierung der direkten aktiven Sterbehilfe ist deshalb eine Inkonsequenz und eine Systemwidrigkeit im Rahmen unseres Strafrechts. Sie beruht letztlich auf der sogenannten »Lehre von der Doppelwirkung« – einer Lehre, die von der katholischen Moraltheologie entwickelt wurde, unserem Strafrecht jedoch fremd und zudem ethisch kaum begründbar ist.

Es besteht kein Zweifel: Auch die indirekte Sterbehilfe ist Tötung, nämlich kausale Herbeiführung des Todes. Daß der Tod bei dem betreffenden Patienten ohnehin später eingetreten wäre, ändert daran nichts. Bei *jedem* Menschen, der getötet wird, wäre – wegen der unvermeidlichen Sterblichkeit jedes Menschen – der Tod zu einem späteren Zeitpunkt ohnehin eingetreten. Auf die zwischen den beiden Zeitpunkten liegende Zeitspanne kommt es nicht an.

Betrachten wir zum Vergleich folgendes Beispiel einer Tötung *außerhalb* des Bereichs der Sterbehilfe. Ein Nazi-Arzt nimmt an todkranken Menschen ohne ihre Einwilligung wissenschaftliche Experimente vor, die ihren Tod beschleunigen. Ohne Zweifel macht sich doch dieser Arzt, obschon er den Tod der Menschen nicht intendiert, sondern nur in Kauf nimmt, des Totschlags bzw. Mordes schuldig. Das heißt: Auch eine bloß indirekte Tötung ist im Normalfall illegitim und verbotswürdig.

Warum nun aber erscheint eine indirekte Tötung im Fall der Sterbehilfe *nicht* als illegitim und verbotswürdig? Offenbar doch nur deshalb, weil sie hier dem Wunsch eines schwer leidenden Menschen nach Hilfe entspricht. Dieser Wunsch aber mag im einen Fall auf eine indirekte, im anderen Fall auf eine direkte aktive Sterbehilfe gerichtet sein. Warum soll dem Wunsch zwar ohne weiteres im Fall der indirekten, unter keinen Umständen aber im Fall der direkten Sterbehilfe entsprochen werden dürfen?

Nun zu den möglichen Mißbrauchs- und Dammbruchgefahren der Zulassung einer aktiven Sterbehilfe. Solche Mißbrauchs- und Dammbruchgefahren lassen sich sicher – auch dies gilt für die indirekte ganz genauso wie für die direkte aktive Sterbehilfe – grundsätzlich nicht ausschließen. Empirische Befunde, die solche Gefahren stichhaltig beweisen würden, liegen jedoch bislang nicht vor. In diesem Zusammenhang auf die Euthanasiepraxis der Nazis hinzuweisen, ist verfehlt. Den Nazis ging es im Rahmen ihres Euthanasieprogramms, wie schon angedeutet, keineswegs um Sterbehilfe in dem von mir definierten Sinn, sondern primär um folgendes: um die Beseitigung als sozial nutzlos betrachteter Individuen, sogenannter »Ballastexistenzen«. Das Interesse der Betroffenen selbst war für die Nazis gerade nicht das ausschlaggebende Kriterium.

Die immer wieder anzutreffende Unterstellung aber, daß eine Sterbehilfe wie die von mir befürwortete trotz allem der erste Schritt zu einer erneuten Euthanasiepraxis wie der der Nazis wäre, ist absurd. Zum einen erscheint eine Euthanasiepraxis wie die der Nazis unter Bedingungen eines freiheitlich-demokratischen Rechtsstaates als undenkbar. Und zum anderen wären in einem totalitären Staat, der sich sogenannter »nutzloser Esser« oder sogenannter »rassisch Minderwertiger« skrupellos entledigen will, die Zulassung einer *humanen* Sterbehilfe als erster Schritt eine im Sinne der Machthaber ebenso überflüssige wie ungeeignete Maßnahme. Sind tatsächlich etwa die Niederlande, in denen aktive Sterbehilfe ärztlich praktiziert und rechtlich gebilligt ist, deshalb – wie etwa der Vatikan behauptet – unterwegs zu einer neuen Nazi-Euthanasie?

Viel realer als die Gefahren einer neuen Nazi-Euthanasie sind sicher gewisse Gefahren einer – sei es bewußt mißbräuchlichen, sei es fahrlässig laxen, sei es unzureichend informierten – *Anwendung* der Sterbehilfekriterien im Einzelfall. Diese Gefahren sind in der Tat vorhanden. Entsprechende Gefahren bestehen jedoch *überall* dort, wo das generelle Tötungsverbot außer Kraft gesetzt wird – also auch etwa im Fall von Notwehr, im Fall von Krieg oder im Fall der Todesstrafe. Wollen wir das Notwehrrecht, zur Verteidigung eigener Güter, sofern erforderlich, auch zu töten, deshalb für illegitim erklären, weil gelegentlich Leute in einer bloß *vermeintlichen* Notwehrsituation töten, oder weil gelegentlich Leute in einer tatsächlichen Notwehrsituation *töten*, obschon eine mildere Form der Verteidigung zum Schutz des angegriffenen Gutes ausgereicht hätte?

Es ist generell Aufgabe der staatlichen Verfolgungsorgane, darüber zu wachen, daß jede Tötung außerhalb der festgelegten Kriterien dem Gesetz entsprechend unnachgiebig bestraft wird und daß sich schon deshalb jeder, der *irgendeine* Tötung in Betracht zieht, nicht *einmal*, sondern *dreimal* vorher überlegt, ob die Voraussetzungen einer *legitimen* Tötung wirklich erfüllt sind.

Wer aber meint, schon ein einziger Fall illegitimer aktiver Sterbehilfe spreche gegen *jede* Zulassung aktiver Sterbehilfe, vergißt folgendes: In der anderen Schale der Waage liegt das physische und psychische Leid zahlloser Menschen, die in einer hoffnungslosen Situation ihrem weiteren Leben keinen Sinn mehr abgewinnen können und die deshalb von ihrem Recht auf einen selbstbestimmten Tod Gebrauch machen möchten – und zwar gerade auch dann, wenn sie zu einer Selbsttötung nicht mehr in der Lage sind. Außerdem: Es ist bislang bloße Spekulation, daß Akte *illegitimer* aktiver Sterbehilfe gerade durch eine eng umgrenzte Legalisierung aktiver Sterbehilfe zunehmen würden. Jene Fälle ungerechtfertigter aktiver Tötung in deutschen und österreichischen Krankenanstalten, die in den letzten Jahren an die Öffentlichkeit gedrungen sind und mit Recht Empörung ausgelöst haben, geschahen schließlich vor dem Hintergrund eines ganz undifferenzierten sozialmoralischen und rechtlichen Verbotes jeder aktiven direkten Sterbehilfe.

Zum Abschluß meiner Ausführungen möchte ich nunmehr fünf konkrete Fallkonstellationen zur vergleichsweisen ethischen Beurteilung vorlegen. In allen fünf Konstellationen soll es sich gleicherweise um einen schwer- und unheilbar kranken Patienten handeln, der aufgrund reiflicher und in einem urteilsfähigen und aufgeklärten Zustand durchgeführter Überlegung eine Sterbehilfe wünscht – also um einen Patienten, der sich in einer Lage befindet, in der nach meiner Auffassung Sterbehilfe in jeder ihrer Formen prinzipiell zulässig sein sollte. In jeder der fünf Konstellationen werde ich auf die Frage eingehen, wie man nach unserer gegenwärtigen Rechtslage im jeweiligen Fall verfahren würde.

1. Konstellation: Der Arzt unterläßt es, den Patienten zur Lebensverlängerung an eine künstliche Niere anzuschließen. Ergebnis: ohne Zweifel ein Fall passiver Sterbehilfe; also nach heute einhelliger Auffassung legitim.

2. Konstellation: Der Arzt schaltet die künstliche Niere, an die der Patient bereits angeschlossen ist, wieder ab. Ergebnis: Es ist umstritten, ob hier noch passive oder bereits aktive Sterbehilfe vorliegt (das Abschalten des Gerätes ist schließlich ein Tun und kein Unterlassen). Nach der überkommenen Auffassung, die eine direkte aktive Sterbehilfe ablehnt, hängt die Legitimität des ärztlichen Handelns hier also ausschließlich davon ab, ob man sich entschließt, das Abschalten des Gerätes eben doch nicht als Tun, sondern in einem umfassenderen Sinn als Unterlassen (nämlich als Unterlassen weiterer Behandlung) zu qualifizieren. Nur unter dieser Voraussetzung läge eine *passive* Sterbehilfe und damit nach herrschender Auffassung eine *legitime* Sterbehilfe vor. Ich frage: Kann die Legitimität des ärztlichen Handelns in diesem Fall tatsächlich von der doch ziemlich willkürlichen Entscheidung abhängen, ob man das Abschalten des Gerätes als aktiv oder als passiv (als Tun oder als Unterlassen) begrifflich einordnet?

3. Konstellation: Der Arzt injiziert dem Patienten zur Schmerzlinderung ein Mittel, das seinen Tod um Tage eher herbeiführt. Ergebnis: Nach heute einhelliger Meinung legitim, da, wie dargelegt, nur *indirekte* aktive Sterbehilfe.

4. Konstellation: Der Arzt verschafft dem Patienten eine Spritze mit einer Überdosis Morphium und weist ihn in den Gebrauch der Spritze ein. Der Patient spritzt sich das Morphium selbst und stirbt. Ergebnis: Die *ethische* Beurteilung ist in unserer Gesellschaft je

nach Weltanschauung sehr unterschiedlich. Nach geltendem Recht aber besteht keinerlei Zweifel: Dieses Verhalten des Arztes ist als bloße Beihilfe zur Selbsttötung legal und wird nicht bestraft.

5. Konstellation: Der Arzt spritzt selbst bei dem Patienten die Überdosis Morphium, die direkt zum Tod führt. Ergebnis: Nach geltendem Recht strafbare Tötung auf Verlangen bei einer angedrohten Freiheitsstrafe bis zu fünf Jahren.

Soweit die fünf Fälle. In allen fünf Fällen wird der *Tod* des Patienten – wenn auch auf unterschiedliche Art – herbeigeführt. Ist nicht aber ebenfalls in allen fünf Fällen der ethisch relevante Gesichtspunkt, von dem die *Beurteilung* der Herbeiführung des Todes abhängen sollte, der, daß der Patient infolge seiner hoffnungslosen Situation seinen Tod selbst wünscht? Und sollte es unter dieser Voraussetzung nicht jedem Patienten selbst überlassen bleiben, nicht nur seinen Tod, die Tatsache seines Sterbens, sondern auch die Art und Weise seines Sterbens selbst zu bestimmen? Warum will man gerade jenen sterbewilligen Patienten, die wegen ihrer besonderen Umstände nicht auf eine der Arten 1–4 sterben *können* – also etwa jenen Patienten, die keine Möglichkeit haben, sich geeignete Sterbemittel zu beschaffen, oder die sich die tödliche Injektion nicht selbst setzen können –, warum will man gerade diesen Patienten praktisch jede Möglichkeit nehmen, ihr hoffnungsloses Leiden zu beenden?

Und schließlich: Ist es wirklich plausibel, jene Horrorvisionen von Dammbrüchen im generellen Lebensschutz, die die Gegner einer direkten aktiven Sterbehilfe gern an die Wand malen, ausschließlich an die Zulassung *dieser* Form von Sterbehilfe (also an Fall 5) zu knüpfen, nicht jedoch an die übrigen Formen von Sterbehilfe (also an die Fälle 1–4)? Sind nicht zumindest Fall 2 (Abschalten eines lebenserhaltenden Apparates), Fall 3 (indirekte Tötung durch Injektion eines Schmerzmittels) und Fall 4 (gezielte Unterstützung bei der Selbsttötung) – sämtlich also Fälle eines aktiven Eingreifens – in ihrem sozialen Erscheinungsbild der direkten aktiven Sterbehilfe in Fall 5 so verwandt, daß der juristische und theologische Laie hier ohnehin kaum relevante Unterschiede zu entdecken vermag? Die Meinungsumfragen – über 70% der deutschen Bevölkerung befürworten die Zulassung direkter aktiver Sterbehilfe – weisen in der Tat in diese Richtung. Die Kirchen und ihre Gefolgsleute in Politik und Rechtswissenschaft werden in dieser Frage von der Basis immer weniger verstanden. Darf man hoffen, daß sich die maßgeblichen Stellen in Zukunft unter dem Druck des Volkes einem ähnlichen Umdenken öffnen werden, wie wir es in den letzten Jahrzehnten im Bereich der Sexualmoral so radikal erlebt haben? Jedenfalls ist es endlich an der Zeit, daß die Problematik der Sterbehilfe in unserer Gesellschaft nicht länger unter dem Vorwand der Nazi-Euthanasie tabuisiert wird, sondern mit dem Ziel einer ausdrücklichen rechtlichen Regelung, die am Prinzip der Selbstbestimmung orientiert ist, offen und vorurteilslos diskutiert wird.

Peter Singer

Kirche und Embryonenforschung

Von all den Fragen, die durch die moderne Reproduktionsmedizin aufgeworfen werden, ist die nach dem moralischen Status des Embryos wohl die umstrittenste. Vor ihr stehen wir beispielsweise dann, wenn wir mehr Eizellen befruchten, als wir in die Gebärmutter geben wollen, oder Embryonenforschung betreiben möchten.

Die Forschung an Embryonen stellt uns bedeutende medizinische Fortschritte in Aussicht. Zu den ersten und unmittelbarsten gehört die Verbesserung der In-vitro-Fertilisation. Wenn es uns nicht gelingt, die Erfolgsrate der In-vitro-Fertilisation zu erhöhen, bleibt es fraglich, ob sie das Geld wert ist, das wir gegenwärtig für sie ausgeben. Australische Forscher sind außerdem an der Embryonenforschung interessiert, weil sie gerne sicherstellen würden, daß sich auch diejenigen Embryonen normal entwickeln, die aus tiefgefrorenen menschlichen Eizellen erzeugt werden. Zudem möchten sie verschiedene Techniken der »Mikro-Injektion« testen – also Verfahren, bei denen die Spermien direkt in die Eizelle eingebracht werden –, da sich mit ihrer Hilfe zumindest jene Formen männlicher Unfruchtbarkeit reduzieren ließen, die durch abnormale Spermien oder eine zu geringe Spermienzahl bedingt sind. Das nächste Forschungsziel wird die Vermeidung genetischer Defekte sein. Wenn solche Defekte schon bei frühen Embryonen erkannt werden, können sich erblich belastete Eltern für eine In-vitro-Fertilisation entscheiden, bei der nur die gesunden Embryonen transferiert werden. Dies würde Frauen davor bewahren, genetisch defekte Embryonen – wie bisher – selektiv abtreiben zu müssen. Weitergehende Forschungen könnten auch zur Entwicklung einer Gentherapie führen, die beispielsweise in solchen Fällen anwendbar wäre, in denen Individuen bereits mit einem mono-genetischen Defekt wie Thalassämie, Sichelzellenanämie, ADA-Mangel oder dem Lesch-Nyhan-Syndrom geboren wurden.

Die langfristigen Fortschritte sind sogar noch dramatischer. Dazu zählen u. a. ein besseres Verständnis der Entwicklung von Krebszellen sowie schnellere und zuverlässigere Methoden, um zu prüfen, ob neue Arzneimittel bei schwangeren Frauen eventuell Fruchtschäden hervorrufen. Die Verwendung von Embryonen könnte auch eine Alternative zu den gesetzlichen Sicherheitstests bieten, bei denen gegenwärtig vielen Tieren beträchtliches Leid zugefügt wird. Was die klinische Anwendung betrifft, so könnte die Kultivierung von Blutstammzellen die Heilung von Krankheiten wie Sichelzellenanämie und Leukämie ermöglichen; und schließlich mag es sogar möglich sein, isolierte Organe zu entwickeln, die – in vitro kultiviert – dazu verwendet werden könnten, kranke Organe von Kindern und Erwachsenen zu ersetzen.

Ist eine solche Forschung akzeptabel? Ich meine: Ja! Sobald wir bereit sind, uns von einem Weltbild zu befreien, das auf einigen spezifisch religiösen Prämissen beruht, werden wir einsehen, daß der frühe Embryo kein Recht auf Leben haben kann. Um es vorläufig auf einen Punkt zu bringen, der als grobe Annäherung an unsere spätere Antwort dienen kann: So wie wir den Hirn*tod* als das Ende einer Person betrachten, sollten wir das Hirn*leben* als den Beginn einer Person betrachten. Vor diesem Zeitpunkt können wir den Embryo daher mit Einwilligung derer, aus deren Ei- und Samenzelle er sich entwickelt hat, zur wissenschaftlichen Forschung verwenden.

Ich werde nicht weiter ausführen, aus welchen Gründen ich diese Ansicht vertrete, denn das habe ich bereits an anderer Stelle getan. Mein Kerngedanke ist, daß das Standardargument, mit dem man dem Embryo ein Recht auf Leben zuzusprechen sucht, auf einer Wortverdrehung beruht. Dieses Argument lautet bekanntlich:

Jedes menschliche Wesen hat ein Recht auf Leben.
Der menschliche Embryo ist ein menschliches Wesen.
Also hat auch der menschliche Embryo ein Recht auf Leben!

Die Wortverdrehung liegt in der Verwendung des Begriffs »menschliches Wesen«. Ohne jeden Zweifel ist der Embryo ein menschliches Wesen in dem Sinne, daß er ein Mitglied der Spezies *Homo sapiens* ist. Aber ist der Embryo auch ein menschliches Wesen in dem moralisch relevanten Sinn, den wir meinen, wenn wir von menschlichen Wesen sagen, daß sie ein Recht auf Leben besitzen, das nicht-menschliche Wesen nicht besitzen? Wenn wir fragen, weshalb Menschen ein Recht auf Leben haben, das beispielsweise Hunde, Schweine oder Krallenaffen nicht haben, wird sich jede plausible, nicht-religiöse Antwort auf unsere überlegenen geistigen Fähigkeiten beziehen müssen – auf unser Selbstbewußtsein, unsere Rationalität, unser Sittlichkeitsgefühl, unsere Autonomie oder eine Kombination davon. Eigenschaften wie diese sind es, würden wir sagen, die uns zu »wirklichen Menschen« machen. Oder genauer: Eigenschaften wie diese sind es, die uns zu *Personen* machen. Wenn es aber dies ist, was wir meinen, wenn wir von menschlichen Wesen – oder besser: Personen – sagen, daß sie ein Recht auf Leben haben, dann wird sofort klar, daß der Embryo, insbesondere der frühe Embryo, kein menschliches Wesen ist. Der frühe Embryo besitzt keine der geistigen Fähigkeiten, die Mitglieder unserer Art von Mitgliedern anderer Arten unterscheiden. Der frühe Embryo hat kein Gehirn, ja noch nicht einmal ein Nervensystem. Man kann daher berechtigterweise annehmen, daß er über kein größeres Bewußtsein verfügt als, sagen wir, ein Salatblatt.

Es ist natürlich immer noch wahr, daß der menschliche Embryo ein Mitglied der Spezies *Homo sapiens* ist. Das ist ja, wie wir gesehen haben, auch der Grund dafür, daß man nur schwer bestreiten kann, daß der menschliche Embryo ein menschliches Wesen ist. Aber wir können nun erkennen, daß dies nicht die Bedeutung von »menschlichem Wesen« ist, die wir benötigen, damit das Standardargument zutrifft. Ein gültiges Argument darf seine zentralen Begriffe schließlich nicht in zwei verschiedenen Bedeutungen verwenden. Wenn die erste Prämisse wahr ist, wenn mit »menschlich« ein »Wesen mit bestimmten geistigen Fähigkeiten« gemeint ist, und die zweite Prämisse wahr ist, wenn mit »menschlich« ein Mitglied der Spezies *Homo sapiens*« gemeint ist, dann bewegt sich das Argument offensichtlich auf einer Rutschpartie zwischen zwei verschiedenen Bedeutungen und ist damit ungültig.

Kann man das Argument retten? Offensichtlich kann man es nicht retten, indem man behauptet, daß der Embryo ein Wesen mit den geforderten geistigen Fähigkeiten ist. Das *könnte* auf einen späteren Zeitpunkt in der Entwicklung des Embryos zutreffen, auf den des frühen Embryos aber mit Sicherheit nicht. Wenn schon die zweite Prämisse nicht mit der ersten in Einklang gebracht werden kann, ist es dann vielleicht möglich, die erste Prämisse so zu vertreten, daß sie mit der zweiten vereinbar wird? Kann man so argumentieren, daß menschlichen Wesen nicht aufgrund irgendwelcher moralischer Eigenschaften ein Recht auf Leben zusteht, sondern weil sie – im Gegensatz zu Schweinen, Kühen, Hunden oder Salatblättern – Mitglieder der Spezies *Homo sapiens* sind?

Das ist ein gefährlicher Schachzug. Wer ihn macht, muß die Behauptung verteidigen, daß es die *bloße Artzugehörigkeit* ist, die für das Tötungsverbot entscheidend ist. Aber warum sollte die Artzugehörigkeit moralisch relevant sein? Wenn wir uns fragen, ob es falsch ist, ein Lebewesen zu töten, müssen wir sicherlich darauf achten, welche Eigenschaften es hat, nicht aber darauf, welcher Art es angehört. Wenn sich herausstellte, daß E.T. und ähnliche außerirdische Besucher sensible, denkende und planende Wesen sind, die genau wie wir Heimweh bekommen, dürfte man sie dann töten, nur weil sie nicht Mitglieder unserer Art sind? Sollten Sie irgendwelche Zweifel haben, dann ersetzen Sie »Art« durch »Rasse«. Wenn wir die Behauptung zurückweisen, daß die Zugehörigkeit zu einer bestimmten Rasse für das Tötungsverbot relevant ist, dann ist schwer einzusehen, warum wir dieselbe Behauptung akzeptieren sollten, wenn sie sich auf die Zugehörigkeit zu einer bestimmten Art gründet. Denken Sie daran, daß die Tatsache, daß andere Rassen ebenso fühlen, denken und für die Zukunft planen wie wir, vollkommen irrelevant ist, solange wir die *bloße Zugehörigkeit* zu einer bestimmten Gruppe zur Bedingung für ein Recht auf Leben machen. Wenn wir dies berücksichtigen, bin ich sicher, daß wir zu der Schlußfolgerung gelangen, daß weder die Rassen- noch die Artzugehörigkeit für die Zuschreibung eines Lebensrechts relevant sein kann.

Das Potentialitäts-Argument

An diesem Punkt der Diskussion ändern die, die dem Embryo ein Recht auf Leben zusprechen, zumeist ihre Strategie. Sie sagen dann: Wir sollten den moralischen Status des Embryos nicht auf die geistigen Eigenschaften gründen, die er besitzt, *solange er ein Embryo ist*, sondern auf sein Potential – auf das, was er zu *werden* vermag!

Nehmen wir einmal an, daß ein Wissenschaftler zwei reife Eizellen von zwei Frauen erhalten hat – nennen wir sie Jane und Mary. Beide hoffen, daß ihre Eizellen mit dem Sperma ihrer Männer befruchtet und anschließend in ihre Gebärmutter übertragen werden. Jane hat sich zuerst der Laparoskopie unterzogen; ihre Eizelle wurde vor ein paar Stunden mit dem Sperma ihres Mannes in eine Petri-Schale gegeben. Wie der Wissenschaftler feststellen kann, hat die Befruchtung bereits stattgefunden. In Marys Fall ist das anders: Da das Sperma ihres Mannes gerade erst in das Schälchen getan worden ist, hat noch keine Befruchtung stattfinden können. Da das Labor aber eine Erfolgsrate von 90 % hat, darf der Wissenschaftler davon ausgehen, daß die Befruchtung innerhalb der nächsten Stunden erfolgen wird. Viele würden nun sagen, daß es weit schlimmer wäre, wenn man Janes Embryo zerstörte, als wenn man Marys Eizelle zerstörte. Aber warum? In *beiden* Fällen würde man eine potentielle Person zerstören. Der einzige Unterschied wäre der, daß es eine etwas größere Wahrscheinlichkeit dafür gibt, daß sich aus dem, was in Janes Petri-Schale ist, eine Person entwickelt, als daß sich aus dem, was in Marys Petri-Schale ist, eine Person entwickelt. Wenn wir die beiden Fälle dennoch unterschiedlicher beurteilen, als es das Gefälle der Wahrscheinlichkeiten rechtfertigt, dann kann es unmöglich die Verhinderung einer potentiellen Person sein, die diese Zerstörung falsch macht.

Wenn es diesem Beispiel nicht gelingt, irgendeine relevante Bedeutung des Potentials aufzudecken, die den Unterschied zwischen dem Embryo einerseits und den Ei- und Samenzellen andererseits erklärt, so wünschte ich mir, daß diejenigen, die der Meinung sind, daß es eine solche Bedeutung gebe, dies auch deutlich zeigten. Ich glaube nicht, daß es sie gibt. Ich kann verstehen, daß es einen Unterschied in der *In-vivo*-Situation geben mag, in der sich der Embryo ohne jeden menschlichen Eingriff zu einem Kind entwickeln kann, während sich die Ei- und Samenzelle nicht ohne einen speziellen menschlichen Akt weiterentwickeln. Im Labor aber sind sowohl die Ei- und Samenzelle als auch der Embryo auf menschliche Hilfe angewiesen, um sich weiterentwickeln zu können. Da sich die Wahrscheinlichkeiten, daß es zu einer solchen Weiterentwicklung kommt, nicht nennenswert voneinander entscheiden, kann ich nicht sehen, weshalb es einen scharfen Unterschied hinsichtlich ihres Potentials geben sollte.

Die christliche Verteidigung des Embryos

Ich habe vorhin gesagt: »Sobald wir bereit sind, uns von einem Weltbild zu befreien, das auf einigen spezifisch religiösen Prämissen beruht, werden wir einsehen, daß der frühe Embryo kein Recht auf Leben haben kann.« Das habe ich nun gezeigt. Aber manche mögen einwenden, daß diese anfängliche Eingrenzung des Argumentationsfeldes ungerechtfertigt ist. Jemand könnte sagen: Wie schwach auch immer die rationalen Argumente für ein embryonales Lebensrecht sein mögen, die religiösen Argumente sind stark genug, um gläubige Christen davon zu überzeugen, daß Embryonen wie menschliche Wesen behandelt werden sollten – und diese religiösen Argumente dürfen nicht von vornherein zurückgewiesen werden.

Es ist sicher richtig, daß die scharfe Trennung, die die meisten westlichen Gesellschaften zwischen menschlichen und nicht-menschlichen Lebewesen vornehmen, ein Erbe unserer jüdisch-christlichen Tradition widerspiegelt. Weder der Buddhismus noch der Hinduismus erheben den Menschen derart über andere Lebewesen. Zwei christliche Vorstellungen sind wohl dafür verantwortlich, daß wir dem menschlichen Leben einen so hohen Wert beimessen: die Vorstellung, daß jedes menschliche Wesen »nach dem Bilde Gottes« geschaffen wurde, und der Glaube, daß allein menschliche Wesen eine »unsterbliche Seele« besitzen.

Das erste, was man gegen eine religiöse Argumentation in der De-

batte zur Embryonenforschung sagen könnte, wäre, daß es den Anhängern des Christentums natürlich unbenommen bleibt, derartige
Glaubensvorstellungen zu akzeptieren, daß es aber gegen fundamentale Werte einer pluralistischen Gesellschaft verstößt, wenn
religiöse Gruppen – egal wie groß sie sind – ihre Überzeugungen
anderen aufzudrängen suchen. Solange die Einwände gegen die Embryonenforschung ausschließlich auf religiösen Argumenten beruhen, sollte ein pluralistischer Staat also keine gesetzlichen Zwangs-
maßnahmen ergreifen, um Wissenschaftler daran zu hindern, mit
Embryonen zu experimentieren, die ihnen von Patienten freiwillig
gespendet wurden.

Vielleicht ist das schon alles, was gesagt werden muß. Warum
sollte ein nicht-religiöser Autor wie ich auch den Glauben von Leuten kritisieren, die sich zu einer bestimmten Religion bekennen?
Wenn die Kirchen nicht ständig versuchen würden, die Rechtsordnung und die Gesetzgebung zu beeinflussen, könnte ich es tatsächlich dabei bewenden lassen. Aber so muß ich hinzufügen, daß es
selbst im Rahmen christlicher Glaubensüberzeugungen absurd erscheint, wenn man von Embryonen sagt, daß sie »nach dem Bilde
Gottes« erschaffen wurden und im Besitze einer »unsterblichen
Seele« seien. Wie soll man es verstehen, daß ein Embryo aus nur
zwei Zellen »nach dem Bilde Gottes« geschaffen wurde? Wenn
Menschen Gott ähnlicher sind als, sagen wir, Schimpansen, dann
vermutlich wegen ihrer größeren geistigen Fähigkeiten. Aber ein
Embryo verfügt nicht über diese Fähigkeiten! Worin könnte er Gott
also ähneln? Vielleicht in seinem genetischen Code, der ihm gewissermaßen das Potential verleiht, sich zu einem Wesen mit höheren
geistigen Fähigkeiten zu entwickeln als ein Schimpanse? Aber das ist
ein unsicherer Boden für den Christen. Denn was müßte er dann
von menschlichen Wesen sagen, denen aufgrund einer genetischen
Abnormität selbst das Potential fehlt, sich zum Niveau eines Schimpansen zu entwickeln? Und ist es nicht in jedem Falle merkwürdig,
daß ein Wesen Gott gleichen soll, weil es einen besonderen Satz
Gene besitzt? Gibt es einen »genetischen Code« für Gott?

Wenn ein Christ auf diese Weise in die Enge getrieben wird,
nimmt er für gewöhnlich zum zweiten Argument Zuflucht: Alle

menschlichen Wesen, ob nun Embryonen oder genetisch Defekte, sind einem Schimpansen überlegen – nicht wegen ihrer Gene, sondern wegen ihrer »unsterblichen Seele«. So fallen die beiden getrennten Argumente – nach dem Bilde Gottes geschaffen zu sein und im Besitz einer unsterblichen Seele zu sein – zu einem einzigen zusammen. Aber wie stark ist dieses zweite Argument? Der frühe Embryo ist ein Bündel von Zellen, von denen jede die Möglichkeit besitzt, sich zu einem eigenständigen Wesen zu entwickeln. Bis etwa zum 14. Schwangerschaftstag kann sich der Embryo in zwei oder mehr Embryonen teilen, so daß identische Zwillinge, Drillinge oder Vierlinge entstehen. Es ist sogar möglich, daß sich der Embryo teilt und später wieder zu einem einzigen Embryo zusammenwächst. Was passiert in diesen Fällen mit der Seele? Kann sich eine Seele – etwas Immaterielles – teilen und wieder vereinigen? Pater Norman Ford, ein berühmter australischer Theologe, hat die Schwierigkeiten erkannt, die entstehen, wenn man Wesen eine Seele zusprechen möchte, die viel eher einer Ansammlung unabhängiger Zellen gleichen als einem einzigen, unteilbaren Individuum. Er hat deshalb vorgeschlagen, daß es vielleicht so lange kein Individuum gibt – und folglich auch kein beseeltes Wesen –, bis die Möglichkeit zur Zwillingsbildung vorüber ist, also ungefähr bis zum 14. Schwangerschaftstag. Das ist sicherlich plausibler als die Ansicht, daß die Seele schon unmittelbar bei der Empfängnis vorhanden ist. Aber wenn wir überhaupt an eine Seele glauben, warum sollten wir dann nicht annehmen, daß sie sich zusammen mit dem Verstand entwickelt und daß, solange es kein Bewußtsein gibt, es auch keine Seele gibt? Das eigentliche Problem bei der Beantwortung solcher Fragen besteht natürlich darin, daß das ganze Konzept einer »unsterblichen Seele«, die die Zerstörung des Körpers überleben kann, so obskur ist, daß man überhaupt keine Grundlage findet, auf der sich eine überzeugende Antwort konstruieren ließe.

Eine positive Annäherung

Nachdem wir gesehen haben, wie unzulänglich die Versuche sind, dem frühen Embryo ein Recht auf Leben zuzusprechen, bleibt nur noch die Frage: Wann kann der Embryo überhaupt Rechte erlangen?

Die Antwort muß von den tatsächlichen Eigenschaften des Embryos abhängen. Eingangs hatte ich gesagt, daß wir in Analogie zu der weithin akzeptierten Idee, daß Menschen erst dann tot sind, wenn ihre Gehirne tot sind, sagen könnten, daß Menschen erst dann »leben«, wenn ihre Gehirne leben. Aber das ist nur eine Annäherung. Der Hirntod ist ein plötzliches Ereignis, das Hirnleben eine allmähliche Entwicklung. Wonach wir suchen sollten, sind daher jene geistigen Entwicklungen, die moralisch wirklich relevant sind.

Die Eigenschaft, die ein Embryo mindestens besitzen muß, um einen Anspruch auf moralische Berücksichtigung zu haben, ist die Empfindungsfähigkeit. Denn solange er außerstande ist, irgend etwas zu empfinden, können wir *ihm* in keiner Weise schaden. Wir könnten ihm natürlich dann schaden, wenn er sich einmal zu einer Person entwickeln sollte, doch wenn er niemals eine Person wird, ist ihm auch nicht geschadet worden, zumal das völlige Fehlen des Bewußtseins jedes Interesse daran ausschließt, eine Person zu werden.

Im Gegensatz zum Embryo können Tiere wie Affe, Hunde, Kaninchen, Ratten oder Mäuse durchaus Schmerz empfinden. Dennoch wird ihnen im Rahmen wissenschaftlicher Forschung oft beträchtliches Leid zugefügt. Ich habe bereits gesagt, daß die bloße Artzugehörigkeit für den moralischen Status eines Wesens irrelevant ist. Warum ist man dann aber bereit, mit empfindungsfähigen Kaninchen zu experimentieren, nicht aber mit völlig empfindungslosen Embryonen? Erst wenn der Embryo imstande ist, Schmerzen zu empfinden, müssen wir ihn vor Experimenten schützen, denn erst wenn er diese Entwicklungsstufe erreicht hat, steht er mit den empfindungsfähigen Tieren moralisch auf einer Stufe. So wie wir sicherstellen sollten, daß den Embryonen kein Leid zugefügt wird, sollten wir auch sicherstellen, daß den Tieren kein Leid zugefügt wird.

Wann entwickelt der Embryo die Fähigkeit, Schmerz zu fühlen? Ich bin zwar kein Experte auf diesem Gebiet, aber nachdem ich die Fachliteratur gelesen habe, würde ich sagen, daß es unmöglich vor der sechsten Woche sein kann – möglicherweise sogar erst nach der achtzehnten oder zwanzigsten. Obwohl ich der Meinung bin, daß wir sehr vorsichtig sein sollten, scheint mir die 14-Tage-Grenze, die von der Warnock-Kommission vorgeschlagen worden ist, doch zu konservativ. Es kann kein Zweifel daran bestehen, daß der Embryo noch einige Zeit länger vollkommen empfindungslos ist. Selbst wenn wir alle nur erdenkliche Vorsicht walten lassen, würde eine 28-Tage-Grenze ausreichen, um Embryonen davor zu bewahren, unter Experimenten leiden zu müssen.

Norbert Hoerster

Fundamentalismus im Denken deutscher Wissenschaftler

Seit einigen Jahren beschäftige ich mich als Professor für Rechtsphilosophie auch mit rechtsethischen Fragen im Bereich von Abtreibung und Sterbehilfe: Ich stelle grundsätzliche Überlegungen zu diesen Themen an und mache auf der Basis dieser Überlegungen rechtspolitische Reformvorschläge. Ich vertrete dabei die Grundposition, daß in einem modernen, säkularen Staat religiöse und ideologische Voraussetzungen und Dogmen in der Rechtspolitik nichts zu suchen haben. Im folgenden möchte ich über einige Erfahrungen berichten, die ich in der Auseinandersetzung um diese Grundposition mit einigen meiner wissenschaftlichen Kollegen sammeln durfte. Diese Erfahrungen machen deutlich, welche Rolle in Bereichen wie Abtreibung und Sterbehilfe, in denen die christlichen Kirchen in unserer Gesellschaft – nach Abdankung im Bereich der Sexualmoral – nach wie vor ethische Autorität für sich beanspruchen, religiöse Voraussetzungen auch heute noch im Denken einflußreicher Wissenschaftler spielen.

Robert Spaemann, inzwischen emeritierter Philosoph auf dem Münchener Konkordatslehrstuhl, betont seit Jahren immer wieder, an welchen Maßstäben sich nach seiner Auffassung unsere Rechtsordnung letztlich zu orientieren hat: Aktive Sterbehilfe und Abtreibung, beides deutliche Verstöße gegen das christliche Sittengesetz, sind auch mit strafrechtlichen Mitteln zu verbieten. Mit Philosophen wie Peter Singer und mir, die in ihrer Rechtsethik von den Lebensinteressen menschlicher Individuen anstatt vom Dogma der »Heiligkeit des Lebens« ausgehen, kennt Spaemann dabei kein Pardon: »Menschen, denen nichts heilig ist, gelten in jeder menschlichen Kultur als solche, denen man den üblichen Vertrauensvorschuß entzieht.«[1]

Dementsprechend betrachtet Spaemann zumindest die Ehre solcher Menschen als vogelfrei. So stellt er sie immer wieder in Aufsätzen und Vorträgen als Anhänger nationalsozialistischen Gedankenguts hin und verbreitet über sie ganz gezielt diskreditierende Unwahrheiten. Er schreibt etwa: »Dr. Joseph Goebbels ließ den Massenmord an Geisteskranken im Dritten Reich psychologisch vorbereiten durch den Film ›Ich klage an‹ [...] Singer, Hoerster usw. könnten vollkommen zufrieden sein, wenn dieser Film heute erneut im Fernsehen gezeigt würde. Er unterstützt nämlich ausschließlich ihr Anliegen.«[2] An anderer Stelle bezeichnet Spaemann Singer und mich als »neue Euthanasiebefürworter« und unterstellt uns Goebbels' Zielsetzung einer »brutalen Ausmerzung aller, von denen andere sich erlauben zu beurteilen, daß ihr Leben nicht lebenswert sei«. Laut Spaemann vertreten wir – nach dem Motto »Wenn das Leiden nicht verschwindet, muß der Leidende sterben« – eine »grausame Logik des Hedonismus«[3].

Wer Singers und meine Position zur Sterbehilfe auch nur annähernd kennt[4], kann diese Charakterisierung durch Spaemann nur als grobe Verunglimpfung betrachten. Aber auch wo es um nackte Tatsachen geht, scheut Spaemann vor offenkundigen Unwahrheiten nicht zurück, um gegen seine weltanschaulichen Gegner Stimmung zu machen. So behauptet er mehrfach, nach Singer sei »die Tötung einjähriger Kinder« erlaubt.[5] In Wahrheit plädiert Singer jedoch ausdrücklich dafür, Neugeborenen »innerhalb einer kurzen Zeitspanne nach der Geburt, vielleicht für einen Monat« kein Lebensrecht zuzusprechen.[6] Mich bezeichnet Spaemann in diesem Zusammenhang als »deutschen Adepten« Singers; dabei weiß Spaemann ganz genau (er zitiert aus meinem betreffenden Aufsatz!), daß ich mich von Singers Position in diesem Punkt ausdrücklich distanziere und die *Geburt* als äußerste Grenze hinnehmbarer Tötung bezeichne.[7]

Lügen und Verleumdungen hält Spaemann in seinem Kampf gegen Denker wie Singer jedoch nicht für ausreichend; sie sind auch mit nichtverbalen Mitteln zum Schweigen zu bringen. Dies macht

Spaemann deutlich in dem von ihm 1991 mitverfaßten »Kinsauer Manifest«[8]. Hier schreibt Spaemann unter Bezugnahme auf die Position Singers: »Fünfzig Jahre nach Hitlers Mordprogramm hat die Kampagne für Euthanasie in unserem Land wieder begonnen.« In dieser Situation aber ist die öffentliche Vertretung »mörderischer Thesen«, durch die »zum Handeln aufgefordert« wird in bezug auf »unsere Kinder, Mütter, Väter und Großeltern«, durch Meinungs- und Wissenschaftsfreiheit keineswegs gedeckt. »Mit Recht« wird Singer deshalb bei uns »am öffentlichen Reden gehindert«. An anderer Stelle bezeichnet Spaemann die erfolgten Gewaltaktionen gegen Singer gar als »Zeichen geistiger Gesundheit«[9].

Welches Menschenbild und welche Auffassung von geistiger Gesundheit hinter dieser Sichtweise stehen, wird sehr deutlich in einem Vortrag Spaemanns vor religiös Gleichgesinnten.[10] Sterbehilfe zur Beendigung unerträglichen Leidens wird hier gebrandmarkt als Komponente einer »materialistischen« Weltsicht, in der es allein darauf ankommt, die Existenz »lustvoll zu gestalten«[11]. Spaemanns Alternative zu einer solchen Einstellung: »Ich habe in Lourdes erlebt, wie ein Kranker, was ja in Lourdes manchmal geschieht, auf eine für medizinische Begriffe unerklärbare Weise geheilt wurde. Doch nicht der Geheilte hat den tiefsten Eindruck auf mich gemacht, sondern die Kranken, die von Lourdes wegfuhren, ohne geheilt worden zu sein. Man hätte ja vermuten können, sie seien nun vollends verzweifelt. Im Gegenteil. Das größte Wunder von Lourdes ist die Heiterkeit der zurückfahrenden Nichtgeheilten. Wie kommt das? Es hängt offenbar damit zusammen, daß die wunderbare Heilung eines einzigen ihnen das Bewußtsein vermittelte, daß das Leiden, das sie erlitten, nicht dumpfes Schicksal war. Wenn Gott mich heilen kann, so wird er einen Grund haben, es nicht zu tun. Ein Grund, das heißt: ein Sinn! [...] Sinn des Leidens ist es dann, die Flucht des Leidenden zu Gott zu bewirken, indem ihm alle anderen Befriedigungsmöglichkeiten genommen worden sind.«[12] Daß es in unserem heutigen Staat, in dem ein Viertel der Bevölkerung nicht einmal mehr formell einer der christlichen Kirchen angehört, auch schwerleidende Menschen geben könnte, denen eine Reise nach Lourdes wenig verheißungsvoll erscheint, kommt Spaemann offenbar nicht in den Sinn. Jedenfalls hat der Staat durch ein strafrechtliches Verbot der Sterbehilfe zu versuchen, die »Materialisten« und »Hedonisten« in unserer Gesellschaft notfalls auch noch auf dem Sterbebett vor Gott in die Knie zu zwingen.

Wer es unter diesen Umständen aber immer noch wagt, gewisse liberale Grundrechte für sich und seine Mitbürger, gleichgültig welcher Weltanschauung, zu reklamieren, beweist damit lediglich seine moralische Minderwertigkeit. Dies zeigt sich für Spaemann vor allem auch in der Abtreibungsfrage: »Gerade diejenigen, die in diesem Zusammenhang so häufig von Selbstbestimmung reden, betrachten das sexuelle Verhalten von Menschen unter einem rein animalischen Gesichtspunkt.« Spaemann nimmt – wohl nicht zu Unrecht – an, daß heutzutage selbst gewisse katholische Kreise dieser Gefahr zu erliegen drohen. Hier tut Wandel not. Die Katholiken müssen wieder wie früher »im Kampf gegen die Seuche der Abtreibung an vorderster Front stehen«[13]. Weil ich mit Rücksicht auf die Verpflichtung des Staates zur religiösen Neutralität für die rechtliche Freigabe der Abtreibung eintrete, bin ich für Spaemann ein »Abtreibungsbefürworter«, der sich dafür einsetzt, daß der Mutterleib »zum unsichersten Platz der Welt« wird.[14]

Während sich bei Spaemann jedoch immerhin auch einige intellektuell respektable und diskussionswürdige Argumente gegen eine freie Abtreibung finden[15], läßt sich dies von dem Tübinger Theologen und Sozialethiker Dietmar Mieth kaum behaupten. Seine Streit- und Erbauungsschrift zu dem Thema liest sich wie eine Mischung aus Franz Alt und Karin Struck.[16] So deutet Mieth das Phänomen der Abtreibung beispielsweise als einen »nekrophilen« Defekt »des gesellschaftlichen oder sozialen Charakters unserer postindustriellen Dienstleistungsgesellschaft« – einen Defekt, dessen Bekämpfung »mindestens ebensoviel Einsatz verdient wie der Kampf gegen die Ausbreitung von ›Aids‹«[17]. Im literarischen Kampf gegen diesen Defekt macht Mieth u. a. die Entdeckung der »Schwangerschaft des Mannes«. Wer hier vielleicht stutzig wird, weil er in diese tiefen Zusammenhänge nicht ohne weiteres »hineinspüren kann, versteht nichts von der Sache, über die er redet, und versündigt sich daher gegen die Sache, die er zu vertreten meint«[18]. Daß Mieth auf dem Hintergrund einer solchen Denkweise in der nüchtern liberalen Position Singers ein »Gefälle« erblickt, »das wir als ›permissiven Faschismus‹ charakterisieren möchten«[19], verwundert kaum noch. Auch daß Mieth – auch hierin Spaemann folgend – mein Plädoyer für die *rechtliche Erlaubtheit* der Abtreibung als »irrationales Abtreibungsplädoyer« diffamiert[20], paßt in dieses Bild.

Noch offener als bei Mieth kommt die Bigotterie in den ethischen Überlegungen zur Sterbehilfe des Bonner Neurophysiologen Detlef B. Linke zum Ausdruck.[21] Linke beklagt, daß das moderne Ich seit dreihundert Jahren nicht nur »eine scharfe Trennungslinie zur Außenwelt« setzt, sondern »nicht einmal Gott über die Haustürschwelle« läßt[22]. Als Rettung »aus der Verwirrung« empfiehlt Linke in dieser Situation eine »trinitarische Ethik«[23]. Wer mit einer solchen Ethik – wie offenbar Singer und ich – seine Schwierigkeiten hat, steht für das Böse. So gerät die Ethik Singers, indem sie das Denken der Neuzeit »vollendet und beendet«, in eine »Deckungsgleichheit mit menschenverachtenden Weltbildern«[24]. Ja, »Singer verwendet das Perfektionsdenken des Nationalsozialismus noch perfekter als die Nationalsozialisten selbst«[25]. Und was meine Position zur Sterbehilfe angeht, so glaubt Linke diese – in einem »Arzt mit Pistole?« überschriebenen Abschnitt seines Buches – zusammenfassend wie folgt charakterisieren zu müssen: »Jemand, der gar nicht sterben will, sondern den Sterbewunsch als Kommunikationszeichen einsetzt, sollte alle andere Fürsorge erfahren und nicht – wie Hoerster es will – exekutiert werden.« Linkes Warnung in diesem Zusammenhang: »Die Wiedereinführung des Henkers in der Person eines Exekutions-Arztes wäre das Ende der karitativen Gesellschaft.«[26] Zur Klarstellung: Meine rechtspolitischen Vorschläge in der Sache bewegen sich etwa in dem Rahmen, in dem in den Niederlanden Sterbehilfe seit Jahren offen von Ärzten praktiziert wird und inzwischen auch durch das Parlament offiziell gebilligt wurde.

Der Gütersloher Psychiater Klaus Dörner behandelt die Thematik der Sterbehilfe in engem Zusammenhang mit einer freimütigen Darstellung seiner eigenen Biographie.[27] Dieser Zusammenhang erweist sich in der Tat als aufschlußreich. Der heute sechzigjährige Dörner wechselte im Lauf seines Lebens zunächst vom Nazi zum national gesinnten Demokraten (in den fünfziger Jahren), dann zum Marxisten (in den sechziger Jahren) und schließlich zum christlich-humanitären Weltverbesserer (in den siebziger Jahren). Heute kämpft er vor allem dafür, daß wir auf dem bereits eingeschlagenen »Weg zur Ein-Drittel-Gesellschaft« endlich umkehren[28]. Ermutigung bei diesem Kampf verdankt Dörner, wie er den Leser wissen läßt, u. a. Richard von Weizsäcker und Oskar Lafontaine, »der als erster Politiker das aussprach, was alle denken, daß nämlich bei der Durchsetzung des Rechts auf Arbeit mit den sozial Schwächsten, den Arbeitslosen, anzufangen sei«[29]. In der Tat, mit Leuten wie Klaus Dörner, Richard von Weizsäcker und Oskar Lafontaine braucht bei der Durchsetzung des »Rechts auf Arbeit« nicht angefangen zu werden.

Daß sich Dörners lebenslanger Hang zur Ideologie (bei je nach Zeitgeist wechselnden Inhalten) auch in seiner Einstellung zur Sterbehilfe niederschlägt, versteht sich fast von selbst. Seine Offenheit in dieser Hinsicht ist immerhin verblüffend. Für ihn ist jede Position zur Sterbehilfe ein Horror, die sich »dem rein rationalen und klaren Denken verschrieben hat«. Besonders schlimm ist es, wenn jemand gar in »logischen Schritten«, das heißt aber, »nach der Logik der Sachen«, vorgeht. Denn Logik ist für Dörner immer »schlagende, zwingende, umwerfende, tödliche Logik«[30]. In einem von ihm rezensierten Sammelband zur Sterbehilfe – sieben der zehn Beiträge sind von namhaften Wissenschaftlern verfaßt – findet nur ein einziger Beitrag seine Zustimmung, und das deshalb, weil das Denken des betreffenden Autors »keineswegs so klar, präzise und logisch wie das der anderen Autoren« ist. Dörner erscheint dieser Beitrag geradezu »wie eine leuchtende Blume in der Wüste rationellen, abstrakten und linearen Denkens«[31].

Anstatt in rationalen Kategorien über Sterbehilfe zu diskutieren, gilt es für Dörner, dem Lebensschutz »zu seiner absoluten Gültigkeit zu verhelfen«. Zu dieser Einstellung hat ihm »neben der christlichen Begründung, daß alle Menschen als Kinder Gottes gleichen Wert haben« vor allem der Satz verholfen: »Das Leben gehört mir, aber ich gehöre auch dem Leben.«[32] Daß es neben Dörner auch Menschen geben könnte, die unter bestimmten Bedingungen ihrerseits nicht mehr dem Leben gehören möchten, ist in Dörners Weltbild nicht vorgesehen. Wer aber bei seinen rechtsethischen Überlegungen auch den Interessen dieser Menschen Rechnung tragen möchte, denkt für Dörner nach über die Eliminierung der »industriell Unbrauchbaren« und verfolgt den Glauben »an die Machbarkeit einer Gesellschaft aus nur noch guten, sozialen, gesunden und glücklichen Menschen«[33]. Um mir diesen Glauben zu nehmen, schrieb mir Dörner zum Abschluß eines – von ihm initiierten, ergebnislos endenden – Briefwechsels zum Thema Sterbehilfe: »Ich wünsche Ihnen in Ihrem zukünftigen Leben noch mehrfach Zeiten, in denen Ihnen Ihr Leben wertlos vorkommt, weil dies nun mal das wichtigste Zeichen für den Tiefgang einer Lebenskrise ist, die nicht zu beenden, sondern zu durchleben und durchleiden regelmäßig mit dem Gewinn an eigener Entwicklung, Entfaltung und Reifung belohnt wird.« Ich weiß zwar nicht, wessen »Entfaltung und Reifung« etwa jenes Leid dient, das die 40 000 täglich auf der Welt an Hunger und Krankheit jämmerlich sterbenden Kinder durchlebt haben. Dörner und der liebe Gott aber wissen es bestimmt.

Unsere Rechtswissenschaftler verfahren in der Regel weniger offen als unsere Berufs- und Amateurethiker, wenn es darum geht, kirchlich-fundamentalistischen Dogmen in der Rechtspolitik zum Durchbruch zu verhelfen. Vorzugsweise bedienen sie sich zu diesem Zweck des Verfassungsprinzips der »Menschenwürde« und erwecken so den Eindruck, auf einer unangreifbaren, über jeden weltanschaulichen Zweifel erhabenen Basis zu argumentieren.[34] Behauptungen, daß Handlungen wie Abtreibung und Sterbehilfe einfach deshalb zu verbieten seien, »weil sie gegen die Menschenwürde verstoßen«, sind in der deutschen Rechtswissenschaft Legion. Näher begründet werden diese Behauptungen allerdings nicht – was bei einem derart vagen, ja leerformelhaften Begriff wie dem der »Menschenwürde« auch schwer möglich erscheint.[35]

Nur selten läßt ein Autor in einem Nebensatz einmal durchblicken, daß der Begriff der »Menschenwürde« im gegenwärtigen rechtspolitischen Denken häufig nichts anderem als einer Verknüpfung von Religion und Recht dient. Hier drei Beispiele. Der Verfassungsrechtler Wolfgang Graf Vitzthum schreibt, für die »Effektuierung der Menschenwürde« genüge im Grunde »der Katalog der Zehn Gebote«[36]. Der Strafrechtler Harro Otto stellt im Zusammenhang mit der Anwendung des Menschenwürdeprinzips im Fall der Selbsttötung darauf ab, ob das betreffende Verhalten »von den beiden großen Konfessionen unter sozialethischen Aspekten *grundsätzlich* akzeptiert wird«[37]. Bei dem Verfassungsrechtler Christian Starck schließlich heißt es, die Grundlage der Menschenwürde sei »nach dem Alten und Neuen Testament der Umstand, daß der Mensch als Ebenbild Gottes geschaffen ist«[38]. Dieser Autor stellt im übrigen die entschiedene Forderung auf, daß der *»Menschenwürdeschutz schon vor der Zeugung«* greift.[39]

Eine offene Auseinandersetzung über jene *rechtsethischen Prinzipien*, von denen die Strafwürdigkeit von Handlungen wie Abtreibung und Sterbehilfe letztlich abhängt, findet jedoch in der deutschen Rechtswissenschaft nicht statt. Ausdrücklich zum Programm erhoben wird politische Anpassungsbeflissenheit von dem bekannten Strafrechtler Albin Eser, wenn er seine rechtspolitischen Vorschläge und Überlegungen inhaltlich davon abhängig zu machen bekennt, inwieweit eine »konsensfähige Basis für ein Tätigwerden des Gesetzgebers zu sehen« ist.[40] Positionen wie die Singers oder die meine werden deshalb zwar nur selten offen verteufelt, aber um so häufiger entweder völlig totgeschwiegen oder mit wenigen Worten als abwegig abgetan.[41]

Am weitesten prescht noch der Zivilrechtler und engagierte Lebensschützer Rolf Stürner vor. So bezeichnet er meine Position zum Abtreibungsproblem als »hedonistisch« und »utilitaristisch«, wirft meiner Argumentationsweise »gewisse Verkrampfungserscheinungen bei der Deduktion« vor, erklärt meine These von der religiösen Basis eines Abtreibungsverbotes als »etwas eng von katholischen Dogmen bestimmter Epochen geprägt« und sieht als Folge einer Sichtweise wie der meinen eine Praxis auf uns zukommen, die »vorgeburtliches Leben gesellschaftlicher Zwecksetzung opfert und seine Zwangsvernichtung in großem Stile anordnet«[42].

Als ich dieser Kritik an meiner Position in knapper Form entgegnen wollte, wurde mir die Publikation in der – u. a. von Stürner und Starck herausgegebenen – *Juristenzeitung* verweigert. Bei einer weiteren Gelegenheit wurde mir von seiten der Redaktion unmißverständlich klargemacht, daß für meine weltanschauungskritischen Beiträge in dieser rechtswissenschaftlichen Zeitschrift, in der ich früher einige Male publiziert hatte, inzwischen kein Platz mehr ist. Seine rechtsphilosophische Prägung erfährt das Blatt zunehmend durch Gelehrte wie den Straf- und Naturrechtler Joachim Hruschka, der schon vor Jahren – die Position des Fuldaer Oberhirten Johannes Dyba von der Abtreibung als »Kinder-Holocaust«[43] vorwegnehmend – den Schwangerschaftsabbruch mit der Vernichtung »lebensunwerten Lebens« durch die Nationalsozialisten und die soziale Indikation für den Schwangerschaftsabbruch mit der ebenfalls unter Hitler erfolgten Beseitigung »unnützer Esser« verglich.[44] Die Fundamentalisten im Umkreis der *Juristenzeitung* sind sich offenbar einig, mit welchen Mitteln jene »moralische Wildnis«, die der Zivil- und Kirchenrechtler Dieter Giesen zum Beispiel bei einer Entkriminalisierung der aktiven Sterbehilfe voraussieht[45], zu verhindern ist.

Jean-Claude Wolf

Kirche und Todesstrafe

In der jüdisch-christlichen Tradition gibt es ein nahezu absolutes Verbot der Tötung. Nur Gott darf über Leben und Tod entscheiden. Alles Leben ist gleichermaßen schützenswert. Das ist der Grundtenor, und man könnte daher sagen, die jüdisch-christlichen-islamischen Religionen verkörperten das Ethos der Ehrfurcht vor allem Leben. Das entspricht selbstverständlich dem Selbstbild der Kirchen, die sich immer für das Leben ausgesprochen haben. Gott wird als ein Gott der Lebenden gesehen, und Jesus spricht sich gegen den Totenkult aus, wenn er sagt: Laßt die Toten ihre Toten begraben. Nicht der gekreuzigte, sondern der auferstandene Jesus bildet den Kern des österlichen Bekenntnisses. Nicht Folter und Todesstrafe, sondern Überwindung derselben sind der Fluchtpunkt christlicher Hoffnung.

Diesem schönen Selbstbild, das aus propagandistischen Gründen unermüdlich gepredigt wird, setzt sich eine gewisse Gespaltenheit im Gottesbild entgegen: Der lebensspendende Gott ist auch der todbringende Gott. (Darin gleicht er übrigens dem Gott Apollo.) »Mein ist die Rache, spricht der Herr.« Es ist ein Gott des Krieges und des Zornes und ein strafender Gott. Eine Religion, deren höchstes Gut ein zürnender, kriegerischer und strafender Gott ist, ist eine Lehre des Unheils. Ein Gott, der sogar zuläßt, daß sein Sohn geopfert wird, hat Züge des Opferdenkens. Man mag sich streiten, ob das sakrifizielle Denken letztlich nur eine Projektion und Erfindung der Menschen ist, oder ob es zur eigenen Natur Gottes gehört. Diese Frage verliert ohnehin an Brisanz, wenn wir annehmen, daß es keinen direkten Zugang zur Natur Gottes gibt. Man muß hier nicht einmal so weit gehen wie Feuerbach, der (fälschlicherweise) aus dem Projektionscharakter unseres Gottesbildes auf dessen Inexistenz geschlossen hat, aber man kann doch festhalten, daß allzu einfache Offenbarungsmodelle, welche den Deutungs- und Konstruktionscharakter von Gottesauffassungen einfach ausschalten möchten, einem naiven Realismus in der Erkenntnislehre entsprechen. Selbst ein sich offenbarender Gott vermag nicht jene Filter oder Organe überflüssig zu machen, mittels derer wir verstehen. Das zeigt sich schon darin, daß Gotteslehre immer an Kulturen und Mentalitäten gerichtet ist, sich immer in einem vorgegebenen und spezifischen Verstehenshorizont entfaltet. Gott spricht sogar in Landessprachen und Dialekten, nie in einer Universalsprache.

So gesehen kann man selbst den Satz »Mein ist die Rache« als Konzession und adressierte Ausdrucksweise für ein Volk verstehen, in dem die Blutrache existiert und für dessen Eliten es ein Anliegen ist, diese Praxis zu ordnen und zu begrenzen. Ein werdender, vielleicht sogar lernender Gott wird von der Rachebegrenzung zur Nächstenliebe fortschreiten. So wird jedenfalls der Übergang vom Judentum zum Christentum aus christlicher Sicht gerne gesehen. Doch diese Fortschrittslehre bleibt spekulativ und zeichnet jedenfalls keine eindeutigen Spuren in der Geschichte. Bereits der »alte Gott« verkündet u. a. auch das Gebot des Schutzes der Schwächeren und der Hilfe an Notleidenden, und auch der »neue Gott« wird seine dunkle Seite nicht los. Er bleibt bis ans Ende ein richtender, verbannender, verdammender Gott, und sein Eifer spiegelt sich im Eifer seiner Verehrer.

In einer solchen religiösen Kultur bleibt immer eine Hintertür offen für die menschliche Praxis der Gottesstrafe. Diese kann als Gottesgericht verstanden werden: Reißt der Galgenstrick, so heißt das, daß Gott begnadigt; reißt er aber nicht, so heißt Gott das vorweggenommene Gottesurteil gut. Dieser Aberglaube setzt sich fort in der Vorstellung, der Todgeweihte sei zu begnadigen, wenn die Guillotine klemmt oder der elektrische Stuhl versagt. Immer wieder maßen sich Menschen Stellvertreterrollen an und spielen gleichsam den strafenden Gott auf Erden. Die Berufung auf einen richtenden, verbannenden und verdammenden Gott verspricht nichts Gutes.

Früh haben Interpreten des Tötungsverbotes erkannt, daß es so absolut nicht gelten kann. Ansatzpunkt zu Ausnahmen waren Opfer und Selbstverteidigung: Schließlich wurden (Opfer-)Tiere getötet und im Ernstfall auch menschliche Feinde. Darüber hinaus nun wurde die Todesstrafe als qualifizierte Ausnahme betrachtet, wohl weil sie ebenfalls Opfercharakter hatte und demselben Zweck diente wie die Tieropfer: einer vorübergehenden Beruhigung sozialer Spannungen. Die Formel »Auge um Auge, Zahn um Zahn« bietet sich als die einfachste Formel für den Gedanken einer gezielten und begrenzten Vergeltung an. Dieser sogenannte einfache Retributivismus (retribuere, lat.: vergelten) ist bis heute die unmißverständlichste Formel für den Wunsch, daß es so etwas wie eine gerechte Strafe geben sollte, die härter ausfällt als eine bloße Verwarnung oder Kompensationsforderung, aber milder als eine eskalierende Racheaktion. Wer z. B. einem anderen einen Zahn ausschlägt, dem soll ebenfalls ein Zahn ausgeschlagen werden. Es genügt nicht, ihm lediglich eine Geldbuße aufzuerlegen, und es ist weder gerecht noch nützlich, ihm deswegen zwei oder mehr Zähne auszuschlagen.

Die Einfachheit und Klarheit dieses Retributivismus erweist sich jedoch als trügerisch. Nehmen wir an, A ermordet den Sohn von B. Darf nun B erwarten, daß ein Sohn von A hingerichtet wird? Das würde »Auge um Auge« in diesem Falle nämlich bedeuten. Doch es ist nun schon deswegen undenkbar, weil der Sohn von A unschuldig ist und mit dem Mord am Sohn von B gar nichts zu tun hat.

Spinnen wir dieses Beispiel etwas weiter. Wird nun die Hinrichtung von A als gerechte Strafe erwartet, so könnte man immer noch sagen: »Leben für Leben.« Man beachte, daß wir uns damit bereits einen Schritt von der buchstäblich verstandenen Vergeltung entfernen, denn A wird nun nicht, wie es eigentlich sein müßte, sein eigener Sohn genommen, sondern sein eigenes Leben. Aber auch bei dieser Lösung stellen sich Probleme. Wurde der Sohn von B mit einem Messerstich ins Herz ermordet, muß A nun ebenfalls mit einem Messerstich ins Herz hingerichtet werden? Noch krasser: Nehmen wir an, Bs Sohn ist an den Folgen einer sexuellen Vergewaltigung und einer grausamen Strangulation durch A gestorben, muß dann A ebenfalls auf diese Weise hingerichtet werden?

Das grundsätzliche Problem, daß sich für den primitiven Retributivismus stellt, besteht darin, daß gleiche Vergeltung nicht immer möglich und häufig als moralisch unannehmbar erscheint. Das einfache Vergeltungsschema gibt dem Täter die perverse Autorität, den Vergeltern die abscheulichsten Taten aufzudrängen: Foltert und mordet er, so müssen auch die Vergelter foltern und morden. Die einfache Vergeltung wurde kaum jemals konsequent praktiziert. Vielmehr wurde der Gedanke der konkreten Vergeltung ersetzt durch jenen der abstrakten Vergeltung durch ein sogenanntes Strafäquivalent. So gesehen können z. B. 10 Jahre Freiheitsentzug ein Strafäquivalent für eine Gewalttat darstellen. Diese Verfeinerung des Retributivismus führt nun allerdings zum Verlust eines soliden Maßstabes für die Festlegung von Strafart und Strafmaß. Die einfache Formel »Auge um Auge« muß komplexen Überlegungen weichen, die etwa besagen: Niemand soll von seinen Straftaten profitieren dürfen. Die Strafe X für Y muß also so groß sein, daß für den Straftäter aus seiner Straftat kein Nettogewinn resultiert. Es ist unfair, daß jene, welche die Gesetze halten, schlechter fahren sollten als jene, welche sie brechen. Es handelt sich dabei nicht um eine absolut verstandene Gerechtigkeit, etwa um die Herstellung einer Balance zwischen Gut und Böse durch Strafen, sondern um eine gezielte Form von Gerechtigkeit: Es ist einfach unfair gegenüber den Rechtsgehorsamen, welche die Last des Rechtsgehorsams auf sich nehmen, von illegalen Handlungen zu profitieren.

Diese Fairneßerwägung trägt jedoch nicht weit, denn die sog. »Last« des Rechtsgehorsams ist ungleich verteilt. Zwar mag es für einige Delikte (besonders Wirtschaftsdelikte) zutreffen, daß es unfair ist, wenn wenige vom Anstand, den Hemmungen oder auch dem geringeren Wissen anderer illegal profitieren. Allerdings ist unser Wirtschaftssystem ohne einen beträchtlichen Grad von legaler Ausbeutung gar nicht funktionsfähig. Darüber hinaus gibt es Individuen, welche bestimmte Gesetze nicht als Last oder Bürde empfinden können. Dem Reichen fällt es leichter, Eigentum anderer zu respektieren; Gesunde können eher ihre Pflichten gegen die Gesellschaft erfüllen als Kranke. Besonders unplausibel ist das Argument der fairen Lastenverteilung im Blick auf Verbote der vorsätzlichen

Körperverletzung oder der Vergewaltigung – Delikte, welche für die meisten Leute gar nicht in Frage kommen und die nicht zu begehen für die Mehrheit keinen »Verzicht« bedeutet – ebensowenig wie für die meisten Erwerbstätigen das Bezahlen der öffentlichen Verkehrsmittel eine »Last« ist, während Nichterwerbstätigen der Verzicht auf Schwarzfahren schwerer fällt. Was einigen wenigen (die z. B. eine zwanghafte Neigung zu Gewalt- oder Sexualdelikten haben) eine Last ist, fällt der Mehrheit der Bürger gar nicht als Einschränkung auf. Deshalb läßt sich die genannte Fairneßtheorie nicht auf alle Strafnormen anwenden.

Übrig bleibt der Gedanke, daß Rechtsbrüche sich nicht lohnen, sondern möglichst teuer zu stehen kommen sollten. Überlegungen dieser Art entfernen sich offensichtlich von einfachen Vergeltungsaktionen; der Impuls der gerechten Vergeltung (oder der moralisch gezähmten Rache) tritt zurück zugunsten einer Kostenrechnung, die im Effekt darauf hinausläuft, daß eine Gesellschaft bestrebt ist, Straftaten zu verteuern. Tritt nun diese Strategie in den Vordergrund, so kann das ursprüngliche Ideal der Straf*gerechtigkeit* in Vergessenheit geraten. Ausschlaggebend ist dann nicht mehr so sehr die Intuition, daß es unfair wäre, von Straftaten zu profitieren, sondern eher die Überzeugung, daß Anreize für Straftaten verschwinden sollten. Der Präventionsgedanke verdrängt das Fairneßprinzip oder tritt zumindest in Konkurrenz dazu. Sog. gemischte oder kombinierte Theorien versuchen, die beiden Leitgedanken der Fairneß und der Verhütung in ein geordnetes Verhältnis zu bringen: Für Kant steht z. B. die gerechte Vergeltung an der Spitze, die Prävention dagegen spielt höchstens eine untergeordnete Rolle. Für den englischen Rechtsphilosophen Herbert Hart dagegen ist der Präventionsgedanke dominant für die Rechtfertigung der Institution des Strafens, während das Fairneßgebot auf der Ebene der Fixierung des Strafmaßes (insbesondere zur Abwendung sog. unverhältnismäßiger Strafen) die Führung übernimmt.

Moderne Theorien der Straflegitimation bewegen sich im Rahmen des säkularen Verständnisses des Staates. Der Staat verliert seine sakrale Rolle, er handelt nicht mehr als Stellvertreter Gottes. Damit verliert die Todesstrafe als Signum gottverbürgter Souveränität an Bedeutung. Doch es trifft nicht zu, daß damit die Todesstrafe völlig verbannt würde. Einerseits lebt sie fort in totalitären Diktaturen, die – nicht im Namen Gottes, aber im Namen anderer höherer Menschheitsideale – die Todesstrafe als Instrument des sozialen Fortschritts mißbrauchen. Andererseits lebt die Vorstellung fort, Todesstrafe sei unter Umständen das geringere Übel als lebenslänglicher Freiheitsentzug. So konnte etwa John Stuart Mill schreiben, der kurze Schlag einer Hinrichtung sei für den Betroffenen weniger schlimm als die Tatsache, in Gefängnismauern lebendig begraben zu werden. Mill hat jedoch den Zustand von Todeskandidaten, die in ihren Zellen mehr als zehn Jahre auf ihre Hinrichtung warten und auf eine Aufhebung hoffen, nicht mit in den Kalkül gezogen. Die populäre Vorstellung, manche Probleme ließen sich am einfachsten durch eine rasche Hinrichtung von »Monstern« lösen, ist offensichtlich falsch und beruht in der Regel auf einem Mangel an Information, Einfühlungsvermögen und lebendiger Erfahrung.

Die Kritik an der Lehre des Unheils ist für sich genommen keine Garantie für das Heil. Auch in säkularen Staaten wird die Todesstrafe praktiziert oder von einer Mehrheit der Bürger in Erwägung gezogen. Obwohl mit der Religionskritik und der Überwindung einer sakralen Staatsdoktrin sowie dem sakrifiziellen Strafdenken nicht alle Probleme vom Tisch sind, bildet sie doch die Voraussetzung einer stärker empirisch orientierten Erforschung von Straffolgen, die ihrerseits Anstoß zu einer Diversifikation des Strafvollzuges werden kann. Dabei soll natürlich nicht verschwiegen werden, daß sowohl einer Ursachenforschung von Kriminalität als auch einer Wirkungsforschung von Strafandrohung und Strafvollzugsweisen unüberwindbare Grenzen gesetzt sind, die sowohl mit der Komplexität menschlicher Motivation als auch der Reichweite und sittlichen Erlaubtheit sozialer Experimente im Bereich des Strafens verbunden sind. Wir dürfen keine zu hohen Erwartungen setzen in die Voraussagbarkeit von Strafwirkungen, doch wir müssen festhalten am Postulat, das besagt: Am Anfang einer jeden Straftheorie steht die Untersuchung der Folgen von Strafen. Die naive Erwartung, Strafen müßten früher oder später zu Reue, Buße und Umkehr führen, ist unhaltbar. Die Humanisierung des Strafvollzugs wurde erst möglich, nachdem das Schema von Schuld und Vergeltung als Basislegitimation staatlichen Strafens an Plausibilität verloren hatte.

Religionskritik ist in der Neuzeit hauptsächlich Institutionenkritik, sie richtet sich gegen institutionell verfaßte Formen der Religion oder Formen der Religionen, die in Richtung einer geschlossenen Institution drängen. Gleichsam »freischwebende« Gruppierungen dagegen werden, solange sie keinen zu großen Zulauf haben und nicht kriminelle Handlungen begehen, kaum als kritikwürdige Gefahr erkannt. Und in der Tat ist der Schatten von Religionen nicht nur der menschlichen Natur, sondern vor allem der Eigendynamik von Institutionen zuzuschreiben, die nach innen verwalten und nach außen missionieren. Ein Element von Institutionen ist ihre Konstanz, ihr Traditionalismus. Dieser ist allerdings auch bei strikten Biblizisten anzutreffen, die meinen, biblische Texte als direkte Handlungsanweisungen für die Gegenwart verwenden zu können. Aber selbst so raffinierte Interpreten der Bibel wie die offiziellen Sprecher des Vatikans haben die größten Probleme, sich von Traditionen zu distanzieren.

Unter diesem Blickwinkel ist auch die Bemerkung im Paragraphen 2266 des »Weltkatechismus« zu beurteilen, der für die Abwehr von schwersten Verbrechen die Todesstrafe nicht ausschließen will. Diese Auffassung wird als eine traditionelle Lehre der Kirche vorgetragen, doch man sucht vergeblich eine Bemühung, sie zu kommentieren oder sich von ihr zu distanzieren. Vor allem fehlt jeder Ansatz zu einer ideologiekritischen Beurteilung solcher Äußerungen, welche durch ihre Kürze und scheinbare Nebensächlichkeit mißverständlich, ja irreführend bleiben. Es macht den Anschein, als hätte sich die kirchliche Tradition an ganz falschen Stellen, insbesondere im Bereich der Individualethik, um absolute Verbote gekümmert, während sie im Bereich der Sozialethik zu jeder Art von Qualifizierungen, Einschränkungen und Ausnahmen bereit war.

Zwar könnte man unter Beiziehung einer Unterscheidung zwischen zwei Ebenen des moralischen Denkens durchaus sagen, daß es, jedenfalls für den *Bereich des kritischen moralischen Denkens*, nicht völlig ausgeschlossen ist, daß Todesstrafe moralisch erlaubt, vielleicht sogar gefordert sein könnte. Denn auf dieser kritischen

Ebene, welche sich auf eine möglichst sorgfältige Erwägung der Folgen für das Wohl aller Betroffenen bemüht, lassen sich keine absoluten Verbote statuieren. Man könnte auch sagen, daß es eine akademisch interessante Frage bleibt, ob nicht unter gewissen ganz speziellen Umständen Todesstrafe, ja vielleicht sogar Folter, Sklaverei u. ä.; moralisch gerechtfertigt wären. Allerdings muß man hinzufügen, daß es sich dabei um extrem unwahrscheinliche Umstände handelt, etwa von der Art: »Dürfte ein Staat mit unfehlbarem Urteilsvermögen die Todesstrafe aussprechen?« oder: »Dürfte ein Staat in einer Gesellschaft, in der es keinerlei Formen der Diskriminierung gibt, die Todesstrafe vollstrecken?« oder: »Gäbe es einen objektiven und transkulturell anerkannten Maßstab für *schwerste* Verbrechen (würden z. B. Drogenhandel oder Prostitution nirgends zu dieser Kategorie gezählt), wäre dann Todesstrafe legitim?« Diskussionen dieser Art können also sehr wohl geführt werden, und sie müssen vielleicht sogar ab und zu auch wieder öffentlich geführt werden, damit unsere Überzeugungen nicht zu irrationalen Vorurteilen verknöchern. Solche Dispute sind gewöhnlich philosophischer Natur und an extreme Skeptiker oder Relativisten adressiert, die glauben, unsere Abneigungen gegen Todesstrafe, Folter und Sklaverei seien lediglich ethnozentrische und aufklärerische Tabus.

Doch die Redaktion eines »Weltkatechismus« dient wohl kaum der Förderung kritischer Philosophie und wird deshalb von der überwiegenden Zahl professioneller Philosophinnen auch zu Recht ignoriert. Ein Katechismus will weit eher Regeln für die Praxis fixieren. Wir bewegen uns in einem Katechismus hauptsächlich auf der *zweiten Ebene des moralischen Denkens*, nämlich jener der praktischen Lebensführung. Auf dieser Ebene werden – zumindest der Absicht nach – Regeln und generelle Visionen für die Erziehung und die alltägliche Orientierung, aber auch für die Verfassung praktizierbarer und humaner Gesetze artikuliert. Auf der Ebene des praktischen moralischen Denkens ist es z. B. wünschenswert, daß solche Regeln relativ einfach sind und früh verinnerlicht werden. Sie sollen Bestandteil unseres Charakters und Fühlens werden. Zu diesen Regeln gehört es weiterhin, daß sie häufige und sehr wahrscheinliche Mißbräuche ausschließen sollen.

Was heißt das nun für eine katechetische Behandlung der Todesstrafe? Im Katechismus sollte stehen, daß der Griff zur Todesstrafe für weltliche Staaten gar nicht in Betracht kommen sollte, weil damit unweigerlich Formen des unwiderrufbaren Justizirrtums, der Diskriminierung, der Verlängerung von Leiden, der Anstiftung zu Gewaltmethoden und der Ausweitung von Straftatbeständen verbunden sind. Staaten, die mit dem Tode strafen, maßen sich eine Unfehlbarkeit und eine Unbestechlichkeit an, die illusionär ist. Sie spielen sich auf zu Göttern über Leben und Tod und erniedrigen das Individuum zum absolut wehrlosen Opfer einer administrativen Vernichtungstat. Sie verstärken das Cowboy-Vorurteil, Probleme ließen sich mit dem Colt am raschesten und sichersten regeln. Die im Katechismus angeführte Legitimation der Abwehr ist dabei nur die dünne Hülle für ganz andere Wünsche und Instinkte, welche die unbegrenzte Kontrolle und Manipulation von kriminellen Individuen durch den Staat einschließen.

Die unglückliche Koalition von Kirche und weltlicher Macht hat immer wieder die Assoziation von Herrschercharisma und Gewalt über Leben und Tod erneuert. Religiöse Gruppierungen und Kirchen sind nur erträglich, wenn ihr politischer Einfluß gering genug ist, damit sie sich demokratischen und rechtsstaatlichen Kulturen beugen müssen. Eine Gesellschaft oder ein Staat, der von einer zentral verwalteten Kirche mit weitestgehenden politischen Befugnissen bevormundet wird, wird vermutlich die offene Hintertür für die Todesstrafe dazu benutzen, neue Straftatbestände für die Todesstrafe einzuführen. Diese Tendenz zur Vermehrung von Straftatbeständen ist übrigens in allen Ländern und auch in den USA zu registrieren, wo die Todesstrafe legal ist. Im Einflußbereich der katholischen Kirche könnte das etwa dazu führen, daß – mit oder gegen den Willen ihrer Mitglieder – Onanie, Empfängnisverhütung, Homosexualität, Ehebruch, Lüge (jene Dinge, welche die Phantasien offizieller Kirchenvertreter offenbar am nachhaltigsten beschäftigen) und selbstverständlich Blasphemie und Unglaube als die schwersten Verbrechen wieder mit dem Tode bestraft würden.

Damit soll nicht etwa einem Konfessionalismus das Wort geredet werden. Hat die katholische Kirche mit den Folgen ihres Zentralismus zu kämpfen, so gelingt es der evangelischen Kirche nicht, die Fundamentalisten in ihren eigenen Reihen zu bremsen. Fundamentalisten, Sektierer und Fanatiker neigen zu einfachen Lösungen, und die Todesstrafe erscheint vielen als einfache Lösung, auf die man nicht ganz verzichten sollte, und auf die man gerne gelegentlich zurückkommen möchte. David Hume meint, solange es Menschen gibt, werde es Schwärmer geben. Leider wird es so lange auch Anhänger der Todesstrafe geben, die für Aufklärung und Argumente unzugänglich bleiben.

Peter Singer · Edgar Dahl

Das gekreuzigte Tier

Der deutsche Philosoph Arthur Schopenhauer schrieb einmal: »Man möchte wahrlich sagen: Die Menschen sind die Teufel dieser Erde und die Tiere die geplagten Seelen.« In der Tat: So weit wir die Geschichte des Abendlandes zurückverfolgen können, sehen wir Tiere unter der Knute menschlicher Tyrannei leiden. Ob unter der Herrschaft der Griechen, der Römer oder der Christen, zu allen Zeiten hat man ihre Rechte mit Füßen getreten.

In der Blüte des Hellenismus rechtfertigte man das Martern und Töten von Tieren mit einer Idee des berühmten Denkers Aristoteles. Er betrachtete die Natur als eine Hierarchie, in der Pflanzen zum Wohle von Tieren und Tiere zum Wohle des Menschen bestimmt seien. Daß man auf die Interessen der Tiere keine Rücksicht nimmt und ganz nach Belieben mit ihnen verfährt, war danach nicht nur richtig, sondern entsprach sogar der Ordnung der Natur.

Die Römer übernahmen diese bequeme Idee und weideten sich während ihrer circensischen Spiele sogar an den Qualen der Tiere: Bei der Einweihung des Kolosseums durch Titus mußten 5000 Tiere ihr Leben lassen. Unter Nero ließ man 400 Tiger mit Stieren und Elefanten kämpfen. Caligula befahl, daß Bären gegen Stiere kämpfen sollten, die man vorher mit rotglühenden Eisen und durch Pfeile mit brennendem Pech wild gemacht hatte. Unter Trajan dauerten die Spiele einmal 123 Tage: Löwen, Tiger, Elefanten, Rhinozerosse, Nilpferde, Giraffen, Stiere, Hirsche, ja sogar Krokodile und Schlangen wurden in die blutige Arena geschickt, nur um einem grauenhaften Spektakel geopfert zu werden.[1]

Unter dem Einfluß des Christentums hat sich das Los der Tiere nicht gerade verbessert. Schmeichelten sich die Christen doch, die einzigen Geschöpfe zu sein, die Gott nach seinem Bilde schuf. Im Alten Testament erklärte ihnen der vermeintliche Schöpfer des Himmels und der Erden sogar: »Furcht und Schrecken vor euch sei über alle Tiere auf Erden und über alle Vögel unter dem Himmel, über alles, was auf dem Erdboden wimmelt, und über alle Fische im Meer; in eure Hände seien sie gegeben. Alles, was sich regt und lebt, das sei eure Speise.«[2]

Es ist sicher nicht weiter verwunderlich, daß Menschen, die meinen, sich als »Krone der Schöpfung« begreifen zu dürfen, der übrigen Kreatur nur mit Hohn und Spott begegnen. So lästerte beispielsweise schon der Apostel Paulus: »Sorgt sich Gott etwa um die Ochsen?« Selbstverständlich nicht, beantwortete er die rhetorische Frage: »Er redet überall nur um unsertwillen.«[3] Und damit scheint er sogar recht zu haben. Denn Jesus hat sich, will man den Evangelien hier Glauben schenken, nur für die Erlösung der sündig gewordenen Menschen, nicht aber für die der sündlosen Tiere ans Kreuz schlagen lassen. Noch verhängnisvoller für das Schicksal der Tiere war jedoch, daß Jesus selbst angeblich Teufel in eine Herde von zweitausend Schweinen fahren ließ und sie dazu trieb, sich ins Meer zu stürzen.[4] Der heiliggesprochene Kirchenvater Augustin nahm dieses Ereignis als Beweis dafür, daß der Mensch dem Tier nichts schulde. Er schrieb: »Christus selbst zeigt, daß es höchster Aberglaube ist, sich des Tötens von Tieren und des Zerstörens von Pflanzen zu enthalten, denn da er urteilte, daß es keine gemeinsamen Rechte zwischen uns und den Tieren und den Bäumen gibt, sandte er die Teufel in eine Schweineherde und belegte den Baum, an dem er keine Frucht fand, mit einem Fluch. Gewiß aber hatten weder die Schweine noch der Baum gesündigt.«[5]

Anders als bei Buddha machte Jesu »allumfassende Liebe« also vor den Tieren halt. Und so ist es denn auch nur bezeichnend, daß, als das Christentum mit seiner Idee von der *Heiligkeit des Lebens* in Rom einzog, zwar die Gladiatorenkämpfe aus dem Kolosseum verschwanden, die Blutbäder an Tieren aber weitergingen. Als »heilig« galt den Christen eben nur das *menschliche* Leben.

Im Mittelalter sollte sich am Leiden der Tiere nichts ändern. Der zumindest für die katholische Kirche maßgebliche Kirchenlehrer Thomas von Aquin unterstrich mit der ganzen Kraft seiner Autorität, daß Tiere keinerlei Rechte hätten und – vom christlichen Standpunkt aus – nichts Falsches daran sei, Tiere zu martern. Er gab lediglich zu bedenken, daß zu große Grausamkeit gegen Tiere womöglich auch die Brutalität gegen Menschen fördern könnte.

Der unheilvolle Einfluß des Thomas von Aquin war derart mächtig, daß sich beispielsweise noch im letzten Jahrhundert Papst Pius IX. weigerte, die Gründung einer Gesellschaft zur Verhinderung von Grausamkeiten gegen Tiere zu gestatten. Er meinte, es sei eine Gotteslästerung, wollte man gegen das Abschlachten von Tieren aufbegehren. Dies würde unterstellen, daß Menschen gegenüber Tieren irgendwelche Pflichten hätten.[6]

So grotesk es auch anmutet, aber der mittelalterliche Klerus ging in seiner Verblendung sogar so weit, daß er Tiere der weltlichen Gerichtsbarkeit überantwortete. So wurde 1394 in Amiens ein Schwein gehenkt, weil es eine Hostie gefressen hatte. In Basel wurde 1474 ein Hahn zum Tod auf dem Scheiterhaufen verurteilt, weil er sich angeblich der Hexerei schuldig gemacht hatte. Im Frankreich des 15. Jahrhunderts machte man einen Schwarm von Schmetterlingen für eine Mißernte verantwortlich; das Gerichtsverfahren zog sich wegen Nichterscheinens der Angeklagten – trotz Aufrufs an der Kirchentür – über zwei Jahrhunderte hin! Den vielleicht lächerlichsten Prozeß in der Geschichte der heiligen römischen Kirche aber mußte eine Eselin über sich ergehen lassen: Mit ihr hatte sich ein gewisser Jacques Ferron eingelassen. Nachdem man den Sodomiten am Galgen aufgeknüpft hatte, ermittelte man wegen etwaiger Mittäterschaft auch gegen seine langohrige Geliebte. Die Priorin des örtlichen Klosters und einige brave Bürger der Stadt Vanvres stellten ihr jedoch ein Leumundszeugnis aus, in dem es hieß, »daß besagte Eselin ihnen seit vier Jahren bekannt sei und sich stets, daheim und unterwegs, als tugendhaft erwiesen und nie bei irgend jemandem Anstoß erregt habe«. Aufgrund dieser Zeugenerklärung kam das Gericht schließlich zu dem Urteil, daß die Eselin sich offenbar nicht freiwillig dem Jacques Ferron hingegeben habe, sondern von ihm »vergewaltigt« worden sei.[7]

Angesichts dieser himmelschreienden Ignoranz möchte man meinen, daß die Lage der Tiere eigentlich nur hätte besser werden können. Doch es sollte leider noch schlimmer kommen. Der christliche Denker René Descartes, der »Vater der neuzeitlichen Philosophie«, erklärte im 17. Jahrhundert, daß Tiere »seelenlose Automaten« seien, bloße Maschinen, die, ähnlich einer Uhr, zwar zweckmäßig funktionieren mögen, aber zu keinerlei Gefühlen fähig seien. Wenn Tiere sich unter glühenden Eisen oder den Stichen eines Messers verzweifelt winden und schreien, bedeutet dies laut Descartes nicht, daß sie leiden: Seiner Ansicht nach kennen Tiere weder Freude noch Schmerz.

Nicole Malebranche, ein Zeitgenosse Descartes', hielt es sogar aus rein *theologischen* Gründen für notwendig zu leugnen, daß Tiere leiden können. Denn wie, so fragte er, sollte man sonst erklären, daß ein gerechter Gott unschuldige Tiere leiden läßt – schließlich sei es ja Adam gewesen und nicht irgendein Hund, der in den berühmten Apfel gebissen habe.

Descartes' Ansichten machten daher schnell Schule. Vor allem Wissenschaftler griffen seine Ideen mit großer Begeisterung auf, gaben sie ihnen doch einen Freibrief für qualvolle Experimente mit Tieren. So wurde denn zu jener Zeit auch die Vivisektion, das Aufschlitzen bei lebendigem Leibe, schnell zu einer Mode bei Physiologen. Der folgende Augenzeugenbericht über einige dieser Experimentatoren, die im späten 17. Jahrhundert am Jansenistischen Seminar von Port Royal arbeiteten, macht die Bequemlichkeit von Descartes' Theorie deutlich: »Sie verabreichten mit völliger Gleichgültigkeit Hunden Schläge und machten sich über diejenigen lustig, die die Kreaturen bedauerten, als könnten sie Schmerz empfinden. Sie sagten, die Tiere seien wie Uhren, die Schreie, die sie ausstießen, wenn sie geschlagen wurden, seien nur das Geräusch einer kleinen Saite, die berührt worden sei, der gesamte Körper jedoch sei ohne Gefühl. Sie nagelten arme Tiere mit allen vieren auf Brettern fest, um sie bei lebendigem Leibe aufzuschlitzen und ihren Blutkreislauf zu sehen, der ein bevorzugtes Gesprächsthema war.«[8]

Diese haarsträubenden Versuche brachten die Wissenschaftler der damaligen Zeit aber schon bald in ein Dilemma. Denn je mehr

Tiere sie unter ihr Seziermesser nahmen, desto offenkundiger wurde die bemerkenswerte Ähnlichkeit zwischen Tier und Mensch. Das wachsende Wissen um die feinen Sinne der vermeintlich »niederen« Kreaturen ließ sie mehr und mehr daran zweifeln, daß Tiere nicht leiden könnten. Und so wurde ihr Gewissen schließlich – wider Willen – aus dem »kartesianischen Schlummer« erweckt.

Der Agnostiker Voltaire, ein Gegner aller Dogmen, sah dieses Dilemma bereits kommen, als er schrieb: »Es gibt Barbaren, die diesen Hund ergreifen, der dem Menschen an Freundschaft und Treue so sehr überlegen ist, ihn auf einen Tisch nageln und bei lebendigem Leibe zerschneiden, um die mesaraischen Venen zu zeigen! Du entdeckst in ihnen *die gleichen Gefühlsorgane wie in dir selbst!* Antworte mir, Mechanist, hat die Natur all die Quellen des Gefühls in diesem Tier eingerichtet, *damit es nicht fühlen soll?*«[9]

Daß nun ein allmähliches Umdenken stattfand, ist wohl in erster Linie der Aufklärung zu verdanken, Denkern wie Voltaire, Diderot und David Hume, die allen kirchlichen Satzungen öffentlich den Krieg erklärten. Indem sie die Praxis des Christentums der des Hinduismus und des Buddhismus gegenüberstellten, gaben sie Anlaß nicht nur zu tiefer Beschämung, sondern auch zur Besinnung: Sie appellierten an das menschliche Mitgefühl und drangen darauf, das Wohlwollen endlich auch auf andere Geschöpfe auszudehnen.

Obwohl sich in der Folge der Aufklärung nun auch viele Wissenschaftler, Philosophen und Schriftsteller, wie zum Beispiel Charles Darwin, Thomas H. Huxley, Jeremy Bentham, Arthur Schopenhauer, John Stuart Mill, Leo Tolstoi und Victor Hugo, für das Mitleid mit Tieren einsetzten, hat sich an der tatsächlichen Lage der Tiere doch bis heute wenig gebessert. Sie werden nach wie vor wie »Maschinen« behandelt: wie Maschinen, die Futter in Fleisch verwandeln!

Der französische Schriftsteller Emile Zola sagte einmal, daß die Sache der Tiere für ihn höher stehe als die Sorge, sich lächerlich zu machen. Daß man sich mit dem Kampf für die »Befreiung der Tiere« womöglich *lächerlich* macht, scheint in der Tat einer der Hauptgründe dafür zu sein, daß die meisten Menschen sich ausschweigen. Sie glauben immer noch, daß das Wohl von Tieren etwas sei, worum sich vielleicht alte Damen in Tennisschuhen sorgen mögen, nicht aber Leute, die mit beiden Beinen im Leben stehen. Und sie haben Mühe, auf die Frage, ob Tiere Rechte haben könnten, irgendeine auch nur halbwegs plausible Antwort zu finden.

Dabei ist die Antwort darauf im Grunde ganz einfach. Wir müssen uns nur darauf besinnen, was es eigentlich heißt, *moralisch* zu handeln. Heißt moralisch handeln, immer das zu tun, was Gott von uns verlangt? Heißt es, immer das zu tun, was unser Gewissen, unsere Eltern, das Gesetzbuch oder gar irgendein selbsternannter »Führer« von uns verlangen? Gewiß nicht. Moralisch handeln bedeutet doch zunächst einmal, daß man bereit ist, neben seinen eigenen Interessen *auch die Interessen anderer zu respektieren.* Daß wir also bei allem, was wir tun, das Wohl und Weh all derer berücksichtigen, die von unseren Handlungen betroffen sind.

Wenn aber in der Moral nur eines zählt, nämlich die *Interessen anderer zu achten,* dann ist es unerheblich, *wessen* Interessen es sind – die von Männern oder von Frauen, von Schwarzen oder von Weißen, von Menschen oder von Tieren. Denn Interessen sind Interessen und verdienen die gleiche Berücksichtigung, egal wessen Interessen es im Einzelfall sind! Wer hier die Interessen des anderen Geschlechts, einer anderen Rasse oder einer anderen Art mißachtet, macht sich entweder des Sexismus, des Rassismus oder aber des *Speziesismus* schuldig!

Diese von der Moral verlangte Gleichbehandlung beruht nicht etwa auf der Annahme, daß die Geschlechter, Rassen und Arten tatsächlich gleich *sind,* sondern auf dem Faktum, daß sie im wesentlichen *gleiche Interessen* haben, darauf, daß sie alle gleichermaßen den Wunsch haben, ein selbstbestimmtes Leben zu führen und möglichst wenig zu leiden.[10]

Der englische Moralphilosoph Jeremy Bentham sprach diesen so einfachen wie selbstverständlichen Gedanken bereits vor gut zweihundert Jahren aus, als er sagte: »Der Tag mag kommen, an dem der Rest der belebten Schöpfung jene Rechte erwerben wird, die ihm nur von der Hand der Tyrannei vorenthalten werden konnten. Die Franzosen haben bereits entdeckt, daß die Schwärze der Haut kein Grund ist, einen Menschen hilflos der Laune eines Peinigers auszuliefern. Vielleicht wird eines Tages erkannt werden, daß die Anzahl der Beine, die Behaarung der Haut oder die Endung des Kreuzbeins ebensowenig Gründe dafür sind, ein empfindendes Wesen diesem Schicksal zu überlassen.«[11]

Um sich den so wichtigen Punkt, daß es in der Moral in erster Linie um die *gleiche Berücksichtigung von Interessen* geht, noch einmal klarzumachen, können wir uns etwa folgenden Fall denken: Angenommen, morgen würden Wesen von einem fremden Stern auf unserer Erde landen, Wesen von seltsamer Gestalt und ungewöhnlichem Aussehen, aber immerhin doch Wesen, mit denen wir uns verständigen können und von denen wir erfahren, daß sie – genau wie wir – Wünsche und Ängste haben. Wäre es erlaubt, sie grundlos zu quälen? Wir glauben, die meisten würden uns zustimmen, wenn wir sagen: *Nein!* Wenn wir aber zugeben, daß es falsch wäre, sie zu quälen, müssen wir wohl oder übel auch zugeben, daß unsere Achtung vor den Interessen anderer nichts mit ihrer *Zugehörigkeit zu unserer Art* zu tun hat. Und so müßten wir denn konsequenterweise auch bereit sein, den Interessen von Tieren das gleiche Gewicht beizumessen wie den Geschöpfen von einem fremden Stern.

Jetzt wird vielleicht jemand fragen: Was heißt es überhaupt, Interessen zu haben? Und: Welche Wesen besitzen denn eigentlich Interessen? Die Antwort darauf ist wiederum denkbar einfach: Interessen zu haben bedeutet, Bewußtsein zu besitzen und zu Freude und Leid fähig zu sein. Um einem Wesen sinnvollerweise Interessen zuschreiben zu können, muß es daher zumindest *leidensfähig* sein. Es wäre Unsinn, wenn man sagte, es liege nicht »im Interesse« eines Steins, daß das Kind auf der Straße ihm einen Tritt gibt. Ein Stein hat keine Interessen, weil er nicht leiden kann. Nichts, das wir ihm antun können, könnte für sein Wohlergehen irgendeinen Unterschied ausmachen. Ein Hund dagegen hat ein Interesse daran, nicht getreten zu werden, weil er dabei leiden würde.

Wenn ein Wesen leidet, kann es keine moralische Rechtfertigung dafür geben, daß man sich weigert, dieses Leiden zu berücksichtigen. Ganz gleich, welcher Art dieses Wesen angehört, das Prinzip der Gleichheit fordert, daß sein Leiden ebensoviel gilt wie ähnliches Leiden irgendeines anderen Wesens. Wenn ein Wesen dagegen unfähig ist, zu leiden oder Freude oder Glück zu empfinden, dann gibt es auch nichts zu berücksichtigen. Damit ist die *Empfindungsfähigkeit* also die einzig vertretbare Grenzlinie für unsere Anteilnahme an den Interessen anderer.

Unsere Auffassung, daß wir – wenn wir moralisch handeln wollen – auch die Interessen von Tieren respektieren müssen, ist naturgemäß einer Reihe von Einwänden ausgesetzt. Wir wollen daher zumindest einigen dieser Einwände kurz nachgehen. Der stärkste Einwand ist sicherlich der, den schon Descartes vorbrachte: Tiere können gar nicht leiden! Was könnte man Descartes erwidern? Nun, wir könnten Descartes vorwerfen, daß seine Ansicht absurd ist und es sich doch wohl von selbst versteht, daß Tiere leiden. Aber das wird mit Sicherheit nicht genügen. Denn »Vorwürfe« ersetzen keine *Argumente*, und in der Moralphilosophie gibt es *nichts*, das sich »von selbst versteht«! Schlimmer noch ist, daß wir Descartes gegenüber zugeben müssen, daß wir es nicht *mit Sicherheit wissen*, ob Tiere tatsächlich leiden. Denn wir können den Schmerz eines anderen nicht fühlen. Schmerz ist nun einmal ein Zustand des Bewußtseins und somit nicht direkt beobachtbar. Aber was hier für Tiere gilt, gilt selbstverständlich auch für Menschen – und damit auch für Descartes selbst. Auch von ihm, so hätte er zugeben müssen, wissen wir nicht mit Sicherheit, ob er leiden konnte.

Warum, so könnten wir Descartes – wie auch uns selbst – fragen, nehmen wir von anderen Menschen, etwa unseren Kindern, trotzdem an, daß sie leiden können? Sicherlich deshalb, weil sie, wenn sie sich beispielsweise geschnitten haben, *dasselbe Verhalten* zeigen wie wir, wenn wir uns geschnitten haben. Wenn wir aber von unseren Kindern glauben, daß sie leiden, müssen wir konsequenterweise auch von Tieren annehmen, daß sie leiden; schließlich zeigen sie bei Verletzungen dasselbe Verhalten wie jene. Es stimmt zwar, daß Tiere nicht in Worten sagen können, daß sie Schmerz empfinden, aber das konnten unsere Kinder, als sie klein waren, auch nicht. Haben wir daraus etwa den Schluß gezogen, daß sie nicht leiden und daß wir sie daher nach Belieben mißhandeln dürften? Sicher nicht.

Es gibt noch einen zweiten guten Grund dafür anzunehmen, daß auch Tiere leiden, nämlich die Tatsache, daß zumindest alle Wirbeltiere das gleiche Nervensystem besitzen wie wir: Die Teile des Gehirns, die für das Schmerzgefühl verantwortlich sind, gehören in jedem Fall zu unserem gemeinsamen »biologischen Erbe«. Daß Mensch und Tier bei Verletzungen dasselbe Verhalten zeigen und sich durch dasselbe Nervensystem auszeichnen, ist sicherlich noch kein zwingender Beweis für die Leidensfähigkeit der Tiere, aber immerhin ein Argument, das es vernünftig und gerechtfertigt erscheinen läßt, Tiere nicht mutwillig zu verletzen.

Ein zweiter Einwand gegen unsere Auffassung könnte so lauten: Es ist nun einmal ein Naturgesetz, daß der Stärkere den Schwächeren unterdrückt! Das soll offenbar heißen, daß es nur *natürlich* ist, wenn wir auf das Leiden der Tiere pfeifen, daß es gewissermaßen zu unserer *Natur* gehört, den Interessen von Tieren nicht das gleiche Gewicht beizumessen wie denen von Menschen. Es mag stimmen, daß wir »von Natur aus« Spezisisten sind und nur Angehörigen unserer Art Rechte einräumen. Aber daraus, daß das so *ist*, folgt doch nicht, daß es auch so sein *soll*! Wenn, sagen wir einmal, Vergewaltigungen natürlich sind, insofern sie in der Natur – sowohl bei Tieren wie bei Menschen – vorkommen, folgt daraus ja auch nicht, daß es ganz in Ordnung ist, wenn Männer Frauen vergewaltigen.

Es gibt einen dritten, ähnlich gelagerten Einwand, der lautet: Warum sollten wir Tiere nicht töten, Tiere töten einander ja auch! Auf diesen Einwand, mit dem sich vor allem Vegetarier herumzuschlagen haben, hat William Paley bereits 1785 geantwortet, als er schrieb, daß Menschen leben können, ohne zu töten, daß aber bestimmte Tiere keine andere Wahl haben, als zu töten, wenn sie überleben wollen. Vielleicht ist dies eine nicht ganz überzeugende Widerlegung; doch es ist wichtig, daß man erkennt, daß, selbst wenn es Tiere gibt, die mit vegetarischer Ernährung leben könnten, aber manchmal zu Nahrungszwecken töten, dies keine Unterstützung für die Behauptung wäre, daß es *moralisch* vertretbar ist, wenn wir dasselbe tun. Es ist schon merkwürdig, wie Menschen, die sich normalerweise als so hoch über den Tieren stehend betrachten, auf einmal, wenn es ihre Gaumenfreuden betrifft, ein Argument benutzen, das im Grunde bedeutet, wir sollten uns in unserer Moral nach den Tieren richten!

Ein vierter Einwand schließlich besagt, daß Tiere zwar leiden mögen, aber dennoch keine Rechte verdienen, weil sie ja keinen *Gerechtigkeitssinn* haben. Letzteres mag zwar zutreffen, aber wir sollten uns sicher genauer überlegen, was wir damit behaupten. Denn Säuglinge kennen auch kein Gerechtigkeitsgefühl. Sollten sie deshalb vielleicht wie Tiere behandelt werden, das heißt, für Tafelfreuden gemästet oder als Versuchsobjekt für die Wirkung eines neuen Shampoos mißbraucht werden?[12]

Peter Singer

Je mehr wir für andere leben, desto zufriedener leben wir

Ich bin nie religiös gewesen. Ich wuchs nach dem Zweiten Weltkrieg in einer Familie jüdischer Abstammung auf, die von Österreich nach Australien ausgewandert war. Meine Eltern waren weder religiös, noch hielten sie sich an die jüdischen Traditionen, obwohl meine Großmutter, die bei uns wohnte, an bestimmten Feiertagen fastete. Sie hatte den Krieg in Theresienstadt, einem Konzentrationslager der Nazis, verbracht und war die einzige von meinen Großeltern, die Hitlers Versuch, alle Juden auszurotten, überlebt hatte. Somit gehörten der Nationalsozialismus, der Krieg und all das Leiden und Sterben, das gerade stattgefunden hatte, zu dem geistigen Hintergrund meiner Kindheit. Angesichts eines solchen Ausmaßes von Leiden setzte es mich immer wieder in Erstaunen, wenn jemand ernsthaft glauben konnte, daß die Welt von einem liebenden, allmächtigen Gott gelenkt werde.

Meine Eltern schickten mich auf eine der besten Privatschulen Melbournes, die von der Presbyterianischen Kirche gegründet worden war und ihr gehörte, denn sie dachten, daß eine Privatschulerziehung meine Erfolgsaussichten im späteren Leben verbessern würde. Daher nahm ich sechs Jahre lang morgens vor dem Unterricht an einer religiösen Veranstaltung teil mit Bibellesung, Choral und Gebet; außerdem gab es regelmäßig Gottesdienste in der Kapelle und Religionsstunden. So hatte ich viel Zeit, in der Bibel zu blättern und die Abschnitte zu lesen, die uns *nicht* vorgelesen wurden. Abgesehen von den bekannten Stellen aus dem Alten Testament, die uns als Schuljungen besonders interessierten, weil wir sonst wenig Gelegenheit hatten, etwas über Sex zu erfahren, fühlte ich mich von Markus, Kapitel 11, betroffen, wo berichtet wird, wie Jesus zu dem Feigenbaum kam, in der Hoffnung, daß er Früchte daran fände; aber der Baum hatte keine Früchte, »denn es war nicht die Zeit für Feigen« – woraufhin Jesus ihn prompt verfluchte, und am nächsten Morgen war der Baum verdorrt. Eine solche selbstsüchtige und zügellose Ungeduld schien mir wenig zu einem großen Lehrer der Ethik zu passen, und schon gar nicht zu einem göttlichen Wesen. Die Episode von den Gardarenischen Säuen, die bei Markus in Kapitel 5 erzählt wird, zeigte einen ebenso rücksichtslosen Charakterzug des Gottessohnes: Warum sandte er die unsauberen Geister in die Schweine, die sich dann im Meer ertränkten, wenn er die Teufel vermutlich ebenso leicht in eine Staubwolke hätte verwandeln können? Ich fragte unsere Religionslehrer nach einer Erklärung, aber sie sprachen nur dunkel von Geheimnissen, die sich unserem Verständnis entzögen, und trugen somit zu meiner Überzeugung bei, daß religiöse Menschen, jedenfalls in Sachen der Religion, lächerlich leichtgläubig sind.

Woran glaube ich denn nun anstelle der Religion? Ich bin oft danach gefragt worden. Aber diese Frage wird nicht richtig formuliert. Warum sollte ich denn *an* etwas glauben? Warum soll ich nicht einfach das glauben, was durch vorhandene Beweise und die besten Vernunftsgründe gesichert ist, zumindest so lange, wie ich keinen guten Grund habe, etwas anderes zu glauben. Mit anderen Worten: Bleibe aufgeschlossen und nutze deine kritischen Fähigkeiten! Es besteht keine Notwendigkeit, sich sonst auf irgend etwas festzulegen. Das Sicherste scheint mir im Augenblick zu sein, daß ich ein Mitglied der Gattung *Homo sapiens* bin, einer Tiergattung, die sich wie andere auf unserem Planeten entwickelt hat, gemäß der wissenschaftlichen Theorie, die Darwin zuerst vorlegte, und die andere seitdem verbessert, ausgearbeitet und verteidigt haben.

Ist das alles, was dazu zu sagen ist? Viele wollen tiefergehende, philosophische Fragen stellen. Was für einen Sinn hat ein Leben, das sich einfach entwickelt hat? Wenn unsere Existenz das Ergebnis blinder Evolutionskräfte ist, zwingt uns das dazu, unser Leben als letztlich sinnlos anzusehen? Die Antwort ist sowohl »ja« als auch »nein«. Wenn Menschen nach dem »Sinn des Lebens« fragen, suchen sie oft nach einer umfassenden Sinngebung für das ganze menschliche Dasein in bezug auf irgendeinen Plan oder eine Absicht, die höher ist als unsere eigene. Da es aber einen solchen Plan oder eine solche Ansicht nicht gibt, kann unser Leben offensichtlich einen Sinn dieser Art nicht haben.

Es ist aber ein großer Fehler zu meinen, daß darum unser Leben bedeutungslos sei oder, schlimmer noch, von da zu einer Art Nihilismus zu kommen, der sagt, daß es »auf nichts ankomme«. Im Gegenteil, unser Leben und was wir damit anfangen, kann für andere einen großen Unterschied ausmachen, und weil das so ist, können wir unser Leben so gestalten, daß es zählt, daß es wirklich von Bedeutung ist. Um es ganz einfach auszudrücken: Es gibt Milliarden von lebenden und fühlenden Wesen. Für jedes von ihnen kann das Leben gut oder schlecht verlaufen. Sie können gezwungen sein, elende Qualen zu erleiden, oder sie können ein Leben führen, das angenehm, vielleicht sogar voller Freude ist. Obwohl Schmerz nicht immer nur etwas Negatives sein muß – weil Gutes daraus entstehen kann –, sind Schmerz und Leiden in sich immer schlimm. (Selbst wenn aus dem Leiden Gutes entstehen kann, wäre es besser, wenn das Gute ohne das Leiden kommen könnte.) Dies kann einfach nicht bestritten werden, wenn wir die Sache von einem allgemeinen Standpunkt aus betrachten. Wir alle wünschen, daß unsere Schmerzen aufhören, falls wir nicht hoffen, daß etwas Gutes daraus entsteht, das höher ist; es gibt jedoch keinen Grund dafür, daß – von einem universalen Standpunkt aus gesehen – unsere eigenen Schmerzen und Leiden wichtiger sein sollten als die Schmerzen und Leiden anderer. Infolgedessen kann unser Leben zumindest diesen Sinn haben: Wir könnten die Welt ein klein wenig besser hinterlassen, als sie es gewesen wäre, wenn wir nie existiert hätten. Wir können dies erreichen, indem wir die Schmerzen und Leiden der Geschöpfe in der Welt verringern; oder umgekehrt, indem wir ihnen zu mehr Glück und Freude verhelfen.

Dies ist nur ein großer Abriß dessen, was ich sagen würde, wenn dies ein Buch über Ethik wäre und nicht nur eine kurze Stellungnahme. Denn es sind nicht nur Schmerzen und Leiden, auf die es ankommt. Es geht im Leben um mehr als das; all die Wünsche und

Hoffnungen von Menschen, und auch von nichtmenschlichen fühlenden Wesen, sollten in einem Bericht über das, was letztlich wichtig ist, eine Rolle spielen. Schmerzen und Freuden sind wichtig. Ihre Bedeutung ist leicht zu begreifen, weil sie so allgemein sind; sie sind das grundlegende Mindestmaß dessen, was wir alle verstehen können. Und weil großer Schmerz dazu neigt, alle anderen Werte zu überlagern, und solange es so viel unnötiges Leiden in der Welt gibt, hat die Reduzierung von Schmerz und Leiden offensichtlich ganz unbestrittene Priorität, im Unterschied z. B. zur Förderung der Gastronomie.

Zu meinen engsten Freunden und Kollegen gehört Henry Spira – obwohl er auf der anderen Seite der Welt lebt –, ein Amerikaner, der sich sein Leben lang für die Rechte der Afroamerikaner im amerikanischen Süden eingesetzt hat, für Arbeiter, die von korrupten Gewerkschaftsbossen ausgebeutet werden, für Laborratten, die zu Tode vergiftet werden, um Lebensmittelfarben zu testen, und Hühner, die in Legebatterien gehalten werden, nur um des Profits der Farmer willen. Spira beurteilt den Wert dessen, was Menschen tun, danach, in welchem Ausmaß sie zu der »Reduzierung der Welt von Schmerz und Leid« beigetragen haben. Als er kürzlich in einem Interview gefragt wurde, was er als Grabinschrift haben wollte, antwortete er mit typischem New Yorker Humor: »Er schob die Erdnuß ein wenig vorwärts.« Mit anderen Worten, Spira wird sein Leben für lebenswert halten, wenn gesagt werden kann, daß er die Dinge ein klein wenig in die richtige Richtung bewegt habe.

Wir können alle die Erdnuß vorwärts schieben, und wenn es auch nur ein wenig ist. Wir alle können uns und unsere Bemühungen mit der langen Tradition von Menschenfreunden in Einklang bringen, die versucht haben, die Welt ein bißchen besser zu machen. Sobald wir dies einmal verstanden haben, brauchen wir uns keine Gedanken mehr über einen Mangel an Sinn in unserem Leben zu machen – auch werden wir kaum noch Zeit haben, darüber nachzudenken. Da ist einfach zu viel zu tun. Menschen, die gelangweilt sind, die unter einem Gefühl der Sinnlosigkeit leiden, die meinen, sie seien bedeutungslos, sind oft die Gefangenen ihrer eigenen selbstbezogenen Wünsche. Unsere eigenen Freuden sind nicht weniger wert als die von anderen, aber für diejenigen unter uns, die ein bequemes Leben in einer entwickelten Überflußgesellschaft haben, ist das Vergnügen, das sie aus selbstbezogenen Aktivitäten ziehen können, relativ unbedeutend im Vergleich zu dem, was sie für andere tun können. Diejenigen, denen ein Ziel in ihrem Leben fehlt, müssen begreifen, daß das, was sie mit ihrem Leben anfangen, einen wirklichen Unterschied ausmachen kann. Sie werden dann ein merkwürdiges Paradox entdecken, über das sich schon viele Schriftsteller geäußert haben: Je mehr man für andere da ist, desto befriedigender wird das eigene Leben.

Anhang

Anmerkungen

Gerhard Vollmer
Bin ich ein Atheist? – S. 16

1 C. Bradlaugh »Plea for Atheism« (1864), abgedruckt in: Charles Bradlaugh *Champion of Liberty*. London 1933.

2 Besonders hervorgehoben sei hier der Artikel »Atheism« von Paul Edwards in dessen *Encyclopaedia of Philosophy*. New York 1967. Er würde als Ganzes hierherpassen, wenn er – mit 16 DIN-A4-Seiten – nicht viel zu lang wäre. Auch der dortige Artikel »Agnosticism« ist sehr hilfreich.

3 Wenig bekannt, aber sehr informativ ist hierzu G. Stein (Hg.) *The Encyclopaedia of Unbelief*. Buffalo 1985. In zwei Bänden werden nicht nur viele einschlägige Begriffe erläutert, sondern auch viele Autoren genannt, deren atheistische Haltung uns in der Regel gar nicht bekannt ist.

4 Eine gründliche Auseinandersetzung mit den Gottesbeweisen bietet J. L. Mackie *Das Wunder des Theismus. Argumente für und gegen die Existenz Gottes*. Stuttgart 1985 (engl. 1982). Zur historischen Seite auch die Artikel »Gottesbeweise« in: J. Ritter (Hg.) *Historisches Wörterbuch der Philosophie*. Bd. 3. Basel 1974 (17 Spalten; dort wird auch noch ein »entropologischer Gottesbeweise« aufgeführt, der aber nur eine Sonderform des kosmologischen Arguments und besonders wenig überzeugend ist). Schließlich ist eine ganze Nummer einer philosophischen Zeitschrift diesem Thema gewidmet: *The Monist* 54/1970, S. 1–467: *The philosophical proofs for the existence of God*.

5 Eine gelungene Zusammenstellung von Argumenten bieten W. P. Alston/ R. B. Brandt (Hg.) *The problems of philosophy*. Boston 1974, S. 12–21.

6 Dazu etwa B. Russell *Warum ich kein Christ bin*. München 1963, Reinbek 1968 (engl. 1957), S. 24 f. 197–203.

7 Stichwort »Pascal's wager« in: A. Flew (Hg.) *A dictionary of philosophy*. London 1979, 1983 (2. Aufl.).

8 S. J. Brams *Superior beings. If they exist, how could we know?* New York 1983.

9 Nur beispielhaft sei dazu verwiesen auf K. Deschner *Kriminalgeschichte des Christentums*. 3 Bde./Reinbek 1986–1990.

10 Vgl. B. Russell *Philosophie des Abendlandes*. Zürich 1950, Wien 1975, S. 599f.

Steven Weinberg
Die Frage nach Gott – S. 32

1 Ps 19, 1.

2 S. Hawking *Eine kurze Geschichte der Zeit*. Reinbek 1988; J. Trefil *Reading the Mind of God*. New York 1989; P. Davies *The Mind of God. The Scientific Basis for a Rational World*. New York 1992.

3 C. W. Misner in: *Cosmology, History, and Theology* (Hg. W. Yourgrau, A. D. Breck). New York 1977, S. 97.

4 A. Einstein, zit. v. Gerald Holton in: *The Advancement of Science, and its Burdens*. Cambridge 1986, S. 91.

5 A. Einstein, Beitrag zur Festschrift für Aurel Stodola (Hg. E. Honegger). Zürich, Leipzig 1929, S. 126.

6 P. Tillich in einem Vortrag an der University of North Carolina, ungefähr 1960, zit. v. B. De Witt: *Decoherence without Complexity and without an Arrow of Time*. University of Texas Center of Relativity Preprint 1992.

7 Dies ist der unredigierten Abschrift der Anhörungen entnommen. Kongreßabgeordnete haben im Unterschied zu Zeugen das Recht, ihre Äußerungen für das Kongreßprotokoll zu redigieren.

8 Interview in der *New York Times* v. 25. 4. 1929. Ich danke A. Pais für dieses Zitat.

9 Galileis Arbeit über die Bewegung zeigte, daß wir auf der Erde die Bewegung der Erde um die Sonne nicht bemerken würden. Außerdem lieferte seine Entdeckung von Monden, die den Jupiter umkreisen, ein Beispiel für eine Art Sonnensystem en miniature. Der krönende Beweis kam mit der Entdeckung der Phasen der Venus, die nicht mit dem übereinstimmten, was zu erwarten wäre, wenn Venus und Sonne die Erde umkreisten.

10 Indem er, statt in gerader Linie in den Weltraum davonzufliegen, die Erde umkreist, erfährt der Mond tatsächlich in jeder Sekunde eine Geschwindigkeitskomponente von einem Zehntel Zoll pro Sekunde. Newtons Theorie erklärte, daß dies 3600mal kleiner ist als die Beschleunigung eines fallenden Apfels in Cambridge, weil der Mond 60mal weiter als Cambridge vom Erdmittelpunkt entfernt ist und die auf der Gravitation beruhende Beschleunigung mit dem umgekehrten Quadrat der Entfernung abnimmt.

11 M. F. Perutz »Erwin Schrödinger's ›What is Life?‹ and molecular biology«,

in: *Schrödinger, Centenary Celebration of a Polymath* (Hg. C. W. Kilmeister). Cambridge 1987, S. 234.

12 Von Professor Johnson hörte ich erstmals, als ich von einem Freund Johnsons Artikel bekam: »Evolution as Dogma«, in: *First Things. A Monthly Journal of Religion and Public Life*, Okt. 1990, S. 15–22. Kürzlich hat Johnson auch ein Buch veröffentlicht: *Darwin on Trial* (Regnery Gateway 1991), und nach einem Bericht in *Science* (Bd. 253, Juli 1991, S. 379) hält er eifrig Vorträge, in denen er für seine Ansichten und Schriften wirbt.

13 J. Polkinghorne *Reason and Reality. The Relation between Science and Theology.* Philadelphia 1991.

14 A. Lightman/R. Brawer *Origins. The Lives and Worlds of Modern Cosmologists.* Cambridge, Mass. 1990.

15 S. Sontag »Piety Without Content«, in: Dies. *Against Interpretation and Other Essays.* New York 1961.

16 H. R. Trevor-Roper *The European Witch-Craze of the Sixteenth and Seventeenth Centuries, and Other Essays.* New York 1969.

17 K. H. Popper *Die offene Gesellschaft und ihre Feinde.* Bd. 2. Bern 1957, S. 301.

18 Siehe seine *Abhandlung über die menschliche Natur.*

19 *Beda des Ehrwürdigen Kirchengeschichte des Volkes der Angeln.* Darmstadt 1982, S. 183.

Bernulf Kanitscheider
Die Feinabstimmung des Universums – S. 72

1 W. Paley *Natural Theology: or, Evidences of the Existence and Attributes of the Deity, Collected from the Appearances of Nature.* London 1802.

2 D. Hume *Dialogues concerning natural religion* (1779). Neuausgabe (Hg. Norman Kemp Smith) New York 1947. Deutsch *Dialoge über natürliche Religion.* 4., verb. Auflage. Hamburg 1968.

3 Raum und Zeit sind nach Einsteins Gravitationstheorie gesetzmäßig verbunden; deshalb bedingt eine vorgegebene Laufdauer des Universums auch eine bestimmte räumliche Extension.

4 J. Leslie *Universes.* London 1989, S. 25 ff.

5 Vgl. B. Kanitscheider *Von der mechanistischen Welt zum kreativen Universum.* Darmstadt 1993.

6 Für Details vgl. J. Leslie, a. a. O., S. 25 ff.

7 P. Wilson *The anthropic cosmological principle.* Ann Arbor 1990.

8 John Barrow und Frank Tipler haben die Sprechweise eingeführt, das anthropische Prinzip auch als Selektionsbedingung zu fassen derart, daß intelligentes CHON-Leben unter all den physikalisch möglichen Welten eine Un-

termenge ausfiltert, die die notwendigen Bedingungen für die CHON-Entstehung erfüllt (Barrow, J. D./Tipler, J. *The Anthropic Cosmological Principle*. Oxford 1986, S. 15). Patrick Wilson hat jedoch korrekt darauf hingewiesen, daß Selektion hier nur im übertragenen Sinn verwendet werden kann. Die Existenz des Menschen ist nicht ein Beobachtungsselektionseffekt, der gleichgesetzt werden kann mit der Filterwirkung eines optischen Teleskops. Die Gründe, warum wir kein UV-Licht wahrnehmen können, sind völlig anderer Art als jene, warum wir kein ein Jahr altes Universum beobachten können (P. Wilson, a.a.O.).

9 J. Leslie, a.a.O., S. 10.

10 J. Leslie »Anthropic Principle, World Ensemble, Design«, in: *American Philosophical Quarterly* 19 (1982), S. 141–152.

11 Vgl. J. Mackie *The Miracle of Theism*. Oxford 1982.

12 J. J. C. Smart *Our Place in the Universe*. New York 1989, S. 176.

13 E. O. Wilson *Biologie als Schicksal*. Berlin 1980.

14 B. Carter »Large Number Coincidences and the Anthropic Principle in Cosmology«, in: M. S. Longair (Hg.) *Confrontation of Cosmological Theories with Observational Data*. Dordrecht 1974, S. 291–298.

15 A. Linde »Particle Physics and Inflationary Cosmology«, in: *Physics Today* (September 1987), S. 61–68.

16 Vgl. z.B. B. de Fontenelle »Entretiens sur la pluralité des mondes«, in: *Œuvres complètes de Fontenelle*. Tome Deuxième, Ire Partie. Paris 1818, S. 1–83.

Edward O. Wilson
Religion – eine List der Gene? – S. 84

1 Robert A. Nisbet *The Sociology of Emile Durkheim*. New York 1974.

2 Ralph S. Solecki »Shanidar IV, a Neandertal Flower Burial in Northern Iraq«, in: *Science* 190/1975, S. 880f.

3 Anthony F. C. Wallace *Religion: An Anthropological View*. New York 1966.

4 *Logotaxis*: Aus dem Griechischen *Logos* (Wort, Diskurs) und *Taxis* (Orientierung, Ort): Der Ausdruck Taxis bezeichnet in der Biologie die auf einen bestimmten Reiz hin orientierte Bewegung eines Organismus, so etwa Phototaxis, die Orientierung zum Licht.

5 Die Verkaufszahlen von Billy Grahams *Angels* wurden genannt von John A. Miles Jr. in: *Zygon* 12/1977, S. 42–71.

6 Für eine aufschlußreiche Diskussion der religiösen Glaubensanschauungen Newtons und ihrer Beziehung zu seiner wissenschaftlichen Forschung siehe Gerald Holton »Analysis and Synthesis as Methodological Themata«, in: *The Scientific Imagination: Case Studies*. Cambridge 1977.

7 Alfred N. Whitehead *Science and the Modern World*. Cambridge 1926; und *Process and Reality*. New York 1929. Für eine jüngere Darstellung der Prozeßtheologie durch einen hervorragenden Biologen, der an ihre Richtigkeit glaubt, siehe Charles Birch »What Does God Do in the World?«, in: *Union Theological Seminary Quarterly* 30/1975, S. 76–84.

8 Die Ausrottung der tasmanischen Ureinwohner schildern Alan Moorehead *The Fatal Impact*. London 1966; und Robert Brain *Into the Primitive Environment*. Englewood Cliffs, N. J., 1972.

9 Ernest Jones wird zitiert von Conrad H. Waddington *The Ethical Animal*. New York 1961.

10 Diese Darstellung der Bedeutung des Rituals stammt aus Edward O. Wilson *Sociobiology*. Cambridge, Mass., 1975, S. 560–562.

11 Roy A. Rappaport *Pigs for the Ancestors: Ritual in the Ecology of a New Guinea People*. New Haven 1968; und »The Sacred in Human Evolution«, in: *Annual Review of Ecology and Systematics* 2/1971, S. 23–44. Der letztere Artikel ist ein besonders bedeutsamer Beitrag zur Soziobiologie der Religion.

12 Einen ausgezeichneten Überblick über die funktionale Analyse der Hexerei gibt Robert A. LeVine *Culture, Behavior and Personality*. Chicago 1973.

13 Keith Thomas »The Relevance of Social Anthropology to the Historical Study of English Witchcraft«, in: Mary Tew Douglas (Hg.) *Witchcraft Confessions and Accusations*. London 1970, S. 47–79; siehe auch Keith Thomas *Religion and the Decline of Magic*. New York 1971; und Monica Wilson *Religion and the Transformation of Society: A Study of Social Change in Africa*. Cambridge 1971.

14 John E. Pfeiffer *The Emergence of Society: A Prehistory of the Establishment*. New York 1977.

15 Mao Tse-tung wird zitiert bei Alain Peyrefitte *Wenn sich China erhebt*. Reinbek 1976.

16 Pjatatow wird zitiert bei Robert Conquest *Am Anfang starb Genosse Kirow. Säuberungen unter Stalin*. Düsseldorf 1970, S. 159.

17 Ernest Becker *Dynamik des Todes. Die Überwindung der Todesfurcht – Ursprung der Kultur*. Olten, Freiburg 1976.

18 Dieses Bibelzitat in der Luther-Übersetzung stammt aus 4 Mose 31, 25–30.

19 Hans J. Mol *Identity and the Sacred: A Sketch for a New Social-Scientific Theory of Religion*. New York 1976. Mols Schlußfolgerungen sind um so interessanter, als sie ohne Bezugnahme auf die Soziobiologie abgeleitet wurden. Die evolutionären Etappen der religiösen Praxis wurden geschickt nachgezeichnet in Robert N. Bellah *Beyond Belief. Essays on Religion in a Post-Traditional World*. New York 1970.

20 John W. M. Whiting »Are the Hunter-Gatherers a Cultural Type?«, in: R. B. Lee/J. De Vore *Kalahari Hunter-Gatherers*. Chicago 1968, S. 336–339.

21 Der Zusammenhang zwischen Hirtenleben und Glaube an einen aktiven mo-

ralischen Gott wird belegt von Gerhard E. und Jean Lenski *Human Societies*. New York 1970.

22 Meine Auffassung von der Beziehung zwischen Wissenschaft und Religion wurde stark beeinflußt durch die Schriften von Robert A. Nisbet, insbesondere durch seine Rezension von C. D. Darlington *The Evolution of Man and Society*, in: *The New York Times Book Review* v. 2. 8. 1970, S. 2, 26; Donald T. Campbell »On the Conflicts between Biological and Social Evolution and between Psychology and Moral Tradition«, in: *American Psychologist* 30/1975, S. 1103–1126; Ralph W. Burhoe »The Source of Civilization in the Natural Selection of Coadapted Information in Genes and Culture«, in: *Zygon* 11/1976, 5. 263–303: John A. Miles Jr. »Burhoe, Barbour, Mythology, and Sociobiology«, in: *Zygon* 12/1977, S. 42–71: und Charles Fried »The University as a Church and Party«, in: *Bulletin of the American Academy of Arts und Sciences* 31/1977, S. 29–46.

Hans Albert
Formen des religiösen Pragmatismus – S. 108

1 So Wolfgang Röd in seinem auch erkenntnistheoretisch interessanten Buch *Der Gott der reinen Vernunft. Die Auseinandersetzung um den ontologischen Gottesbeweis von Anselm bis Hegel*. München 1992, S. 199.

2 Vgl. Blaise Pascal *Gedanken*. Birsfelden, Basel o.J., S. 39 ff.

3 Ian Hacking hat gezeigt, daß die Pascalsche Argumentation durchaus gültig ist. Problematisch sind nur die Voraussetzungen. denen er ausgeht; vgl. Ian Hacking *The Emergence of Probability. A Philosophical Study of Early Ideas about Probability, Induction and Statistical Inference*. Cambridge 1975, S. 63–72.

4 Sören Kierkegaard »Abschließende unwissenschaftliche Nachschrift zu den philosophischen Brosamen« (Kopenhagen 1846), in: *Philosophische Brosamen und Unwissenschaftliche Nachschrift*. München 1976, S. 339 ff. und passim.

5 Zum Wahrheitsproblem vgl. Alan Musgrave *Alltagswissen. Wissenschaft und Skeptizismus*. Tübingen 1993, Kap. 14, »Die Wahrheit und die Wahrheitstheorien«, wo unter anderem moderne subjektivistische Anschauungen ad absurdum geführt werden.

6 Kierkegaard, a. a. O., S. 343 ff.; die betreffende Passage beginnt mit den Worten: »*Objektiv wird akzentuiert: was gesagt wird; subjektiv: wie es gesagt wird [...]*«, und später heißt es: »Objektiv wird bloß nach den Gedankenbestimmungen gefragt, subjektiv nach der Innerlichkeit. In seinem Maximum ist diese wie die Leidenschaft der Unendlichkeit, und die Leidenschaft der Un-

endlichkeit ist die Wahrheit selbst. Aber die Leidenschaft der Unendlichkeit ist gerade die Subjektivität, und somit ist die Subjektivität die Wahrheit.«

7 Das wird auch in der heutigen theologischen Diskussion sehr oft vergessen; vgl. dazu das V. Kapitel, »Glaube und Wissen«, meines Buches *Traktat über kritische Vernunft*, 5. verb. und erw. Auflage. Tübingen 1991, S. 141 ff.

8 Kierkegaard, a. a. O., S. 345.

9 William James »Der Wille zum Glauben« (1897), in: *Texte des Pragmatismus* (Hg. Ekkehard Martens). Stuttgart 1975, S. 128 ff.

10 Vgl. dazu ebd., S. 152 ff.

11 Vgl. ebd., S. 154 ff.

12 Vgl. dazu z.B. meine Kritik an Hans Küng in meinem Buch *Das Elend der Theologie*. Hamburg 1979.

13 Vgl. dazu Herrmann Lübbe *Religion nach der Aufklärung*. Graz, Wien, Köln 1986, und meine Kritik seiner Auffassung in meinem Aufsatz »Zur Kritik der reinen Religion. Über die Möglichkeit der Religionskritik nach der Aufklärung«, in: Kurt Salamun (Hg.) *Aufklärungsperspektiven. Weltanschauungsanalyse und Ideologiekritik*. Tübingen 1989, S. 99–155.

14 Vgl. Lübbe, a. a. O., S. 14 ff.

15 Zur Kritik dieses Verfahrens vgl. meinen in Anm. 13 erwähnten Aufsatz.

Franz Buggle
Wie heilig ist die Heilige Schrift? – S. 120

1 Vgl. F. Buggle *Denn sie wissen nicht, was sie glauben*. Rowohlt, Reinbek 1992.

2 Th. W. Adorno *Stichworte. Kritische Modelle*. Suhrkamp, Frankfurt/Main 1969, S. 22.

Gerhard Streminger
Die Jesuanische Ethik – S. 126

1 Off 19, 11–14 (meine Hervorhebung/m. H.). Vgl. 2 Thess 2, 11 (»Und deshalb sendet ihnen Gott eine wirksame Kraft des Irrwahns, daß sie der Lüge glauben [...]); Hes 20. 25 f. Ich zitiere zumeist aus der revidierten Elberfelder Bibel (Brockhaus Verlag, Wuppertal 1986).

2 Apg 15, 2, 6.

3 1 Tim 1, 2, 20; 2 Petr 2, 12.

4 F. Buggle *Denn sie wissen nicht, was sie glauben*. Reinbek 1992, S. 23.

5 Jh 6, 60.

6 Mk 4, 10f. (m. H.).

7 W. Kaufmann *Der Glaube eines Ketzers* (1959). München 1965, S. 297.

8 Mk 4, 10f.

9 Mt 16, 28 (m. H.); 26, 64; Dan 7, 13f.; Lk 23, 42; Jh 1, 50f.; Lk 9, 27: »Ich sage euch aber in Wahrheit: Es sind einige unter denen, die hier stehen, die den Tod *nicht* schmecken werden, bis sie das Reich Gottes gesehen haben«; Mk 9, 1; Mt 24, 34: »Und er sprach zu ihnen: Wahrlich, ich sage euch: Es sind einige von denen, die hier stehen, die den Tod *nicht* schmecken werden, bis sie das Reich Gottes in Kraft haben kommen sehen [...] Dieses Geschlecht wird *nicht* vergehen, bis dies alles geschehen ist.«

10 Mt 27, 45, 51f. Also nicht nur der Gekreuzigte, sondern auch andere Tote sollen damals auferstanden sein.

11 Es gäbe einen einfachen empirischen Beweis für die Wahrheit der Behauptung, daß Jesus auferstanden sei. Denn nach seiner Reise zu den Toten verhieß er seinen Anhängern: »[...] und so sie etwas Tödliches trinken, wird's ihnen nicht schaden« (Mk 16, 9ff.).

12 1 Thess 4, 15, 17.

13 2 Thess 3, 10.

14 2 Petr 3, 4. Im zweiten Clemensbrief wird der Unglaube direkt mit der Parusieverzögerung in Zusammenhang gebracht. Um das Christentum aus diesen Zweifeln zu retten, verfaßten die Anhänger das »spirituelle« Johannesevangelium.

15 1 Kor 7, 29f. (m. H.).

16 2 Kor 5, 17 (m. H.).

17 Jh 18, 36.

18 Mk 12, 26f.; Mt 12, 40. An einer Stelle scheint Jesus andere Schriftgelehrte sogar auf den Unterschied zwischen prophetischer und apokalyptischer Messiaslehre aufmerksam zu machen (Mk 12, 35f.).

19 Kaufmann, a. a. O., S. 158.

20 K. Deschner/H. Herrmann *Der Anti-Katechismus.* Hamburg 1991, S. 138.

21 A. Schweitzer *Geschichte der Leben-Jesu-Forschung* (1906). Tübingen 1951, S. 22.

22 Jahwe an Moses, 5 Mose 13, 1 (m. H.).

23 Mk 3, 29; 9, 43–48; Mt 3, 12; 5, 22; 5, 29f.; 7, 19; 8, 12; 13, 40ff.; 13, 50; 16, 18; 18, 8; 22, 13; 23, 33; 24, 21; 25, 30; 25, 41: »Dann wird er auch zu denen zur Linken sagen: Geht von mir, Verfluchte, in das ewige Feuer [...]«; 25, 46: »Und sie werden weggehen und die ewige Strafe erhalten, die Gerechten aber das ewige Leben«; Lk 3, 17; 12, 5; 13, 27f.; vgl. 2 Thess 1, 6ff.

24 Bergpredigt: Mt 5, 1–7, 29; Höllendrohungen: Mt 5, 22f; 5, 29f. »Allein 38 Stellen, sämtlich im Neuen Testament, führt der Index der von der

Würtembergisehen Bibelanstalt Stuttgart 1952 herausgegebenen Luther-
bibel unter dem Stichwort ›ewige Verdammnis‹ an.« (Buggle, a.a.O.,
S. 103).

25 Vgl. P. T. Holbach *Religionskritische Schriften (Das entschleierte Christentum, Taschentheologie. Briefe an Eugénie)*. Berlin, Weimar 1970, S. 78.

26 Die Sadduzäer hielten sich nur an die fünf Bücher Mose; also konnten sie
auch nicht eine ewige Hölle akzeptieren.

27 Lk 10, 20.

28 Mt 25, 45f.; Jak 2, 13; Dan 12, 2; Jh 5, 29; Röm 2, 7f.

29 F. Nietzsche *Also sprach Zarathustra*, in: Ders. *Sämtliche Werke*. Bd. IV,
München 1988, S. 121.

30 Durch diesen Opfertod, in dem der Schöpfer des Himmels und der Erde sich
wie ein Lamm zur Schlachtbank führen ließ, anstatt den Menschen einfach zu
verzeihen, ist ER mit ihnen versöhnt – und die Menschheit erlöst: Ein gütiger
Gott, der einen unschuldigen Gott sterben läßt, um einen gerechten Gott zu
beschwichtigen! Wer mag das verstehen?

31 Mt 10, 28. Wenn wir uns vor Gott fürchten, so werden wir auch vor seinen
Priestern zittern, den Herren des Himmelsreichs, denen die Macht gegeben
wurde, »zu binden und zu lösen«.

32 »Macht euch keine Sorge und saget nicht: Was werden wir essen, was werden
wir trinken, womit werden wir uns bekleiden?... […] Bittet, und es wird
euch gegeben werden.« (Mt 6, 31; 7, 7).

33 Lk 18, 22.

34 Vgl. H. Herrmann *Die Caritas-Legende*. Hamburg 1993.

35 Mt 5, 38f.

36 Lk 12, 22, 29f.; Mt 6, 34.

37 Mt 5, 37.

38 Jh 8, 7, 11.

39 W. Fricke *Standrechtlich gekreuzigt. Person und Prozeß des Jesus aus Galiläa*
(1986). Reinbek 1988, S. 61. In manchen Interpretationen der Gedankenwelt
der Essener wird allerdings nicht ihre Friedfertigkeit, sondern ihre Aggressi-
vität betont. Wie sogleich gezeigt wird, wäre dies kein hinreichender Grund,
an der (geistigen) Nähe Jesu zu den Essenern zu zweifeln.

40 Eine andere Quelle, die Christen verwendet haben dürften, um sich Gehör zu
verschaffen, ist diese: »Der babylonische Marduk […] als guter Hirte gepriesen, wird gefangengenommen, verhört, gegeißelt, zusammen mit einem Ver-
brecher hingerichtet, während ein anderer freikam.« (Deschner/Herrmann,
a.a.O., S. 36; vgl. S. 139).

41 Lk 10, 25ff. Man vergleiche das christliche Gebot der Nächstenliebe, das
in der Realität zumeist nur die persönlichen Feinde, nicht aber die angeblichen Feinde Gottes einschloß, mit 3 Mose 19, 18 (»Du sollst dich nicht rächen und den Kindern deines Volkes nichts nachtragen und sollst deinen

Nächsten lieben wie dich selbst.«) sowie 2 Mose 23, 4f. und Sprüche Salomos 25, 21.

42 Jh 17, 1ff.

43 Diese problematische Haltung des Herrn teilte naturgemäß auch der Lieblingsapostel: »Jeder, der weitergeht und nicht in der Lehre des Christus bleibt, hat Gott nicht; wer in der Lehre bleibt, der hat sowohl den Vater als auch den Sohn. Wenn jemand zu euch kommt und diese Lehre nicht bringt, so nehmt ihn nicht ins Haus auf und grüßt ihn nicht. Denn wer ihn grüßt, nimmt teil an seinen bösen Werken.« (2 Jh 10f.) Wenn *das* Nächstenliebe ist, dann ist jede radikale Ausgrenzung Andersgläubiger ein Akt der Liebe. »So jemand den Herrn Christus nicht lieb hat, der sei verflucht«, meint daher auch der heilige Paulus (1 Kor 16, 22).

44 Mt 10, 14f.; 11, 24; Mk 6, 11; Lk 10, 10ff.

45 Mk 3, 29.

46 Mt 10, 21.

47 Mt 10, 34, 36 (m. H.). Wenn man meint, »alle diese Jesusworte seien doch nicht wörtlich zu nehmen«, dann stellt sich zumindest die Frage, weshalb man dann seine Güte und seine Auferstehung wortwörtlich nehmen sollte. Allegorische Auslegungen sind ziemlich albern, zumindest hoffnungslos subjektiv, da Exegeten jedes Wort so lange drehen, bis es endlich das hergibt, was man *gegenwärtig* will, daß es soll.

48 Lk 10, 17.

49 Jh 8, 44 (m. H.).

50 Jh 8, 31. »Nach Kasper und Lehmann [...] findet sich der Ausdruck ›Teufel‹ im NT 34mal, im gesamten, etwa drei- bis viermal so umfangreichen AT nur einmal, ›Satan‹ im NT 36mal (nach Haag sogar 80mal), im AT 18mal; ›Dämon‹ im NT 64mal. 30mal ist dort von bösen und unreinen Geistern die Rede.« (Buggle, a. a. O., S. 166)

51 Jh 6, 66.

52 Mt 11, 20ff.

53 Mk 13, 17.

54 Lk 22, 29f.

55 1 Kor 6, 2.

56 Jh 2, 3f.

57 Mk 6, 3.

58 Mt 10, 5f.

59 Mt 6, 7.

60 Mt 7, 6.

61 Mk 7, 27.

62 Mk 7, 28.

63 Mt 25, 41ff.

64 Mk 12, 31.

65 Jh 15, 17 (m. H.).

66 F. Nietzsche *Menschliches, Allzumenschliches*, in: Ders. *Sämtliche Werke*. Bd. II, München 1988, S. 131.

67 Der Allmächtige verfügte ja über alle Möglichkeiten, solche Bedingungen zu schaffen.

68 Mt 19, 24. »Nadelöhr« meint ein besonders enges Stadttor von Jerusalem.

69 Lk 19, 8f.

70 Jh 12, 8.

71 Mt 20, 1ff. Manchmal wird dieses Gleichnis so interpretiert, daß Jesus sagen wollte, diejenigen, die erst spät den Glauben, daß er der Messias war, für richtig halten, würden so behandelt wie jene, die dies von früher Kindheit an tun. Aber wenn Jesus dies sagen wollte, warum hat er es nicht getan? Wer oder was hinderte ihn daran, das zu sagen, was er sagen wollte? Und weshalb sollte eine der wenigen Passagen, die Soziales zum Gegenstand haben, so massiv umgedeutet werden?

72 Mt 25, 26.

73 Lk 19, 24ff. Selbst in einer allegorischen Auslegung sind Umstände, die ein *solches* Verhalten rechtfertigen, kaum denkbar.

74 Mt 22, 21; Mk 12, 17; Lk 20, 25.

75 K. Deschner *Kriminalgeschichte des Christentums*. Bd. III: *Die alte Kirche*. Reinbek 1990, S. 524.

76 Lk 17, 7ff.

77 Lk 12, 42 f.; Eph 6, 5; 1 Kor 7, 20f.; 1 Petr 2, 18f.; Eph 5, 22f.

78 Jh 8, 7; Lk 23, 34.

79 Kaufmann, a.a.O., S. 220.

80 Jh 15, 13f. (m. H.).

81 Lk 14, 7ff.

82 Vgl. dazu Holbachs sarkastische Bemerkungen über die späteren Nachfolger Jesu, a.a.O., S. 212.

83 Ich habe an anderer Stelle die Thesen dieses Aufsatzes weiter ausgebaut und genauer begründet: *Gottes Güte und die Übel der Welt. Das Theodizee-Problem*. Tübingen 1992.

Dieter Birnbacher
Das Dilemma der christlichen Ethik – S. 150

1 Siehe John Leslie Mackie *Das Wunder des Theismus. Argumente für und gegen die Existenz Gottes*. Stuttgart 1985.

2 Alfons Auer *Umweltethik. Ein theologischer Beitrag zur ökologischen Diskussion*. Düsseldorf 1984, S. 191.

3 Ders. *Autonome Moral und christlicher Glaube.* 2. Aufl. (mit einem Nachtrag zur Rezeption der Autonomievorstellung in der katholisch-theologischen Ethik). Düsseldorf 1984, S. 163.

4 Ders. *Umweltethik,* a. a. O., S. 298.

5 Stanley Hauerwas »On keeping theological ethics theological«, in: Stanley Hauerwas/Alasdair MacIntyre (Hg.) *Revisions: Changing perspectives in moral philosophy.* Notre Dame, III., 1983, S. 16.

6 Joseph Fletcher *Moral ohne Normen?* Gütersloh 1967; ders. *Humanhood: Essays in biomedical ethics.* Buffalo, N. Y., 1979.

7 John Rawls *Eine Theorie der Gerechtigkeit.* Frankfurt/Main 1975.

8 Vgl. Paul Ramsay »Shall we ›reproduce‹? The medical ethics of in vitro fertilization«, in: *Journal of the American Medical Association* 220/1972, wiederabgedruckt in: Natalie Abrams/Michael D. Buckner (Hg.) *Medical ethics. A clinical textbook and reference for the health care professions.* Cambridge, Mass., London 1983, S. 475–483.

9 Daniel Callahan *Setting limits: medical goals in an aging society.* New York 1987.

10 »Ethiker gegen ein ›Recht auf Abtreibung‹«, in: *Woche im Bundestag* v. 21. 11. 1991, S. 4.

11 Harry M. Kuitert *Der gewünschte Tod. Euthanasie und humanes Sterben.* Gütersloh 1991.

12 Bernhard Irrgang *Christliche Umweltethik. Eine Einführung.* München, Basel 1992, S. 17.

13 Siehe Franz Buggle *Denn sie wissen nicht, was sie glauben. Oder warum man redlicherweise nicht mehr Christ sein kann. Eine Streitschrift.* Reinbek 1992, S. 363.

14 Siehe Klaus Michael Meyer-Abich »Vom bürgerlichen Rechtsstaat zur Rechtsgemeinschaft der Natur«, in: *Scheidewege* 12/1982, S. 581–605.

15 Günter Altner *Schöpfung am Abgrund. Die Theologie vor der Umweltfrage.* Neukirchen-Vluyn 1974.

16 Vgl. Irrgang, a. a. O.

17 Siehe Günter Altner *Naturvergessenheit. Grundlagen einer umfassenden Bioethik.* Darmstadt 1991.

18 Wilhelm Korff *Kernenergie und Moraltheologie. Der Beitrag der theologischen Ethik zur Frage allgemeiner Kriterien ethischer Entscheidungsprozesse.* Frankfurt/Main 1979, S. 77.

19 Siehe Auer *Umweltethik,* a. a. O., S. 290.

20 Ebd.

21 Irrgang, a. a. O., S. 12.

22 Richard B. Braithwaite »Die Ansicht eines Empiristen über die Natur des religiösen Glaubens«, in: Ingolf U. Dalferth (Hg.) *Sprachlogik des Glaubens.* München 1974, S. 167–189.

23 John Stuart Mill »Die Nützlichkeit der Religion« (1874), in: Ders. *Drei Essays über Religion*. Stuttgart 1984, S. 63–107.

Franz Buggle · Edgar Dahl
Denn sie wissen nicht, was sie tun – S. 163

1 R. Robinson *An Atheist's Value*. Oxford 1964, S. 137.
2 Vgl. P. de Rosa *Der Vatikan – von Gott verlassen?* München 1993; H. Herrmann *Kirchenaustritt ja oder nein?* Hamburg 1992.
3 Siehe *Süddeutsche Zeitung* vom 18. 4. 1992 und *Der Spiegel* 26/1992.
4 Vgl. K. Thomas »Sexualstörungen infolge ›ekklesiogener‹ Neurosen«, in: *Sexualmedizin* 8/1989, S. 382–387.
5 C. F. Meyer *Das Amulett*. Stuttgart 1970, S. 18.
6 F. Nietzsche *Der Antichrist* (1888), in: Ders. *Sämtliche Werke*. München 1988, S. 174.
7 Vgl. T. Moser *Gottesvergiftung*. Frankfurt/Main 1976.
8 Alle Seitenangaben beziehen sich auf die 2. Aufl. des *Grünen Katechismus* aus dem Jahr 1965.
9 Vgl. F. Nietzsche, a. a. O., S. 229.
10 Alle Verweise beziehen sich auf die Ausgabe von 1966.
11 U. Ranke-Heinemann »Alpträume unter dem Kreuz«, in: *Der Spiegel* 52/1976; vgl. dies. *Nein und Amen*. Hamburg 1993.
12 Vgl. F. Buggle *Denn sie wissen nicht, was sie glauben*. Reinbek 1992.

Hubertus Mynarek
Wie »progressive« Theologen das Christentum »retten« – S. 193

1 Dazu ausführlicher: H. Mynarek *Mystik u. Vernunft*. Olten, Freiburg 1991.
2 Vgl. P. de Rosa *Der Jesus-Mythos*. München 1991; E. Drewermann *Tiefenpsychologie und Exegese*. 2 Bde., Olten, Freiburg 1984, 1985; ders. *Das Markusevangelium*. 2 Bde., Olten, Freiburg 1987, 1988; ders. *Das Matthäusevangelium*. 1. Teil, Olten, Freiburg 1992.
3 H. Küng *Projekt Weltethos*. München 1991; vgl. dagegen eine andere ethische Position in meinen Büchern *Ökologische Religion*. München 1986, 2. Aufl. 1990; *Die Vernunft des Universums*. München 1988; *Religiös ohne Gott?* München 1989; und *Die Kunst zu sein*. Düsseldorf 1989.
4 Zur Kritik dieses Standpunktes vgl. H. Mynarek *Denkverbot. Fundamentalismus in Christentum und Islam*. München 1992, 5. Kap.

5 Ebenso in seinem Buch *Gottes erste Diener*. München 1989.

6 Vgl. dagegen die negativen Aspekte und Konsequenzen des Theismus im Kapitel »Jeder Monotheismus ist fundamentalistisch« in meinem Buch *Denkverbot*, a.a.O.

7 U. Ranke-Heinemann *Nein und Amen*. Hamburg 1992.

8 »Päpstin mit Recht auf Heirat«, in: *Der Spiegel* 52/1992, S. 78.

9 M. Jung »Zwischen Kanzel und Katheder«, in: *Publik-Forum* 7/1991, S. 19.

10 Ebd., S. 18.

11 Ebd., S. 19.

12 Drewermann *Tiefenpsychologie...*, a.a.O., Bd. 1, S. 23.

13 Jung, a.a.O., S. 19.

14 K. Deschner *Der gefälschte Glaube*. München 1988, S. 220.

15 Ebd., S. 218; vgl. das Kapitel »Der Kardinal und die Theologie«, in: H. Mynarek *Erster Diener seiner Heiligkeit*. Köln 1993.

Edgar Baeger
Staat und Kirche – S. 204

1 Gerhard Szczesny *Die Zukunft des Unglaubens*. München 1958.

2 Erwin Fischer *Staat und Kirche im vereinigten Deutschland*. Berlin, Aschaffenburg 1990.

3 J. G. Thieme *Der ideologische Wahn*. Frankfurt/Main 1991.

4 Zum Beispiel Karlheinz Deschner *Abermals krähte der Hahn*. Reinbek 1978; ders. *Ein Jahrhundert Heilsgeschichte*. Köln 1982.

5 Franz Buggle *Denn sie wissen nicht, was sie glauben*. Reinbek 1992.

6 Erwin Fischer *Trennung von Staat und Kirche*. Frankfurt/Main 1984, S. 206.

7 *Frankfurter Rundschau* v. 24. 5. 1985.

8 Horst Herrmann *Die Kirche und unser Geld*. Hamburg 1990, S. 93.

9 Edgar Baeger »Kirche und öffentliche Gelder«, in: *Vorgänge* 2/1987.

10 Herrmann, a.a.O., S. 81ff.

11 Ebd., S. 79.

12 Edgar Baeger »Ethikunterricht als Ersatz für Religionsunterricht?«, in: W. Proske (Hg.) *Handbuch für konfessionslose Lehrer, Eltern und Schüler*. Berlin, Aschaffenburg 1992.

13 Edgar Baeger/Ulrich Vultejus *Enzyklika für die Freiheit der Religionskritik* (Humanistische Union, Schriften, Heft 16). München 1989.

14 Albert Einstein »Wie ich die Welt sehe«, in: Ders. *Mein Weltbild*. Frankfurt/Main 1958.

15 Buggle, a.a.O., Kap. 11.

1 Vgl. H. Herrmann *Die Kirche und unser Geld.* München 1990, S. 43, 67 ff., 81, 187.

2 E. Baeger »Kirche und öffentliche Gelder«, in: *Vorgänge* 2/1987, S. 54.

3 *Süddeutsche Zeitung* v. 19. 10. 1992.

4 *Augsburger Zeitung* v. 5. 8. 1992: Die Anzahl der Austritte von Januar bis Juli 1992 nahm in Augsburg im Vergleich zum Vorjahr um weitere 11 Prozent zu. Vgl. auch *Südwest-Presse* (Ulm) v. 17. 10. 1992 zu den Zahlen der württembergischen Landeskirche.

5 *Süddeutsche Zeitung* v. 1. 10. 1992.

6 dpa-Meldung vom 18. 10. 1992.

7 »Ein überholter Zustand kirchlicher Organisationsform«, urteilte schon vor zwei Jahrzehnten H. Geller »Volkskirche«, in: *Lexikon der Pastoraltheologie* (Hg. F. Klostermann, K. Rahner, H. Schild). Freiburg, Basel, Wien 1972. S. 609.

8 H. Herrmann *Kirchenfürsten. Zwischen Hirtenwort und Schäferstündchen.* Hamburg 1992, S. 343 ff.

9 Vgl. Herrmann, *Kirche…*, a. a. O., S. 21, 37, 73 ff., 79 f., 136, 139 f., 155 ff., 162 f., 174, 177.

10 Ebd., S. 121.

11 Zum Thema soeben umfassend: H. Herrmann *Die Caritas-Legende. Wie die Kirchen die Nächstenliebe vermarkten.* Hamburg 1993, S. 93–179.

12 E. Goll *Die freie Wohlfahrtspflege als eigener Wirtschaftssektor. Theorie und Empirie ihrer Verbände und Einrichtungen* (Bd. 129 der Schriften zur öffentlichen Verwaltung und öffentlichen Wirtschaft). Baden-Baden 1991, S. 225 f. (auch zum folgenden).

13 Ebd., S. 283 f.

14 Ebd., S. 286 ff.

15 Vgl. J. Degen »Finanzentwicklung und Finanzstruktur im Bereich der Diakonie. Ein Überblick«, in: W. Lienemann (Hg.) *Die Finanzen der Kirche. Studien zu Struktur, Geschichte und Legitimation kirchlicher Ökonomie.* München 1989, S. 257 f.

16 Vgl. G. Thermann »Was es kostet – wer es zahlt. Aufwand und Finanzierung diakonischer Arbeit«, in: *Diakonie* 11/1985, S. 138.

17 Goll, a. a. O., S. 285.

18 Neueste Angaben, gar für 1991 oder 1992, sind wegen der durchweg langsam und mit Zeitverzögerung arbeitenden Bürokratien auch der Kirchen noch nicht zu machen.

19 Goll, a. a. O., S. 305 ff.

20 Dazu auch, unter der Anmerkung eines »historisch gewachsenen kirchlichen Lebens«: A. Zeitler *Kirchensteuer auf dem Prüfstand* (Sonderdruck der Informationen für Presbyter und Mitarbeiter der Evangelischen Kirche der Pfalz, Heft Nr. 46, IV/1990), S. 13, 15.

21 Kirchenamt der Evangelischen Kirche in Deutschland (Hg.) »Isteinnahmen und Istausgaben im Bereich der EKD im Rechnungsjahr 1984, Ergebnisse der EKD-Finanzstatistik 1984«, in: *Amtsblatt der Evangelischen Kirche in Deutschland*, Heft 7, Statistische Beilage Nr. 82 v. 15. 7. 1988, S. 7, 24 f., 53.

22 Goll, a. a. O., S. 305.

23 Ebd., S. 307.

24 Vgl. Degen, a. a. O., S. 257.

25 Goll, a. a. O., S. 308.

26 Hierzu detailliert: Herrmann *Caritas-Legende*, a. a. O., S. 255–297.

27 Degen, a. a. O., S. 263, nennt für 1970 eine »Diakoniequote« der Kirchensteuereinnahmen in Höhe von 8,9 Prozent.

28 Beispiel: 1980 wurden die Betriebskosten der Krankenhäuser, Altenheime und Heime der Diakonie nur zu 2–6 Prozent aus kirchlichen Eigenmitteln bestritten (Degen, a. a. O., S. 258).

29 Einzelheiten zu diesem traurigen Kapitel großkirchlicher Menschensorge: Herrmann *Caritas-Legende*, a. a. O., S. 192–226.

30 Degen, a. a. O., S. 259.

31 KNA v. 16. 4. 1988.

32 Vgl. *Münchner Evangelischer Kirchentag 25.–27. 5. 1990. Die Kirche und ihr Geld. Dokumentation eines Hearings vom 26. 5. 1990*, S. 13, zu den einschlägigen Aussagen des Oberkirchenrates H. Kamm (Evangelisch-Lutherische Landeskirche Bayern, München).

33 Herrmann *Kirche...*, a. a. O., S. 18, 146, 153 f.

34 Degen, a. a. O., S. 259, Anm. 25: Ohne Vereinbarung von Pflegesätzen u. ä. wäre der größere Teil der gegenwärtigen diakonischen Arbeit in der Bundesrepublik »unmöglich«.

Edgar Dahl
Die zerbrochenen Tafeln – S. 237

1 5. Mose, 5, 22.

2 Vgl. Gerhard Vollmer *Bin ich ein Atheist?* (In diesem Band)

3 Vgl. Norbert Hoerster *Die Unlösbarkeit des Theodizee-Problems*. (In diesem Band)

4 Angesichts der Unlösbarkeit des Theodizee-Problems haben sich viele Theologen tatsächlich dazu entschlossen, Gott die Allmacht abzusprechen, so

z. B. Uta Ranke-Heinemann *Widerworte. Friedensreden und Streitschriften.* Goldmann, München 1989[2]; Hans Küng *Credo. Das Apostolische Glaubensbekenntnis – Zeitgenossen erklärt.* Piper, München 1992; und Hans Jonas *Der Gottesbegriff nach Auschwitz. Eine jüdische Stimme.* Suhrkamp, Frankfurt/M. 1993[2].

Wer sich eingehender mit dem Theodizee-Problem beschäftigen möchte, sei noch einmal auf den in diesem Band enthaltenen Aufsatz von Norbert Hoerster und auf das ausführliche, über 400 Seiten starke Buch von Gerhard Streminger hingewiesen: *Gottes Güte und die Übel der Welt. Das Theodizeeproblem.* Mohr, Tübingen 1992.

5 Vgl. Platon *Euthyphron oder: Über das Fromme. Eine Untersuchung in Dialogform.* Reclam, Stuttgart 1986, S. 31. Die wichtigsten Passagen des Dialoges findet man auch in Dieter Birnbacher/Norbert Hoerster (Hg.) *Texte zur Ethik.* dtv, München 1987[6], S. 153–163.

6 Obwohl dieser Punkt klar sein dürfte, sollte man sich ruhig noch einmal vor Augen führen, was es eigentlich bedeutete, etwas nur deshalb gut zu nennen, weil Gott es gutheißt. Man müßte dann zum Beispiel wie Sir Thomas Browne sagen: »Ich gebe keine Almosen, nur um den Hunger meines Bruders zu stillen, sondern um den Willen und Befehl meines Gottes zu erfüllen. Ich ziehe meine Geldbörse nicht um dessen willen, der mich darum bittet, sondern um dessen willen, der es mir befiehlt.« (Zit. n. Patrick H. Nowell-Smith »Der infantile Charakter des religiösen Moralverständnisses«, In: Norbert Hoerster (Hg.) *Religionskritik.* Reclam, Stuttgart 1984, S. 62–74.) Ähnlich müßte eine Mutter, deren Kind man getötet hat, allen Ernstes sagen, daß daran nichts weiter falsch gewesen sei, außer eben, daß es den Willen Gottes verletzte.

7 Vgl. Alfred C. Ewing »Die Unableitbarkeit moralischer Normen aus göttlichen Geboten«, In: N. Hoerster (Hg.) *Religionskritik*, a.a.O., S. 61–62.

8 Daß ich hier vom »Glück der Menschen« spreche, soll nicht als Option für den Utilitarismus verstanden werden. Die Art von Moralbegründung, die mir vorschwebt, deckt sich vielmehr mit den Ansätzen von Norbert Hoerster »Moralbegründung ohne Metaphysik«, In: *Erkenntnis* 19/1983, 225–238, und Günther Patzig *Ethik ohne Metaphysik.* Vandenhoeck & Ruprecht, Göttingen 1983[2].

9 Ecclesia Catholica *Katechismus der Katholischen Kirche.* Oldenbourg, München 1993, S. 64f.

10 »Die Bekenntnisschriften der evangelisch-lutherischen Kirche«. Zitiert nach Franz Buggle *Denn sie wissen nicht, was sie glauben. Oder warum man redlicherweise nicht mehr Christ sein kann.* Rowohlt, Reinbek 1992, S. 21.

11 Auch wenn Theologen es immer wieder versuchen, sollte doch klar sein, daß sich aus einzelnen, zumeist sehr allgemein gehaltenen Bibelversen kaum konkrete Normen ableiten lassen. Siehe z. B. *Gott ist ein Freund des Lebens. Herausforderungen und Aufgaben beim Schutz des Lebens.* Gemeinsame Er-

klärung des Rates der Evangelischen Kirche in Deutschland und der Deutschen Bischofskonferenz. Mohn, Gütersloh 1991[5].

12 Wen »die andere Hälfte der biblischen Wahrheit« interessiert, dem sei das oben zitierte Buch *Denn sie wissen nicht, was sie glauben* von Franz Buggle empfohlen. Ebenso sein Aufsatz *Wie heilig ist die Heilige Schrift?* (In diesem Band)

13 Viele Christen werden vermutlich einen »Kompromiß« vorschlagen, indem sie zugestehen, daß die Bibel nicht »in ihrer Ganzheit mit allen ihren Teilen« das Wort Gottes ist, aber doch darauf beharren, daß zumindest einige Passagen »Gott zum Urheber« haben. Zweifellos werden das jene Passagen sein, in denen Gott als gut, gnädig und barmherzig geschildert wird. Indem sie die Bibeltexte aber nach moralischen Kriterien beurteilen, stellt sich sofort die Frage: Wozu der ganze Aufwand, wenn wir uns ohnehin auf unser eigenes moralisches Urteil verlassen? Oder anders gefragt: Welchen Sinn sollte es haben herauszufinden, was Gott gutheißt, wenn wir Gott sowieso nur gutheißen lassen, was *wir* gutheißen? Nehmen wir ein Beispiel: Im 3. Buche Mose, Kapitel 20, Vers 13, steht, daß Homosexuelle »des Todes sterben sollen«. Abgesehen von einigen Fundamentalisten, werden die meisten Christen vermutlich sagen, daß dies kein »echter« Befehl Gottes sei. Aber warum? Weil sie meinen, daß Gott nicht gut sein kann, wenn er Homosexuelle wirklich töten lassen will. Und warum? Weil es *ihrer Auffassung nach* nicht gut ist, Homosexuelle einfach zu töten. Diese Überlegung aber zeigt, daß es reine Zeitverschwendung ist, lange in der Bibel zu blättern, wenn wir uns letztlich doch nur auf unser eigenes Urteil stützen.

14 Ecclesia Catholica *Katechismus der Katholischen Kirche*, a.a.O., S. 251.

15 Ebd., S. 240. – Einzelheiten über »die dunkle Seite des Papsttums« findet der Leser vor allem in den Büchern von Karlheinz Deschner, so z. B. in *Mit Gott und dem Führer. Die Politik der Päpste zur Zeit des Nationalsozialismus.* Kiepenheuer & Witsch, Köln 1988; *Das Kreuz mit der Kirche. Eine Sexualgeschichte des Christentums.* Heyne, München 1989[14]; *Abermals krähte der Hahn. Eine kritische Kirchengeschichte von den Evangelisten bis zu den Faschisten.* Econ, Düsseldorf 1962; und in seiner (bislang) vierbändigen *Kriminalgeschichte des Christentums.* Rowohlt, Reinbek 1986–1994. Wer sich nur einen kurzen Überblick über *Die unheilvollen Auswirkungen des Christentums* verschaffen will, sei auf Deschners gleichnamigen Aufsatz in diesem Band verwiesen.

16 Natürlich könnte es noch andere Quellen göttlicher Offenbarung geben. So könnte es z. B. sein, daß Gott sich einigen Menschen persönlich offenbart. Tatsächlich gibt es immer wieder Menschen, die behaupten, von Gott »erleuchtet« worden zu sein. Einige von ihnen wollen den Befehl erhalten haben, all ihre Reichtümer hinzugeben, andere dagegen, ihren Sohn zu opfern. Die einen landen für gewöhnlich auf der Straße, die anderen im Irrenhaus. Wie aber entscheiden wir, wer *tatsächlich* einen göttlichen Befehl erhalten

hat? Wenn wir die Glaubwürdigkeit solcher »Offenbarungserlebnisse« nach moralischen Kriterien beurteilen, gelangen wir zu demselben Ergebnis, zu dem wir schon bei den Bibelstellen (Anmerkung 13) gekommen sind: Es ist reine Zeitverschwendung, sich mit persönlichen Offenbarungen abzugeben, wenn wir letztlich doch nur solche Offenbarungen anerkennen, von denen wir sagen können, daß sie unserem moralischen Urteil entsprechen.

17 Die Charakterisierungen der Evangelien stammen – der Reihe nach – von den Theologen Martin Werner, Adolf Jülicher und Martin Dibelius. Zit. n. Deschner *Abermals krähte der Hahn*, a.a.O., S. 132f.

18 Ebd., S. 130.

19 Nur zwei Zitate zum Beleg. Der Religionswissenschaftler Friedrich Heiler: »Jesu felsenfeste Überzeugung von dem baldigen Kommen des Gerichts und der Vollendung wird heute von keinem ernsten und unbefangenen Forscher mehr bestritten.« Der Neutestamentler Rudolf Bultmann: »Es bedarf keines Wortes, daß sich Jesus in der Erwartung des nahen Weltendes getäuscht hat.« Zit. n. Karlheinz Deschner *Der gefälschte Glaube. Eine kritische Betrachtung kirchlicher Lehren und ihrer historischen Hintergründe.* Knesebeck & Schuler, München 1988, S. 36. Weitere Einzelheiten findet man auch in dem Buch des katholischen Theologen Peter de Rosa *Der Jesus-Mythos. Über die Krise der katholischen Kirche.* Knaur, München 1993² [1991], insbes. Kap. 9: »Jesus, der Mensch, der sich irrte«.

20 Mk. 9, 1.

21 Näheres wieder bei de Rosa *Der Jesus-Mythos*, a.a.O., insbes. Kap. 10: »Der Mythos von der perfekten Ethik«.

22 Weitere Probleme der Jesuanischen Ethik findet man in Gerhard Stremingers Aufsatz *Die Jesuanische Ethik.* (In diesem Band)

23 Weitere Schwierigkeiten einer christlichen Moralbegründung werden behandelt in Kai Nielsen *Ethics Without God.* Revised Edition. Prometheus Books, New York 1990; Gebhard Löhr *Gott–Gebote–Ideale. Analytische Philosophie und theologische Ethik.* Vandenhoeck & Ruprecht, Göttingen 1991; Dieter Birnbacher *Das Dilemma der christlichen Ethik.* (In diesem Band.)

Helga Kuhse
Kirche und Abtreibung – S. 245
Eine Unterhaltung mit Gott

1 Helga Kuhse und Peter Singer »The Moral Significance of Fertilization«, in: F. Beller und R. Weir (Hg.) *The Beginning of Human Life* (im Druck); Helga Kuhse und Peter Singer *Muß dieses Kind am Leben bleiben? Das Problem schwergeschädigter Neugeborener.* Erlangen, Harald Fischer Verlag, 1993;

Helga Kuhse *Die »Heiligkeit des Lebens« in der Medizin – Eine philosophische Kritik*. Erlangen, Harald Fischer Verlag, 1994; Helga Kuhse und Peter Singer »Individuals, humans and persons: The issue of moral status«, in: Peter Singer, Helga Kuhse *et. al.* (Hg.) *Embryo Experimentation*. Cambridge, Cambridge University Press, 1990, S. 65–75.

2 Die Idee, Gott zu interviewen, verdanke ich Terry Lanes herrlich unseriösem Buch *God – The Interview*. Sydney, ABC Book, 1993.

3 Siehe z. B. W. Kluth »Abtreibung aus katholischer Perspektive«; *Diskussionsforum Medizinischer Ethik*, Nr. 2/3, Mai 1992, S. X.

4 Siehe hierzu z. B. Karlheinz Deschner »Die unheilvollen Auswirkungen des Christentums«, in: N. Hoerster (Hg.) *Religionskritik*, Stuttgart, Reclam, 1984, S. 74–86.

5 Siehe Terry Lane, S. 56 ff.

6 Siehe Terry Lane, S. 58.

7 Siehe z. B. Alan Donagan *The Theory of Morality*. Chicago, University of Chicago Press 1988, S. 84–86.

8 Siehe John T. Noonan, Jr. »An Almost Absolute Value in History«, in: John T. Noonan, Jr. (Hg.) *The Morality of Abortion – Legal and Historical Perspectives*. Cambridge, Mass, Harvard University Press, 1970, S. 24.

9 Sacred Congregation for the Doctrine of the Faith: *Declaration on Euthanasia*, Vatican City, 1980.

10 Siehe Jonathan Gover: »Matters of Life and Death«, in: *The New York Review of Books*, 30. Mai 1985, S. 19.

11 Siehe Catholoc University of America: *New Catholic-Encyclopedia*. Vol. 4, New York, McGrac Hill, 1976, S. 1020–1022.

12 Siehe Sacred Congregation: *Declaration on Euthanasia*. S. 8–9.

13 Diese verschiedenen Fälle werden in Kapitel 3 von H. Kuhses *Die Heiligkeit des Lebens* besprochen.

14 Holy Office Decree of August, 19, 1889.

15 Leonard Geddes »On the Intrinsic Wrongness of Killing Innocent People«, in: *Analysis* Vol. 33, 1973, S. 94–95.

16 1. Mose 1, 27.

17 Ein ähnlicher Punkt wird auch von T. Lane gemacht, a. a. O., S. 111.

18 Siehe Kluth, a. a. O., S. X.

19 *The Lancet*, Vol. 1, 26. 1. 1980, S. 167, zitiert von Paul Badham »Christian Belief and the Ethics of In-Vitro Fertilization and Abortion«, in: *Bioethics News*, Vol. 6, No. 2, January 1987, S. 13.

20 Siehe Paul Badham, a. a. O., S. 13.

21 Helga Kuhse und Peter Singer »Individuals, humans and persons...«.

22 St. Fulgentius wird von Eward Westermarck zitiert in *The Origin and Development of the Moral Ideas*, Vol. 1, London, Mcmillan, 1906, S. 417.

23 Vgl. Katechismus der Katholischen Kirche, § 1261, in dem es z. B. heißt:

»Das große Erbarmen Gottes, der will, daß alle Menschen gerettet werden, [...] berechtigt uns zu der Hoffnung, daß es auch für die ohne Taufe gestorbenen Kinder einen Heilsweg gibt.«

24 Vgl. Richard M. Hare *The Language of Morals*. London, Oxford University Press, 1952, Kap. 5; und ders. *Moral Thinking*. Oxford, Clarendon Press, 1981, Kap. 4.

25 Anton Leist *Eine Frage des Lebens. Ethik der Abtreibung und künstliche Befruchtung*. Frankfurt/M, Campus Verlag, 1989, S. 14.

26 *The Age*, 26. Juni 1992, einen Report der World Health Organization zitierend.

Norbert Hoerster
Fundamentalismus im Denken deutscher Wissenschaftler – S. 286

1 R. Spaemann in: T. Bastian (Hg.) *Denken – Schreiben – Töten*. Stuttgart 1990, S. 8.

2 Ders. in: *Süddeutsche Zeitung* v. 22. 4. 1990.

3 Ders. in: *Frankfurter Allgemeine* v. 31. 8. 1990.

4 Vgl. etwa P. Singer *Praktische Ethik*. Stuttgart 1984, Kap. 7, sowie N. Hoerster in: *Universitas* 1991, S. 237 ff.

5 Siehe etwa R. Spaemann in *Frankfurter Allgemeine* v. 31. 8. 1990.

6 P. Singer, a. a. O., S. 171.

7 N. Hoerster in: *Juristische Schulung* 1989, S. 178. Inzwischen ausführlicher N. Hoerster *Abtreibung im säkularen Staat*. Frankfurt/Main 1991, Kap. 10.

8 Abgedruckt (mit einer aufschlußreichen Liste von Unterzeichnern) z. B. in: F. Rest *Das kontrollierte Töten*. Gütersloh 1992, S. 171 ff.

9 R. Spaemann in: *Medizinische Klinik* 1991, S. 599.

10 Abgedruckt in: R. Spaemann *Einsprüche*. Einsiedeln 1977, S. 116 ff.

11 Ebd., S. 121 f.

12 Ebd., S. 128.

13 R. Spaemann in: Schriftenreihe der Juristen-Vereinigung Lebensrecht e. V. Nr. 5 (1988), S. 22, 24.

14 Ders. in: P. Hoffacker u. a. (Hg.) *Auf Leben und Tod. Abtreibung in der Diskussion*. 5. Aufl., Bergisch Gladbach 1991, S. 134.

15 Siehe R. Spaemann in: *Zeitschrift für Rechtspolitik* 1974, S. 49 ff., 114 ff.

16 D. und I. Mieth *Schwangerschaftsabbruch*. Freiburg 1991.

17 Ebd., S. 151, 120.

18 Ebd., S. 76, 78.

19 Ebd., S. 53.

20 D. Mieth in: *Evangelische Kommentare* 1993, S. 26.

21 D. B. Linke *In Würde altern und sterben. Zur Ethik der Medizin.* Gütersloh 1991.

22 Ebd., S. 19.

23 Ebd., S. 107 ff.

24 Ebd., S. 107.

25 Ebd., S. 20.

26 Ebd., S. 91, 92.

27 K. Dörner *Tödliches Mitleid.* Gütersloh 1988.

28 Ebd., S. 83.

29 Ebd., S. 6.

30 Ders. in: *Suizidprophylaxe* 1991, S. 159, 158, 161.

31 Ebd., S. 160.

32 Ders. *Tödliches...*, a.a.O., S. 90.

33 Ders. in: *Der Spiegel* 34/1989, S. 173 f.

34 Für Belege siehe näher N. Hoerster *Abtreibung...*, a.a.O., S. 121 ff.

35 Vgl. N. Hoerster in: *Juristische Schulung* 1985, S. 93 ff.

36 W. Graf Vitzthum in: *Juristenzeitung* 1985, S. 206.

37 H. Otto *Recht auf den eigenen Tod?* München 1986, S. 16.

38 C. Starck *Die künstliche Befruchtung beim Menschen. Verfassungsrechtliche Probleme.* München 1986, S. 14.

39 Ebd., S. 17. Auch für R. Spaemann (Anm. 13, S. 14) ist es durchaus »denkbar«, daß die menschliche Person »vor der Zeugung beginnt«. Daß sich die Gesinnungsgenossen dieser beiden Denker unter den deutschen Strafrechtlern auf der Grundlage dieser These noch keine Gedanken über die Strafwürdigkeit der Onanie gemacht haben, ist zu bedauern.

40 A. Eser in: *Juristenzeitung* 1986, S. 795.

41 Eine ausführliche und niveauvolle Auseinandersetzung mit meiner Sichtweise des menschlichen Lebensschutzes bietet demgegenüber der prominente österreichische Rechtswissenschaftler F. Bydlinski in: *Juristische Blätter* 1991, S. 477 ff. Vgl. auch meine Antikritik in: *Juristische Blätter* 1992, S. 2 ff.

42 R. Stürner in: *Juristenzeitung* 1991, S. 505 f.

43 Zitiert in: L. Klemm *Gnadenlos intolerant. Bischof Johannes Dyba.* Marburg 1993, S. 50.

44 J. Hruschka in: *Juristenzeitung* 1974, S. 718.

45 D. Giesen in: *Juristenzeitung* 1990, S. 943.

Peter Singer · Edgar Dahl
Das gekreuzigte Tier – S. 305

1 W. E. H. Lecky *History of European Morals from Augustus to Charlemagne*. London 1896.
2 1 Mose 9, 2f.
3 1 Kor 9, 9f.
4 Mk 5, 1–13.
5 Zitiert nach J. Passmore *Man's Responsibility for Nature*. New York 1974, S. 111.
6 Vgl. E. S. Turner *All Heaven in a Rage*. London 1964, S. 163.
7 Vgl. K. Deschner *Das Kreuz mit der Kirche*. 14. Aufl., München 1989, S. 317; N. Moia *Für die Tiere*. Luxemburg 1991.
8 N. Fontaine *Mémoires pour servir à l'Histoire de Port Royal*. Köln 1738, S. 52f.
9 Voltaire *Philosophisches Wörterbuch* (1764). Frankfurt/Main 1985.
10 Vgl. P. Singer *Befreiung der Tiere* (1975). München 1982; ders. *Praktische Ethik* (1979). Stuttgart 1984; ders. (Hg.) *Verteidigt die Tiere* (1985). Wien 1986.
11 J. Bentham *An Introduction to the Principles of Morals and Legislation*. London 1789.
12 Zu weiteren Einwänden s. P. Singer *Befreiung...*, a. a. O., insbesondere das Kapitel »Speziesismus heute«.

Die Autoren

Hans Albert ist (em.) Professor für Soziologie und Wissenschaftslehre an der Universität Mannheim. Neben Karl R. Popper gilt er als Hauptvertreter des Kritischen Rationalismus. Sein Hauptwerk ist der *Traktat über kritische Vernunft* (1968). Zu Fragen der Religionskritik veröffentlichte er u. a.: *Theologische Holzwege* (1973), *Das Elend der Theologie* (1979).

Edgar Baeger ist Professor für Elektronik und Technische Informatik an der Fachhochschule Aalen. Er ist Mitglied im Beirat der Humanistischen Union und des Internationalen Bundes der Konfessionslosen und Atheisten (IBKA). Zahlreiche Zeitschriftenbeiträge zum Thema »Staat und Kirche«, u. a. »Kirche und öffentliche Gelder« (1987), »Stört Religionskritik den öffentlichen Frieden?« (1989).

Dieter Birnbacher ist Professor für Philosophie an der Universität Dortmund. Er beschäftigt sich vor allem mit ethischen Fragen von Medizin, Biologie und Ökologie. Er ist u. a. Herausgeber der Bücher *Ökologie und Ethik* (1980) und *Medizin-Ethik* (1986). 1988 erschien sein Buch *Verantwortung für zukünftige Generationen*.

Franz Buggle ist Professor für Klinische und Entwicklungspsychologie an der Universität Freiburg. Neben Büchern zur Entwicklungspsychologie und anderen Teilgebieten der Psychologie hat er 1992 sein christentums- und kirchenkritisches Werk *Denn sie wissen nicht, was sie glauben* veröffentlicht.

Edgar Dahl ist Doktorand am Philosophischen Seminar der Georg-August-Universität Göttingen. 1991 veröffentlichte er das Buch *Im Anfang war der Egoismus. Den Ursprüngen menschlichen Verhaltens auf der Spur* und 1994 *Die Gene der Liebe. Vom ewigen Kampf der Geschlechter.*

Karlheinz Deschner ist freier Schriftsteller, Mitglied des PEN-Clubs, Träger des Arno-Schmidt-Preises 1988, des Alternativen Büchnerpreises 1993 und des Humanist Award 1993. Er gilt als der bedeutendste Kirchenkritiker des 20. Jahrhunderts. Zu seinen bekanntesten Werken zählen *Abermals krähte der Hahn* (1962), *Das Kreuz mit der Kirche* (1974), *Die Politik der Päpste im 20. Jahrhundert* (1991) und *Kriminalgeschichte des Christentums*, 3 Bde. (1986, 1988, 1990).

Horst Herrmann war von 1971 bis 1981 Professor für Kirchenrecht an der Universität Münster. Seit er 1981 aus der Kirche ausgetreten ist, lehrt er Soziologie an derselben Universität. Er ist u. a. Autor der Bücher *Die Kirche und unser Geld* (1990), *Kirchenfürsten* (1992), *Kirchenaustritt – ja oder nein?* (1992), *Die Caritas-Legende* (1993).

Norbert Hoerster ist Professor für Rechtsphilosophie an der Universität Mainz. Er ist Vertreter einer metaphysikfreien Begründung von Moral und Recht und behandelt u. a. Fragen der Abtreibung und der Sterbehilfe. Er ist Herausgeber der religionsphilosophischen Bücher *Glaube und Vernunft* (1979) und *Religionskritik* (1984). 1991 erschien sein Buch *Abtreibung im säkularen Staat. Argumente gegen den § 218.*

Bernulf Kanitscheider ist Professor für Philosophie an der Universität Gießen. Er ist vor allem mit wissenschaftstheoretischen Problemen der Physik beschäftigt. Zu seinen zahlreichen Veröffentlichungen zählen *Wissenschaftstheorie der Naturwissenschaft* (1981), *Kosmologie* (1984), *Das Weltbild Albert Einsteins* (1988), *Von der mechanistischen Welt zum kreativen Universum* (1993).

Hartmut Kliemt ist Professor für Philosophie an der Universität Duisburg. Er arbeitet vor allem auf dem Grenzgebiet zur Politischen Ökonomie und der Spieltheorie. Zu seinen wichtigsten Veröffentlichungen zählen *Zustimmungstheorien der Staatsrechtfertigung* (1980), *Moralische Institutionen* (1985), *Antagonistische Kooperation* (1986).

Helga Kuhse ist Professorin für Philosophie am Center for Human Bioethics der Monash University in Clayton/Melbourne. Sie ist Autorin der Bücher *Muß dieses Kind am Leben bleiben? Das Problem schwerstgeschädigter Neugeborener* (1993 zusammen mit Peter Singer) und *Die Heiligkeit des Lebens in der Medizin. Eine philosophische Kritik* (1994). Außerdem ist sie Herausgeberin der Zeitschriften »Bioethics« und »Bioethics News«.

Hubertus Mynarek war Professor für Vergleichende Religionswissenschaft an den Universitäten Bamberg und Wien, 1971/72 Dekan der katholisch-theologischen Fakultät der Universität Wien. 1972 verlor er seine kirchliche Lehrbefugnis wegen seines Kirchenaustritts und eines offenen Briefes an den Papst. Als Frucht seiner Kirchen- und Christentumskritik entwickelte er das Konzept einer »postchristlichen« ökologischen Religion, wie er auch zu den wichtigsten Mitbegründern des neuen ökologischen Humanismus zählt. Buchveröffentlichungen u. a.: *Ökologische Religion* (1986), *Religiös ohne Gott?* (1989), *Mystik und Vernunft* (1991), *Denkverbot* (1992), *Erster Diener Seiner Heiligkeit* (1993).

Peter Singer ist Professor für Philosophie und Direktor des Centre for Human Bioethics der Monash University in Clayton/Melbourne. International bekannt geworden ist er vor allem durch sein Buch *Animal Liberation* (1975), das mittlerweile als »Bibel« der Tierrechtsbewegung gilt und 1982 unter dem Titel *Befreiung der Tiere* auch in Deutschland erschien. Weitere Veröffentlichungen: *The Expanding Circle* (1981), *Praktische Ethik* (1984), *The Reproduction Revolution* (1985), *The Great Ape Project* (1993).

Gerhard Streminger ist Assistenzprofessor für Philosophie an der Universität Graz. Als Kenner der englischen Aufklärung ist er vor allem durch seine Biographien von *David Hume* (1986) und *Adam Smith* (1989) bekannt geworden. 1992 erschien sein religionskritisches Buch *Gottes Güte und die Übel der Welt. Das Theodizeeproblem* und 1993 eine weitere Biographie: *David Hume. Sein Leben und sein Werk.*

Gerhard Vollmer ist Professor für Philosophie an der Technischen Universität Braunschweig. Neben dem Verhaltensforscher und Nobelpreisträger Konrad Lorenz und dem Wissenschaftstheoretiker Karl R. Popper gilt er als Mitbegründer der Evolutionären Erkenntnistheorie (so auch der Titel seines Buches von 1975). Weitere Veröffentlichungen: *Was können wir wissen?*, 2 Bde. (1985, 1986), *Gelöste, ungelöste und unlösbare Probleme* (1992), *Wissenschaftstheorie im Einsatz* (1993).

Steven Weinberg ist Professor für Physik und Astronomie an der University of Texas. Er wurde berühmt durch seine Forschungen auf dem Gebiet der Elementarteilchenphysik, für die er 1979 auch den Nobelpreis erhielt. 1977 veröffentlichte er das Buch *Die ersten drei Minuten*, 1992 erschien sein Werk *Der Traum von der Einheit des Universums.*

Edward O. Wilson ist Professor für Zoologie an der Harvard University in Cambridge, Massachusetts. Neben William D. Hamilton und John Maynard Smith gilt er als Begründer der Soziobiologie. Er ist Pulitzer-Preisträger und Autor der Bücher *Sociobiology: The New Synthesis* (1975), *Biologie als Schicksal* (1980), *Biophilia* (1984), *Das Feuer des Prometheus* (1984), *The Ants* (1990).

Jean-Claude Wolf ist Professor für Philosophie an der Universität von Freiburg in der Schweiz. Er ist vor allem mit Fragen der Moral-, Rechts- und Religionsphilosophie beschäftigt. Zu seinen bekanntesten Veröffentlichungen zählen *Verhütung oder Vergeltung? Eine Einführung in ethische Straftheorien* (1992), *Tierethik. Neue Perspektiven für Menschen und Tiere* (1992), *John Stuart Mills Utilitarismus. Ein kritischer Kommentar* (1992).

Quellennachweis

Karlheinz Deschner »Die unheilvollen Auswirkungen des Christentums«, in: Norbert Hoerster (Hg.) *Religionskritik*. Stuttgart 1984, S. 74–86. Mit freundlicher Genehmigung des Verlags Philipp Reclam jun., Stuttgart.

Norbert Hoerster »Die Unlösbarkeit des Theodizee-Problems«, in: *Theologie und Philosophie* 50 (1985), S. 400–409.

Peter Singer »Je mehr wir für andere leben, desto zufriedener leben wir«, in: Karlheinz Deschner »Woran ich glaube.« Gütersloh 1990, S. 267–271. Übers. v. Marianne Reppekus. Mit freundlicher Genehmigung des Verlags G. Mohn, Gütersloh.

Steven Weinberg »Die Frage nach Gott«, in: Ders. *Der Traum von der Einheit des Universums*. Übers. v. Friedrich Griese. München 1993, S. 251–270. Mit freundlicher Genehmigung des C. Bertelsmann Verlags, München.

Edward O. Wilson »Religion – eine List der Gene?«, in: Ders. *Biologie als Schicksal*. Übers. v. Friedrich Griese. Berlin 1980, S. 160–182. Mit freundlicher Genehmigung des Ullstein Verlags, Berlin.

Friedemann Bedürftig:
Lexikon III. Reich
Illustrationen von
Dieter Kalenbach.
448 Seiten.
ISBN 3-551-85018-6

Dem besseren Verständnis der jüngeren deutschen Geschichte, der neonazistischen Umtriebe und der Angst im Ausland vor den Deutschen dient dieses Nachschlagewerk mit rund 1000 Artikeln, die alle wichtigen Begriffe und Personen des Dritten Reichs behandeln.
Die Illustrationen von Dieter Kalenbach geben die Atmosphäre der Zeit wieder und vermitteln einen Eindruck von der Selbstdarstellung des Regimes sowie vom Schicksal seiner Opfer.

WDR

Im

Zeitalter der

Fernbedienung

eine gute

Orientierung.

WDR. Mehr hören. Mehr sehen.